"博学而笃志，切问而近思。"

（《论语》）

博晓古今，可立一家之说；
学贯中西，或成经国之才。

主编简介

卢新海，男，湖北洪湖人。华中科技大学国土资源与不动产研究中心主任，教授，土地资源管理专业博士研究生导师。中国土地学会、中国土地估价师协会理事，湖北省土地学会副理事长。兼任湖北天尚土地规划勘测设计有限公司董事长，是中国注册造价工程师、咨询工程师（投资）、土地估价师、房地产估价师和资产评估师。已经出版《企业土地资产及其管理》、《开发区发展与土地利用》、《中国城市土地储备制度研究》等专著和《城市土地管理与经营》、《现代城市规划与管理》、《房地产估价（第二版）》、《土地估价》等教材。

黄善林，管理学博士，东北农业大学资源与环境学院副教授。研究领域与方向：土地经济、土地管理。

21世纪土地管理系列

土地管理概论

Land Administration

and Administration

□ 卢新海
黄善林 编著

复旦大学出版社

内容提要

本书是为满足土地资源管理、农业水利工程等专业的教学需要而编写的一本教材。土地管理概论是土地资源管理专业的专业导论课。通过学习，要求学生能初步掌握土地资源管理的基本原理、方法和内容，建立浓厚的专业兴趣，为进一步学习后续的专业课程奠定基础。

本书在界定土地、土地制度、土地管理体制的内涵，介绍土地管理的理论与技术的基础上，全面阐述了地籍管理、权属管理、利用管理、市场管理、信息管理与土地评价等土地管理的主要内容和基本方法。本书适合作为土地资源管理及相关专业教材，也适合国土整治相关部门和行业的的管理者和技术人员参考。

FOREWORD | 前 言 |

土地管理概论是土地资源管理专业的专业导论课。通过学习，要求学生能初步掌握土地资源管理的基本原理、方法和内容，建立浓厚的专业兴趣，为进一步学习后续的专业课程奠定基础。

同时，土地管理概论也是公共事业管理、房地产经营与管理、工程管理等相关学科的专业基础课。通过学习，能让学生相对完整地获得对土地资源管理主要内容的了解，并能与本专业后续课程有机结合。

为了同时满足土地资源管理专业及相关专业的需要，本教材在内容的安排上尽量全面，在深度上也具有一定的延展性。不同专业可以根据本专业的需要以及土地管理概论课程在专业课程体系中的位置，合理地选择相关内容。

教材的主要功能是传播知识，教材的编著者则结合自己的专业理解，充分借鉴已有的资料和学科发展前沿选定教材内容，确定不同内容之间的逻辑结构，以达到最有效传送知识的目的。

本教材由华中科技大学卢新海拟定编写大纲、确定编写内容，并负责统稿审定；教材第一章至第七章以及附录部分由东北农业大学黄善林编写；第八章由东北农业大学张少良编写。

本教材借鉴及引用了大量前人的成果，其中主要部分罗列在参考文献之中。在此谨向所有被参考的文献的作者表示感谢！

卢新海

2013 年 11 月于武汉喻珈山

CONTENTS | 目 录 |

第一章 绪 论

第一节 土地的基本概念

一、土地、土地资源与土地资产

(一)土地

土地是一种天然形成的自然产物。研究土地的学科很多,关于土地的概念也很繁多,这种状况,不仅说明了对土地研究的不断深入,而且也说明了土地的复杂性,具体可以从空间范畴和学科角度来阐述土地的涵义。

1. 空间范畴定义

土地的空间范畴有狭义和广义之分。土地的狭义空间仅包括地球的表层,而土地的广义空间则指包括地球的表层及其立体空间的全部环境因素。

从土地的狭义空间范围上来看,对土地的定义主要有以下观点:

(1)土地就是土壤,即地球陆地表面疏松的、有肥力的、可以生长植物的表层部分。

(2)土地是指地球表面的陆地部分,它是由泥沙和砂石所堆成的固定场所。

(3)土地是指地球表面陆地及其水面,即地球表面除海洋之外的陆地及江河、湖泊、水库、池塘等陆地水面。

(4)土地是指地球表面,包括地球的陆地部分和海洋部分。

这些不同的观点其实也反映了:人们对土地的认识,是随着科学技术的进步以及人类控制、利用自然能力的增强,而不断地深化。在农业社会里,人们主要利用陆地表层的土壤进行耕作,因而将土壤看成是土地。在工业社会里,人们扩大了土地利用范围,市地、交通用地等非农业用地的比重迅速增大,土地的涵义就被扩大成地球表面的陆地。随着社会的不断发展,人们将土地利用的范围逐渐扩大到内陆水域,如发展水产养殖、航运等,于是,土地的涵义又扩大成地球表面的陆地和内陆水域。目前世界上很多国家正掀起开发海洋的热潮,因此一些学者认为,土地的涵义应扩大为地球表面的陆地和水域(含海洋)。

就目前而言,人类对土地的利用主要是对陆地的利用,对水面的利用比较粗放,当然,对海洋的利用比对内陆水域的利用则更是粗放。因此,从所包括的空间范围来定义土地的概念,以土地是指地球表面陆地及其水面为宜。

同时,土地是一个立体空间的概念,即土地的广义空间范畴。随着人口的增长,科学技术的发展,对土地的利用已从地表迅速向空间发展,包括地上空间和地下空间,例如,向高空发展的摩天大楼,向地下发展的地下室、地下铁道、海底隧道以及充分利用空间的立体农业等。土地权利所及范围也随之扩大到地面上下空间。澳大利亚学者克里斯钦和斯图尔特提出"土地是指地表及所有它对人类生存和成就有关的重要特征","土地是地表上的一个立体垂直剖面,从空中环境到地下的地质层,并包括动植物群体及其过去和现在与土地相联系的人类活动。"

2. 学科角度定义

从不同的学科来看,对土地主要有以下理解:

从地理科学的观点来看,目前各国的地理学家大都把土地看成是自然-经济综合体。如1976年由联合国粮农组织(FAO)编写出版的《土地评价纲要》一书中认为"土地是较土壤更为广泛的概念,它包括影响土地用途潜力的自然环境,如气候、地貌、土壤、水文与植被,还包括过去和现在的人类活动结果"。

从经济学的角度来看,土地是土地实体与权利的有机结合,它既包括有形的土地实体,又包括寓于土地实体中的各种经济关系和由此形成的产权(所有权、占有权、使用权、收益权、出租权、抵押权等)。

从法学的角度来看,肯特从法律概念上对土地的定义是:"土地不仅包括地面或土壤,而且也包括附着于土地的任何东西,不管是自然长成的,如树、草和木,或者是人工造成的,如房屋以及其他建筑物;它所包括的范围向上或向下是无限度的,以致可以包括地上或地下的每样东西。"

从政治学的角度来看,土地是与人民和主权并立的,一个国家立国的三要素之一。这里的土地是指一国领土范围内的全部土地,既包括陆地,也包括陆地水域和领海的海域。国家对土地享有所有权和管辖权。

从政治经济学角度来看,土地的概念则着重在土地的生产利用,即在社会物质生产中,土地是实现劳动过程和任何生产的必要条件,起着生产资料的作用,它既是劳动对象又是劳动工具。

(二) 土地资源

要对土地资源的内涵进行研究,就有必要先考察资源的内涵。

《辞海》中,对"资源"这一条目是这样解释的:"资源:资产的来源。一般指天然的财源"。威廉·配第曾指出:"土地是财富之母,劳动是财富之父"。马克思曾指出:"劳动和土地是形成财富的两个原始要素","是一切财富的源泉"。恩格斯则明确指出:"其实劳动和自然界一起才是财富的源泉。自然界为劳动提供材料,劳动把材料变为财富"。现代经济学家埃得温·曼斯菲尔德认为:"资源是用于生产能满足人类需求的商品的那种物品或劳务"。联合国环境规划署则将资源定义为:"所谓资源,特别是自然资源,是指在一定时间、地点、条件下能够产生经济价值的,以提高人类当前和将来福利的自然环境因素和条件"。

刘书楷认为:"土地资源是指土地作为生产要素和生态环境要素,是人类生产、生活和生存的物质基础和来源,可以为人类社会提供多种产品和服务。"他还指出:"土地资源是土地成为资产的基础。"综合以上论述,可以得出以下看法:第一,土地资源是将土地作为自然要素看待的;第二,土地作为自然要素,通过人类的劳动加以利用,能够产生财富;第三,土地资源是土地成为资产的基础。所以,土地资源是指,土地作为自然要素,于现在或可预见的将来,能为人们所利用并能产生经济效益的那部分土地。

(三)土地资产

所谓资产,按照我国会计学的普遍理解,可认为是企业、机关、事业单位或其他经济组织法人的有形资产和无形资产的总称。其中,有形资产是以实物形态存在的,无形资产则以权利状态存在的。我国的《企业会计准则》对资产的定义是"资产是企业拥有或控制的能以货币计量的经济资源。"可见,资产是指某一主体所拥有和控制的能带来一定收益的各种财产和权益的总称。它可以表现为具体的实物财产,也可以是某项权利。对于企业来讲,资产的价值形态就是资本,反过来说,资产是资本的实物或者权益形态。资产的一个重要特征是具有明确的产权关系。在一定的社会经济制度下,资产总是为某一个产权主体所拥有和控制着的,该产权主体必然拥有对资产的占有、使用、收益和处分的权利,否则资产就不能运动增值,也就不能成其为资产了。

土地资产是明确了权属关系的土地资源,即作为财产的土地。土地资源之所以会转变为土地资产,是由于土地资源是人类生产和生活的物质基础,具有有用性、可占用性及价值性,当人类对它的需求越来越大时,土地资源出现了稀缺现象,被一部分人当作财产而占有。可见,土地资产是具有经济价值的土地资源,是土地的经济形态。此外,从法律角度看,财产不是由物组成的,而是由"人对物的权利"构成的。可见,土地资产是产权主体对土地资源作为财产的占有、使用、收益、处分等权利。

二、土地的功能

土地是宝贵的自然资源和资产,是人类不能出让的生存条件和再生产条件,土地的主要功能可归纳为以下几方面。

1. 承载的功能

土地由于其物理特性,能将万物,包括生物与非生物承载其上,成为它们的安身之所。动物、植物等生物,各种建筑物、构筑物、道路等非生物所以能存在于地球上,是因为土地有承载的功能。没有土地,万物自无容身之地,正如古人所说:"皮之不存,毛将焉附"。土地具有承载功能,因而成为人类进行一切生活和生产活动的场所和空间。

2. 养育的功能

"地者万物之本源,诸生之根苑也。"在土地的一定深度和高度内,附着许多滋生万物的生产能力,如土壤中所含有各种营养物质以及水分、空气,还可以接受太阳照射的光、热等,这些都是地球上一切生物生长、繁殖的基本条件。土地的养育功能充分体现于第一性和第二性的生产之中,为人类生存提供必需的农畜产品。

3. 仓储的功能

土地蕴藏着丰富的金、银、铜、铁等矿产资源,石油、煤、水力、天然气等能源资源,沙、石、土等建材资源,人类可以视其为仓库。土地像人类的一座宝藏,里面贮存着极其丰富的物质,为人类从事生产、发展经济提供了必不可少的物质条件。

4. 提供景观的功能

从景观学角度看,景观是地面上生态系统的镶嵌,是自然和文化生态系统的载体。土地自然形成的各种景观:秀丽的群山,浩瀚的大海,奔腾的江河,飞泻的瀑布,无垠的沃野等,为人类提供了丰富的风景资源。

5. 储蓄和增殖的功能

土地作为资产,随着对土地需要的不断扩大,其价格呈上升趋势,因此,投资于土地,能获得储蓄和增殖的功效。

三、土地的特性

土地具有一系列与其他物质不同的特性,具体可归纳为自然特性和经济特性两方面。

(一)土地的自然特性

土地的自然特性是土地自然属性的反映,是土地所固有的,与人类对土地的利用与否没有必然的联系。土地的自然特性主要表现在以下几个方面。

1. 土地位置的固定性

土地的空间位置是固定的,不能移动。一方面,从地球的形成和发展来看,地球地质的变化、大陆漂移、板块相互作用等对陆地面积和位置的影响非常缓慢;另一方面,而从人类的生产活动看,虽然从理论上说部分土地表层的移动也是可能的,但这不仅数量有限,而且代价高昂,因而也没有很大实际意义。所有这些变化都不能从根本上改变土地位置固定性的特点。土地位置的固定性,要求人们就地利用各种土地。

2. 土地面积的有限性

土地是自然产物,从总体上来说,土地具有不可再生性,其面积是有限的。人类可以改良土地,改变土地形态,提高土地质量,以至在沿海地区通过填海少量扩大陆地面积,但一般不能无限扩大土地面积。土地面积有限,迫使人们必须节约、集约地利用土地资源。

3. 土地质量的差异性

由于土地自身的条件(地质、地貌、土壤、植被、水文等)以及相应的气候条件(光照、温度、雨量等)的差异,因而造成土地的巨大自然差异性。另外,由于距离市场的远近以及交通条件的不同,使得土地的位置对土地的质量也有很大影响。这两方面都导致土地质量存在差异性。土地质量的差异性,要求人们因地制宜地合理利用各类土地资源,确定土地利用的合理结构与方式,以取得土地利用最佳综合效益。

4. 土地使用的耐久性

无论是除土地之外的生产资料,还是生活资料,它们都会在使用中丧失其使用价值,然而土地则能始终被人类使用,永远不会丧失它的使用价值。只要处理得当,土地就会不断改良。在合理使用和保护的条件下,农用土地的肥力可以不断提高,非农用土地可以反复利用,永无尽期。土地的这一自然特性,为人类合理利用和保护土地提出了客观的要求与可能。

(二) 土地的经济特性

土地的经济特性,是以土地的自然特性为基础,在人类在对土地利用过程中产生的,土地之上存在的经济关系。在人类诞生以前尚未对土地进行利用时,这些特性并不存在。

1. 土地供给的稀缺性

在人类出现以前,没有人类对土地的利用和需求,当然也就无所谓土地供给的稀缺性。只有当人类出现以后,特别是由于人口不断增加和社会经济文化的发展,对土地需求不断扩大,而可供人类利用的土地又是有限的,因而便产生了土地供给的稀缺性,并日益增强。

土地供给的稀缺性,不仅仅表现在土地供给总量与土地的需求总量的矛盾上,还表现在由于土地位置固定性和质量差异性导致的某些地区(城镇地区和经济文化发达、人口密集地区)和某种用途(如农业用地)土地供给的特别稀缺上。由于土地稀缺性日益增强,土地供求矛盾日益尖锐化,导致一系列土地经济问题的产生。土地供给稀缺性是引起土地所有权垄断和土地经营垄断的基本前提。

土地供给的稀缺性要求人们节约、集约地利用土地。

2. 土地利用方式的相对分散性

由于土地位置的固定性和位置的差异性,对土地只能是因地制宜地分别加以利用,因而土地利用方式是相对分散的。这一特点在农用土地上表现得更为明显。农业(种植业)是利用绿色植物从土地中吸取营养物质,将太阳的光、热能转化为生物能,生产农产品。并不是所有的土地都能进行上述过程。因此,农业生产只能是根据土地质量(土壤)状况及环境分散地进行利用和生产。

土地利用方式相对分散这一特性,要求人们在利用土地时要进行区位选择,并注意搞好地区间的交通通讯联系,以提高土地利用的综合区位效益。

3. 土地利用方向变更的困难性

一幅土地往往有多种用途,当土地一经投入某项用途之后,欲改变其利用方向,一般说是比较困难的。这首先受土地自然条件的限制。如在我国北方寒冷地区不能改种热带和亚热带植物(如橡胶、柑橘等),在海拔几千米并缺乏水源的地区不能建设现代化工厂,等等。因为这些地区的土地不具备作这种用途的自然条件。其次,还由于在工农业生产上轻易变更土地利用方向往往会造成巨大经济损失,因而是不合理的。在农业生产中,由于农作物生长周期较长,在生长周期没有结束时,改种其他作物或做其他用途,势必造成一定的经济损失;林木等多年生植物生长周期更长,投入的资金和劳动更多,任意改变土地用途,经济损失很大。在建筑业和其他非农产业中,建筑物和其他设施建设成本更高、使用周期很长,如果在建成后随意改变土地利用方向,其经济损失将更为巨大。

土地利用方向变更困难这一特征,要求人们在确定土地利用方向时,一定要进行详细勘察,作出长期周密的规划,决不能朝令夕改,任意改变土地用途。

4. 土地报酬递增递减性

在技术不变或在技术一定的条件下,在同一块土地上连续投资,土地报酬(收益)会不断递增,但当投资超过一定的限度后,可能引起土地报酬的递减。这是以自然力作用为基础的,本质上是一种自然规律。当然,它与经济有着密切的联系,所以也可以把它看作是一个经济规律。美国1992年9月11日刊登在《全国不动产杂志》上的《办公大楼经济高度》一文中指出,在美国中西部的某城市,曾经做过这样一种研究,在一块160英尺×172英尺的价值150万美元的土地上,建筑一座5层大楼的投资利润是4.36%;建筑一座10层大楼的投资利润是6%;建筑一座15层大楼的投资利润是6.32%;建筑一座20层大楼的投资利润是7.05%;建筑一座25层大楼的投资利润是6.72%;建筑一座30层大楼的投资利润是5.65%。这清楚地表明,建筑利润在达到20层前是不断递增的,超过20层,则建筑物的投资利润就会递减。

土地报酬递增递减,是由土地使用的自然特性及一定时期的技术水平决定的,这就为节约使用土地的原则提供了理论基础。由于"土地报酬递增递减规律"的存在,就要求人们在利用土地增加投入时,必须寻找在一定技术、经济条件下投资的适合度,确定适当的投资结构,并不断改进技术,以便提高土地利用的经济效果,防止出现土地报酬递减的现象。

5. 土地利用后果的社会性

土地是自然生态系统的基础因子,土地互相联结在一起,不能移动和分割,因此,每块土地和每一区域土地利用的后果,不仅影响本区域内的自然生态环境和经济效益,而且必然影响到邻近地区甚至整个国家和社会的生态环境和经济效益,产生巨大的社会后果。如在一块土地上建设一座有污染的工厂,就会给周围地区带来环境污染;在一个城市中心的繁华地段建设一座占地很多而单位面积效益较低的仓库,不仅使该地段的土地效益不能充分发挥,而且还影响城市繁华地段综合效益的提高。

土地利用后果的巨大社会性,要求任何国家都要以社会代表的身份,对全部土地的利用进行宏观的规划管理、监督和调控。

第二节 土地制度与土地管理体制

一、土地制度

(一) 土地制度的概念

对于土地制度的概念,有多种表达。巴洛维认为:"影响不动产资源所有权和利用的制度因素就是土地制度"。而多数人认为,土地制度有狭义和广义之分。广义的土地制度包括有关土地问题的一切制度,主要有土地所有、土地使用、土地管理及土地利用技术等方面的制度,即涉及生产力和生产关系两方面的制度内容。而狭义的土地制度是指约束人们土地经济关系的规则的集合,是关于人们之间围绕土地所有、使用、收益而发生的生产关系制度,反映着人与人之间的土地经济关系,是一种经济制度,即土地经济制度。

作为重要的经济制度,土地制度需要法律的确认和保护,从这个意义上说,土地制度又是一种法律制度,可称之为土地法律制度,是土地经济关系在法律法规上的体现。土地经济制度是形成土地法律制度的基础,但土地法律制度又反过来具有反映、确认、保护、规范和强化土地经济关系的作用。

（二）土地制度的构成

土地制度是由许多具有不同层次、不同方面制度构成的一个制度体系。一般而论,完整的土地制度由土地所有制度、土地使用制度和土地国家管理制度三大部分构成。

土地所有制度指社会经济制度下拥有土地的经济形式。这是土地制度的核心,是土地关系的基础。土地所有权是土地所有者拥有的、得到国家法律保护的排他性的专有权利,包含土地的占有权、使用权、收益权及处分权等权能。土地所有制可区分为两大类型,即土地公有制和土地私有制。在有些国家,公有制与私有制并存。

土地使用制度指对土地使用的程序、条件和形式的规定。土地使用权是依法对土地进行占有、使用并取得部分土地收益的权利,是土地使用制度的法律体现形式。土地使用制度是在土地所有权与土地使用权分离的情况下,在土地利用过程中产生的人与人之间的经济关系的重要方面。一般地讲,土地所有制决定着土地使用制,每一种社会形态都存在着与土地所有制相适应的土地使用制度及其具体形式。土地使用制度不仅是土地所有制的反映和体现,而且也是实现和巩固土地所有制的一种形式和手段。

按土地所有权与使用权相互关系的不同,土地使用制可分为两类：两权合一和两权分离。前者如中国土地改革之前的自耕农、经营地主以及人民公社化后的集体经济组织。后者主要有地主与佃农、地主与农业资本家及中国 1978 年后集体经济组织与土地承包户等。就两权分离的土地使用制又可分为有偿使用和无偿使用两类。而有偿使用制度,不管其形式如何,其实质是土地租赁关系。

土地国家管理制度指国家政权以社会代表的身份,对全国土地在宏观上进行管理、监督和调控的制度、机制和手段的集合。土地国家管理制度的产生,是由土地对于人类的特殊重要性、土地供给的稀缺性和土地利用后果的社会性等因素所决定的。作为"社会代表"的国家政权,必须通过对全国土地的宏观管理、监督和调控,才能保证土地在不同群体之间的管理分配、在不同部门之间的合理配置,并能通过消除或减少土地利用中的外部性或市场决定而维护环境,实现土地可持续利用。土地的国家管理由中央政府和地方政府来实施。

（三）土地制度的功能

制度的功能有多种表达方式。作为重要的制度形式,土地制度具有一般制度应有的主要功能。考虑到土地制度作为一种重要的经济制度,其主要功能体现在以下四个方面。

保障功能。土地制度应首先保证土地关系的利益相关者(当事人)的决策权和经济利益的实现,从而使土地制度得以运行。其中,决策权来源于政权、财产权和契约约定的权利,而主要取决于财产权关系。通过明确土地财产权利的归属范围,使土地产权主体对自己经济活动的后果——享有权利和承担义务得以保障。经济利益的分配主要包括土地税、地租(土地价格)、经营利润、劳动者工资等。如果相关利益者的这些权利和经济利益得不到保障,或只部分得到保障,那么土地制度就不是现实的,而可能是名义上的或形式上的。

激励功能。土地制度的激励机制是指对土地关系的利益相关者激发动机、鼓励行为、调动积极性的形成动力机制和作用,也就是引导人们实现外部性内在化的机制。是否有足够多的激励往往是一种土地制度成功与否的关键。土地制度激励功能的发挥,以土地产权制度安排为基础和前提。制度选择不当就会出现激励功能不足,甚至激励功能失效或失衡。土地制度的激励功能依靠两方面的激励手段,物质与非物质的,并可正面运用(给予好处)和反面运用(给予惩罚)。对于土地管理者来说,非物质激励手段和物质手段都十分重要,而对土地所有者和使用(经营)者来讲,物质激励更易奏效。

约束功能。土地制度的约束功能是对利益相关者的机会主义行为进行抑制的功能,即对利益相关者追求利益实现和不遭损失而设置的警戒线和规范行为的动力的功能。机会主义行为指人们借助不适当手段谋取自身利益的行为,与土地有关的这类行为如侵犯他人土地权益、土地投机或因经济外部性而出现的搭便车等。土地制度的约束功能,包括经济利益约束、法律约束和道德约束三个方面。如设置恰当的土地增值税(经济利益约束)就可以抑制过分的土地投机行为。

资源配置功能。所谓土地制度的资源配置功能,是指能以按价格信号或效益原则将土地资源由低效率向高效率方向配置的作用机制。这种配置功能的发挥,在宏观上表现为政府以一定的手段调控土地资源在不同用途、部门之间的配置,在微观上表现为政府以土地所有者或经营者依据一定信息(市场和政府决策)进行土地资源的开发与利用。而土地制度配置包括不同主体间的配置、不同区域间的配置和不同行业间的配置。一般来说,土地利用主体出于对自己经济利益的关心,总是把土地资源配置到更为有效率的部门或利用方式。

土地制度的四种功能是相辅相成的,只有保障功能和约束功能健全,激励功能才易奏效;而只有在足够的激励之下,资源的配置才会更合理、有效。这四种功能,归结起来,就是使土地得到更为有效率的配置,又能使利益相关者之间合理分配土地上的收益,从而达到效率与公平的统一。

二、土地管理

管理,单从字面上解释,管是主其事,理是治其事。管理是管辖、治理、控制的意思。管理是社会系统中联系各级层次子系统的纽带,是社会的生命力所在,离开了管理,社会系统的所有目的都无法达到,社会系统本身也难以存在。当前有关管理的涵义,不同学者从不同的角度有不同的理解。综合而论,管理可以表述为"管理是指一定组织中的管理者,通过实施计划、组织、领导、控制等职能来协调他人的活动,使别人同自己一起实现既定目标的活动过程。"

土地作为人类生产生活的重要载体,作为国家经济社会发展的重要物质基础,同样需要科学管理。土地管理是国家在一定的环境条件下,综合运用行政、经济、法律、工程技术等方法,为提高土地利用生态、经济、社会效益,维护在社会中占统治地位的土地所有制,调整土地关系,监督土地利用,以满足国民经济不断发展的需要,而进行的计划、组织、领导、控制等综合性活动。其实质是国家行政权力在土地配置领域的运用和实现。这一概念包括6个方面的含义。

(1)土地管理的主体是国家。土地管理是一种国家行为。国家是土地管理者,其通过立法授权各级人民政府负责本行政区域内的土地管理,各级人民政府的国土资源管理部门代表国家对土地实行统一管理。

（2）土地管理的客体是土地，以及土地利用中产生的人与人、人与地、地与地之间的关系。

（3）土地管理的任务是维护土地所有制、调整土地关系和监督土地利用；土地管理的目标是提高土地利用的生态、经济和社会效益，以满足国民经济不断发展的需要。

（4）土地管理的手段与方法是综合运用行政、经济、法律及工程技术等。

（5）土地管理的职能包括计划、组织、领导与控制。计划是国家及政府为达到预期土地管理目标而拟订的未来的行动方案和行动方针，如土地利用规划和土地利用年度计划；组织是明确组织成员的职务以及职务之间的相互关系的过程，即建立土地管理组织机构并配备工作人员，明确职、权、责，建立各级管理机构的相互关系，及各级组织内部的协作关系，以保证土地管理目标的实现；领导是土地管理领导者按既定目标和计划，对所属下级土地管理活动进行的指导及协调活动，引导土地管理活动朝着有利于共同目标实现的方向发展的过程；控制则是通过对修正执行状况与原计划之间的偏差，确保预期目标实现的管理活动。

（6）土地管理具有鲜明的阶级性，其目的和特点受社会环境的制约，特别受社会制度、土地制度的制约。

三、土地管理体制

（一）土地管理体制的概念

《辞海》中将体制解释为：诗文书画等的体裁、格调；格局，规格；结构；组织制度；礼制，规矩。与体制相关的即制度和机制。所谓制度，分为两个层次：根本制度和具体制度。根本制度属宏观层次，是指人类社会在一定历史条件下形成的经济、政治、文化等方面的规则和程序体系，如社会制度、经济制度、政治制度、文化制度等；具体制度属微观层次，是指某个单位，或某项重复进行的活动，要求成员共同遵守的办事规程或行动准则，如财务制度、工作制度、劳动制度等。所谓机制，是指事物自身的构成及其运动中的某种由此而彼的必然联系和规律性，其定义应该包含四个要素：一是事物变化的内在原因及其规律；二是外部因素的作用方式；三是外部因素对事物变化的影响；四是事物变化的表现形态。

体制是制度的中观层次，具有格局和规则两方面的含义。首先是指一定的组织格局（或结构）；其次，这个组织格局全部或部分地决定了，或蕴含着、影响着这个组织为实现某种管理功能而进行运作的规则。体制可以是某些社会分系统方面的制度，如政治体制、经济体制、文化体制、教育体制等；也可以是国家机关、企业、事业单位整体意义上的组织制度，是它们在机制设置、领导隶属关系和管理权限划分等方面的体系、制度、方法、形式等的总称，如领导体制、学校体制等。

土地管理体制是指国家关于土地管理、管理权限划分及运行等各种制度的总称。其内容包括各级土地管理机构的设置及相互关系，各级土地管理机构的职能和权限划分、各种职责和权限的相互关系及运行方式。其中，土地管理机构划分是土地管理的组织形式和组织保证；职责权能是土地管理的职能形式和功能保证；运行方式是土地管理组织形式和职能形式的动态反映和动态结合。

土地管理体制作为上层建筑的重要组成部分,既受到国家基本政治制度、经济制度和土地制度的影响,又受到基本国情及由国情决定的土地管理在整个国家管理中的地位影响,也受到政府机构改革的影响。

（二）土地管理体制的模式

根据土地管理机构的设置及相应的职责、职权划分,土地管理体制可分为集权、分权、集权与分权相结合三种模式。集权模式是指国家依法设立专门的土地管理机构,统一管理全国的土地和城乡地政;分权模式是指根据各行各业用地的需要,由各职能部门分别建立土地管理机构,分别管理本系统、本部门所使用的土地;集权与分权相结合模式是指国家依法统一管理与部门依法分别管理相结合的体制,即国家设置统一管理全国土地的职能机构,负责组织协调各行业、各部门用地关系,系统研究、制定和实施国家统一的土地政策、法规、规章和土地利用规划,统一管理城乡地政等,并在此前提下,各系统、各部门也设立土地管理机构,负责管理本部门、本系统的用地。

世界各国都根据各自不同的政治制度、经济制度和土地制度及经济社会发展水平和土地资源状况,选择了不同的土地管理体制模式,设置了不同的管理机构及职能分工。许多西方发达国家,如美国、加拿大、英国等国家,选择了分层管理模式,中央政府不设统一的土地管理机构,而是由政府各部委和地方行政机构设置土地管理机构,分层次、各负其责,分别管理各自地区范围内的土地。在东亚一些国家,如中国、日本、新加坡,由于人多地少,土地资源稀缺,需要严格管理,因此采用了城乡土地集权管理模式。俄罗斯则是集权与分权相结合管理模式的典型代表。苏联过去实行分部门按块统一管理城乡土地的模式,以地方分权为主,苏联解体后,俄罗斯不断强化国家管理土地的职能,并逐渐转换为以集权为主的管理模式。

土地管理体制的每种模式,各有利弊,适应不同的条件。一个国家究竟采取什么样的土地管理体制,应从自身具体条件出发加以选择,不能照搬。

第三节　土地管理学的研究对象与方法

一、土地管理学的产生

土地管理学的产生主要取决于社会经济发展的需要,土地管理工作对理论和方法的需要以及土地科学工作者的探索、研究成果情况。

（一）土地管理学的产生是社会经济发展的需要

土地是社会的宝贵财富,是社会物质生产得以进行的物质基础和生产资料。特别是在生产力高度发展的今天,为适应工矿业、交通运输业、农林牧副渔业、城镇村庄等的迅速发展,就必须有一定数量和质量的土地以及相应的土地利用结构与布局作保证。国民经济的发展,人类生存环境的改善,都是与土地的合理利用、保护紧密联系在一起的。当今世界,随着人口的剧增,各项建设事业的迅猛发展,耕地的锐减,生态环境的恶化,使得人口、土地、建设、粮食、环境成为举世瞩目的问题。如何协调好五者的关系,使之朝着预定的目标,顺利地发展,是人类社会发展面临的首要问题。这就要求将土地管理作为一门科学来开展系统的、卓有成效的研究,以不断提高土地管理的科学水平,适应社会经济发展的需要。

我国长期以来,由于没有重视对土地管理科学的研究,致使耕地减少速度失控,非农建设占地过猛,人均耕地面积迅速下降,粮食问题仍然是国民经济发展的一个牵制因素,不合理的土地利用,造成大面积的水土流失、土地沙化和土地污染,生态环境质量不断下降。土地数量与质量数据不准确,土地纠纷频繁,严重地影响着人们合理用地的积极性,这一切从反面告诉我们,为了促进社会经济的发展,必须开展对土地管理的理论和方法的系统研究。

土地管理学正是在这样的背景条件下应运而生的。

(二)土地管理工作发展需要理论和方法对它的指导

在奴隶社会、封建社会阶段,社会生产力低下,多以农业为主,人地矛盾不十分突出,所以,土地管理的内容较为单一,管理手段也较原始。例如,奴隶社会期间,全国土地属国君所有。国家为了维护奴隶主阶级土地国家所有制,按田亩和产量征派贡赋和徭役,采用"贡、彻、助"和"井田制",禁止土地自由买卖和转让等措施管理土地。封建社会时期,生产力得到了进一步的发展,奴隶主阶级土地国有制逐渐为封建土地私有制所取代。这个时期土地管理在内容上,比奴隶社会时期,大大地丰富了。首先,历代封建王朝为巩固封建土地所有制,征收赋税,普遍核实、清丈了田亩面积、评定土质,确定地权,其中,在历史上规模最大、最为著名的,要数明代的鱼鳞图册措施。朝廷委派专人,将全国各地区被分割成零碎小块的土地,按地权所有,逐块丈量,并详细记载其四至、土质、等级,然后按行政辖区,将耕地绘制在一起,编绘成册。因图上小块耕地,栉比排列,形似许多鱼鳞片,故称鱼鳞图册。

封建社会时期,土地兼并较为激烈,地主手中集中了大量土地,而农民则因丧失土地不得不背井离乡,四处逃亡,并时常爆发农民起义。封建王朝为缓和阶级矛盾巩固本阶级的统治,常采用土地管理措施来调整土地关系,其中比较重要的有曹魏的屯田制、西晋的占田制、北魏和唐朝的均田制。事实上,在封建土地私有制度下,上述限制土地兼并,调整土地关系的措施,只在一段时间内起过缓和阶级矛盾的作用。唐朝中叶以后的各个朝代,土地兼并问题都十分严重,地主土地所有制得到高度的发展。

国民党统治时期,土地管理在内容上比以往较为完备,例如,在全国范围内开展地籍整理工作,由地籍测量和土地登记两部分构成,在技术上,采用经纬仪、平板仪、航摄,首先进行控制测量,然后进行户地测量,最后编绘成精度较高的地籍图。为使以地籍整理为中心的土地管理工作有法可循,国民政府还颁布了《土地法》《土地法施行法》《各省市地政施行程序大纲》和《土地测量实施规则》等。

当代,由于工业、农业、交通运输业、乡镇企业、商业服务业、旅游业、电讯业的大发展,使土地管理的内容和范围大大地扩展了,不仅要管理农村土地,还要管理城镇用地。不仅要搞好地籍管理、地权管理,更重要的是搞好土地利用管理,协调好人口、土地、建设、粮食、环境之间的关系,既要保证所需粮食用地,又要保证社会经济发展所需土地,还要切实改善人类生存的环境质量。科学技术的发展,特别是电子计算机技术,遥感技术的发展,迫切要求用新技术、新设备武装土地管理部门,将土地管理工作提高到现代化的水平上,这就要求相应建立多层次、高效运行的土地管理系统,提高土地管理工作效率,不断优化土地利用,使之适应社会经济发展的需要。这一切都要求建立土地管理学,对土地管理的理论和实践开展深入、系统的研究,用以指导工作实践。

(三) 科学工作者的探索和研究为土地管理学的建立奠定了基础

在土地管理实践的基础上,中外学者长期以来对作为土地管理对象的土地问题及土地管理活动本身的规律性进行了广泛而深入的探索。土地管理学的产生是这种研究的必然结果。

自1900年至1981年期间,我国学者在各种杂志,报刊上公开发表的有关土地问题的论文共有1 000多篇,正式出版的著作有90多部。其内容涉及土地制度、土地政策、土地经济、土地行政、土地法规、土地利用、土地规划等方面。例如,在地政方面比较重要的著作有:曹经源的《民国经济行政纪要》(1917年),庞树森的《地政通诠》(1931年),李如汉的《地政诌议》(1936年),王晋伯的《土地行政》(1942年),诸葛平的《地籍整理》(1948年),来璋的《土地行政学》(1970年)等。

世界上对土地问题的系统研究,始于资本主义制度建立以后。主要代表著作有:李嘉图《政治经济学及赋税原理》中的地租理论,马克思《资本论》中的地租篇,列宁的《土地问题和"马克思的批评家"》(1901年),《俄国社会民主党的土地纲领》(1902年),《对欧洲和俄国的土地问题的马克思主义观点》(1903年),《修改工人政党的土地纲领》(1906年),《社会民主党在1905—1907年俄国第一次革命中的土地纲领》(1907年),《十九世纪末俄国的土地问题》(1908年),《俄国土地问题的实质》(1912年)等。这些专著为土地管理学的建立奠定了理论基础。

美国学者伊利和莫尔豪斯合著的《土地经济学原理》(1924年)是当代较早的土地经济学名著。苏联著名学者 C·A·乌达钦主编的《土地规划学》(1949年),是当代最早的土地规划学名著。还有其他学者的有关著作,都为土地管理学的建立创造了条件。

与此同时,管理科学在全世界范围内得到了发展。19世纪末至20世纪初出现了以美国的泰勒、法国的法约尔、德国的韦伯为代表人物的"古典管理理论",这标志着系统的管理理论初步形成;从20世纪20年代开始,西方管理学者将社会学和心理学引进企业管理的研究领域,形成了"行为科学"理论;第二次世界大战以后,在世界范围内掀起了管理热潮,出现了当代西方管理理论,形成了管理科学。特别是日本自1950年以来,极其重视管理科学研究,取得了较大成效。

当前,在我国,管理学已成为一门极其重要的科学。将管理学的原理和方法引入对土地关系和土地利用的管理活动中,建立一门崭新的土地管理学,有利于提高土地管理工作的质量和效率,促进土地管理事业的健康发展。

二、土地管理学的研究对象

土地管理学的研究对象是作为自然经济综合体的土地的利用和土地关系的管理,这一完整的、综合的、具体的社会现象的规律性。

土地管理学是管理科学的一个分支学科,它是介于土地科学和管理科学之间的一门交叉学科,是理论与实践相结合的应用学科。它研究调整土地关系和监督、调控土地利用,使之达到预定目标的管理活动的规律性。也就是说,它研究的客体是以土地关系和土地利用为核心的土地问题,这是土地管理学与其他部门管理学的区别。

土地管理活动是人类在一定社会条件下的自觉的、有目的的活动,它不可能脱离当时的社会经济条件而孤立地进行。土地管理的目标必须是当时社会经济条件下应该而且可能达到的目标。管理活动中采用的技术手段也必须与当时的科技发展水平相适应。因此,研究土地管理的规律性,必须将管理活动置于一定的社会经济条件下来考察。

土地管理学与土地经济学、土地规划学在研究对象上是有区别的。虽然他们都涉及土地关系与土地利用问题,但因它们都有各自不同的研究对象,因而它们是三门独立的学科。

土地经济学的研究对象是土地利用的经济原理和土地关系及其运动规律。它是把土地视为一个经济要素,研究其综合利用和分配的综合性经济学科。土地管理学的研究对象是土地关系和土地利用的管理活动的规律性,它着重研究如何调整土地关系,监督、调控土地利用,才能实现管理目标,为此,必须了解土地关系和土地利用本身运动的规律性,这就是土地管理学所依据的土地经济学原理。所以,土地管理学的研究对象是土地关系和土地利用这一社会现象管理的规律性,而不是土地关系和土地利用本身运动的规律性。虽然这是土地管理必须要涉及的范畴,但它毕竟是土地经济学研究的对象。

土地规划学的研究对象是组织土地利用的规律性,它着重研究合理组织土地利用的理论,规划设计和实施的方法。土地管理学则侧重研究对土地利用和土地权属管理的原理和方法,它借鉴土地规划学的研究成果,并运用于土地管理,但它不着重研究土地规划的理论和方法。

土地管理学是将整个土地管理过程以及管理过程中的一切职能,经济、法律、技术、行政等各种因素作为一个整体来研究的,它是研究这一整体运动规律性的学科。地籍管理、土地利用管理等则是研究管理过程中个别阶段或某项内容的学科。农村土地管理、城市土地管理是研究农村和城市土地管理特殊规律的学科,而土地管理学研究的是一般规律与特殊规律的结合。

三、土地管理学的任务与内容

(一)土地管理学的任务

土地管理学的基本任务是应用土地管理学的原理和方法,来研究和阐述一定的社会生产方式下调整土地关系,监督、调控土地利用的规律性,以达到平衡土地供需矛盾,取得尽可能大的生态效益、经济效益和社会效益的目的。在不同的社会生产方式下,土地管理学的任务是不同的:在资本主义社会,土地管理学的任务是研究如何管理土地才能达到维护资本主义土地关系,并获取最大利润的目的;在社会主义社会,土地管理学是为维护社会主义土地关系和满足整个社会对土地的需求服务的。

(二) 土地管理学的内容

依据土地管理实践及其目标实现的需要,可将土地管理学的研究内容分为理论基础、技术手段及应用实践三大部分。理论基础即土地管理实践及土地管理学研究的基本理论,为土地管理提供理论前提和依据,主要包括管理学理论、经济学理论、法理学理论和生态学理论;技术手段是土地管理实践及土地管理学研究的技术基础,为土地管理实践提供大量的基础数据和综合分析手段,主要包括测绘技术和3S技术;应用实践即土地管理实践,是运用相关基础理论并运用相应的技术手段实施具体的土地管理工作,主要包括地籍管理、土地权属管理、土地利用管理、土地市场管理、土地信息管理及土地评价(图1-1)。其中应用实践是土地管理及土地管理学研究的核心内容。

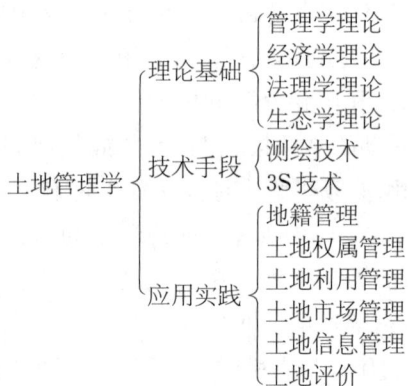

图 1-1　土地管理学的内容

四、土地管理学的研究方法

(一) 理论联系实际的方法

土地管理学是为认识土地管理过程客观规律而进行的研究,并反过来用于指导土地管理实践,属于应用理论研究范畴,因此其研究过程必须与实践相结合。通过对实践过程的深入、全面的调查分析,进行提炼,归纳成具有一般规律性的理论思想,再反过来用于指导实践工作,并得到检验和修正,使之逐步成为成熟的理论。尤其我国的土地管理工作,既要满足社会主义公有制的要求,又要符合市场经济规律的要求,可以说具有中国特色,必须立足于我国国情,采取实事求是的科学态度,理论联系实际,对复杂的土地管理现象、地政管理的环节和过程,抽象地概括出一般的原理、原则和方法,以此作为处理土地管理问题的准则,用以指导土地管理实践。

(二) 比较研究方法

比较研究法是以辩证唯物主义和历史唯物主义为基础,运用大量调查统计资料、对土地关系、土地利用及土地管理的历史、现状、未来进行对比分析和预测的方法。建立具有中国特色的土地管理学,必须结合我国的实际,对国外土地管理学说去粗取精,弃其糟粕,取其精华,这就需要采用比较研究法。比较研究包括纵向比较和横向比较,宏观比较和微观比较,动态比较和静态比较,及其综合比较分析。对不同历史时期不同社会生产方式下的土地关系和土地利用以及管理活动的比较研究,对同一历史时期不同社会制度下的土地关系和土地利用以及土地管理活动的比较研究,可以揭示土地关系和土地利用以及管理活动的一般规律和特殊规律。我国土地管理实践已有两千多年的历史,国外又有许多有益的土地管理经验,尤其市场经济条件下土地管理的体制和方法,故应通过纵向、横向的对比方式,对不同的历史阶段、不同国家的土地管理体制、制度体系、管理方法和技术进行全面地比较、分析,探究异同,权衡利弊,取长补短,探索出适合我国现阶段国情以及土地资源及其利用实践要求的基本理论。

(三)综合研究方法

采用多种学科,从各个方面、不同角度来考察和分析土地管理问题。土地管理学是在多学科的交叉中形成的,不是孤立的学科,与有关社会科学和自然科学有着广泛的联系。从学科的本身来说,土地管理学的研究内容较广泛,涉及行政管理、经济、规划、金融、法律,等等。所以,要系统地研究和掌握土地管理学,必须综合应用相关学科的知识来完成。土地管理学必须将土地关系和土地利用作为一个不可分的统一体来研究;将土地管理作为组织、技术和社会经济方面相互联系的统一体来研究。土地管理学只有对上述方面进行综合分析,才能使管理活动符合管理过程本身固有的规律。

(四)系统分析方法

土地管理是一个相互联系的有机整体。如果说全国土地管理是一个母系统的话,那么省、地、具、乡的土地管理则是不同层次的子系统。这就要求采用系统方法研究如何使各层次的土地管理系统的目标、职能、原则、方法、机构、干部、技术、结构和过程互相协调起来,使整体与部分、整体与外部环境互相协调起来。这就在客观上要求采用系统方法揭示它们之间的联系和运动的规律性,通过系统优化来提高系统的总体功能。

(五)归纳法与演绎法

归纳法是根据对某类事务中具有代表性的部分对象及其属性之间必然联系的认识,得出一般性结论的方法。演绎法是从一般性知识引出个别性知识,即从一般性前提得出特殊性结论的过程。演绎推理的前提与结论之间存在着必然联系,只要推理的前提正确,推理的形式合乎逻辑,则推出的结论也必然正确。

归纳与演绎两者可以互相补充,互相渗透,在一定条件下可以相互转化。演绎是从一般到个别的思维方法;归纳则是对个别事物、现象进行观察研究,而概括出一般性的知识。作为演绎法的一般性知识来源于经验,来源于归纳的结果,归纳法则必须有演绎的补充研究。

(六)现代化技术方法

研究土地管理学需要进行大量的社会调查和统计分析,要得出科学的结论,必须以全面系统的分析为基础,这就需要采用先进的科学技术,如利用系统工程、信息论、控制论等理论,采用仿真技术、3S 技术、数学模型、角色扮演等技术进行模拟研究、数据分析和信息化管理。

土地管理学的研究方法是多种多样的,而且会随着科学技术进步和土地管理事业的发展而不断发展变化,不存在一种完善的、任何情况下都适用的研究方法,我们应该在实践中不断探索新的、有效的方法,来研究和探索适合我国国情和土地管理实践的理论和技术,不断发展和完善我国的土地管理学体系,为促进土地管理实践的正确发展提供理论依据。

第二章 土地管理的理论与技术基础

第一节 管理学理论

一、管理的概念

管理,单从字面上解释,管是主其事,理是治其事。管理是管辖、治理、控制的意思。管理现象是普遍存在的,它包括的范围十分广泛。对于管理,至今还没有一个统一的为大多数人所接受的定义。近百年来众多学者从自身研究管理时的出发点或角度对管理进行界定。其中具有代表性的几种观点如下:

(1) 现代管理理论创始人法国实业家法约尔(Henri Fayol)认为:"管理是由计划、组织、指挥、协调及控制等职能为要素组成的活动过程。"

(2) 美国学者福莱特(Follett)提出:"管理就是通过其他人来完成工作。"该定义具有三层涵义:① 管理必然涉及其他人;② 管理是有目的的活动,即要通过其他人来完成工作;③ 管理的核心问题是管理者要处理好与其他人的关系,调动人的积极性,让他们来为你完成工作。

(3) 美国管理学大师彼得·德鲁克(Peter F. Drucker)指出:"管理是一种实践,其本质不在于'知'而在于'行';其验证不在于逻辑,而在于成果;其唯一权威就是成就。"

(4) 美国决策理论学派的代表人物赫伯特·西蒙(Herbert A. Simon)教授认为:"管理就是决策。"决策贯穿于管理的全过程和所有方面;组织是由一些决策者所构成的系统;任何工作都必须经过这一系列的决策才能完成;如果决策失误,就会造成损害。

(5) 美国现代管理学家哈罗德·孔茨(Harold Koontz)和海因茨·韦里克(Heinz Weihrich)指出:"管理就是设计一种良好环境,使人在群体里高效率地完成既定目标的过程。"

(6) 美国管理学家斯蒂芬·罗宾斯(Stephen P. Robbins)和玛丽·库尔特(Mary Coulter)认为:"管理是通过协调其他人的工作有效率和有效果地实现组织目标的过程。"该定义强调:① 管理是协调其他人的工作;② 管理应当有效率和有效果;③ 管理是实现组织目标的过程。

综合以上观点,管理是管理者为了有效地实现组织目标、个人发展和社会责任,运用管理职能进行协调的过程。从该定义可以看出:① 管理是人类有意识有目的的活动;② 管理应当是有效的;③ 管理的本质是协调;④ 协调是运用各种管理职能的过程。

二、管理者的角色与技能

(一) 管理者的角色

管理者在管理过程中主要扮演三大角色:人际角色、信息角色和决策角色。

1. 人际角色

人际角色直接产生自管理者的正式权力基础,管理者在处理与组织成员和其他利益相关者的关系时,即在扮演人际角色。管理者所扮演的三种人际角色是代表人角色、领导者角色和联络者角色。作为管理者须行使一些具有礼仪性质的职责,此时,管理者行使着代表人的角色。由于管理者对所在单位的成败担负重要责任,他们必须在工作小组内扮演领导者角色。此外,管理者无论是在和组织内的个人或工作小组一起工作时,还是在建立和外部利益相关者的良好关系时,都起着联络者的作用。

2. 信息角色

管理者负责确保和其一起工作的人具有足够的信息,从而能够顺利完成工作。管理者既是所在单位的信息传递中心,也是组织内其他工作小组的信息传递渠道,具体扮演信息监督者角色、信息传播者角色和发言人角色。作为信息监督者,管理者持续关注组织内外环境的变化以获取对组织有用的信息,进而可以识别工作小组和组织的潜在机会和威胁。作为信息传播者,管理者把他们作为信息监督者所获取的重要信息传递给工作小组成员。作为发言人,管理者须把信息传递给单位或组织以外的个人。

3. 决策角色

在决策角色中,管理者处理信息并得出结论,具体扮演企业家角色、干扰应对者角色、资源分配者角色和谈判者角色。作为企业家,管理者密切关注组织内外环境的变化和发展,以便发现机会并加以利用。作为干扰应对者,管理者必须善于处理冲突或解决问题。作为资源分配者,管理者决定组织资源用于哪些项目。作为谈判者,管理者花费大量时间和精力在谈判上,以确保小组朝着组织目标迈进,其谈判对象包括员工、供应商、客户和其他工作小组等。

(二) 管理者的技能

管理者要具备三类技能:技术技能、人际技能和概念技能。

1. 技术技能

技术技能即运用管理者所监督的专业领域中的过程、惯例、技术和工具的能力。尽管管理者未必是技术专家,但其必须具备足够的技术知识和技能以便卓有成效地指导员工、组织任务,把工作小组的需要传达给其他小组以及解决问题。技术技能对于各种层次管理的重要性不同,对基层管理最重要,对中层管理较重要,对高层管理较不重要。

2. 人际技能

人际技能即成功地与别人打交道并与别人沟通的能力,包括对下属的领导能力和处理不同小组之间的关系的能力。管理者必须能够理解个人和小组、与个人和小组共事以及同个人和小组处理好关系,以便树立团队精神。人际技能对于各种层次管理的重要性大体相同。

3. 概念技能

概念技能即把观点设想出来并加以处理以及将关系抽象化的精神能力。具有概念技能的管理者往往把组织视作一个整体,并且了解组织各个部分的相互关系,了解组织中任何行动的后果,以及正确行使管理职能。很强的概念技能能为管理者识别问题的存在,拟定可供选择的解决方案,挑选最好的方案并付诸实施提供便利。概念技能对于各种层次管理的重要性不同,对高层管理最重要,对中层管理较重要,对基层管理较不重要。

三、管理职能

管理活动是由具体职能承担的。所谓管理的职能,是对于管理工作主要内容的概括。管理职能的划分,是分工过程和管理专业化的产物,是管理活动过程的阶段性抽象和系统性表征。根据管理过程的内在逻辑,一般可以划分为几个相对独立的部分,即计划、组织、领导和控制。

1. 计划职能

计划是把既定的目标进行具体安排,作为全体组织成员一定时期内的行动纲领,并规定实现目标的途径、方法的管理活动。制定科学的计划,必须对组织的内外条件进行严格的科学的分析,从而保证计划的科学性和预见性。计划形式要多样化,既要编制综合计划,又要编制各项专业活动的具体计划,并把计划指标层层分解落实。只有这样,才能把各个方面的工作有机组织起来,充分发挥计划的指导作用,实现决策所规定的目标。

2. 组织职能

决策的实施要依靠其他人的合作。组织工作正是从人类合作的需要产生的。合作的人们如果在实施决策目标的过程中,能有比合作个体总和更高的效率,就应根据工作的要求与人员的特点,设计岗位,通过授权和分工,将适当的人员安排在适当的岗位上,用制度规定各个成员的职责和上下左右的关系,形成一个有机的组织结构,使整个组织协调地运转。这就是管理的组织职能。组织职能是管理活动的根本职能,是其他一切管理活动的保证和依托。

3. 领导职能

运用影响力激励员工以便促进组织目标的实现,同时,领导也意味着创造共同的文化和价值观念,在整个组织范围内与员工沟通组织目标和鼓舞员工树立起谋求卓越表现的愿望。

4. 控制职能

人们在执行计划过程中,由于受到各种因素的干扰,常常使管理实践活动偏离原来的计划。为了保证目标及计划得以实现,就需要有控制职能。控制的实质就是使实践活动符合计划,计划就是控制的标准。管理者必须及时取得计划执行情况的信息,并将有关信息与计划进行比较,以发现实践活动中存在的问题,分析原因,及时采取有效的纠正措施。纵向看,各个管理层次都要充分重视控制职能。愈是基层的管理者,控制要求的时效性愈短,控制定量化程度也愈高；愈是高层的管理者，控制要求的时效性愈长，综合性也愈强。横向看，各项管理活动、各项管理对象都要进行控制。可以说，没有控制就没有管理。

四、管理原理

管理原理是对管理工作的实质内容进行科学分析总结而形成的基本真理，它是现实管理现象的抽象，是对各项管理制度和管理方法的高度综合与概括。从人类长期的管理实践来看，管理原理可以大致归结为四项基本原理，即系统原理、人本原理、责任原理和效益原理。

（一）系统原理

任何社会组织都是由人、物、信息组成的系统，任何管理都是对系统的管理，没有系统，也就没有管理。系统是指由若干相互联系、相互作用的部分组成，在一定环境中具有特定功能的有机整体。在自然界和人类社会中，一切事物都是以系统的形式存在的，任何事物都可以看作是一个系统。系统具有集合性、层次性及相关性的特点。

系统性原理包括整体性原理、动态性原理、开放性原理、环境适应性原理和综合性原理。

1. 整体性原理

整体性原理指系统要素之间的相互关系及要素与系统之间的关系以整体为主进行协调，局部服从整体，使整体效果为最优。也就是从整体着眼，部分着手，统筹考虑，各方协调，达到整体的最优化。

2. 动态性原理

系统作为一个运动着的有机体，其稳定状态是相对的，运动状态则是绝对的。系统不仅作为一个功能实体而存在，而且作为一种运动而存在。

3. 开放性原理

实际上，不存在一个与外部环境完全没有物质、能量及信息交换的系统。任何有机系统都是耗散结构系统，系统与外界不断交流物质、能量和信息，才能维持其生存。并且只有当系统从外部获得的能量大于系统内部消耗散失的能量时，系统才能克服熵而不断发展壮大。

4. 环境适应性原理

系统不是孤立存在的，它要与周围事物，即与系统环境发生各种联系。当系统与环境能够保持最佳适应状态，则是一个有活力的理想系统，否则该系统是无生命力的。系统对环境的适应并不都是被动的，也有能动的，即改善环境。

5. 综合性原理

即把系统的各部分各方面和各种因素联系起来，考察其中的共同性和规律性。一方面系统目标要具有多样性和综合性，要从各种复杂的甚至对立的因素中综合的结果来确定系统最优化目标；另一方面，系统实施方案选择要具有多样性和综合性。

（二）人本原理

世界上一切科学技术的进步，一切物质财富的创造，一切社会生产力的发展，一切社会经济系统的运行，都离不开人的努力，人的劳动与人的管理，并且都是为了造福人类，促进人的全面发展。人本原理就是以人为主体的管理思想。尊重人、依靠人、发展人、为了人是人本原理的基本内容和特点。

1. 尊重人

尊重人即职工是企业的主体。劳动力是企业经营的基本要素之一。企业管理既是对人的管理，也是为人的管理。企业经营的目的，绝不是单纯商品的生产，而是为包括企业职工在内的人的社会发展服务的。

2. 依靠人

依靠人即有效管理的关键是职工参与。适度分权、民主治企业，依靠科学管理和职工参与，使个人利益与企业利益紧密结合，使企业全体职工为了共同的目标而自觉地努力奋斗，从而实现高度的工作效率。

3. 发展人

发展人即现代管理的核心是使人性得到最完美的发展。在多元化的时代，在多样化的组织中，实施每一项管理措施、制度、办法时，不仅要看到实施取得的经济效果，同时要考虑对人精神状态的影响。一定要从尊重人、尊重人的种族、信仰、文化、爱好、兴趣出发，才能真正促进人的全面发展。

4. 为了人

为了人即管理是为人服务的。以人为主体、为了人的全面发展、为人服务，其"人"不仅包括企业内部、参与企业生产经营活动的人，还包括存在于企业外部的、企业通过提供产品为之服务的用户。服务用户、服务市场是企业以及企业管理必须依循的基本宗旨。

（三）责任原理

管理是追求效率和效益的过程。在这个过程中，要挖掘人的潜能，就必须在合理分工的基础上，明确规定这些部门和个人必须完成的工作任务和必须承担的相应责任。

1. 明确每个人的职责

挖掘人的潜能的最好办法是明确每个人的职责。在合理分工的基础上确定每个人的职位，明确规定各职位应担负的责任。这就要求，首先要清楚地界定职责；其次，职责中要包括横向联系的内容；最后，职责一定要落实到每个人。

2. 职位设计和权限委授要合理

一定的人对所管理的一定的工作能否做到完全负责，基本上取决于三个因素，即权限、利益和能力。明确了职责，就要授予相应的权力；权限的合理委授，只是完全负责所需的必要条件之一，权限所对应的收益和与其责任风险相对称；能力是完全负责的关键因素。

3. 奖惩要分明、公正而及时

对每个人的工作表现及绩效给予公正而及时的奖惩，有助于提高人的积极性，挖掘每个人的潜力，从而不断提高管理成效，及时引导每个人的行为朝着符合组织需要的方向变化。

（四）效益原理

效益是管理的永恒主题。任何组织的管理都是为了获得某种效益。效益高低直接影响着组织的生存和发展。管理既要追求经济效益，又要追求社会效益和生态效益，通过技术创新或管理创新,要把三者的综合效益完全统一起来。追求管理效益有其规律可循:① 实际工作中,管理效益的直接形态是通过经济效益而得到表现的;② 影响管理效益的因素很多,其中主体管理思想正确与否占有相当重要的地位;③ 追求局部效益必须与追求全局效益协调一致;④ 管理应追求长期稳定的高效益;⑤ 确立管理活动的效益观。

第二节　经济学理论

一、经济学定义及性质

(一)经济学定义

经济学是研究人和社会对有不同用途的稀缺资源加以选择的科学,其目的是有效配置稀缺资源以生产商品和提供劳务,并在现在或将来把它们合理地分配给社会成员或集团以供消费之用。

资源是指用于满足人类需要的有形产品和无形产品,它包括资本、劳动和土地等。经济资源应当是稀缺的资源。稀缺性是指相对于人类多样、无限的需要而言,满足需要的资源是有限的。经济学中的人类欲望是指人对生活资料和服务的不间断的需求。基本欲望满足了,人类又会产生新的、更高级的欲望。相对于人类欲望,资源始终是稀缺的。同一资源具有多种用途。资源的配置是指如何选择既定的资源去生产量多质优的经济物品,以便更好地满足人类的需要。

(二)经济学性质

1. 资源稀缺性是经济学分析的前提

存在资源稀缺性才有经济学,没有稀缺性也就没有经济学。某种资源或产品具有稀缺性或稀缺性程度高低,是相对于需求和供给关系而言的,而不是就其本身总量而言的。

2. 选择行为是经济学分析的对象

如果任何行为都由内外在因素给定,对于主体而言没有选择可能性,那么就没有经济学。简而言之,经济学是一门适于选择行为的科学。选择意味着在给定约束条件下,可能通过不同的行动方案来达到某种目标。

3. 资源有效配置是经济学分析的中心目标

这里的"有效"是指"有效率",而不是"有效果"。"有效率"不仅包含结果形态,而且还要考虑获得这一结果付出的成本。由于资源具有稀缺性,又由于人们具有行为选择性,因而必然会发生如何有效利用稀缺资源来增进社会财富的问题。

二、微观经济学与宏观经济学

经济学包括微观经济学和宏观经济学,这两大分支共同构成现代经济学的核心,但它们具有不同的研究对象和理论体系。

（一）微观经济学

微观经济学是在假设一个经济社会或经济体的经济活动总是运行在生产可能性曲线上，即经济资源已经被充分利用的条件下，研究如何提高经济效益，实现资源最优配置，以增进社会福利的问题。其所关注的对象是消费者、生产者等单个经济主体的行为。通过对单个经济主体或微观经济主体行为的分析，旨在说明单个的消费者和生产者为实现其行为目标，应当怎样配置有限的资源，以实现资源配置的最优化，并最终实现整个社会资源的最优配置。可以说，微观经济学把单个消费者、单个厂商以及单个产品市场和单个要素市场作为研究对象，并试图通过微观经济主体行为的分析来说明价格机制是如何进行资源配置的，以及实现资源最优配置的条件，同时，分析如何发挥政府的作用来克服市场机制的缺陷，以提高资源配置效率，改善经济运行的质量。

微观经济学是从四个层次上逐步深入地对经济主体的行为展开分析的。第一个层次是分析作为微观经济行为主体的单个消费者如何进行消费决策以实现效用最大化的最优化行为，以及单个生产者如何进行生产决策以实现最大利润的最优化行为；第二个层次是假设在所有的消费者和所有的生产者都在最优化行为的基础上，分析这种力量怎样影响市场竞争和供求关系的变动，并以此来说明单个市场上产品价格和要素价格的形成和变动；第三个层次是把所有的单个市场联系起来，分析一个经济社会或经济体中价格体系的决定，研究市场机制是如何配置资源，实现资源的最优化配置问题的；第四个层次是分析市场机制配置资源的缺陷，以及政府在提高资源配置效率方面应当发挥什么样的作用。

（二）宏观经济学

宏观经济学是在假定资源已经实现最优配置的条件下，研究一个经济社会或经济体如何实现资源的充分利用问题。即宏观经济学的研究对象是一个经济社会的总体经济行为或个体行为的总体结果。

宏观经济学对宏观经济运行的分析沿着五个层次逐步展开。第一个层次分析在只有家庭部门、企业部门和政府部门并且只有产品市场和货币市场以及要素市场的封闭条件下，在短期内国民收入如何决定于总需求，以及在什么条件下才能实现宏观经济的均衡；第二个层次分析是在封闭经济运行的基础上引入外国部门和国际市场，研究家庭、企业、政府和外国等四个部门开放条件下国民收入怎样决定于总需求和宏观经济均衡的条件；第三个层次分析是引入时间变量，从总供给的角度解释一个经济体在长期中是如何在波动过程中实现经济增长和充分就业的；第四个层次分析是利用总需求-总供给模型解释宏观经济的均衡与非均衡；第五个层次是分析政府对宏观经济的干预，包括对总需求的政策干预和对长期经济增长的政策干预，并试图说明政府如何通过政策干预来提高宏观经济运行的质量。

三、经济学十大原理

（一）选择原理

由于社会上的资源是稀缺的，尽管由个人、企业和政府不同决策主体作出的决策不尽相同,但均需要考虑三大基本问题:生产什么?如何生产?为谁生产?在资源稀缺性普遍存在的条件下,生产一种商品必然意味着生产其他商品机会的减少,因此,一个社会必须作出合理选择;同一种商品可以用不同方式生产,要使资源产生最大的经济效益,必须对使用各种资源所花费的成本和所带来的效益进行比较,以便作出有利的选择;由于资源稀缺性限制,不能保证每个社会成员都能获得他们希望得到的所有商品和劳务,所以,每个社会都必须形成一套机制对生产出来的产品和财富进行分配。

(二)机会成本原理

机会成本是指把同一时间和资源用做某项用途时失去用做另一用途的产出价值。资源的稀缺有多种表现形式,如资金的短缺、人力的短缺、物力的短缺、时间的短缺等。对稀缺资源进行有效配置的决策和选择,就意味着会发生机会成本。

(三)边际原理

生活中的许多决策涉及对现有行动计划进行微小的增量调整,经济学家将这些调整称为边际变动,或者我们将边际解释为多(额外)增加的一个单位。在许多情况下,人们强调通过考虑边际量来作出最优决策。边际原理表明,个人和企业通过考虑边际增量可以作出更合理的决策。只有一种行动的边际收益大于边际成本,一个理性的决策者才会采取这项行动。

(四)激励原理

由于人们通过比较成本与收益作出决策,所以,当成本或收益变动时,人们的行为也会改变,即人们会对激励作出反应。对于制定政策的人来说,激励在决定行为中的作用是重要的。政策往往改变了人们的行动成本或收益。不同的政策会产生不同的激励,产生不同的行为与行为结果。

(五)比较优势原理

比较优势原理又称交换(贸易)原理,是指交易能使双方受益。贸易促使人们专门从事自己最擅长的活动,并享受更多的物品和劳务。国与国之间的贸易可以使每个国家经济发展得更好,而不能认为贸易像体育比赛一样,一方赢另一方输,应该是双赢的结局。贸易使各国可以专门从事自己最擅长的活动,并享有各种各样的物品与劳务。

(六)市场机制原理

在市场经济条件下,企业决定生产什么、如何生产、为谁生产,家庭决定为哪家企业工作以及用自己的收入购买什么,这些企业和家庭在市场上相互交易,是价格和个人利益引导他们的决策。由于家庭和企业在决定购买什么和出售什么时关注价格,因此,他们就不知不觉地考虑到他们行动的社会收益与成本。结果,价格指引这些个别决策者在大多数情况下实现了整个社会效益最大化的结果。

（七）政府适度干预原理

显然,市场是配置资源最好的一种方式,但它也有失灵的时候。市场失灵主要是由于外部性及市场垄断造成的。这时,就需要政府对经济进行适度干预,以促进资源配置的效率和公平,同时,促进经济成果的公平分配。

（八）生产率原理

所谓生产率是单位时间内所能生产出的物品和劳务量。在单位时间内能生产大量物品与提供劳务的国家,其人民则享有较高的生活水平;反之,生产率低的国家大多数人则必须忍受贫困的生活。

（九）通货膨胀原理

国家经济中物价总水平的持续上升,货币量的迅速增长,货币流通速度加快和生产率的大幅度下降都会导致通货膨胀。宏观经济运行往往出现各类失衡和失调现象,通货膨胀是其中危害最大的一种形式。它不仅降低公众的生活水平,而且导致经济运行的紊乱,是"公众的头号敌人",因此,各个国家几乎都把控制通货膨胀作为宏观经济政策的基本目标。

（十）通货膨胀与失业的短期交替原理

降低通货膨胀会引起失业人口暂时增加,通货膨胀与失业之间的这种交替关系被称为菲利普斯曲线。这种交替关系的产生是由于某些价格调整过慢。由于价格在短期中是黏性的,而各种政府政策都具有不同于长期效应的短期效应。通货膨胀与失业之间的交替关系虽是暂时的,但可以持续数年之久。因此,菲利普斯曲线对理解经济活动中的许多决策是至关重要的。

四、供求理论

经济学所要解决的是资源配置问题,这一问题是通过价格机制来解决的,因此,经济学的核心是价格理论,而价格机制的核心是市场机制。市场机制的基本力量是供给和需求,供给和需求的变动会导致产出和价格的变动。

（一）需求及需求规律

所谓需求是指消费者在某一特定时期内,在某一价格水平上愿意并且能够购买的一定数量的物品和劳务。作为需求要具备两个条件:第一,有购买的欲望;第二,有购买能力。两者缺一不可。

生活经验告诉我们,消费者对于任何商品的需求,受商品价格的影响很大。无论就个别消费者来说还是就消费者整体来说,对商品的需求,都表现出价格越高需求量越小,价格越低需求量越大的规律。价格与需求之间呈反向变动的关系。

（二）供给及供给规律

所谓供给是指生产者在某一特定时期内,在每一价格水平上愿意并且能够出售的商品或劳务的数量。供给同样包含着两个不可分的条件：生产者出售的愿望和具有的供给能力。

由于管理水平、技术水平和经济环境的差异,即便是生产同样的商品,不同的厂家也可能需要不同的成本。因此,当这种商品的市场价格比较高的时候,众多厂商都愿意生产和销售这种商品。无论就生产某种商品的个别厂商还是生产这种商品的整个行业来说,对商品的供给,都表现出价格越低供给量越小,价格越高供给量越大的规律。价格与供给量之间呈正向变动的关系。

（三）均衡价格

均衡价格论认为,在价格问题上存在一种相反力量,即在一个市场内,买者和卖者对某一商品的要求和控制的程度及能力,或者说存在需求与供给两种力量。这两种力量相互冲击和制约,分别影响与推动需求价格与供给价格的变动。当供求双方力量达到均势时,所形成的价格便是均衡价格。也就是说,均衡价格是一种商品的需求价格与供给价格相一致时的价格。

均衡价格是在完全自由竞争的条件下,通过市场供求的自发调解而形成的。针对某一价格水平的商品而言,当供给量大于需求量时,价格会自动下降；价格下降会导致需求量增加,当需求量大于供给量时,价格又会上升。这样,价格经过上下波动最后会趋向于使商品的供给量和需求量都为某一水平,从而使得价格达到某一水平,即形成均衡价格。均衡价格一旦形成,就具有一定的稳定性,市场价格如背离均衡价格,就会通过商品的需求量与供给量的变动,使市场价格恢复到均衡价格,并在此稳定下来。

五、市场理论

（一）完全竞争市场

完全竞争是指一种竞争不受任何阻碍和干扰的市场结构,对竞争的干扰主要来自政府的干预和企业相互勾结形成垄断。完全竞争市场具有如下特征：① 市场上有许多经济主体,这些经济主体数量众多,且每一主体规模又很小；② 产品是同质的,即任何一个生产者的产品都是无差别的；③ 各种资源都可以完全自由流动而不受任何限制；④ 市场信息是完全的和对称的,生产者和消费者都可以获得完备的市场信息,双方不存在相互的欺骗。

在完全竞争市场上,企业改变生产经营决策不能影响市场的供求关系,从而也不能影响市场价格。即完全竞争市场价格不是由某企业决定而是由该行业的供求关系决定。该行业产品的价格决定后,任何企业只能被动接受这一价格而不能改变这一价格。由于企业按既定的市场价格出售产品,且无论一个企业产量增加多少,价格总是不变的,其结果是：在完全竞争市场上,企业的平均收益、边际收益及价格是相等的。

（二）完全垄断市场

垄断是指某一行业只有一家企业,这个企业提供全部产品供给的市场结构。在这种市场结构中,一家企业控制某一产品供给的全部。完全垄断大致有政府特许的私人垄断和政府垄断两种类型。形成垄断的原因主要有:① 物质技术条件;② 人为的和法律的因素。③ 企业所处的地理位置、拥有的稀缺资源数量等自然因素;④ 掌握市场信息所需要的成本。完全垄断的市场结构有如下特征:① 行业中只有一家企业,而消费者却是众多的;② 企业提供的产品不存在任何替代品;③ 行业中存在进入障碍,其他企业难以进入;④ 企业自己制定价格,并可以采用差别定价的方式。

在垄断的市场结构中,由于垄断的企业是市场上唯一的供给者,它可以通过调整向市场提供的产品的数量来改变和控制价格。因此,垄断企业的需求曲线是市场的需求曲线,垄断企业成了价格的制定者。消费者成为价格的被动接受者,他们只能通过购买产品的数量的变化来适应垄断者制定的价格,即如果价格高了,就减少购买量,价格低了,就增加购买量。同时,如果垄断企业减少其产量,价格上升,反之,价格则下降。

(三)垄断竞争市场

在现实经济生活中,完全竞争与完全垄断都是较少的,现实中普遍存在的是介于这两种极端情况之间的状况:垄断竞争市场与寡头垄断市场。

垄断竞争市场是指一种既有垄断又有竞争,既不是完全竞争又不是完全垄断的市场结构。垄断竞争的市场具有如下特征:① 在同一种产品的市场上,存在着大量的卖方和买方,其中每一个卖方和买方提供的或购买的产品数量相对于整个市场的规模来说都很小;② 由于生产规模较小,因此,企业进入和退出市场都是比较容易的,并且是自由的,不存在任何进入障碍;③ 产品是有差异的,即非同质的;④ 由于产品之间存在着差异,因此,企业可以在一定程度上控制自己的产品价格,但是,由于产品是相似的替代品,因此,企业对产品价格的控制力量是很弱的。

垄断竞争市场的每个企业提供的产品有一定的差异,因而企业具有影响其产品价格的能力。此外,新老企业的进入和退出比较容易,因而当企业试图提高产品价格时,其损失掉的需求量比垄断时要大。相反,当垄断竞争企业降低价格时,其争取到的需求量可能更大。垄断竞争者的产品价格取决于同该企业竞争的市场上其他企业的产品的平均价格。当任何一个企业产品的价格超出其他企业产品的价格一定程度后,购买者便会转向其他企业的产品。

(四)寡头垄断市场

寡头垄断市场是指少数几家大企业联合起来控制市场上某一产品生产和销售的绝大部分。这些企业之间存在着激烈程度不同的竞争。寡头市场的产生主要原因是由于规模经济。从理论上说,任何企业都可以进入寡头市场。但实际情况是,由于寡头市场的企业规模非常大,进入企业的初始投入都非常大。同时,由于原有的企业已经基本上控制了市场,因此,要进入寡头垄断市场非常困难。另外,寡头市场的进入障碍还来自竞争,即已经在行业里的寡头企业会采用各种方法阻止新的竞争者的进入。寡头垄断市场的特征包括:① 行业中只有少数几家大企业,它们的供给量均占有市场的较大份额;② 寡头企业之间在价格与产量的决策中存在着关联性;③ 企业的竞争手段是多种多样的,但市场价格相对稳定；④ 规模很大的企业提供的产品可以是完全一样的，也可以是有差别的，但都是可以互相替代的产品；⑤ 寡头垄断企业之间的相互依存性，使企业之间容易结成联盟，形成某种勾结。

在寡头垄断市场上，每个企业的产销量都在全行业中占有较大的份额，从而每个企业的产量和价格变动都会对其他竞争对手以至整个行业的产量和价格产生举足轻重的影响。所以，每个寡头企业在采取某项行动之前，必须首先要推测或掌握自己这一行动对其他企业的影响以及其他企业可能作出的反应，然后才能在考虑到这些反应方式的前提下采取最有利的行动。也就是说，在价格和产量的决策上，寡头企业不仅要从自身条件出发，更要考虑竞争对手的反应。

六、市场失灵与政府干预

(一) 市场失灵

市场机制是指市场竞争、市场供求和市场价格之间相互影响、相互作用的机制。价格机制、供求机制、竞争机制构成了市场机制的主要因素，其中价格机制是市场机制的核心。市场机制要能充分地发挥其作用，是需要具备一定条件的：① 作为市场主体或微观经济行为主体的消费者和生产者必须是具备理性的经济人；② 只有在完全竞争的市场条件下，市场机制才能充分发挥其作用。

在现实经济中，这些条件通常是不完全具备的。假如市场机制的作用不能有效实现经济系统的一般均衡和资源的最优配置，则称之为市场失灵。市场失灵的存在表明市场机制的作用是有局限性的，而市场机制的这种局限性根源于市场本身固有的缺陷，即市场的不完全性和市场功能的局限性。市场的不完全性和局限性以及由此而产生的市场失灵的存在，使人们试图仅仅依靠市场解决一切问题的想法不可能成为现实。因此，这就为政府对市场的干预打开了空间。

(二) 政府干预

市场失灵的存在，一方面说明市场机制对资源配置的调节作用并不是万能的，也是不充分的；另一方面也表明，市场经济的运行和经济效益的提高，既需要市场机制这只"看不见的手"发挥其基础性的调节作用，又需要政府这只"看得见的手"对市场进行必要的干预。

为避免市场机制和政府干预这两种力量作用于同一经济过程而可能出现的矛盾和冲突，必须对两者作用的范围和程度进行合理的界定。由于市场机制的作用是一种自发、自动和自然的过程，而政府对市场的干预是一种自觉、主动和人为的经济行为，因此，界定两者的作用范围和程度，实际上就是界定政府的经济作用，而不是限制市场机制的作用。政府干预微观经济运行的根本目的是，一方面要保证市场机制能够正常运行，发挥其对资源配置的基础性作用；另一方面又能消除市场失灵所产生的消极后果，实现资源的最优配置。因而，政府干预微观经济行为的原则是：在市场机制能够充分发挥作用的领域，就应当让市场机制发挥调节经济运行的基础作用；在市场机制不能发挥作用或不能充分发挥作用的地方，才需要政府干预经济的作用。

第三节　法理学理论

　　法理学是我国法学体系中处于基础理论地位的理论学科,它是系统阐述马克思主义法律观,从总体上研究法和法律现实的一般规律,研究法的产生、本质、作用、发展等基本问题,研究法的创制和实施的一般理论。法理学所阐明的是法律制度的基本问题和一般规律,是对法这种现象的总的看法。它所涉及的往往是法律现实的一些带有方针性、战略性和方法论性质的问题,因而它在整个法学体系中处于基础理论的地位。

　　法理学不是阐述某一种法律、某几种法律或某种法律的个别方面或个别问题,而是把法律现象作为一个整体,研究其产生、发展规律,其本质和作用等基本问题,所以,它不是研究法的个别性问题的学科,而是研究法的一般性问题的基础理论。

一、法的基本理论

(一)法的本质

　　法是指由国家专门机关创制的、以权利义务为调整机制并通过国家强制力保证的调整行为关系的规范,它是意志与规律的结合,是阶级统治和社会管理的手段,它应当是通过利益调整从而实现社会正义的工具。法的本质是指法的内部联系,是法区别于其他一切事物的根本属性。法的本质隐藏于法的现象的背后,是法的内在的、深刻的属性。对于法的本质包括三个层次内容:① 法是国家意志的体现,这是法的初级本质;② 法是统治阶级意志的体现;③ 法的内容最终是由物质生活条件所决定的。

(二)法的功能

　　法的功能即法的作用能力或者功用与效能,是指法内在所具有的,有益的功用和效能。法的功能具有内在性、应然性及有益性的特点。法的功能包括规范功能和社会功能。

　　1. 法的规范功能

　　法的规范功能具体包括指引功能、评价功能、预测功能、强制功能和教育功能。① 指引功能,即法能够为人们的行为提供一个既定的模式,从而引导人们在法所允许的范围内从事社会活动,并通过授权性规范、禁止性规范和义务性规范三种规范形式来实现。② 评价功能,即法能够衡量、评价人们行为的法律意义。③ 预测功能,即法能使人们预先估计到某种行为在法律上的肯定或否定的评价及其必然导致的法律后果。依据法的预测功能,人们可以预先估计到自己行为的结果,从而决定自己行为的取舍和方向。④ 强制功能,即法能运行国家强制力保障自己得以充分实现。⑤ 教育功能,即法能够通过其规定和实施,影响人们的思想,培养和提高人们的法律意识,引导人们依法行为。

　　2. 法的社会功能

　　法的社会功能具体包括经济功能、政治功能、文化功能和社会公共事务功能。① 经济功能,即法能够确认经济制度,调整经济关系,并促进经济发展。② 政治功能,即法能够确认国家制度,是国家制度存续的保障;法能够组织国家机构,是国家机构运行的根据;法能够确立社会民主,是社会民主存在的保证;法能够调整对外关系,是国家主权独立的保障。③ 文化功能,即法能够促进科技文化事业进步,促进思想道德建设发展。④ 社会公共事务功能,即法律作为社会的行为规则,必然要承担一定的社会公共事务的职能。

(三) 法律文化

法律文化是指一个民族在长期的共同生活过程中所认同的、相对稳定的、与法和法律现象有关的制度、意识和传统学说的全部内容。法律文化在不同的时代、不同的民族具有不同的表现形式。不同的法律文化之间存在实质性的联系,并且具有共同的内在属性。

1. 法律文化具有独特的民族性与普适性

法律文化是各民族在同一地理环境中长期共同生活过程中产生的,并在此过程中形成了性格各异的具有独特民族特色的法律文化。同时,一个民族的法律文化并不仅仅存在一个民族中,也会被其他民族认同。不同民族之间存在着法律文化的共同性质和一些相同或相似的基本内容。

2. 法律文化具有鲜明的时代性与历史性

其中,时代性是指存在于某一个时代的法律文化是其时代的真实反映;历史性是指法律文化在其发展过程中表现出的继承关系和轨迹。时代性是历史性的基础,历史性是时代性的结果。

3. 法律文化具有相对的独立性与相关性

所谓独立性,是指法律文化是作为一种独立的、有别于其他文化的存在;相关性是指法律文化在作为一种独特的、有别于其他文化存在的同时,又同其他的文化现象是相互关联的。

4. 法律文化具有相互的兼容性与排斥性

所谓兼容性,是指不同法律文化之间所具有的某些一致性、共同性和相互融合、彼此吸纳的属性;排斥性是指一种法律文化对其他法律文化的不认同。

(四) 法律权利与法律义务

从内部和外部关系及权利与义务的法律功能和社会价值的角度来看,法律权利是指规定或隐含在法律规范中、实现于法律关系中的、主体以相对自由的作为或不作为的方式获得利益的一种手段;法律义务是指设定或隐含在法律规范中、实现于法律关系中的、主体以相对被动的作为或不作为的方式保障权利主体获得利益的一种约束手段。

法是以权利和义务为机制调整人的行为和社会关系的,权利和义务贯穿于法律现象逻辑联系的各个环节、法的一切部门和法律运行的全部过程。

(1) 法律权利和法律义务是从法律规范到法律关系再到法律责任的逻辑联系的各个环节的构成要素。权利和义务是法律规范的核心内容,一个标准之所以被称为法律规范,就在于它授予人们一定权利,告诉人们怎样的主张和行为是正当的、合法的、会受到法律的保护;或者给人们设定某种义务,指示人们怎样的行为是应为的、必为的或禁为的、在一定条件下会由国家权力强制履行或予以取缔。

（2）法律权利和法律义务贯穿于法的一切部门。例如，作为国家根本大法和总章程的宪法，它规定国家的政治制度、经济制度、文化教育制度和法律制度，实际上就是确认和规定社会上各个阶级、阶层、集团、民族等社会基本力量在国家生活中的权利和义务，并以此为基础，规定了公民的基本权利和义务，国家机关及其公务人员的职权和职责。

（3）法律权利和法律义务通贯法的运行和操作的整个过程。法的运作以立法为起点，以执法、守法、司法、法制监督为主要环节。立法就是确定人们的权利和义务；执法是落实法定权利和义务的过程；守法则是正确行使法定权利、履行法定义务；违法则是超越法定权利边际滥用权利，或者规避或疏于履行法定义务；司法就是通过审判活动和各种诉讼程序，确认被模糊的当事人的权利和义务；法制监督就是监督各主体行使权利和履行义务的情况，追究违法者的法律责任。

（4）法律权利和法律义务全面地表现和实现法的价值。权利、义务是法的价值得以实现的方式，正是通过权利和义务的宣告与落实，统治阶级把自己的价值取向和价值选择变为国家和法的价值取向和选择，并借助于国家权威和法律程序而实现。权利与义务的关系，反映着法的价值的变化。

（五）法律行为

法律行为是指一切具有法律意义的行为，也就是能使法律关系产生、变更和消灭的能以人的主观意志为转移的行为。法律行为作为实体是从一般行为中分化出来的特殊行为，作为范畴是一个组合概念。其具有社会性、法律性、可控性及价值性等特性。

法律行为是主体与客体、主观因素与客观因素交互作用的复杂过程，在结构上表现为行为的内在方面和外在方面。内在方面包括动机、目的、认知能力等要素；外在方面包括举动、手段、效果等要素。随着人类活动领域的扩展和社会生活的复杂化，法律调整的范围不断扩大，内容不断丰富，相应地，法律行为愈趋纷繁。依据行为主体的不同，法律行为可分为个人行为、集体行为及国家行为；依据是否出自和符合特定法律角色，法律行为可分为角色行为与非角色行为；依据行为与法律的要求是否一致，法律行为可分为合法行为与违法行为；依据行为的法律效力，法律行为可分为有效行为和无效行为；依据部门结构，法律行为可分为宪法行为、行政法律行为、民事法律行为、刑事法律行为和诉讼法律行为等；依据是否需要以一定形式或生效要件，法律行为可分为要式行为与非要式行为。

二、法的价值理论

价值是指满足人和社会需要的那种属性，即物对人和社会的有用性，是指对人的生存、发展和享受具有积极意义的一切东西。法的价值就是法这个客体对满足个人、群体、社会或国家需要的积极意义。一种法律制度有无价值、价值大小，既取决于这种法律制度的性能，又取决于一定主体对这种法律制度的需要，取决于该法律制度能否满足该主体的需要和满足的程度。法的价值是以法与人的关系作为基础的，法对人所具有的意义，是法对于人的需要的满足，是人关于法的绝对超越指向。从价值准则的角度，法的价值分为秩序价值、效益价值、自由价值、平等价值、人权价值和正义价值等。

(一)法的秩序价值

法的秩序价值是法的基础性价值,是法能够用它特定的方式建立和维护强有力的社会秩序,满足人的社会生活的需要。法的秩序价值的社会表现为政治秩序化、经济秩序化和社会生活的秩序化。

(二)法的效益价值

法的效益价值是指法律能够使社会或人们以较小的投入来获得较大的产出,以满足人们对效益的需要,具体包括资源利用上的效益价值与资源分配上的价值、经济效益价值、社会效益价值,及法律上的效益价值和法律外的效益价值。

(三)法的自由价值

法的自由价值表现为法律自由,即一定社会中人们受到法律保障或得到法律认可的,按照自己意志进行活动的人的权利。法律自由是人的权利,属于人权的范畴,包含在法律人权之中,是人按照自己的意志进行活动的权利,受到法律保障或得到法律认可,是一定社会中的法律自由,具有特定的时代性。

(四)法的平等价值

法的平等价值是指公民在享有权利和承担义务方面处于同等的地位,任何人没有凌驾于法律之上的特权,即"人与人的对等对待的社会关系"。法的平等要求人的社会机会平等、政治权利平等、经济生活平等及法律上的平等对待。

(五)法的人权价值

法的人权价值是指法赋予和保护一定时代作为人所应当具有的,以人的自然属性为基础,社会属性为本质的人的权利。法律人权主要包括:① 人身权,即公民个人身体保护、人身自主的自由,包括生存权、健康权、行动权和亲权;② 政治权,即宪法和法律规定公民有参加国家政治生活的民主权利,以及在政治上享有表达个人见解和意愿的自由,包括政治了解权、参与权、评论权和监督权;③ 经济权,包括平等发展权、劳动权和财产权等。

(六)法的正义价值

法的正义价值是法应努力达到的目的的道德价值,包括实体正义和程序正义。实体正义是指法律实体权利、义务分配上的正义,包含着法律对社会生活权益与责任的分享和分担;程序正义是指社会冲突解决的方式、方法和步骤的正义。在法的诸价值中,正义是根本。秩序、效益、自由、平等、人权等也都是法的重要价值追求,但平等、自由往往是作为正义的两个基本原则出现的,而秩序要依正义建立与维持,效益则要靠正义来实现,人权要靠正义来保障。

三、法的运行理论

在现实生活中,法不是静止的规范体系,而是时刻处于运动状态的规范体系。法的运行是指法按照一定的意图和特有方式的运动状态,即从创制到实施,再到实现的运动过程,具有目的性、阶段性和规律性等特征。从运行机制上来看,可以从两个角度来考察法的运行:一是从法这一角度看,法的运行是法依次衔接的阶段,即法的创制、法的实施、法的实现,此为法运行的法律机制;二是从社会这一角度看,法的运行是法与多种社会因素相互作用的过程和状态,此为法运行的社会机制。从内容上来看,法的运行主要包括立法、法的适用、守法及法律监督。

(一) 立法

立法是指国家专门机关遵循掌握国家政权的社会集团的意志,根据一定的指导思想和基本原则,依照法定的权限和程序,使之上升为国家意志,从而创制、修改和废止法律的专门活动。立法的主体是享有法定权限的国家专门机关,这就是立法体制,即关于立法权的配置方面的组织制度,其核心是立法权限的划分问题;有权制定法律的国家专门机关制订法律时,要遵循一定的程序,即立法程序,是指享有立法权的国家机关在创制、修改、废止法律的活动中必须履行的法定步骤。立法要遵循实事求是、民主、总结经验与科学预见相结合,原则性与灵活性相结合及法律的稳定性、连续性和适应性相结合等原则。

(二) 法的适用

法的适用是指国家专门机关依照法定的职权和程序将法律运用于具体的主体和事项的活动。具体地讲,法的适用就是国家的司法机关和国家授权的行政机关及其工作人员,按照法定的职权和程序,将法律规范运用于公民或组织的专门活动,即行政执法和司法。行政执法是指国家行政机关及其公职人员依照法定职权和程序,贯彻、执行法律的活动;司法是指司法机关依照法定职权和程序,运用法律处理案件的专门活动。法的适用活动应当做到公正、合法、准确和高效。在法的适用过程中应当遵循以事实为根据,以法律为准绳,公民在适用法律上一律平等以及依法行政、司法独立等原则。

(三) 守法

守法又称法的遵守,是指所有国家机关、社会组织和公民个人严格依照法律规定从事某种事务和作出某种行为的活动。守法的主体是全方位的、广泛的。首先,它包括一切国家机关、武装力量、政党、社会团体、企事业组织;其次,它包括全体公民;再次,它还包括在我国领域内的外国组织、外国人和无国籍人。守法的范围是遵守特定国家机关制定的所有规范性法律文件和非规范性法律文件,在我国主要包括宪法、法律、行政法规、地方性法规、民族区域自治地区法规、特别行政区的法律,以及我国参加或同外国缔结的国际条约和我国承认的国际惯例,等等。守法的内容就是依照法律办事,即依照法律享有权利并行使权利、承担义务并履行义务。

（四）法律监督

法律监督通常有广义与狭义两种含义。狭义的法律监督,是指由特定国家机关依照法定权限和法定程序,对立法、司法和执法活动的合法性所进行的监督。广义的法律监督,是指由所有国家机关、社会组织和公民对各种法律活动的合法性所进行的监督。广义的法律监督包括狭义的法律监督。两者都以法律实施及人们行为的合法性为监督的基本内容。法律监督一般包括四个方面的构成要素,即法律监督的主体、客体、内容和方式。在我国,法律监督的主体主要包括国家机关、社会组织和人民群众和大众传播媒体;法律监督的客体包括进行各种法律活动的所有国家机关和武装力量、各政党和社会团体,各企事业单位,全体公民;法律监督的内容包括贯穿于法律运行的各个环节和整个过程,以国家机关及其公务人员的职务活动为主;法律监督的方式即监督权的运行方式、方法和程序等。法律监督主要包括国家监督和社会监督,其中国家监督包括国家权力机关、国家行政机关、国家检察机关的监督和审判监督;社会监督包括群众监督、社会舆论监督、社会组织监督和执政党的监督。

第四节 生态学理论

一、生态学的概念

生态一词来源于希腊文"Oikos",意为生物的"住所"。1866 年德国生物学家 Haeckel 最早提出了"生态学"概念,即生态学是研究有机体与其周围环境——包括非生物环境和生物环境的相互作用的科学。20 世纪以来,生态学逐渐从生物学中独立出来。随着人口的快速膨胀,对资源利用的扩大,污染加剧,环境问题逐渐为世人所关注,客观的要求推动了生态学的迅速发展。1956 年美国著名生态学家 E. P. Odum 指出,生态学是研究生态系统的结构和功能的科学;我国著名生态学家马世骏认为,生态学是研究生命系统和环境系统相互作用、相互关系的科学。在自然界中,生物个体、群体、群落都可以看成是生命系统,这些生命系统周边的能源、温度、土壤等都是环境系统。

综合而论,生态学是研究生物或生物群体与其周围环境关系的科学。自然界的各种生物物质结合在一起形成复杂程度相异的不同有机体组织水平,其从简单到复杂可分为:基因、细胞、器官、个体(生物)、种群、群落,每个层次和自然环境的相互关联产生了不同特征的功能系统,即基因系统、细胞系统、器官系统、个体系统、种群系统、生态系统。

二、生物与环境

（一）利比希最小因子定律

1840 年,德国农业化学家利比希(J. Liebig)提出:一种生物体要在某种环境中生存和繁殖,必须得到所需要的各种基本物质,依其生物的种类和生活状况的差异,对基本物质的需求量不同。在"稳定状态"下(即能量的流入与流出处于平衡的情况下),当某种基本物质的可利用量接近所需要的临界最小值时,这种基本物质将成为一个限制因子。如作物的产量不是取决于所需要的大量营养物质(二氧化碳与水)的限制,因为该物质在自然界中是非常丰富的,而却受到土壤中稀少的硼的限制,这要求我们在提高作物产量时,应首先考虑限制作物产量的最小因子。

(二) 谢尔福德耐性定律

美国生态学家谢尔福德(V. Shelford)在 1913 年把最大量和最小量限制作用的概念归纳为耐受定律(law of tolerance),即:任何一个生态因子在数量上或质量上的不足或过多,即当其接近或达到某种生物的耐受限度时,都会影响该种生物的生存和分布。每一种生物对任何一种生态因子都有一个能够耐受的范围,即有一个最低点(耐受下限)和一个最高点(耐受上限);最低点和最高点之间的耐受范围,就称为该种生物的生态幅(ecological valence)或生态价;在耐受范围当中包含着一个最适区,在最适区内,该物种具有最佳的生理或繁殖状态。不同生物物种对各种生态因子的耐受范围不一样,而同一种生物对不同生态因子的耐受范围也可能存在着差异。

三、种群

(一) 种群的概念及其特征

种群是指在特定时间内,分布在同一区域的同种生物个体的集合。种群具有共同的基因库,种群内部个体之间能够进行自然交配并繁衍后代,因此,种群是种族存在的前提,是物种具体的存在单位、繁殖单位和进化单位。自然界中任何物种的个体都不可能单一地生存于地球上,生物个体必然在某一时期与同种及其他种类的许多个体联系成一个相互依赖、相互制约的群体才能生存。

虽然说种群由一定数量的同种个体所组成,但这种组成并不是简单的相加,种群作为更高一级的生命系统具有新质的产生。种群的主要特征表现在三个方面:① 数量特征。种群数量越大、密度越高,种群就越大,种群的生态学作用也可能就越大。② 空间分布特征。种群内部的个体之间的紧密或松散的排布方式,可能是聚群分布、随机分布,或是均匀分布。③ 遗传特征。种群具有一定的遗传组成,是一个基因库。通过研究不同种群的基因库有什么不同,种群的基因频率是如何从一个世代传递到另一世代,种群在进化过程中如何改变基因频率以适应环境变化,可以揭示物种的分化机制。

(二) 种群密度及种群参数

种群密度是指单位面积或体积空间中的生物个体数量。种群密度是一个变量。在适宜的环境条件下密度较高,反之则较低;在不同区域由于环境条件的差异,种群密度也有所不同。

种群密度分为绝对密度和相对密度。其中,绝对密度是指单位面积或体积空间中的生活个体数量;相对密度则只是衡量生物数量多少的相对指标,指某种种群相对于另一种种群是多还是少。

种群密度的高低与生物个体大小和食性有关。如与肉食动物相比较,草食动物的活动范围相对较小,因而其种群密度往往大于肉食动物。在食性相似的情况下,个体较大的种群,密度较小,相反,较小个体的种群则具有较大的单位面积密度或体积空间密度。

然而,每一种生物的种群密度,都有一定的变化限度。最大密度是指特定环境所能容纳某种生物的最大个体数,超过这一密度,种群数量将不再增长;最小密度是指种群维持正常繁殖、弥补死亡个体所需要的最小个体数,如果低于最小密度,由于难以寻找配偶,繁殖意愿丧失、繁殖力下降,结果,种群就难以生存。

种群数量是经常变动的,其变动主要取决于四个基本参数:出生率、死亡率、迁入率和迁出率。出生率是指单位时间内种群的出生个体数与种群个体总数之间的比值;死亡率是指单位时间内种群的死亡个体数与种群个体总数的比值;迁入率是指单位时间种群的迁入个体数与种群个体总数的比值;迁出率是指单位时间种群的迁出个体数与种群个体总数的比值。

(三) 生命表和存活曲线

生命表是记载某一种群或一定数量的同一时间出生的个体,经过一段时间以后由于个体死亡而逐渐减少的统计表。存活曲线也可以用来表示种群数量的减少过程,而且其表达方式更为直观,即以生物的相对年龄(绝对年龄除以平均寿命)为横坐标,再以各年龄的存活率为纵坐标所画出的曲线,主要可归纳为三种类型:凸型、对角线型和凹型存活曲线。

(四) 种群增长

种群的各种特征变化综合起来共同决定了种群的增长动态。种群增长是指种群数量由于出生、死亡、迁入、迁出的结果所发生的改变。种群的内禀增长力是描述种群整体增长的重要参数,它指在最适当条件下种群内部潜在的增长能力或速率,即在实验条件下,通过人工的排除对种群增长的不利因素,观察到的种群最大的增长能力。种群的增长主要包括指数增长和逻辑斯蒂增长两种类型。

(五) 种群关系

种群之间的相互作用形成种群关系。

1. 种间竞争

种间竞争指具有相似要求的物种绕着共同的资源(空间、食物、营养物质、光、废弃物等)而斗争,结果是一方或双方种群的生长、生存、分布和繁殖受到不良影响。种间竞争区分为干扰竞争和利用竞争,前者指一种动物借助于行为排斥另一种动物使其得不到资源;后者指一个物种所利用的资源对另外一物种也非常重要,但是两个物种并不发生直接接触。

2. 捕食

种群间一种直接的对抗性关系,即一种生物直接吃掉另一种生物。广义的捕食包括四种类型:食肉动物捕食食草动物或其他食肉动物(即狭义的捕食与被食);食草动物食绿色植物;昆虫拟寄生者杀死宿主;同类相食。

3. 寄生

寄生是指某种生物个体寄居在其他生物体内或体表,并从中吸取营养来维持自身生命的现象。能寄生生活的生物叫寄生者,被侵害的生物称为宿主。

四、生物群落

(一)生物群落的概念及其特征

生物群落是指特定空间或特定生境下生物物种有规律的组合。它们之间以及它们与环境之间彼此影响、相互作用,具有一定的形态结构与营养结构,执行一定的功能。生物群落具有下列基本特征:① 具有一定的物种组成。每个群落都是由一定的植物、动物或微生物种群组成的。② 不同物种之间的相互作用。一个群落的形成和发展必须经过生物对环境的适应和生物种群之间的相互适应。③ 具有形成群落环境的功能。生物群落对其居住环境产生重大影响,并形成群落环境。④ 具有一定的外貌和结构。生物群落是生态系统的一个结构单位,它本身除具有一定的物种组成外,还具有外貌和一系列的结构特点,包括形态结构、生态结构与营养结构。⑤ 一定的动态特征。生物群落是生命系统中具有生命的部分,处于不停的运动状态,其运动形式包括季节动态、年际动态、演替与演化。⑥ 一定的分布范围。各群落分布在特定地段或特定生境上,不同群落的生境和分布范围不同。⑦ 群落的边界特征。在自然条件下,有些群落具有明显的边界,有些则不明显,而处于连续变化中。

(二)群落的物种组成

物种组成是决定群落性质最重要的因素,也是鉴别不同群落类型的基本特征。根据各个种在种群中的作用可以划分群落成员型,常见的群落成员型分类有:① 优势种和建群种。对群落的结构和群落环境的形成起主要作用的生物称为优势种;起着构建群落作用的优势种称为建群种。② 亚优势种。指个体数量与作用次于优势种,但在决定群落性质和控制群落环境方面仍起着一定作用的物种。③ 伴生种。其与优势种相伴存在,但不起主要作用的物种。④ 偶见种或罕见种。即那些在群落中出现频率很低的物种,一般数量稀少。

物种在群落中的地位可以通过各物种的数量特征(密度、多度、盖度、频度、高度或长度、重量及体积)、综合特征(优势度和重要值)来衡量。

(三)群落的结构

生物在群落中的分布是不均匀的,其分布可以从垂直面和水平面进行考察。

垂直结构,即垂直面的分布。在某些森林群落中,可以明显地把森林群落分为乔木层、灌木层、草本层和地被层,这就是群落的分层现象。动物在林间或土壤里的分布情况也很类似。

生物群落中某个物种或不同物种的水平配置也不一致,形成群落的水平结构。多数群落中的各个物种常形成斑块状镶嵌,也可能均匀分布,其原因主要有亲代的扩散、生境异质性及种间相互作用的结果。

(四)群落的动态

1. 昼夜活动节律

几乎所有的生活都有昼夜活动节律。如大多数鸟类,在白天特别活跃,称为昼行性动物;另一些动物如蝙蝠和许多其他哺乳类,只有夜间活动,称为夜行性动物;还有一些动物如蝇,只在拂晓或黄昏时活动,称为晓暮行性动物。

2. 季节动态

生物群落的季节变化受环境条件(尤其是气候)周期性变化的制约,并与生物的生活周期关联。群落的季节动态是群落本身内部的变化,并不影响整个群落的性质。

3. 年变化

在不同年度之间,生活群落常有明显的变动。这种变化反映了群落内部的变化,不产生群落的更替现象,一般称为波动。群落的波动多数是由群落所在地区气候条件的不规则变化引起的。

4. 演替

某一地段上一种生物群落被另一种生物群落所取代的过程,称为演替。生物群落的演替是群落内部关系(包括种内和种间关系)与外界环境中各种生态因子综合作用的结果。控制演替的主要因素有植物繁殖体迁移、散布和动物的活动性、群落内部环境的变化、种内和种间关系的改变、外界环境条件的变化及人类的活动。

五、生态系统

(一)生态系统的概念及其特征

生态系统是在一定的时间和空间范围内,生物与生物之间、生物与非生物之间,通过不断的物质循环和能量流动而形成的相互作用、相互依存的一个生态学功能单位。地球上有无数大大小小的生态系统,根据环境中水分的情况,地球生态系统主要包括陆地生态系统(包括森林生态系统、草原生态系统和荒漠生态系统)和水生生态系统(包括溪流生态系统、湖泊生态系统和海洋生态系统)。地球上的自然生态系统都是开放的,且有物质和能量的流进和流出。

任何一个生态系统都具有以下共同特性:① 是生态学上的一个结构和功能单位,属于生态学上的最高层次;② 内部具有自调节、自组织、自更新能力;③ 具有能量流动、物质循环和信息传递三大功能;④ 营养级的数目有限;⑤ 是一个动态系统。

(二)生态系统的组成成分

生态系统由四种成分组成:① 非生物,包括无机物如 C, N, CO_2, H_2O 等;有机化合物如蛋白质、糖类、脂类、腐殖质等;气候状况如温度、降水、风、日照等。② 生产者,主要进行光合作用,将无机物转化成有机物的绿色植物。③ 消费者,以其他生物为食的动物。④ 分解者,主要是真菌和细菌,它们分解已死的原生质的复杂化合物,吸收某些分解产物,释放能为生产者所利用的无机营养物及作为能源和其他生物的抑制剂、兴奋剂的有机质。

(三)生态系统的功能

生态系统的功能包括两个方面的内容,即能量流动和物质循环,两者不可分割,成为生态系统的核心。能量的单向流动和物质周而复始的循环主要体现在以下六种生态过程。

1. 能量流动

在生产者、消费者及分解者之间形成能量流经的通道。

2. 食物链

将绿色植物形成的营养,转化为取食与被取食一连串的有机体。

3. 时间和空间的多样性格局

不同时间、不同区域生态系统的格局各不相同,以复杂多样的形式出现。

4. 物质循环

各种化学元素在生物圈内沿特定的路径,从环境到生物体,再从生物体返至环境,做有规律的运动。

5. 演替和进化

生态系统随时间的迁移,从一种形态转化成另一种形态称为生态演替,属短期限的过程。生态系统的长期变化称为生态进化,是长期的地质、气候等外部变化与生态系统生物组分活动所引起的内部过程相互作用的结果。其动力来自异源性力量(外来的)以及自源性过程,即生态系统中生物成员活动的结果。

6. 控制

生态系统所具有的自我维持与自我调节功能。

(四)生态系统的生产力

生态系统生产力是指单位时间内生态系统把从外界摄取的能量转化为自身的能量(或物质)的能力(或速率),可划分为初级生产力和次级生产力。

初级生产是第一性生产,是指植物把太阳能转化为化学能的过程。初级生产积累能量的速率称为初级生产力,通常以单位时间单位面积内累积的能量或生产的干物质来表示。初级生产力可分为两个部分:① 总初级生产力,又称光合作用总和,即在呼吸过程中包括被消耗的有机物质在内的光合作用的总比率;② 净初级生产力,也称净同化作用,即植物组织内部超过植物呼吸消耗掉的有机物质的储藏率。

次级生产力也就是第二性生产力,同初级生产力一样,次级生产力是指次级生产的效率,而次级生产是指除初级生产者以外的其他有机体的生产,即消费者和分解者利用初级生产量进行同化作用,表现为动物和微生物的生产、繁殖和营养物质的贮存等其他生命活动的过程。

第五节　测绘技术

一、测量学

(一)测量学概述

测量学是研究测定和推算地面点的几何位置、地球形状、地球重力场,据此测量地球表面自然形状和人工设施的几何分布,并结合某些生活信息和自然信息的地理分布,编制全球和局部地区各种比例尺地图的理论和技术的科学。它包括测量和制图两项主要内容,也称为测绘学。传统测量学的研究内容主要包括以下几个方面。

1. 大地测量学

大地测量学研究测定地球表面较大范围甚至整个地球的形状及地球重力场,地球椭球参数,以及地面点几何位置的理论和方法,分为常规大地测量学和卫星大地测量学。测量学中用一个同地球外形极为接近的旋转椭球来代表地球,称为地球椭球。地面上任一点的几何位置即用这点在地球椭球面上的经纬度和点的高程表示。

2. 普通测量学

普通测量学是研究地球表面局部区域内测量工作的基本理论、仪器和方法的学科,是测量学的基础部分。有了大量地面点的平面坐标和高程,就能以此为基础进行地表形态的测绘工作。其中包括地表的各种自然形态,如水系、地貌、土壤和植被的分布;也包括人类社会活动所产生的各种人工形态,如境界线、居民点、交通线和各种建筑物的位置。普通测量学研究的主要内容包括区域内的控制测量和地形图测绘,基本工作包括角度测量、距离测量、高程测量和地形图测绘。

3. 摄影测量学

摄影测量学是根据摄影像片和各种传感器从宇宙空间对地面进行遥感所得的各种图像记录,研究对其进行处理、量测和判读的理论和方法,以确定物体的形状、大小、性质、位置及其环境的可靠信息的一门学科。

4. 工程测量学

工程测量学研究各项工程在规划设计、施工放样、施工、竣工验收和运营管理等阶段中测量的理论和方法的一门学科。这些测量工作往往要根据具体工程的要求,采取专门的测量方法,有时需要特定的高精密度或使用特种测量仪器。

5. 海洋测量学

海洋测量学中的测量工作主要在船上进行,并且大多采用声学或无线电方法。其主要工作任务包括海面上的定位、海底控制网的建立、海面形状和海底地形测量、海洋重力测量以及海图编制等工作。

6. 地图制图学

地图制图学研究地图投影、地图编制、地图整饰和地图制印等项工作的理论和技术。它研究用地图图形反映自然界和人类社会各种现象的空间分布、相互联系及其动态变化。测图过程所得到的成果只是地形原图,还要经过编绘、整饰和制印,或增加某些专门要素,才能形成各种比例尺的地形图及各种专题地图。

20多年来,电子水准仪、电子经纬仪、电子全站仪、自动绘图仪以及卫星定位系统和数字摄影测量等技术的发展,使传统的测量学理论和方法发生了巨大的变革,测量的成果由单一的线划图发展到数字线划图、数字栅格图、数字正摄影像图、数字高程模型等多种品种并存。

(二)地球的形状及大小

测量学的主要研究对象是地球自然表面,其形状是一个极为复杂的曲面。地球上海洋面积约占总面积的 71%,陆地最高山峰高出海平面 8 844.43 m,最深海沟低于海平面

11 034 m。在测量学中,设想完全处于静止状态的平均海水面,向大陆下延伸所形成的一个封闭曲面,称为大地水准面,它所围成的形体称为大地体,用来近似表示地球的形状。由于地球表面是一个不规则的曲面,因此必须用一个与大地水准面极为近似,并可以用数学公式表示的规则球面来代替,这个规则球面的球体称为地球椭球体。地球椭球体可用长半轴 a、短半轴 b 和扁率 $f[f=(a-b)/a]$ 来表征。我国目前所采用的参考椭球体为 1980 年国家大地测量参考系,其中 $a=6\,378\,140$ m,$b=6\,356\,755.3$ m,$f=1:298.257$。

(三) 地面点位的确定

地面点的位置用坐标法确定。测量学中常常把地球自然面上的点沿铅垂线方向投影到椭球面上,并在椭球面上建立坐标系统来确定它们的位置,再确定地面点到大地水准面的铅垂距离,即地面点高程。常用的坐标系统有以下几种。

1. 地理坐标系

地面点在椭球面上的位置用经纬度表示时,称为地理坐标。地理坐标按坐标所依据的基准线、基准面及求坐标方法的不同,分为天文地理坐标和大地地理坐标两种。在天文地理坐标系中,通过椭球的旋转轴可作无数个平面,每一个平面都称为子午面,其中通过位于英国原格林尼治天文台的子午面为起始子午面,天文经度向东西计算,由 0° 到 180°,向东为东经,向西为西经。子午面与球面的交线称为子午线。地面点的天文经度为通过该点及其铅垂线的子午面与起始子午面的夹角;天文维度是以赤道面为起始面,向两极计,0° 到 90°,向南为南纬,向北为北纬。地面点的天文纬度为通过该点的铅垂线与赤道面之间的交角。在大地地理坐标系中,地面点的大地经度为通过该点的法线及椭球旋转轴的子午面与起始子午面的夹角;地面点的大地纬度为该点的椭球面法线与赤道面的交角。

2. 球心坐标系

这种坐标系的原点设在椭球的中心,x,y 轴在椭球的赤道面内,且 x 轴通过起始子午面,z 轴与椭球旋转轴一致。地球上任意一点的空间位置都可以用三维直角坐标 x,y,z 表示。卫星定位系统一般是采用球心坐标系。

3. 高斯平面直角坐标系

地理坐标系、球心坐标系只能表示地面点在椭球体上的位置,不能直接用来测图。这就需要通过地图投影来建立椭球体上的点与平面上的点的函数关系。地图投影主要包括等角投影、等面积投影和任意投影等。我国采用等角投影的方法,即高斯投影。高斯投影的方法首先将地球按经线划分成带,称为投影带,按照测图的精度要求,每隔 6°,3° 或 1.5° 划为一带。以 6° 为例,自西向东将整个地球划分成 60 个带,带号从起始子午线开始,用阿拉伯数字表示,位于各带中央的子午线称为该带的中央子午线,任意一带中央子午线的经度为 L(等于 $6n-3$,其中 n 为投影带带号。)

4. 平面直角坐标系

测量学中的平面直角坐标系与解析几何中的平面直角坐标系基本相同,只是 x 轴与 y 轴的位置作了对调,象限编排的顺序改成了顺时针方向。

5. 地面点高程

地面点沿铅垂线方向到大地水准面的距离称为高程,也称为海拔或绝对高程。当前,我国采用的是"1985年国家高程基准",是国家根据1953年至1979年青岛验潮站的观测资料,推算出的黄海平均海水面作为高程零点,由此测得青岛水准原点高程为72.260 4 m。全国各地的地面点高程,都是以青岛国家水准原点的黄海高程为起算数据,再全面布设各种精度等级的高程网,以水准测量方法求得各点的高程。有时也可以临时假定一个水准面作为高程起始面来确定地面点的高程,称为相对高程。

(四) 测量控制

实际的测量工作遵循从整体到局部、先控制后碎部的程序,即在测区内先选择一些有控制意义的点即控制点,首先精确地测定它们的平面位置和高程,然后再根据它们测定其他地面点(地物点和地貌点)即碎部点。

对于全国性的测量工作,由于幅员广阔,必须采取分等级布置控制的办法,以满足精度要求和合乎经济原则。国家基本控制按照精度不同,一般分为四个等级,由高到低逐级建立。当国家基本平面控制点和高程控制点的密度不能满足测图要求时,可根据需要用不同的方法在高级控制点间逐步进行控制点的加密,直至满足测图工作的要求为止。

(五) 碎部测量

碎部测量就是遵循从整体到局部、先控制后碎部的程序,根据邻近控制点来测定碎部点对于控制点的位置关系。如果测量的目的只是为了获得地面物体水平投影的位置,则称为地物测量;如果其目的既要获得地面物体的水平投影位置又要获得其高程,则是地形测量。

普通测量包括水准测量、角度测量、距离测量以及误差控制等。

1. 水准测量

水准测量是利用能提供一条水平视线的仪器测定地面两点之间的高差,已知一点高程,推算另一点高程。水准仪是为水准测量提供一条水平视线的仪器,通常由望远镜、水准器及基座三个主要部分构成。水准测量的路线可选取闭合水准路线、附合水准路线和支水准路线。闭合水准路线是指从一已知的水准点开始,沿一条闭合的路线进行水准测量,最后又回到该起点。附合水准路线是由一已知的水准点开始,又附合到另一个已知水准点的水准路线。支水准路线是从已知水准点开始,既不附合到另一水准点,也不闭合到原水准点的水准路线,但为了校核,还需返测,实际上也形成了闭合水准路线。

2. 角度测量

角度测量包括水平角和竖直角的测量。水平角是相交的两直线之间的夹角在水平面上的投影,角值范围为0°—360°;竖直角是在同一竖直面内倾斜视线与水平线间的夹角,其中倾斜视线在水平线上方的为仰角,在水平线下方的为俯角,角值范围为0°—90°。经纬仪是测量水平角和竖直角的常用仪器。通常由照准部、水平度盘和基座三部分组成。照准部由望远镜、横轴、竖直度盘、读数显微镜、照准部水准管、竖轴、光路系统等构成;水平度盘由水平度盘、水平度盘转动的控制装置等构成;基座包括中心螺旋与三脚架等。水平角测量有测回法、方向观测法等。瞄准两个方向在水平度盘上的两读数之差即为水平角;同一竖直面内倾斜视线与水平线在竖直度盘上的两读数之差即为竖直角。

3. 距离测量

距离测量是运用测距工具直接或间接地获取地面上两点间水平距离的测量。传统距离测量的工具有钢尺、皮尺、测绳及标杆、测钎、锤球等辅助工具。光电测距仪是现代一种较为先进的测距工具。

4. 误差控制

测量误差受各种因素的影响,不同的影响因素产生不同性质的观测误差。观测误差的主要来源有测量仪器的精确度、观测者感觉器官的鉴别力与局限性及观测过程所处的外界自然环境。根据观测误差的性质,观测误差可分为系统误差和偶然误差两类。系统误差即在相同的观测条件下对某量进行一系列的观测,若误差出现的符号、数值大小均相同,或按一定规律变化,则这种误差称为系统误差。系统误差具有同一性、单向性及累积性,对测量结果影响很大,可采用校正仪器、选择适当的观测方法、系统误差补偿等方式消除或减弱。偶然误差是指在相同的观测条件下,对某量进行一系列的观测,误差出现的符号、大小均不一致,且无规律性的误差。偶然误差难以通过计算改正或改变观测方法来消除,只能根据一组观测数据,求出未知量的最或然值,并用中误差、相对误差、容许误差等指标衡量其精度,用最小二乘法、条件平差法等方法进行平差。

二、地图学

(一) 地图的基本概念、组成要素及分类

所谓地图,就是根据一定的数学法则,使用专门符号(包括注记和符号),经过制图综合将地球表面缩绘于平面上的图件。它能反映各种自然现象和社会现象的空间分布、联系、变化和发展。

地图有数学基础、制图对象和图面整饰三个组成部分。数学基础包括大地控制点、经纬线网和比例尺。制图对象在普通地图上包括水系、地貌、居民点、交通线、土质、境界线以及其他地物;在专题地图上包括地理底图的内容和突出表现的主题要素。图面整饰的内容包括图廓、图名、图号、图例和图面上文字说明以及附加图表等。

地图按内容可分为普通地图和专题地图。普通地图是以同等详细程度全面表示地面上主要的自然和社会经济现象的地图,能比较完整地反映出制图区域的地理特征,包括水系、地形、地貌、土质植被、居民地、交通网、境界线,以及独立地物等,进一步可分为地形图和地理图。专题地图是着重表示一种或几种自然或社会经济现象的地理分布,或强调表示这些现象的某一方面特性的地图。此外,按地图比例尺分类,地图可分为大比例尺地图(比例尺大于等于1∶10万的地图)、中比例尺地图(比例尺大于1∶100万、小于1∶10万的地图)及小比例尺地图(比例尺小于等于1∶100万的地图);按制图区域,地图可分为世界地图、全国地图、分省地图等。

(二) 地图成图方法

1. 传统实测成图法

实测成图是指利用测绘仪器实地测绘成图,这种方法主要用于大比例尺地形图的测制。

我国1：5万及更大比例尺和偏远地区1：10万的地形图采用实测成图法。传统地图的实测过程包括大地控制测量、地形地物测量、内业制图与印刷几个工序。

2. 传统编绘成图法

中、小比例尺普通地图的编制，是利用实测的大比例尺地图作为其原始资料，经过缩小、晒蓝、镶嵌成基础蓝图。再根据地图编辑文件的规定，在作业底图上进行各要素的地图概括、编绘而成所需地图。这种地图的比例尺一般比原始资料底图的比例尺要小。地图编制指生产地图的整个工艺过程，一般包括地图设计与编辑准备、地图编稿与原图编绘、地图清绘与整饰（即出版准备）、地图制版与印刷等4个阶段。

3. 数字测绘成图法

数字制图是随着现代计算机技术和空间信息技术发展而逐步发展起来的，目前正已成为地图制图的主要方法。根据它们的技术特点可分为数字测图和数字编图两部分。地图的数字测绘方法是空间技术和计算机技术发展的必然结果，它代表了当今测绘技术的发展水平，在测绘领域中的应用得到了普及。从它的最基础信息（包括空间信息和时间信息在内的属性信息）到信息的分析、处理、提取以及到最后为各终端用户服务的地图数字产品的全过程可用图来表达。大致可分为测量数据获取、数据编辑处理、地图成果输出几个阶段。数字地图的编绘出版过程分为编辑设计、数据输入、数据处理、打样校对和电子出版（制作印刷版或电子版）等几个阶段。

（三）地图数学基础

地图的数学基础包括地图投影和地图比例尺。

1. 地图投影

在平面上制作地图，必须把球面转换为平面，这种转换关系被称为地图投影。把球面转换为平面，可理解为将测图地区按一定比例缩小成一个地形模型，然后将其上的一些特征点，如测量控制点、地形点、地物点等用垂直（正射）投影的方法投影到图纸（平面）上。地图投影的方法有几何法与解析法。几何法是以平面、圆柱面、圆锥面为承影面，将曲面（地球椭球体面）转绘到平面（地图）上的一种古老方法，这种直观的透视投影方法有很大的局限性；解析法的实质就是确定球面上的地理坐标与平面上对应点的直角坐标之间的函数关系。

地球椭球体面是一个凸起的不可展平的曲面，如果将这个曲面上的元素，比如一段距离、一个方向、一个角度及图形等投影到平面上，必然同原来的距离、方向、角度及图形有差异，这一差异称之为投影变形。地图投影的变形有：长度变形、面积变形、角度变形和形状变形。不同的投影条件，可以得到许多不同种类的地图投影。地图投影的选择主要考虑地图的用途、比例尺、制图区域的形状与大小、地理位置以及其他特殊要求。我国常用的地图投影有正轴等面积割圆锥投影、正轴等角割圆锥投影、正轴等角圆柱投影（墨卡托投影）、横切等角椭圆柱投影（高斯投影）等。

2. 比例尺

为了使地图的制作者能按实际需要的比例制图，也为了地图的使用者能够准确地掌握地图与制图区域之间的比例关系，以便获得准确的地图信息。为此，在制图之前必须首先确定地图与制图区域间的缩小关系，并在成果图上明确地表示出缩小的定量指标。

地图上某线段的长度与实地相应线段的水平长度之比,称为地图的比例尺。在大比例尺地图上,各处的比例尺均相等,所以,可以直接去量测任意两点的距离。但在小比例尺地图上,由于是将球面展绘成平面,所以,就产生了各种变形,且变形的大小随着图上所量线段的地理位置与方向不同而变化。因此,在图上量算就要使用该图的投影比例尺,按照所量线段所处地理位置和相应方向去对应量算。

比例尺的表现形式有数字比例尺、说明比例尺和图解比例尺。数字比例尺是用阿拉伯数字表示的,分子为1,分母为10的倍数;文字比例尺则用文字注解的方法表示;图解比例尺是用图形加注记的形式表示的比例尺。地图上标注的比例尺决定着地图图形的大小、地图的测制精度及地图内容的详细程度。同一地区,比例尺越大,地图图形越大,图上量测的精度越高,地图的内容越详细。

(四)地图符号

地图符号是符号的子集,它具有可视性。它用一种物质的对象来代替一个抽象的概念,以一种易为心灵了解和便于记忆的形式,把制图对象的抽象概念呈现在地图上,从而使人们产生深刻的印象。地图的内容都是采用一定颜色的点、线、面几何图形与文字等手段来表示的,这些点、线、面几何图形及文字、色彩等,统称为地图符号。所以,地图符号作为一种特殊的符号系统,也可以称为地图语言或图解语言。地图正是借助于地图语言,来反映制图对象的时空变化规律。

地图上所表示的地理现象,其种类是无限多的,都需要用符号来完成。

按地图符号所指代概念的空间分布状态,地图符号可分为:① 点状符号,代表点状或过小面状可视为点的现象及地物的分布特征;② 线状符号,代表线状或带状地物的分布特征;③ 面状符号,代表面状地物的分布特征;④ 体状符号,代表具有体积量度特征的有形物或概念。

按地图符号的图形特征,地图符号可分为:① 正形符号,即以正形投影为基础,按地物投影后的平面轮廓形状构成;② 测视符号,即以透视投影的原理,按地物的侧面形状设计而成;③ 象征符号,即以一种象征地物含意的图形来表示一些既不宜用正形符号表示,又不宜用侧视符号表示的地物。

按地图符号与地物的比例关系,地图符号可分为:① 依比例符号,即实地上面积较大的地物,依比例尺缩小后,仍可保持与实地形状相似与图形清晰的符号;② 不依比例符号,即实地上一些面积较小,但又是很重要的地物,缩小后仅是一个点,不能依比例尺表示,而采用规定符号表示的;③ 半依比例符号,用以表示一些线状地物,这种符号在多数情况下不能依比例表示其宽度,只能依比例表示其长度。

按地图符号代表的地物性质,地图符号一般分为:测量控制点、独立地物、水系、地貌、土质植被、居民地、道路、境界、管线及垣栅、注记等。

地图符号的种类几乎是无限的,它所表达的内容也是复杂繁多的。应用地图符号的目的,就是应用地图符号的对比性和相似性,表达与区别所示现象的相同性和差异性,使地图符号的配置更加协调、系统化,以及在视觉、听觉或触觉上的变化和表达的制图特征相一致,充分挖掘地图在空间信息表达上的优势。实现这一目的,就必须对地图符号的变量进行研究,探索最适合于人眼阅读与其他感受的、最有效的地图符号设计原则,促进地图符号设计的系统化和标准化。所谓地图符号的变量,通常是指能引起视觉、听觉或触觉差别的最基本的图形、色彩和声音等因素的变化,这些变化因素是构成地图符号的基本元素,也可称为变量。地图符号的设计原则主要是为了提高地图的制图质量和地图表现力,其内容包括地图符号图案化、精确性、逻辑性、系统性、对比和协调性、色彩的象征性、视力与制印条件、印刷与经济效果和计算机制图的需要等。

（五）地图概括

地图概括又称制图综合,是根据地图比例尺、地图的用途和制图区域的特点,采用简单扼要的手段,把空间信息中主要的、本质的信息提取出来,形成新的空间概念的过程。在这一过程中,制图对象在地图上得以抽象概括反映。地图概括的任务,就是要研究从原始稿图或制图数据到编制成各种新编地图时所采用的概括原则和方法,以实现原始稿图与制图数据到新编地图内容的转换,促进新编地图的形成和体现新图作者的认知概念与科学抽象。

地图概括时,应根据地图用途和主题、制图目的及比例尺等,选取出有关的、重要的、本质的事象或构成部分作为地图内容表示到地图上来,而舍去其无关的、次要的、非本质的,并将其不表示到地图上来,此过程称为地图内容的选取。地图内容选取的顺序,应该是从高级到低级,从主要到次要,从整体到局部、从大到小进行的。选取的方法主要有：① 资格法,即按一定的数量指标或质量指标作为选取的资格,进行地图概括;② 定额法,即规定单位面积内应选取的事物的总数或密度,以保证地图内容的丰富性与易读性相协调;③ 根式定律法又称开方根定律,即按照资料图上的负载量与新编图上的负载量同其比例尺之间一定的比例关系进行地图内容选取;④ 等比数列法。

地图内容选取后,要对地图内容进行概括,即对制图事物的质量和数量特征进行分析提炼,形成新的概念,以减少制图事物的类别和等级。地图内容概括的方法有分类法、分级法和符号化等。分类法就是用分类表示代替具体表示,减少一定范畴内事物的质量差别,用概括的分类代替详细的分类,用高级类别归纳各低级类别;删除零星异类或同化零星杂类。分级法就是用分级表示代替具体表示;扩大级差或减少级数。地图内容概括的符号化就是用抽象符号表示代替真形符号表示,即将制图数据(资料)通过分类、简化、夸张等方法所获取的记号,根据其基本特征、相对重要性和相关位置制定成各种图形与符号。地图内容都是采用一定颜色或样式的地图符号来表示的。

第六节　3S 技 术

3S 技术是遥感技术(remote sensing, RS)、全球定位系统(global positioning systems, GPS)和地理信息系统(geographic information systems, GIS)的统称,是空间技术、传感器技术、卫星定位与导航技术和计算机技术、通讯技术相结合,多学科高度集成的对空间信息进行采集、处理、管理、分析、表达、传播和应用的现代信息技术。

一、遥感技术

（一）遥感的基本概念

遥感即遥远感知,指在不直接接触有关目标物的情况下,在飞机、飞船、卫星等遥感平台上,使用光学或电子光学仪器即传感器接收地面物体反射或发射的电磁波信号,并以图像胶片或数据磁带记录下来,传送到地面,经过信息处理、判读分析和野外实地验证,最终服务于资源勘探、动态监测和有关部门的规划决策。遥感技术即整个接收、记录、传输、处理和分析判读遥感信息的全过程,包括遥感手段和遥感应用。遥感中搭载传感器的工具统称为遥感平台,包括人造卫星、航天航空飞机乃至气球、地面测量车、海洋测量船等;遥感传感器即用于接收、量化地物发射或反射的电磁波信息的光学或电子光学仪器,这些信息被记录在胶片或磁带上,然后进行光学或计算机处理,最终得到可供几何定位或图像解译的遥感图像。

（二）遥感物理基础

（1）电磁波谱。凡是温度高于绝对温度 0K(即－273℃)的物体都能发射电磁波。电磁波有很多类型,其波长、频率也不一样,从波长最短的宇宙射线开始,依次有 γ 射线、X 射线、紫外线、可见光、红外线、微波、无线电波和低频电波等,组成一个连续的电磁波谱。目前遥感技术所能够利用的主要限于紫外线、可见光、红外线和微波的某些波段。

（2）电磁波辐射源。自然界中最大的天然辐射源是太阳和地球。地球上的一切物体都能够同时反射和发射电磁波,其中反射的电磁波主要来自太阳,物体本身发射的电磁波也与太阳辐射有关。地面物体的电磁波辐射信息包括两部分:一部分是反射信息,它只能在白天接收;另一部分是发射信息,它既能在白天接收,也能在夜间接收。

（3）大气窗口。通常把电磁波通过大气层时未被反射、吸收和散射的那些透射能力很强的波段范围称为大气窗口,是遥感技术经常使用的电磁波波段。大气窗口大致分为可摄影窗口(0.32—1.3 μm)、中红外窗口(1.3—2.5 μm)、中红外窗口(3.5—4.2 μm)、远红外窗口(8—14 μm)和微波窗口(0.8—25 cm)等。

（4）地物光谱特性。不同的物体由于其表面特征及内部组成情况不同,或同一物体在不同环境条件下,由于入射辐射能量不同,它们就具有不同的反射、发射、透射电磁波特性,即地物光谱特性。地物光谱特性是遥感技术的主要理论依据,决定了传感器工作波段的选择,也是遥感数据正确分析和判读的理论基础,还可以作为计算机数字图像处理和分类的参考标准。

（三）遥感影像的分辨率

遥感影像分辨率是遥感影像适应不同行业的研究和应用要求的最重要的指标,包括空间分辨率、时间分辨率、光谱分辨率和温度分辨率。遥感影像的空间分辨率是用来表征影像能够分辨地面目标细节的能力。数字影像的空间分辨率通常用地面分辨率和影像分辨率来表示。其中,地面分辨率是影像最小单元(像素)对应的地面尺寸大小;影像分辨率是地面分辨率在一定比例尺影像上的反映,随影像比例尺的不同而变化。遥感影像的时间分辨率是指传感器对同一目标区域进行重复探测时,相邻两次探测的时间间隔。遥感影像的光谱分辨率是指传感器所用的波段数、波长及波段宽度。遥感影像的温度分辨率是指热红外传感器分辨地表热辐射(温度)最小差异的能力。

（四）遥感图像的处理

把由传感器接收的原始遥感信息作适当的技术加工,制作成为有一定精度和质量的影像,以及从中提取有用信息的过程,称为遥感影像处理,包括数据预处理、数据校正和影像处理等几种方式。

(1) 数据预处理。传感器接收的遥感信息受传感器性能、飞行条件、环境等因素的影响,为获得研究区域的真实信息,使用遥感数据前要进行多方面的预处理,主要包括数据转换和数据压缩。数据转换即将遥感数据记录形式转换成符合数据处理系统输入、输出及用户要求相一致的形式或格式。数据压缩即为了不影响计算机数据处理的速度,需要对庞大的遥感影像数据进行压缩,去除无用的或多余的数据,并以特征值和参数的形式保存有用数据。

(2) 数据校正。为了保证所获得信息的可靠性,必须对存在误差的数据进行校正,包括辐射校正和几何校正。由于传感器接收的是目标本身发射的能力和反射的太阳能及其周围环境辐射量的综合辐射量,因此,需要进行辐射量校正,包括对整个图像进行补偿或根据像点的位置进行逐点校正两种方式。此外,遥感成像过程中会由于各种误差而使得遥感影像存在复杂的几何变形,因而,必须对影像进行几何校正,以改正各种因素引起的几何误差。

(3) 遥感影像处理。遥感影像处理包括遥感影像的几何处理、灰度处理和特征提取等。几何处理依照不同传感器的成像原理有所不同,对于无立体重叠的影像主要是几何纠正和形成地学编码;对于有立体重叠的卫星影像,还要求解地面目标的三维坐标和建立数字高程模型。影像的灰度处理包括影像复原和影像增强、影像重采样、灰度均衡、影像滤波。特征提取是从原始影像上通过各种数学工具和算子提取用户有用的特征。

（五）遥感影像的解译

遥感技术应用的重要环节是运用人工或计算机自动、半自动方法,判别遥感影像中与专题研究相关的人工地物和自然地物,即遥感解译。遥感解译以对影像要素或特征的分析和理解为基础,基本上可分为人工目视解译和计算机自动解译两种方法。

1. 目视解译

目视解译就是借助立体镜、放大镜和光电仪器,通过肉眼来观察和分析遥感影像的基本方法。目视解译人员在掌握各种遥感影像特性的基础上,依据影像的解译标志,并根据专业工作的实践经验,对影像进行合理解译。影像的解译标志分为直接解译标志和间接解译标志。其中直接解译标志是地物本身属性在影像上的直接表现,如影像的形状、大小、色调、色彩、阴影、图案、布局、纹理和位置等;间接解译标志是通过一些与解译对象有密切联系的现象或地物在影像上反映出来的特征,进行分析、研究、推理、判断,从而识别解译对象的属性。目视解译的一般原则是首先纵观全局,把握整体,然后分析研究细节,从已知到未知,将熟悉地物的影像特征作为解译标志,逐步解译其他类似的未知影像;此外,目视解译还必须遵循先易后难、先清楚后模糊、先山区后平原、先地表后隐伏、先整体后局部、先宏观后微观的解译原则。目视解译主要有直判法、对比法、邻比法、历史比较法和逻辑推理法等方法。

2. 计算机自动解译

计算机自动解译是运用计算机软件,在一定算法和法则的支持下,依据影像解译标志,对遥感影像进行自动解译,达到对地物属性进行识别和分类的目的。遥感影像的自动识别是利用计算机技术,依据影像信息特征,对影像的内容进行分析和判别,掌握影像中各种线条、轮廓、色调、图案、纹理等所对应的地物属性和状态。其本质是分类,将影像合理分类之后,便可以参照地面类型对影像进行识别。常用的分类方法有监督法分类和非监督法分类,很多遥感影像处理软件(如常用的 ERDAS,ENVI,PCI,Image Info 等)都具备这些功能。

二、全球定位系统

(一) 全球定位系统的基本概念

全球定位系统(GPS)是"授时、测距导航系统/全球定位系统(navigation system timing and ranging / global positioning system)"的简称。该系统是由美国国防部于 1973 年组织研制的,于 1994 年进入完全运行状态,主要为军事导航与定位服务的系统。GPS 是以卫星为基础,以无线电为通讯手段,依据天文大地测量学的原理,实行全球连续导航和定位的高新技术系统。具有全球性、全天候、高精度、快速实时的三维导航、定位、测速和授时功能,以及良好的保密性和抗干扰性。

(二) 全球定位系统的组成

GPS 主要由空间卫星部分、地面监控部分和用户设备三部分组成。

1. 空间部分

GPS 卫星星座设计为 21 颗工作卫星,3 颗备用卫星,实际已有 27—28 颗在轨运行卫星。工作卫星分布在 6 个近圆形轨道上,每个轨道上有 4 颗卫星。在地球上任何地区、任何时刻,可以同时接收 4 至 11 颗卫星的信号。GPS 卫星的主要功能是接收并存储由地面监控站发来的导航信息;接收并执行主控站发出的控制命令;向用户连续发送卫星导航定位所需信息。

2. 控制部分

地面监控部分是由分布在世界各地的五个地面站组成,按功能可分为监测站、主控站和注入站三种。监测站内设有双频 GPS 接收机、高精度原子钟、气象参数测试仪和计算机等设备,主要任务是完成对 GPS 卫星信号的连续观测,并将搜集的数据和当地气象观测资料经过处理后传送到主控站。主控站除了协调管理地面监控系统外,还负责将监测站的观测资料联合处理,推算卫星的星历、卫星钟差和大气修正参数,并将这些数据编制成导航电文送到注入站;另外,它还可以调整偏离轨道的卫星,使之沿预定轨道运行,调度备用卫星,以替代失效的卫星开展工作。注入站的主要任务是将主控站编制的导航电文、计算出的卫星星历和卫星钟差的改正数等,通过直径为 3.6 m 的天线注入相应的卫星。

3. 用户部分

用户设备主要由 GPS 接收机、硬件和数据处理软件、微处理机及终端设备组成;GPS 接收机由主机、天线和电源组成。其主要任务是捕获、跟踪并锁定卫星信号;对接收的卫星信号进行处理,测量出 GPS 信号从卫星到接收机天线间传播的时间;译出 GPS 卫星发射的导航电文,实时计算接收机天线的三维位置、速度和时间。

（三）GPS 接收机

GPS 接收机的主要功能是接收 GPS 卫星信号并经过信号放大、变频、锁相处理,测定 GPS 信号从卫星到接收机天线间的传播时间,解释导航电文,实时计算 GPS 天线所在位置（三维坐标）及运行速度等。GPS 接收机是一种被动式无线电定位设备,按不同用途分为导航型接收机、测地型接收机、授时型接收机和姿态测量型接收机;按接收机通道数可以分为多通道接收机、序贯通道接收机和多路复用通道接收机。

GPS 接收机主要由 GPS 接收天线、GPS 接收机主机和电源三部分组成。

1. GPS 接收机天线

GPS 接收机天线由天线单元和前置放大器两部分组成。天线的作用是将 GPS 卫星信号的微弱电磁波能量转化为相应电流,并通过前置放大器将接收到的 GPS 信号放大。

2. GPS 接收机主机

接收机主机由变频器、信号通道、微处理器、存储器和显示器组成。变频器的主要任务是使接收到的 L 频段射频信号变成低频信号。信号通道是软硬件结合的电路,是接收机的核心部分,其作用是搜索、牵引并跟踪卫星,对广播电文信号进行解扩、解调成为广播电文,进行伪距测量、载波相位测量及多普勒频移测量。存储器用于存储一小时一次的卫星星历、卫星历书、接收机采集到的码相位伪距观测值、载波相位观测值及多普勒频移。微处理器是 GPS 接收机工作的核心,GPS 接收机的工作都是在微机指令的统一协同下进行的。GPS 接收机都有液晶显示屏,以提供 GPS 接收机的工作信息,并配有一个控制键盘,以便用户控制接收机的工作。

3. GPS 接收机电源

GPS 接收机电源有两种,一种为内电源,一般采用锂电池,主要对 RAM 存储器供电;另一种为外接电源,常用可充电的 12V 直流镍镉电池组。

（四）GPS 定位原理

GPS 定位包括伪距单点定位、载波相位定位和实时差分定位。

1. 伪距测量及伪距单点定位

伪距测量就是测定卫星到接收机的距离,即由卫星发射的测距码信号到达 GPS 接收机的传播时间乘以光速所得的距离。伪距法单点定位,就是利用 GPS 接收机在某一时刻测定与 4 颗以上 GPS 卫星的伪距,及从卫星导航电文中获得的卫星瞬时坐标,采用距离交会法求出天线在 WGS-84 坐标系中的三维坐标。

2. 载波相位测量及载波相位定位

载波相位测量是测定 GPS 卫星载波信号到接收机天线之间的相位延迟。GPS 卫星载波上调制了测距码和导航电文,接收机接收到卫星信号后,先将载波上的测距码和卫星电文去掉,重新获得载波,称为重建载波。GPS 接收机将卫星重建载波与接收机内由振荡器产生的本振信号通过相位计比相,即可得到相位差。

3. 实时差分定位

GPS 实时差分定位的原理是在已有的精确地心坐标点上安放 GPS 接收机(称为基准站),利用已知的地心坐标和星历计算 GPS 观测值的校正值,并通过无线电通信设备(称为数据链)将校正值发送给运动中的 GPS 接收机(称为流动站)。流动站利用校正值对自己的 GPS 观测值进行修正,以消除上述误差,从而提高实时定位精度。GPS 动态差分方法有多种,主要有位置差分、伪距差分(RTD)、载波相位实时差分(RTK)和广域差分等。

(五) GPS 控制测量

使用 GPS 进行控制测量可以避免地形等方面的局限,没有误差累积。GPS 控制测量包括方案设计、外业测量和内业数据处理三个部分。

1. GPS 控制网设计

GPS 控制网的技术设计应根据用户提交的任务书或测量合同所规定的测量任务进行设计。设计时应注意如下问题:① GPS 控制测量一般使用三台接收机同时工作;② 控制点至少与一个其他控制点通视或在控制点附近布设一个通视良好的方位点;③ 要求至少有三个 GPS 控制网点与地面控制网点重合;④ 进行高程测量时,在测区内 GPS 点应尽可能与水准点重合或进行等级水准联测;⑤ GPS 点应远离无线电发射台和高压线、大面积水域及电磁波反射(或接收)强烈的物体,周围环境应该视野开阔、交通方便。设计工作结束后,再按照常规测量的方法到野外选点,建立测量标志。

2. 外业观测

野外观测前,应该根据仪器数量、交通工具状况、测区交通环境及卫星预报状况制定作业调度表,其内容包括观测时段、测站号、测站名、接收机号和作业人员。外业观测的工作步骤和工作内容包括安置天线,安置 GPS 接收机,按操作手册规定顺序进行操作,观测数据下载及数据预处理。

3. 内业数据处理

内业数据处理主要任务包括:① 基线解算,也称观测数据预处理,即对两台及两台以上接收机同步观测值进行独立基线向量(坐标差)的平差计算。② 观测成果检核,包括每个时段同步环检验、复测边检验和异步环检验。③ GPS 网平差。在各项检查通过后,得到各独立基线向量和相应协方差阵,在此基础上便可以进行平差计算,包括 GPS 网无约束平差和与地面网联合平差。

三、地理信息系统

(一) 地理信息系统的基本概念

GIS 技术是以地理空间数据库为基础,在计算机软件和硬件的支持下,采用地理模型分析方法,运用系统工程和信息科学的理论,对整个或部分地球表面(包括大气层)与地理空间分布有关的数据进行采集、管理、操作、分析、模拟和表达,为地理研究和地理决策服务提供多种空间地理信息的技术系统。

GIS 的硬件包括计算机主机、数字化仪、图像扫描仪、绘图仪、打印机、磁带(盘)机等;其软件包括五个基本模块,即数据输入和检验、数据存储和管理、数据变换、数据输出和表示、用户接口等;数据是 GIS 的基本组成,包括图形数据、图像数据和属性数据三类。

GIS 具有三个方面的特征:① 具有采集、管理、分析和输出多种空间信息的能力,具有空间性和动态性;② 以地理研究和地理决策为目的,以地理模型方法为手段,具有区域空间分析、多要素综合分析和动态预测能力,产生高层次的地理信息;③ 由计算机系统支持进行空间地理数据管理,并由计算机程序模拟常规的或专门的地理分析方法,作用于空间数据,产生有用信息,完成人类难以完成的任务。

(二) GIS 软件的主要功能

GIS 软件的主要功能是实现空间数据输入与输出、图形及属性数据编辑、空间数据库管理、空间数据处理和分析以及专业应用模型等。

1. 空间数据输入管理

空间数据输入管理是将现有地图、野外测量数据、调查记录、遥感影像等数据转换成软件所要求的数字格式,再进行存储。

2. 图形及属性数据编辑

GIS 都具有很强的图形编辑功能,用于编辑修改原始输入有误的数据,进行系统数据的更新,修饰图形,设计实体的线型、颜色、符号、注记等,还要创建拓扑关系、进行图幅接边、输入和修改属性数据等。

3. 空间数据库管理

空间数据库涉及数据类型多、内容多,且数据量大,因此,既要遵循常规关系型数据库管理系统管理数据,还要采用一些特殊的技术和方法,以管理常规数据库无法解决的空间数据问题。

4. 空间数据查询和分析

GIS 软件可以进行空间数据查询和分析,满足空间查询的要求,进行地形分析、网络分析、叠置分析、缓冲分析、决策分析等工作。

5. 空间数据输出管理

GIS 中输出数据种类很多,输出方式可以是图形、报表、文字和图像等;输出介质可以是纸、光盘、磁盘及显示终端等。

6. 应用模型和应用系统开发

由于 GIS 应用范围越来越广,GIS 软件平台提供的基本处理和分析功能很难满足所有用户的要求。用户可根据各类应用模型,基于组件技术开发各种 GIS 应用系统。

(三) 地理空间与空间数据

1. 地理空间

地理学上的地理空间是指物质、能量、信息的存在形式,在形态、结构过程、功能关系上的分布方式、格局及其在时间上的延续,是地球上大气圈、水圈、生物圈、岩石圈和土壤圈交互作用的区域。GIS 中的地理空间,是指经过投影变换后,在笛卡儿坐标系中的地球表层特征空间,一般包括地理空间定位框架及其所联结的地理空间特征实体。地理空间定位框架即大地测量控制,由平面控制网和高程控制网组成。地理空间特征实体表示地理空间信息的几何形态、时空分布规律及其相互之间的关系,是指具体形状、属性和时序性的空间对象或地理实体,包括点、线、面、曲面和体,是 GIS 表示和建库的主要对象。

2. 空间数据

地理空间数据就是以地球表面作为基本定位框架的空间数据,是指用来描述空间实体的位置、形状、大小及其分布特征诸多方面信息的数据,以表示地球表层一定范围的地理事物及其关系。空间数据描述的是所有呈现二维、三维甚至多维分布的关于区域的现象,它不仅包括表示空间实体本身的空间位置及形态信息,而且还包括表示实体属性和空间关系的信息。GIS 中包含大量的空间数据,基本上可以分为地图数据、影像数据、地形数据、属性数据和元数据等五种类型。

空间数据主要通过栅格方式和矢量方式进行表达,分别形成了栅格数据结构和矢量数据结构。栅格表达法是用离散的量化的格网值来表示和描述空间实体,是用数字表示的像元阵列,描述了地理实体的级别分布特征及其位置;栅格数据结构将空间规则地划分为栅格,栅格的行和列规定了实体所在的坐标空间,而数字矩阵本身则描述了实体的属性或属性编码。矢量表达法集中了地理实体的形状特征以及不同实体之间的空间关系分布;矢量数据结构是用离散的点、线、面来表示和描述连续地理空间中的实体。

空间数据具有空间性、专题性和时间性。空间性是空间信息的最主要特性,其表示了空间实体的位置或所处的地理位置、空间实体几何特征等,从而形成空间物体的位置、形态以及由此产生的一系列特性;专题性是指在一个坐标位置上地理信息具有专题属性信息;时间性是指空间数据的空间特征和属性特征随时间变化的动态变化特征。

(四)空间分析技术

空间分析通过对空间数据的分析处理,从而获取地理对象的空间位置、分布、形态、演变等新信息。GIS 系统提供的空间分析功能主要包括空间数据查询检索分析、叠置分析、缓冲分析、空间网络分析、空间形态分析、空间统计分析等。

1. 空间数据查询

空间数据查询是 GIS 最基本的功能,其实质是找出满足属性约束条件或空间约束条件的地理对象。从空间数据特性及其使用的角度来看,空间数据查询的方式主要有基于属性特征的查询、基于空间特征的查询和基于空间特征和属性特征的联合查询。

2. 叠置分析

空间数据叠置分析以空间层次分析理论为基础。空间数据的叠置是将两幅或多幅专题图重叠在一起,以生成新图和对应的属性。空间数据的叠置在图间进行,被叠置的图必须是同一地区、同一比例尺、同一投影方式,且各图均已进行配准。叠置分析,根据叠置方式不同,可以分为视觉叠置和信息复合叠置;根据叠置对象的不同,可以分为点和面的叠置、线和面的叠置、面和面的叠置、线和线的叠置、点和点的叠置及点和线的叠置;按叠置采用的数据结构不同,可分为矢量叠置和栅格叠置;按叠置功能不同,可分为类型合成叠置、统计叠置和信息提取叠置。

3. 缓冲分析

缓冲分析是解决邻近度问题的分析工具。缓冲分析过程中建立的缓冲区,是指 GIS 中基本空间要素点、线、面实体周围建立的具有一定宽度的邻近区域,分别称为点缓冲区、线缓冲区、面缓冲区。缓冲分析必须具备主体对象、邻近对象和对象的作用条件三个要素。

4. 空间网络分析

空间网络分析是对地理网络进行地理分析和模型化。此处的地理网络是指由一组线状要素相互联结形成的网状结构。网络分析的实质是通过研究网络的状态,模拟和分析资源在网络上的流动和分配,以实现网络上资源的优化。网络分析主要包括路径分析、定位与配置分析、连通分析和流分析。

5. 空间密度分析

空间密度分析是根据要素的数据集计算整个区域的数据聚集状态,从而产生一个连续的密度表面。密度分析主要是基于点要素进行的,以每个待计算的格网点为中心,进行圆形区域搜寻,计算每个格网点的密度值。其本质是通过离散采样点进行表面内插的过程。

6. 空间统计分析

空间数据之间存在着许多相关性和内在联系,为了找出空间数据之间的主要特征和关系,需要对空间数据进行分类和评价,即进行空间统计分析。通常用户可以根据不同的使用目的,选择 GIS 中存储的空间数据,运用适当的统计方法,获得所需信息。常用的空间统计分析方法有主成分分析、层次分析、聚类分析和判别分析等。

第三章　地　籍　管　理

第一节　地籍管理概述

一、地籍与地籍管理

(一) 地籍概述

1. 地籍的涵义

地籍指记载土地的位置、界址、数量、质量、权属和用途（地类）等基本状况的簿册（含图）。籍有簿册、清册、登记之说。如同建立户籍（含户口簿）一样，土地也要建立地籍（含地籍簿和地籍图）

地籍一词在国外最早来自拉丁文的"caput"和"capitastrum"，前者意为课税的对象，后者为课税对象的登记或者清册。在我国历史上，籍字也有税的意思。即税由籍来，籍为税而设。我国《辞海》中将"地籍"定义为："中国历代政府登记土地作为征收田赋根据之册簿。"可见，地籍最初就是为征税而建立的一种田赋清册或者簿册。现代地籍不仅是课税对象的登记清册，而且还直接为保护土地权属、国土资源管理、城市建设管理和保护耕地等服务；其纪录形式也从最早的文字、图簿册逐步发展到目前的以计算机数据管理为主的地籍管理信息系统。

2. 地籍的作用

(1) 为土地管理提供基础资料。

调整土地关系，合理组织土地利用的基本依据是地籍所提供的有关土地的数量、质量和权属状况资料；合理配置土地资源是依据地籍所提供的有关土地使用状况及界址界线资料；编制土地利用总体规划，合理组织土地利用是依据地籍所提供的有关土地数量、质量及其分布和变化情况的资料；征收土地税是根据地籍所提供的土地面积、质量等级、土地位置等方面的资料。

(2) 为维护土地产权权益等提供基础资料。

地籍的核心是权属。它所记载的土地权属界址线、界址点、权源及其变更状况资料是调处土地争执、确认地权、维护社会主义土地公有制及保护土地产权合法权益的基础资料。

（3）为改革与完善土地使用制度提供基础资料。

我国土地使用制度改革的第一步是变无偿、无限期、无流动的土地使用方式为有偿、有限期、有流动的土地使用。实行土地有偿使用制度,需制定土地使用费和各项土地课税额的标准。反映宗地面积大小、用途、等级状况的地籍,为改革与完善土地使用制度提供了基础资料。

（4）为编制国民经济发展计划等提供了基础资料。

地籍所记载的有关土地资源社会经济状况,以及土地数量、质量及其分布状况与变化特征等资料与图件,为编制国民经济发展计划和土地使用年度计划提供了基础资料。

3. 地籍的分类

根据地籍的目的、时序以及对象,可以将其划分为以下几种。

（1）按地籍的目的分类。

不同的社会历史条件下,地籍的目的不同,按目的可以将地籍分为税收地籍、产权地籍和多用途地籍。

税收地籍。税收地籍是各国早期建立的为课税服务的登记簿册。税收地籍最初仅仅具有为税收服务的功能,所以,税收地籍记载的主要内容是纳税人——业主和纳税单位的名称、地址、土地面积以及为确定税率所需要的土地等级等。

产权地籍。随着经济的发展,土地买卖日益频繁和公开化,促使税收地籍向产权地籍发展。产权地籍也称为法律地籍,是国家为维护土地合法权利、鼓励土地交易、防止土地投机和保护土地买卖双方的权益而建立起来的土地产权登记的簿册。它要求准确记载宗地的界线、界址点、权属状况、面积、质量、用途等。凡经登记的土地,其产权证明具有法律效力。产权地籍一般均要求有较高精度的地籍图、表、卡、册。

多用途地籍。也称现代地籍,是税收地籍和产权地籍的进一步发展。其目的不仅是为课税或产权登记服务,更重要的是为了各项土地利用和土地保护,为全面、科学的管理土地提供信息服务。随着科学技术的发展,特别是电子计算机和遥感技术的发展与广泛运用,地籍的内容及其应用范围也大为扩展,远远突破了税收地籍和产权地籍的局限,其手段也逐步被光电、遥感、电子计算机和缩微技术等所取代。它除了要求准确记载宗地的界线、界址点、权属状况、面积、质量、用途等外,还要求记载宗地的地形、地貌、土壤、气候、水文、地质、环境、生态,以及相关的社会经济状况。在此基础上,编制地籍图、簿和册。

（2）按地籍的时序分类。

按地籍的时序,可以将其划分为初始地籍和变更地籍。初始地籍是指在某一时期内,对某一行政管辖区内的全部土地进行的全面调查后最初建立的地籍。变更地籍是以初始地籍为基础,根据土地数量、质量、权属及其分布、利用情况的变化而及时进行修正补充及更新的地籍,它具有现实性和连续性。变更地籍也称日常地籍。初始地籍在前,变更地籍在后。

（3）按地籍的对象分类。

按地籍的对象,可以将其分为城市地籍和农村地籍。城镇地籍的对象是城市和建制镇的城区土地以及独立于城镇以外的工矿企业、铁路、交通等的用地;城镇地籍是在城镇地籍调查的基础上,开展城镇用地土地登记后建立的地籍,它以宗地作为地籍单元。农村地籍的对象是城镇郊区以及农村集体所有的土地以及国有农场使用的国有土地和农村居民点用地等;农村地籍是在土地利用现状调查的基础上建立的地籍,它以地类以及权属作为地籍单元。村庄地籍主要是针对农村居民点用地而设立的,它是农村地籍的一种表现形式,它以宗地作为地籍单元。城镇地籍由于城镇土地利用率高,集约化程度高、建(构)筑物密集,级差收益显著,城镇地籍较为复杂,需采用更大比例(1∶500)图纸,其数据及界址要求精度高。

(4) 按地籍的管理层次分。

地籍可以按其行政管理的层次,划分为国家地籍和基层地籍。国家地籍是指以集体土地所有权单位的土地和国有土地的一级土地使用权单位的土地为对象的地籍。基层地籍是指以集体土地使用者的土地和国有土地的二级使用者的土地为对象的地籍。

(二)地籍管理概述

地籍管理是国家为建立地籍而进行的一系列的工作或措施,即国家为取得有关地籍资料和全面研究土地的权属、自然和社会经济状况而采取的以土地调查、土地登记、土地统计、建立地籍档案为主要内容的行政、技术和法律措施,也称地籍工作。地籍管理的核心是土地权属管理。

地籍管理具有鲜明的阶级性。在不同的国家、不同的时期,地籍管理所承担的历史使命是不同的。在我国社会主义市场经济条件下,地籍管理的主要任务是:为维护土地的社会主义公有制,保护土地所有者和使用者的合法权益,促进土地的合理开发、利用,编制土地利用总体规划和年度利用计划,制定和实施有关土地的法律法规和土地政策等,提供、保管、更新有关土地自然、经济、法规方面的信息。

二、地籍管理的内容和原则

(一)地籍管理的内容

地籍管理的内容,一方面取决于社会生产力水平及与其相适应的生产关系的变革;另一方面也取决于它的对象——土地的基本特性。在一定的社会生产方式条件下,地籍管理作为一项国家的地政措施,有特定的内容体系。根据我国基本国情和建设的需要,现阶段的地籍管理的主要内容包括:土地调查;土地分等定级估价;土地登记;土地统计;地籍档案管理等。

1. 土地调查

土地调查是以查清土地的数量、质量、分布、使用和权属状况以及土地要素的动态变化情况而进行的调查。根据土地调查的内容侧重不同,可以分为地籍调查、土地利用现状调查和土地条件调查。

2. 土地分等定级

土地分等定级是在土地利用条件调查与土地利用分类的基础上,以马克思的地租、地价理论为主要依据所确定的各类土地等级和基准地价。

3. 土地登记

土地登记是国家按照法律规定程序将土地权属关系、用途、面积、使用条件、等级、价格等情况纪录于专门的簿册的一种法律行为。目前,依照我国法律的规定,土地登记主要是对国有土地使用权、集体土地所有权、集体土地使用权以及土地他项权利的登记。

4. 土地统计

土地统计是国家对土地的数量、质量、用途、分布及权属状况等进行系统、全面、连续的调查、分类、整理和分析,为国家提供土地统计资料,实行统计监督。

5. 地籍档案管理

地籍档案管理是指对地籍管理过程中直接形成的具有保存、查考价值的文字、图表、音像等历史纪录进行系统的立卷归档、保管和提供利用等工作。凡是在地籍活动中直接形成的,以文字、数字、图表、声像等形式反映地籍管理活动,具有保存价值的历史纪录,都是地籍档案。

地籍管理的内容不是一成不变的,其各项内容也不是相互孤立的,而是需要相互联系和衔接的。地籍管理内容将随着社会经济的迅速发展和国家对地籍资料需求的增长而不断变化和完善。(本章将介绍土地调查、土地登记、土地统计及地籍档案管理的内容,土地分等定级的内容详见第八章土地评价。)

(二)地籍管理的原则

地籍管理是一项集行政、技术及法律于一体的综合性工作,为保证地籍工作的顺利进行,地籍管理必须遵循以下基本原则。

1. 地籍管理必须按照国家规定的统一法律法规制度实施

地籍管理必须按照国家有关土地管理和地籍管理方面的统一法律法规制度进行。所谓统一,就是统一内容和方法、统一政策和要求、统一标准和规格,即地籍管理的内容和方法由国家统一制定,有关地籍的图、表、卡、册的格式、项目、内容、登记的分类体系、申报程序和日期等按国家统一要求,有关土地的分类系统及标准,统计、登记的单位和程序等服从国家统一规定。

2. 保证地籍资料的系统性、连续性和现势性

地籍资料的系统性、连续性和现势性是指地籍的各种资料要有条理,各时期的资料应互相联系而无中断,资料应及时更新以反映实际地籍要素状况。

3. 保证地籍资料的可靠性和精确性

地籍资料是政府掌握的事关土地所有者、土地使用者利益及利害冲突的实证的根本资料,错误的资料往往会造成土地权利当事人之间的土地纠纷、冲突、矛盾甚至战争。因此,必须要保证地籍资料的可靠性和精确性。

4. 保证地籍资料的概括性和完整性

地籍资料的概括性和完整性是指根据属地管理的原则,地籍管理涉及空间地域范围应该是其管辖范围内的城乡全部土地,同时要求地区间或地块间的地籍资料不出现间断和重复现象,地籍资料内容应包括国家所规定的全部资料。

第二节　土　地　调　查

土地调查的目的,是全面查清土地资源和利用状况,掌握真实准确的土地基础数据,为

科学规划、合理利用、有效保护土地资源,实施最严格的耕地保护制度,加强和改善宏观调控提供依据,促进经济社会全面协调可持续发展。

土地调查包括地籍调查、土地利用现状调查和土地条件调查。国家根据国民经济和社会发展需要,每 10 年进行一次全国土地调查;根据土地管理工作的需要,每年进行土地变更调查。

一、地籍调查

地籍调查是国家采用科学方法,依照有关法律程序,通过权属调查和地籍测量,查清每一宗土地的位置、权属、界线、数量和用途等基本情况,以图、簿示之,用以满足土地登记的需要。

(一)地籍调查的单元和内容

地籍调查的单元是一宗地。所谓一宗地是指被权属界址线所封闭的独立权属地段,是地籍调查的基本单位。宗地的划分主要是以方便权属管理为原则,因此,原则上一宗地由一个土地使用单位使用。如果同一个土地使用单位使用两块或两块以上不连接的土地,则应该划分为两个或两个以上的宗地;如果一个相对独立的自然地块同时由两个或两个以上的土地使用者共同使用,其间又难以划分界线,这种情况下这个地块也视为一宗地,为了区分,把这种宗地分为混合宗。

地籍调查的主要内容包括权属调查和地籍测量两个方面。其中权属调查又分为宗地权属状况调查、界址点认定调查、土地利用类型调查等三项工作;地籍测量又分为地籍控制测量、地籍碎部测量、基本地籍图绘制、面积量算等四项工作。

(二)地籍调查工作的程序

地籍调查是一项综合性的系统工程,必须在充分准备、周密计划的基础上进行。要结合本地的实际提出任务,确定范围、选用方法、经费统筹、人员组织、时间安排和实施步骤。地籍调查的实施可大体分为以下五个阶段。

1. 准备工作

组织准备。开展地籍调查的市(县)有必要成立以主管市(县)长为组长的地籍调查、土地登记领导小组。领导小组负责领导地籍调查、登记工作,研究地籍调查、土地登记中的重大问题,特别是研究、确定、仲裁土地权属问题。在土地管理机构中设立专门办公室,负责组织实施。

资料收集。将原有资料尽量收集齐全,并对其进行分析整理,要收集的主要资料有:① 原有的地籍资料,经过初审的土地申报材料;② 测量控制点资料,已有的大比例尺地形图、航摄资料;③ 土地利用现状调查,非农业建设用地清查资料;④ 房屋普查及工业普查中有关土地的资料;⑤ 土地征收、划拨、出让、转让等档案资料;⑥ 土地登记申请书及其权属证明材料;⑦ 其他有关资料。

调查范围的确定。城镇、村庄地籍调查范围要与土地利用现状调查范围相互衔接,不重不漏,所以调查范围应以明显地物为界,并在比例尺为 1：2 000—1：10 000 的地形图上标绘出来。若有较大比例尺航片,应在其上勾划调查范围。

技术设计。技术人员应根据已有资料和实地调查的情况进行地籍调查项目技术设计。主要内容包括:① 调查地区的地理位置和用地特点;② 地籍调查工作程序及组织实施方案;③ 地籍控制网点的布设和施测方法,以及坐标系统的选择;④ 地籍图的规格、比例尺和分幅方法的选定;⑤ 地籍测量方法的选用;⑥ 地籍调查成果的质量标准、精度要求和依据的确定。

表册、仪器和工具准备。按照规程要求的统一格式准备所需表格及簿册(如地籍调查表、测量记录表等)。所需仪器和用品取决于所采用的地籍测量方法,若有新拍摄的大比例尺航片或新测的大比例尺地形图,地籍测量任务又比较简单的,可以准备使用较简单的工具(如钢尺或皮尺、卡规、比例尺等)。在无图或图已较陈旧的情况下要准备采用精度较高的地籍测量方法(如解析法),则需准备高精度经纬仪以至全站仪等。

技术培训。培训的主要内容是:有关地籍的政策法规、技术规程,明确调查任务,学习调查方法、要求和操作要领,以确保地籍调查的质量。在全面开展地籍调查之前,可先进行小面积试点。通过试点,发现问题,总结经验,培训干部,推动地籍调查工作的顺利进行。

2. 外业调查

外业调查包括权属调查和地籍测量两项内容。权属调查是根据土地登记申请人(法人、自然人)的申请和对申请材料初审的结果而进行的调查,即对土地的位置、界址、权属、用途等进行实地核定、调查和勘丈。地籍测量是根据权属调查依法认定的权属界址和使用性状,实地测量每宗地的权属界址点及其地籍要素的平面位置。外业调查结果的记录,须经土地登记申请人的认定。

3. 内业工作

在外业工作的基础上,进行室内量算面积,绘制宗地图和地籍图,整理地籍档案资料。地籍调查成果应包括:① 地籍调查技术设计书;② 地籍调查表及调查草图(附界址点间距,丈量原始记录);③ 地籍平面控制测量原始记录,控制点网图、平差计算资料及成果等;④ 地籍勘丈原始记录;⑤ 解析界址点成果表;⑥ 地籍原图;⑦ 地籍复制图(着墨二底图);⑧ 宗地图;⑨ 地籍图分幅接合表;⑩ 以街道为单位宗地面积汇总表;⑪ 城镇土地分类面积统计表;⑫ 地籍调查技术报告;⑬ 检查验收报告。

(三) 地籍调查的主要成果资料

地籍调查工作结束后,应提交以下成果资料:① 地籍原图及分幅结合表;② 土地权属单位地籍图;③ 宗地图;④ 权属单位的土地面积和地类面积统计表;⑤ 地籍控制测量成果;⑥ 地籍调查说明书;⑦ 其他。

二、土地权属调查

权属调查是对土地权属单位的土地权属来源及其权利所及的位置、界址、数量和用途等基本情况的调查。在城镇,权属调查是针对土地使用者的申请,对土地使用者、宗地位置、界址、用途等情况进行实地核定、调查和纪录的过程。调查成果经土地使用者认定,可为地籍测量、权属审核和登记发证提供具有法律效力的文书凭据。界址调查是权属调查的关键,权属调查是地籍调查的核心。

(一) 土地权属调查的主要内容

土地权属调查的主要内容包括宗地位置、界线、权属状况和使用状况等的调查。

宗地位置指宗地所在区、街道、门牌号及四至;界线指界址点(即拐点或转角点)及其间的连接直线,即界址线(权属界线);权属状况主要指权属性质和权属来源;使用状况指土地用途、土地等级、地价和共用情况。

(二) 权属调查单元

权属调查的基本单元是宗地,即被权属界址线封闭的地块,宗地的划分应以方便土地管理为原则。一般将具有独立使用权的一地块划为一宗地,但在实际工作中,经常遇到以下几种情况。

(1) 几个使用者共同使用一块地,并且相互之间界线难以划清,应按共同宗地处理。

(2) 对大型工矿、企业、机关、学校用地内的经济上的独立核算单位(有自己的法人代表或已具有申请法人代表的资格)用地,应独立划宗,并确定其使用界线和面积。

(3) 对只有一个法人代表的特大宗地,如宗地内用途明显不同,并且不同用途的面积较大,利用类别界线明显(有线状地物),可划分为若干宗地。

(4) 对大型工矿、企业、机关、学校等特大宗地,如被公用道路、河流分割,应划分为若干宗地。

(三) 宗地和界址点编号

1. 宗地编号

为进行地籍调查,宗地要进行编号。调查前可预编宗地号,通过调查正式确定宗地号。编号按行政区、街道(或图幅)、宗地三级进行。较大城市可按行政区、街道、街坊(或图幅)、宗地四级编号。

《城镇地籍调查规程》规定,宗地号在地籍图上统一自左到右,自上到下,由"1"号开始顺序编号。图幅编号时,一宗地分散在几幅图上的称为破宗。破宗的宗地号在有关图幅中的上、左边一幅图内编号,但必须在其他几幅图的破宗地上注记该图幅号及其宗地号。

2. 界址点编号

为了顺利进行地籍测量和便于对地籍调查成果的管理,需要根据各地使用的图件资料及测量方法,选择不同的编号方法。其主要编号方法有:按宗地编号、按图幅统一编号、按地籍街坊统一编号。

(四) 权属调查程序和方法

1. 准备工作

准备工作即准备调查工作用图、预编宗地号及发放指界通知书。

2. 实地调查

实地调查的主要任务是在现场明确土地权属界线。具体内容是现场指界、界标设定、填写地籍调查表及绘制宗地草图等。调查的目的是确保该宗地权属合法、界址清楚。

（1）指界。

界址调查是权属调查的核心。它是对相邻双方的界址状况进行实地调查，并经临界双方和调查人员的认可，通过法律手续予以确认的过程。其调查结果经土地登记后具有法律效力，受法律保护。

界址的认定必须由本宗地及相邻宗地指界人亲自到现场共同指界。单位的土地，须由单位法人代表出席指界。土地使用者或法人代表不能亲自出席指界的，应由委托的代理人指界，并出具委托书与身份证明。几个土地使用者共同使用的共用宗地，应共同委托代表指界，并出具委托书及身份证明。相邻双方代表同指一界，为无争议界线；如双方所指界线不同，则两界之间的土地为争议土地。在规定指界时间，如一方缺席，其宗地界线以另一方所指界线确定，并将结果以书面形式送达缺席者。如有争议，必须在十五日内提出重新划界申请，并负责重新划界的全部费用，逾期不申请，则认为确界生效。指界人认界后，若不在地籍调查表上签字盖章，则可参照缺席指界的有关规定处理。

（2）设置界址点标志。

在无争议的界址点设置界址点标志。界址点标志根据实地情况，可分别选用混凝土界址标桩；带铝帽的钢钉界址标桩或带塑料套的钢棍界址标桩；也可设置喷漆界址标志。

（3）填写地籍调查表。

调查结果应在现场记录于地籍调查表上。填写调查表时，要特别注意权属界线的记载，应为点—线—点。此外，还需注意的是调查记录内容不得涂改，划改时要在划改处加盖人名章，以示负责。

（五）绘制宗地草图

对不同的地籍图成图方法，宗地草图应具有的勘丈数据不同，其作用亦不同。一般来讲，宗地草图可用于处理土地权属纠纷，恢复界址点，用于绘制地籍草图，检核各宗地的几何关系、边长、面积、界址坐标等，以保证地籍原图的质量；用于计算规则图形宗地面积；用于日常地籍管理工作。宗地草图内容包括：

（1）宗地编号和门牌号，土地使用者名称，本宗地界址点、界址点编号及界址线，相邻宗地的宗地号、门牌号和使用者名称或者相邻地物。

（2）在相应位置注记界址边长、界址点或界址边与邻近地物的相关距离和条件距离。

（3）确定宗地界址点位置、界址线方位所必需的或者其他需要的建筑物和构筑物。

（4）土地实际用途。

（5）指北线、作业员签名、作业日期。

三、土地利用现状调查

土地利用现状调查是为查清土地的利用现状而进行的全面的土地资源普查，其重点是按《土地利用现状分类》国家标准（GB/T21010—2007）（详见附录1）和统一的技术规程，查清各类用地数量、分布、利用及权属状况等。土地利用现状调查是土地资源调查中最为基础的调查。

（一）土地利用现状调查的基本内容和主要成果

土地利用现状调查是以县（市）为单位进行的，其任务是分县（市）查清各权属单位的土地总面积和分类面积及其分布状况，并逐级汇总各乡（镇、街道）、县（市）行政区的土地总面积和分类面积及其分布状况，为建立土地登记、统计制度和科学管理土地提供依据。土地利用现状调查的基本单位，农区到村（行政村），林区和牧区到乡，并按全国统一的土地分类标准进行分类。调查所使用的基础图件，在农区需 1∶10 000、重点林区 1∶25 000、一般林区 1∶50 000、牧区 1∶50 000 或 1∶100 000 的比例尺地形图，以及相应比例尺的航片或影像平面图。通过野外调绘和补测，将地类界、行政和权属界以及变化了的地物界线转绘到地形图或影像地图上。以绘后的地图作为工作底图，量算出各类土地面积，并自下而上逐级统计汇总出各权属单位及各行政区的土地总面积和土地利用现状分类面积，绘制各行政辖区的土地利用现状图及其他相关图件。

土地利用现状调查工作结束后，应提交如下成果资料：县（市）、乡（镇、街道）、村各类土地面积和土地总面积统计表；县（市）、乡（镇、街道）土地利用现状图；县（市）、乡（镇、街道）土地边界接合图；分幅土地权属界线图；无争议权属界线的权属界线协议书和有争议权属界线的土地争议缘由书；县（市）土地利用调查报告和乡（镇、街道）土地利用现状调查说明书。

（二）土地利用现状调查的基本单元

土地利用现状调查的基本单元是图斑。所谓图斑是指在实地属于同一种土地利用类型（二级地类）、属于同一个权属单位、同在一个图幅内且外围为固定实物界线的封闭地块。图斑是地类划分的最小范围，在量算面积时，图斑又是最小的量算单位和量算单元。图斑的编是以行政村为单位，按照调绘的先后次序编号。

（三）土地利用现状调查工作程序

土地利用现状调查工作，按完成的顺序及工作方式、内容，一般可以分为四个阶段八大步骤。

1. 准备工作阶段

该阶段只有一个步骤，即准备工作。主要包括组织准备、资料准备、仪器和用品准备等。

2. 外业工作阶段

外业工作阶段内容较多，但它们彼此结合，故实际仅为一个工作步骤，即外业调绘与补测工作，包括外业调绘前的准备工作、行政区划界和土地权属界的调绘、地类调绘、线状地物调绘、零星地类调绘、新增地物补测、调绘航片的整饰和检查等内容。

3. 内业工作阶段

内业工作阶段包括航片转绘、土地面积量算、土地利用现状图和分幅土地权属界线图的编绘、土地利用现状调查报告（或说明书）的编写等四个相继的步骤。

（1）航片转绘。航片转绘就是将标绘在航片上的外业调绘与补测成果，按照《土地利用现状调查规程》规定的转绘精度及方法，转绘到分幅地形图或影像平面图上，以消除航片上的影像误差和投影误差，并归化为统一的比例尺。转绘好的图件经检查符合转绘精度要求后，便可作为量算面积和编绘土地利用现状图及分幅土地权属界线图的工作底图。

（2）土地面积量算。在转绘好的分幅底图上,量算每个土地权属单位的土地总面积及各地类面积。土地面积量算包括控制面积量算、碎部面积量算和面积统计汇总三项工作。

（3）编绘图件。在转绘好的分幅底图上,进行土地利用现状图和分幅土地权属界线图的编绘。

（4）编写土地利用现状调查报告或说明书。土地利用现状调查工作结束后,需编写土地利用现状调查报告和乡(镇,街道)土地利用现状调查说明书,它们是对土地利用现状调查工作的总结和调查结果的分析应用。

在进行成果整理时,必须严格做到图(图上反映的内容)与数(面积数据)相符。

4．验收归档阶段

验收归档阶段的内容包括成果检查验收以及成果资料归档两个步骤。

（1）成果检查验收。为了保证调查成果的质量,需由省、市(地)、县(市)对完成调查工作的县(市)、作业组的调查成果进行验收。

（2）成果资料归档。将验收合格后的调查成果资料按统一格式装订成册,编制档案目录,并归档保存。

（四）土地利用的变更调查

土地利用变更调查(以下简称变更调查)是在土地利用现状调查的基础上,对土地利用变化情况进行的调查,以保证土地利用现状调查成果的现势性,为制定国民经济计划和土地利用总体规划、科学管理和合理利用土地提供准确可靠的现势资料。

变更调查的内容包括地类变化情况、土地权属变化情况和权属界变化情况等。变更调查的成果有：外业变更调查记录表;薄膜工作底图;面积量算表;县(市)、乡(镇、街道)土地变更调查记录一览表;县(市)、乡(镇、街道)年内地类变化平衡表;县(市)、乡(镇、街道)土地变更调查现状图;变更调查报告等。

变更调查的工作程序与土地利用现状调查基本一致,也分为四个阶段：准备工作、外业调查、内业工作和验收归档。

（1）准备工作阶段。包括组织准备、资料准备、仪器和工具准备及制定变更调查实施方案及技术方案。变更调查实施方案的主要内容是：本县(市)土地调查或上半年度变更调查的基本情况;变更调查工作所需的图件资料和技术条件;变更调查工作的组织、实施步骤与方法;时间安排与经费预算等。技术方案的主要内容是：技术设计的依据;适合本地实际的最佳作业方法和技术规定;保证质量的主要措施和要求等。

（2）外业工作阶段。外业工作是针对已经发生变化的地类、权属和权属界线所进行的调查、核对和补测,并填写土地变更调查记录表的工作。对于变更图斑形状规则,附近易找到明显地物点的地区,可采用距离交会法、直角坐标法或截距法等进行补测;对于变化范围较大,且图斑形状不规则的地区,一般采用测图的方法进行补测。为了保证补测的精度,必要时可以补测所利用的固定地物点为起算点,布设自由导线网作控制。对于变更权属界线的调绘,应以法院裁定的土地权属界线的法律文件或土地征收、划拨的有关文件为准,并进行实地核对,核对无误后应重新或补签土地权属协议书。

对于变更图斑的编号,目前有三种方法：一是在原图斑后加支号;二是在最大图斑号后依次增加新的图斑号;三是取消已变更图斑号,在变更图斑号前冠以变更年度。

（3）内业工作阶段。内业工作阶段包括航片转绘、变更土地面积量算、总面积和地类面积的统计汇总、土地利用现状图更新、土地变更调查报告撰写等内容。

（4）验收归档阶段。本阶段工作内容由成果检查验收和成果资料归档组成。

四、土地条件调查

土地条件调查是指对土地的自然条件和社会经济条件的调查，并据此评定土地质量，进行土地分等定级和估价。

（一）土地自然条件调查

在土地自然条件方面，主要调查收集以下资料。

1. 土壤方面的资料

主要收集土壤类型、土壤质地、土层厚度、土层构造、土壤养分、土壤酸碱度和土壤侵蚀状况等。

2. 地形地貌方面的资料

主要调查收集地貌类型、绝对高度、相对高度、坡度等方面的资料。

3. 水文方面的资料

主要调查收集地表水和地下水状况。

4. 植被方面的资料

主要调查收集有关植物的"群落"、"盖度"、草层高度、生活力、产草量和质量及利用程度等方面的资料。在林区和牧区，植被是土地质量的重要标志。

5. 气候方面的资料

侧重于温度及水分资料的调查收集。

6. 主要农作物生物学特性方面的资料

调查了解当地主要农作物成长发育对气候、地形、土壤、水分、水文地质等方面的要求。

7. 自然资源方面的资料

主要调查收集有关煤炭、铁、铜、石等黑色金属、有色金属、建筑材料等的种类、位置、储量、品位等资料。

（二）土地社会经济条件调查

对于土地的社会经济条件，主要调查收集以下资料：

1. 地理位置与交通运输条件

主要调查收集有关土地相对于城镇、工矿区、风景区、港口、车站（火车站、汽车站等）的位置与大致距离的资料。

2. 土地资源、人口、劳动力情况

主要调查、收集有关土地面积、人口、劳动力数量、人均土地拥有量、人口密度等资料。

3. 土地利用的经济水平

主要调查、收集单位土地面积的总产值或总收入、单位土地面积的净产值或纯收入、资金收益系数即纯收入与资金总额之比和百元投资的产值或收入等。以上这些指标一般采用3—5年的平均值。

4. 耕地(林地、牧草地)的投入产出水平

主要向农户调查收集每个土地单元的土地利用方式和投入产出水平。单位土地面积产量一般采用3—5年的平均值。

第三节　土　地　登　记

一、土地登记的概念和意义

(一)土地登记的概念

土地登记是指将国有土地使用权、集体土地所有权、集体土地使用权和土地抵押权、地役权以及依照法律法规规定需要登记的其他土地权利记载于土地登记簿公示的行为。

(二)土地登记的目的和意义

土地登记是一项法律制度,从民法、物权法的角度来看,它的根本作用和意义是公示。所谓公示,是指将物权变动的意思表示公开向社会公众显示。动产物权的公示,为标的物的占有,土地等不动产物权的公示即是登记——当事人在国家主管机关登记变动事项,土地物权的变动只有经过登记(公示)后才能发生效力。

我国目前实行的土地登记制度是一种以国家强制力为后盾,积极主动的行政法律措施。我国十几年的土地登记实践表明,土地登记在保障土地权利人的合法权益,维护社会主义土地公有制,防止国有资产流失,以及培育和规范土地市场等方面具有极其重要的作用,在我国国民经济和社会生活中有着十分重要的意义。

首先,土地登记确认了土地权属关系,是维护土地的社会主义公有制,维护土地权利人合法权益的重要法律保障。

其次,土地登记还确认土地权属变动关系,是保护土地商品交易安全,维持土地商品交换正常秩序的重要法律手段。

第三,土地登记是对房地产市场实施有效监管的关键措施。我国《房地产管理法》规定,房地产转让、抵押,当事人应当按规定办理权属登记。土地登记对房地产市场的监管作用主要落实在办理权属登记的过程中对房地产交易的合法性进行审查上。

第四,土地登记是土地用途管制的重要组成部分,通过土地登记,可以有效地保护耕地。按照《土地登记办法》(国土资源部令第40号),土地用途变更应当进行土地用途变更登记,农业用地转变为非农业建设用地当然也必须进行土地用途变更登记,这样,在对土地用途变更登记进行审核时,凡是不符合土地用途管制要求,随意将农业用地转变为非农业建设用地的,不依法保护耕地、充分合理利用土地资源的,均不为其办理土地登记手续,不颁发土地证书,从而通过土地登记,可以有效地实施土地用途管制,合理利用土地,保护耕地。

第五,土地登记是土地管理主要的基础性工作,是国家掌握土地动态变化的一个重要的信息源,是国家收取土地租、税、费的依据。

(三) 土地登记的特点

与世界上实施不动产登记制度的其他国家相比,我国的土地登记独具自己的特点。概括起来,我国的土地登记制度主要有以下特点:

采用形式主义立法。土地权利非经登记不发生效力,土地登记是土地权利变动的生效要件,即土地权利变动(土地所有权、使用权、土地他项权利的取得、变更、丧失)只有到土地登记机关登记后,才产生法律上的后果。

采用实质审查主义。土地登记机关对登记义务人提出的土地登记申请,不仅要审查申请所必须具备的形式要件,而且还要对所申请登记的权利或权利变动事项是否符合国家的有关法律和政策、能否成立进行审查。

登记有公信力。土地权利一经登记即具有法律效力,即使登记在土地登记簿上的土地权利或权利变动事项按照实体法不成立或无效,对于善意取得土地权利的第三人仍然有法律效力,善意第三人取得的土地权利不可推翻,不负返还义务。

强制性登记。除国家土地所有权外,一切土地权利均须进行初始土地登记;初始土地登记后土地权利的变更均须进行变更土地登记。不申请初始登记的,按非法占地论处;不申请变更登记的,除按违法占地处理外,视情节轻重,注销土地登记和土地证书。

登记簿的编成采取物的编成主义。从根本上说,我国的土地登记簿是按物编成的,即以土地为标准,按宗地号为顺序编成。按人编成主要体现在土地归户卡上。

颁发权利凭证。土地登记机关将土地权利和权利变动事项登记到土地登记簿上后,还要向土地权利人颁发土地权利证书,主要有国有土地使用证、集体土地所有证、集体土地使用证、土地他项权利证明书,作为由土地权利人持有的享有该土地权利的法律凭证。土地权利证书是土地登记卡部分内容的副本。

土地登记不仅登记土地权利的静态,而且登记土地权利的动态。

土地登记不及地上的建筑物和附着物。土地登记的标的物仅限于最狭义上的土地,不包括地面上的房屋和其他建筑物、附着物。这主要是由我国目前地政、房政由土地管理部门、房产管理部门分别管理的体制决定的。

目前,土地登记机关附属于土地管理机构,是土地管理机构内部的一个职能部门,这一点与世界上其他国家有很大的不同。

二、土地登记的类型和原则

(一) 土地登记的类型

土地登记,按登记的时间和任务不同,可分为土地总登记、初始登记、变更登记、注销登记和其他登记。

土地总登记,是指在一定时间内,对辖区全部土地或者特定区域的土地进行的全面登记。它一般是在统治者取得政权后,通过立法对国内土地实行的第一次登记。也有的是在国家法律、政策有重大调整后,或者出于统治者的其他需要,而对土地进行的重新登记。土地总登记是一种基础性的登记,它是其他各项登记的基础,通过土地总登记建立起来的辖区每宗土地的表、卡、证是以后各项土地登记的根据。

初始登记是指土地总登记之外对设立的土地权利进行的登记。例如,以各种方式(划拨、划拨转出让、出让、租赁、作价出资或入股、授权经营)初始取得国有土地使用权、农民集体土地所有权人、初始取得集体土地使用权(土地承包经营权除外)、设定土地抵押权及地役权等,都应申请相应的土地初始登记。

变更登记是相对土地总登记及初始登记来讲的,它是土地总登记及初始登记的延续并按照实际变化情况对其进行的补充和修正。换言之,就是在土地总登记、初始登记完成之后,对发生变化或者新产生的土地权利及内容进行的改正登记或新设登记。可见,变更登记是指因土地权利人发生改变,或者因土地权利人姓名或者名称、地址和土地用途等内容发生变更而进行的登记。

注销登记是指因土地权利的消灭等而进行的登记。

其他登记包括更正登记、异议登记、预告登记和查封登记。当发现土地登记簿记载的事项有错误时,可申请更正登记;土地登记簿记载的权利人不同意更正的,利害关系人可以申请异议登记;当事人签订土地权利转让的协议后,可以按照约定持转让协议申请预告登记;国土资源行政主管部门根据人民法院提供的查封裁定书和协助执行通知书,报经人民政府批准后将(预)查封的情况在土地登记簿上进行的记载称为(预)查封登记。

(二)土地登记的原则

为保证土地登记工作的顺利开展,应遵循以下基本原则。

1. 依法的原则

土地登记必须依法进行,这里的"法"是指广义上的"法"的概念,泛指我国现行的法律、法规和政策,如《宪法》、《物权法》、《土地管理法》、《城市房地产管理法》、《土地管理法实施条例》、《土地登记办法》等。土地登记依法的原则,有三方面的意义:一是土地登记义务人必须依法向土地登记机关申请,提交有关的证明文件资料,并按照土地登记机关的要求到现场指界等;二是土地登记机关必须依法对土地登记义务人的申请进行审查、确权和在土地登记簿上进行登记;三是土地权利经登记后效力由法规定,任何单位和个人都不能随意地夸大和缩小土地登记的效力。

2. 属地管辖的原则

土地登记属于不动产物权登记,不动产物权的管辖为属地管辖,处理不动产问题的法律依据是不动产的所在地的法律,因不动产发生的纠纷,一律由不动产所在地的法院或房管、土地部门处理。同样,土地登记也遵循属地管辖的原则。土地登记的属地管辖具体来说有以下两个要求:一是土地登记机关应当坚持统一性。在一个登记区内只能有一个土地登记部门来登记,不能由两个或几个土地登记部门来登记;二是土地登记资料应当保持完整性。同一个登记区内的土地登记资料,只能由一个土地登记部门来建档保存,而不能由两个或几个土地登记部门来分别保管。

3. 申请的原则

土地登记机关在土地登记簿上登记土地权利或权利变动事项,一般都应当由土地权利人或土地权利变动当事人向土地登记机关提出申请,即向土地登记机关发出明确的意思表示,由于土地登记是国家实行的一项法律措施,其结果具有决定物权变化生效的法律效力,因此,土地登记申请采取书面的方式,而不能以口头表示。

4. 审查的原则

土地登记机关对土地登记申请和地籍调查的结果必须进行审查。审查内容主要包括两个方面:一是形式审查,审查土地登记申请所提交的各种证明、文件资料是否为土地登记所必须具备的形式要件;二是实质审查,审查所申请的土地权利或权利变动事项是否符合国家的有关法律和政策。审查通过,应予以登记。否则,不予登记。

5. 公示的原则

土地登记是确认土地权利的一项法律措施,无论对于土地权利人还是权利义务人都极为严肃而又至关重要。因此,土地登记强调公开性,这就是土地登记公示的原则,即把土地登记向社会公众显示和公开。这不仅表现在土地登记资料可以公开供人查阅,而且还贯穿于土地登记的全过程,如土地总登记过程中登记时限、地点和申请须知的公告,土地登记审查结果的公告,以及地籍调查中四邻的指界行为等。

三、土地登记的内容和程序

(一) 土地登记的内容

土地登记的内容是指反映在土地登记簿内的登记对象质和量方面的要素,包括土地权属性质与来源、土地权利主体、土地权利客体以及与这三方面直接相关的其他内容。

1. 土地权属性质与来源

(1) 土地权属性质。土地权属性质,顾名思义是指附着在某宗土地上的权利是一种什么性质的权利。我国实行土地的社会主义公有制,按照有关法律法规,我国的土地权属性质分为:国有土地所有权、集体土地所有权、国有土地使用权、集体土地使用权以及土地他项权利等。由于我国的土地除了集体所有的以外,均为国家所有,而且一般说来,凡是不能证明为集体所有的土地均为国家所有,因此,在土地登记簿上只对集体土地所有权登记,而不把国家土地所有权作为登记的内容。另外,对于土地他项权利(如租赁权、抵押权),在土地登记簿上一般把它记载在"登记的其他内容及变更登记事项"栏,而不记载在"土地权属性质"栏。

(2) 土地权属来源。所谓土地权属来源,一般是指土地所有者或使用者最初取得土地的方式。它对于确定土地权属性质,判断某宗地是国家所有还是集体所有,土地使用权人对该宗地的土地使用权是国有土地使用权还是集体土地使用权至关重要。

一般说来,土地权属发生和变更的时间以及土地所处的地域是影响土地权属来源的两个主要因素。土地权利人申请土地登记时,应当提交有关的土地权属来源证明文件,如上级部门的批准文件、房产证、主管部门证明、四邻证明等。土地权属来源合法,是确认土地权属、进行土地登记的必要条件。只有根据合法的土地权属来源证明,土地登记机关才能确定土地权属的性质,并进而在土地登记簿上予以登记。

2. 土地权利主体

土地权利主体是指土地权利人,包括集体土地所有权人、国有土地使用权人、集体土地使用权人和土地他项权利人。其中,集体土地所有权人是特定的,即农村农民集体;国有土地使用权人、土地他项权利人可以是自然人、法人和其他组织;集体土地使用权人一般应是本集体内部的成员或单位,但特殊情况下也可以是其他人。

3. 土地权利客体

土地权利客体主要包括土地的坐落、界址、面积、用途、使用条件、等级、价格等。

(1) 土地坐落。指宗地所在地的名称,如洪山区珞喻路 1037 号。

(2) 权属界址。土地权属界址指某一产权单位的宗地的位置和范围。反映在实地上,表现为界址点及其界标物;反映在地籍图上,表现为界址点符号及其编号和界址点连线;反映在调查簿册上,是各界址点的坐标或相对位置说明。土地权属界址通过实地的权属调查和地籍测量取得。土地权属范围除了用图和坐标记录表上载明的界址点来确定外,还可在土地登记簿和土地证书上加注四至,标明相邻宗地的权利人。

权属界址清楚无争议,是进行注册登记、确认土地权属的必要条件。实地界址点与地籍图、地籍调查表、界址点文字描述应当一致,界址不清的,或者存在土地权属界址争议的,必须依法查清处理后,才能进行土地登记。

(3) 土地面积。土地面积亦称宗地面积,它是指一宗地权属界址线范围内的土地面积。土地权属界址一经确定,土地面积也就随之确定。如果某一宗地的权属来源证明文件上的界址范围与实地一致,而面积不一致,一律以界址范围为准,对土地面积数据进行更正。

(4) 土地用途(地类)。土地用途指土地权利人依照规定对其权利范围内土地的利用方式或功能。申请土地登记的土地用途必须符合有关规定。土地权利人任意改变土地用途和闲置土地都是违法行为。

(5) 土地使用条件。土地使用条件是土地权利的重要组成部分,直接关系到土地使用权的价格等,因此,严格界定土地使用条件并予以登记十分重要。

土地使用条件包括建筑占地、建筑限高、建筑密度等。这些使用条件的来源主要是三个方面:一是城镇规划已经限定;二是土地使用权有偿使用合同文本中作出的规定;三是批准用地文件所规定。

(6) 土地等级和价格。土地等级反映某一宗地的质量优劣程度,决定土地的价值。

土地等级作为土地登记的内容较为简单和稳定,土地价格则较复杂且变动较快。目前,土地的标定价、出让价、转让价、申报价、抵押价格、入股价格等都属于应当登记的内容。

(二) 土地登记的一般程序

不同类型的土地登记在登记的具体程序上虽然不尽相同,但从最一般的意义上说,土地登记的程序可分为土地登记申请和初审、地籍调查、材料审核、注册登记、颁发或更改土地证书五个步骤。

1. 土地登记申请和初审

土地登记申请是土地权利人或土地权利变动当事人按照规定向土地登记机关申请其土

地权利状况或权利变动事项,请求在土地登记簿上予以注册登记的行为。土地登记申请是土地登记程序的第一步,除了个别类型的土地登记如因街道名称、门牌号改变而进行的变更登记等不需要土地权利人申请,由土地登记机关直接在土地登记簿上进行变更登记外,一般的土地登记类型均需要土地权利人或权利变动当事人向土地登记机关提出申请,即向土地登记机关发出要求登记土地权利状况或权利变动事项的意思表示。

土地登记应当由当事人共同申请,但有下列情形之一的,可以单方申请:① 土地总登记;② 国有土地使用权、集体土地所有权、集体土地使用权的初始登记;③ 因继承或者遗赠取得土地权利的登记;④ 因人民政府已经发生法律效力的土地权属争议处理决定而取得土地权利的登记;⑤ 因人民法院、仲裁机构已经发生法律效力的法律文书而取得土地权利的登记;⑥ 更正登记或者异议登记;⑦ 名称、地址或者用途变更登记;⑧ 土地权利证书的补发或者换发;⑨ 其他依照规定可以由当事人单方申请的情形。

两个以上土地使用权人共同使用一宗土地的,可以分别申请土地登记。

申请人申请土地登记,应当根据不同的登记事项提交下列材料:① 土地登记申请书;② 申请人身份证明材料;③ 土地权属来源证明;④ 地籍调查表、宗地图及宗地界址坐标;⑤ 地上附着物权属证明;⑥ 法律法规规定的完税或者减免税凭证;⑦ 本办法规定的其他证明材料。其中地籍调查表、宗地图及宗地界址坐标,可以委托有资质的专业技术单位进行地籍调查获得。

对当事人提出的土地登记申请进行初审时,国土资源行政主管部门应当根据下列情况分别作出处理:① 申请登记的土地不在本登记辖区的,应当当场作出不予受理的决定,并告知申请人向有管辖权的国土资源行政主管部门申请;② 申请材料存在可以当场更正的错误的,应当允许申请人当场更正;③ 申请材料不齐全或者不符合法定形式的,应当当场或者在五日内一次告知申请人需要补正的全部内容;④ 申请材料齐全、符合法定形式,或者申请人按照要求提交全部补正申请材料的,应当受理土地登记申请。

2. 地籍调查

地籍调查是依照有关法律程序对申请登记的宗地进行现场调查,核实宗地的权属,确认宗地界址的实地位置,并掌握土地利用状况;再通过地籍测绘获得宗地界址点的平面位置、宗地形状及其面积的准确数据,以便进行土地登记的一个重要环节。地籍调查分为权属调查和地籍测量两部分。权属调查包括核实土地权属来源、认定土地权属界线、设立土地权属界址点等内容。地籍测量包括地籍平面控制测量和地籍勘丈。地籍调查可由申请人在申请土地登记前委托具有相应资质的专业技术单位承担。

3. 材料审核

材料审核是土地登记机关对申请人提交的证明文件资料和地籍调查结果进行审核,再由县级以上人民政府根据土地登记机关的审核意见,决定对申请登记的土地权利和权利变动事项,是否准予登记的法律程序。其中,权属审核是土地登记材料审核的核心环节。

权属审核的依据有两个方面:法律依据和书证依据。法律依据是指国家现行的有关土地的法律、政策及行政法规。书证依据指土地登记申请人的身份证明、申请登记宗地的权属来源证明、申请登记宗地的地上物产权证明、地籍调查成果和土地定级估价成果等。权属审核必须依据书证及我国现行的法律、法规和政策进行。

材料审核阶段,对于下列情形,应做出不予登记的审核结果并书面告知申请人不予登记的理由:① 土地权属有争议的;② 土地违法违规行为尚未处理或者正在处理的;③ 未依法足额缴纳土地有偿使用费和其他税费的;④ 申请登记的土地权利超过规定期限的;⑤ 其他依法不予登记的。

4. 注册登记

注册登记是指土地登记机关按照人民政府对土地登记的批准意见,对批准土地登记的土地所有权、使用权或他项权利进行登卡、装簿、造册的工作程序。它既是一种行政行为,又是一种十分严肃的法律行为。一经注册登记,土地权利即产生法律效力,不可随意更改。注册登记人员包括经办人和审核人。经办人和审核人必须由获得土地登记上岗资格,确实熟悉业务和有关法律法规的人员担任,并实行专人负责制度。

5. 颁发或更改土地证书

土地证书是土地登记卡部分内容的副本,是土地使用者、所有者和土地他项权利者持有的法律凭证。目前我国的土地证书主要有四种:国有土地使用证、集体土地所有证、集体土地使用证、土地他项权利证明书。土地证书以宗地为单位根据土地登记卡填写。两个以上土地使用者共同使用一宗土地的,应当分别填写土地使用证。

颁发土地证书是土地管理部门代表人民政府向土地权利人发放土地证书的过程,分为通知、验证、发证三个步骤。土地管理部门在发证前向领证人发送领证通知,领证通知的内容包括领证人的名称、领证时间、地点、形式。领证人应携带的证明文件有领证人的身份证明、土地登记收件单等。委托他人代领的,应办理代领手续。土地登记人员对领证人提交的领证证明文件进行验证,验证无误的,向领证人颁发证书。土地登记人员收回领证人土地登记收件单,领证人在土地登记签收簿上签字,领取土地证书。

四、土地总登记

(一)土地总登记的特点

土地总登记具有以下特点:

(1)土地所有者、使用者和他项权利者依法拥有或使用的土地,在拥有和使用期间,无论是否发生过权利的变更等,都必须按照土地登记通告的要求,向土地登记机关提出登记申请。

(2)土地总登记需要政府发布通告,而其他登记则不需要。

(3)阶段性。土地总登记有期限,持续一段时间后即告结束。

(4)作业面积大。土地总登记作业区是一个行政辖区或特定区域,它通常是一个县或市。一般地,一个中等县面积有上千平方千米,一个中等城市面积也有几十平方千米。

(5)集中性。土地总登记是在一定范围和时间内有计划集中统一进行的,全部申请登记的土地在登记时间和登记内容上是一致的。

(二)土地总登记的程序

相对于一般的土地登记程序来说,土地总登记增加了准备工作,这是因为土地总登记是在一定的时间内对一定区域的土地进行的集中、普遍的第一次登记,工作量大、时间集中,又是第一次登记,因而准备工作就显得特别重要,故在土地总登记中,把准备工作作为一项突出的重要内容提出来,列为土地总登记工作程序的第一步。另外,土地总登记的申请事先要由市、县人民政府发布通告,权属审核的结果要进行公告。

一般把土地总登记的工作程序分为五个阶段:准备工作、申报、地籍调查、权属审核、注册登记颁发证书。

土地总登记的准备工作分为组织准备、行政准备和业务准备三方面的工作。

(1)组织准备。土地总登记涉及面广,工作量大,是关系到国计民生的一件大事,政府应根据初始土地登记所涉及到的法律、财务、行政边界、土地利用等问题,做好土地总登记的组织准备工作。

(2)行政准备。行政准备包括以下几个方面:

① 研究制定土地总登记的工作计划、实施方案。

② 依据国家的有关法律、法规和政策,结合本地实际,制定适合本地区的土地使用权、所有权的确权规定以及土地总登记、地籍调查的实施细则。

③ 预算土地总登记的工作经费。

④ 购买必要的仪器设备和办公用品。

⑤ 准备土地总登记工作中需要使用的宣传材料、通告、表、书、单、卡、册、簿、公告、土地证书等。按照《土地登记办法》第17条的规定,各类证书式样由国务院国土资源行政主管部门统一监制。土地登记申请表、土地登记审批表、土地登记簿和土地归户卡的式样由国务院国土资源行政主管部门规定(详见附录2-5)。

⑥ 划分登记区。土地登记区的划分,一要方便群众,便于基层行政管理;二要尽量与地籍测量时测区划分结合起来,易于操作。一般情况下,农村可按乡、镇划分,城市按街道办事处划分。在县级行政区域内,地处两个或两个以上行政管辖区交界处的土地使用单位,可以划在一个登记区内。一个城市内,一宗地跨越两个以上县级行政区的,一般不能按上述办法划分登记区。

(3)业务准备。土地总登记的业务准备包括收集资料和宣传培训两个方面。

① 收集资料。土地总登记正式开展前,收集与确认土地权属、测量地籍图件有关的文件资料,并加以利用,是加快工作进度、解决疑难问题、提高工作质量所必须做的工作。需要收集的资料一般分为两大类:一类是文件、资料类。如用地文件、国有土地有偿出让和转让合同、各历史时期政府部门颁发的土地证件、人民公社时土地划拨和调配存根、固定土地档案、解放初的地亩税和农业税单、集体与集体之间土地兑换协议等等,都应收集起来。另一类是图件类。图件类别较多,一般应收集的图件要与确定权属界址有关,如老地籍图、规划图,大比例尺行政界线图等。

② 宣传培训。做好土地总登记工作的宣传培训,是保证土地总登记顺利进行的前提。宣传培训包括两方面的内容;一是向广大群众宣传;二是对基层负责土地登记的工作人员及基层组织干部进行培训。要向广大群众、干部讲清土地总登记的目的、任务、方法步骤、及应注意的具体事项如申报登记的时间、地点、携带的证明文件等。特别是在土地总登记中土地所有者、使用者及他项权利者和登记机关双方应负的法律责任,必须宣传到户。对无故不申

请土地登记或制造伪证的处罚办法,应通过各种宣传方式,让土地所有者、使用者和他项权利者都知道。

五、初始土地登记

初始登记,是指土地总登记之外对设立的土地权利进行的登记。初始土地登记的办理程序与土地登记的一般程序一致。初始土地登记及相关要求有以下几种情况。

(1)依法以划拨方式取得国有建设用地使用权的,当事人应当持县级以上人民政府的批准用地文件和国有土地划拨决定书等相关证明材料,申请划拨国有建设用地使用权初始登记。新开工的大中型建设项目使用划拨国有土地的,还应当提供建设项目竣工验收报告。

(2)依法以出让方式取得国有建设用地使用权的,当事人应当在付清全部国有土地出让价款后,持国有建设用地使用权出让合同和土地出让价款缴纳凭证等相关证明材料,申请出让国有建设用地使用权初始登记。

(3)划拨国有建设用地使用权已依法转为出让国有建设用地使用权的,当事人应当持原国有土地使用证、出让合同及土地出让价款缴纳凭证等相关证明材料,申请出让国有建设用地使用权初始登记。

(4)依法以国有土地租赁方式取得国有建设用地使用权的,当事人应当持租赁合同和土地租金缴纳凭证等相关证明材料,申请租赁国有建设用地使用权初始登记。

(5)依法以国有土地使用权作价出资或者入股方式取得国有建设用地使用权的,当事人应当持原国有土地使用证、土地使用权出资或者入股批准文件和其他相关证明材料,申请作价出资或者入股国有建设用地使用权初始登记。

(6)以国家授权经营方式取得国有建设用地使用权的,当事人应当持原国有土地使用证、土地资产处置批准文件和其他相关证明材料,申请授权经营国有建设用地使用权初始登记。

(7)农民集体土地所有权人应当持集体土地所有权证明材料,申请集体土地所有权初始登记。

(8)依法使用本集体土地进行建设的,当事人应当持有批准权的人民政府的批准用地文件,申请集体建设用地使用权初始登记。

(9)集体土地所有权人依法以集体建设用地使用权入股、联营等形式兴办企业的,当事人应当持有批准权的人民政府的批准文件和相关合同,申请集体建设用地使用权初始登记。

(10)依法使用本集体土地进行农业生产的,当事人应当持农用地使用合同,申请集体农用地使用权初始登记。

(11)依法抵押土地使用权的,抵押权人和抵押人应当持土地权利证书、主债权债务合同、抵押合同以及相关证明材料,申请土地使用权抵押登记。同一宗地多次抵押的,以抵押登记申请先后为序办理抵押登记。符合抵押登记条件的,国土资源行政主管部门应当将抵押合同约定的有关事项在土地登记簿和土地权利证书上加以记载,并向抵押权人颁发土地他项权利证明书。申请登记的抵押为最高额抵押的,应当记载所担保的最高债权额、最高额抵押的期间等内容。

（12）在土地上设定地役权后，当事人申请地役权登记的，供役地权利人和需役地权利人应当向国土资源行政主管部门提交土地权利证书和地役权合同等相关证明材料。符合地役权登记条件的，国土资源行政主管部门应当将地役权合同约定的有关事项分别记载于供役地和需役地的土地登记簿和土地权利证书，并将地役权合同保存于供役地和需役地的宗地档案中。供役地、需役地分属不同国土资源行政主管部门管辖的，当事人可以向负责供役地登记的国土资源行政主管部门申请地役权登记。负责供役地登记的国土资源行政主管部门完成登记后，应当通知负责需役地登记的国土资源行政主管部门，由其记载于需役地的土地登记簿。

六、变更登记

变更登记，是指因土地权利人发生改变，或者因土地权利人姓名或者名称、地址和土地用途等内容发生变更而进行的登记。变更土地登记的办理程序与土地登记的一般程序一致。变更土地登记及相关要求有以下几种情况。

（1）依法以出让、国有土地租赁、作价出资或者入股方式取得的国有建设用地使用权转让的，当事人应当持原国有土地使用证和土地权利发生转移的相关证明材料，申请国有建设用地使用权变更登记。

（2）因依法买卖、交换、赠予地上建筑物、构筑物及其附属设施涉及建设用地使用权转移的，当事人应当持原土地权利证书、变更后的房屋所有权证书及土地使用权发生转移的相关证明材料，申请建设用地使用权变更登记。涉及划拨土地使用权转移的，当事人还应当提供有批准权人民政府的批准文件。

（3）因法人或者其他组织合并、分立、兼并、破产等原因致使土地使用权发生转移的，当事人应当持相关协议及有关部门的批准文件、原土地权利证书等相关证明材料，申请土地使用权变更登记。

（4）因处分抵押财产而取得土地使用权的，当事人应当在抵押财产处分后，持相关证明文件，申请土地使用权变更登记。

（5）土地使用权抵押期间，土地使用权依法发生转让的，当事人应当持抵押权人同意转让的书面证明、转让合同及其他相关证明材料，申请土地使用权变更登记。已经抵押的土地使用权转让后，当事人应当持土地权利证书和他项权利证明书，办理土地抵押权变更登记。

（6）经依法登记的土地抵押权因主债权被转让而转让的，主债权的转让人和受让人可以持原土地他项权利证明书、转让协议、已经通知债务人的证明等相关证明材料，申请土地抵押权变更登记。

（7）因人民法院、仲裁机构生效的法律文书或者因继承、受遗赠取得土地使用权，当事人申请登记的，应当持生效的法律文书或者死亡证明、遗嘱等相关证明材料，申请土地使用权变更登记。权利人在办理登记之前先行转让该土地使用权或者设定土地抵押权的，应当先将土地权利申请登记到其名下后，再申请办理土地权利变更登记。

（8）已经设定地役权的土地使用权转移后，当事人申请登记的，供役地权利人和需役地权利人应当持变更后的地役权合同及土地权利证书等相关证明材料,申请办理地役权变更登记。

(9)土地权利人姓名或名称、地址发生变化的,当事人应当持原土地权利证书等相关证明材料,申请姓名或者名称、地址变更登记。

(10)土地的用途发生变更的,当事人应当持有关批准文件和原土地权利证书,申请土地用途变更登记。土地用途变更依法需要补交土地出让价款的,当事人还应当提交已补交土地出让价款的缴纳凭证。

七、注销登记

注销登记,是指因土地权利的消灭等而进行的登记。对于依法收回的国有土地,依法征收的农民集体土地,因人民法院、仲裁机构的生效法律文书致使原土地权利消灭,当事人未办理注销登记的,可直接办理注销登记。

对于下列情形,当事人应申请注销登记。

(1)因自然灾害等原因造成土地权利消灭的,原土地权利人应当持原土地权利证书及相关证明材料,申请注销登记。

(2)非住宅国有建设用地使用权期限届满,国有建设用地使用权人未申请续期或者申请续期未获批准的,当事人应当在期限届满前十五日内,持原土地权利证书,申请注销登记。

(3)已经登记的土地抵押权、地役权终止的,当事人应当在该土地抵押权、地役权终止之日起十五日内,持相关证明文件,申请土地抵押权、地役权注销登记。

当事人未按照相关规定申请注销登记的,国土资源行政主管部门应当责令当事人限期办理;逾期不办理的,进行注销公告,公告期满后可直接办理注销登记。对于土地抵押期限届满,当事人未申请土地使用权抵押注销登记的,除设定抵押权的土地使用权期限届满外,国土资源行政主管部门不得直接注销土地使用权抵押登记。

土地登记注销后,土地权利证书应当收回;确实无法收回的,应当在土地登记簿上注明,并经公告后废止。

八、更正登记、异议登记、预告登记和查封登记

(一)更正登记

更正登记包括两种情形:① 国土资源行政主管部门发现土地登记簿记载的事项确有错误的,应当报经人民政府批准后进行更正登记,并书面通知当事人在规定期限内办理更换或者注销原土地权利证书的手续。当事人逾期不办理的,国土资源行政主管部门报经人民政府批准并公告后,原土地权利证书废止。更正登记涉及土地权利归属的,应当对更正登记结果进行公告。② 土地权利人认为土地登记簿记载的事项错误的,可以持原土地权利证书和证明登记错误的相关材料,申请更正登记。利害关系人认为土地登记簿记载的事项错误的,可以持土地权利人书面同意更正的证明文件,申请更正登记。

（二）异议登记

当土地登记簿记载的权利人不同意更正时,利害关系人可以申请异议登记。对符合异议登记条件的,国土资源行政主管部门应当将相关事项记载于土地登记簿,并向申请人颁发异议登记证明,同时,书面通知土地登记簿记载的土地权利人。异议登记期间,未经异议登记权利人同意,不得办理土地权利的变更登记或者设定土地抵押权。当异议登记申请人在异议登记之日起十五日内没有起诉,或人民法院对异议登记申请人的起诉不予受理,或人民法院对异议登记申请人的诉讼请求不予支持时,异议登记申请人或者土地登记簿记载的土地权利人可以持相关材料申请注销异议登记。异议登记失效后,原申请人就同一事项再次申请异议登记的,国土资源行政主管部门不予受理。

（三）预告登记

当事人签订土地权利转让的协议后,可以按照约定持转让协议申请预告登记。对符合预告登记条件的,国土资源行政主管部门应当将相关事项记载于土地登记簿,并向申请人颁发预告登记证明。预告登记后,债权消灭或者自能够进行土地登记之日起三个月内当事人未申请土地登记的,预告登记失效。预告登记期间,未经预告登记权利人同意,不得办理土地权利的变更登记或者土地抵押权、地役权登记。

（四）查封登记

国土资源行政主管部门应当根据人民法院提供的查封裁定书和协助执行通知书,报经人民政府批准后将查封或者预查封的情况在土地登记簿上加以记载。国土资源行政主管部门在协助人民法院执行土地使用权时,不对生效法律文书和协助执行通知书进行实体审查。国土资源行政主管部门认为人民法院的查封、预查封裁定书或者其他生效法律文书错误的,可以向人民法院提出审查建议,但不得停止办理协助执行事项。对被执行人因继承、判决或者强制执行取得,但尚未办理变更登记的土地使用权的查封,国土资源行政主管部门依照执行查封的人民法院提交的被执行人取得财产所依据的继承证明、生效判决书或者执行裁定书及协助执行通知书等,先办理变更登记手续后,再行办理查封登记。土地使用权在预查封期间登记在被执行人名下的,预查封登记自动转为查封登记。当两个以上人民法院对同一宗土地进行查封时,国土资源行政主管部门应当为先送达协助执行通知书的人民法院办理查封登记手续,对后送达协助执行通知书的人民法院办理轮候查封登记,并书面告知其该土地使用权已被其他人民法院查封的事实及查封的有关情况。轮候查封登记的顺序按照人民法院送达协助执行通知书的时间先后进行排列。查封法院依法解除查封的,排列在先的轮候查封自动转为查封;查封法院对查封的土地使用权全部处理的,排列在后的轮候查封自动失效;查封法院对查封的土地使用权部分处理的,对剩余部分,排列在后的轮候查封自动转为查封。预查封的轮候登记与查封的轮候登记次序一致。查封、预查封期限届满或者人民法院解除查封的,查封、预查封登记失效,国土资源行政主管部门应当注销查封、预查封登记。对被人民法院依法查封、预查封的土地使用权,在查封、预查封期间,不得办理土地权利的变更登记或者土地抵押权、地役权登记。

第四节　土　地　统　计

土地统计是地籍管理的一项基本内容,也是整个土地管理的一项重要基础工作。土地统计可以保证地籍管理工作的完整性和地籍信息的现势性,进而准确及时地为土地管理提供全面、系统的统计信息。

一、土地统计的内容和程序

土地统计是利用数字、图表和有关资料,对土地的数量、质量、分布、权属和利用状况及其动态变化进行全面、系统地记载、整理和分析的一项土地管理基础性工作。土地统计包括土地统计资料、土地统计工作和土地统计科学等三层含义。土地统计资料是反映土地资源的特征和规律的数字资料以及与之相联系的其他资料的总称。土地统计工作泛指对土地数量方面进行收集、整理和分析的工作过程。土地统计科学则是指土地统计的理论和方法。这三者之间存在相互依存、彼此促进的关系。土地统计资料是土地统计工作的成果,土地统计科学则是土地统计工作的经验总结和理论概括,与此同时,土地统计科学又为土地统计工作的实践提供了理论依据,指导和推动土地统计工作的开展。

（一）土地统计的内容

土地统计的基本内容主要包括 5 个方面,即土地总面积、土地质量等级、土地权属状况、利用状况和土地位置界限。

土地总面积是指统计范围内全部土地的总量,例如全国土地总面积、全省土地总面积、全市土地总面积等。

土地质量等级是指通过土地质量评价确定的土地等级,不同等级的土地具有不同的质量。通过土地统计,反映出不同质量等级的土地面积及其分布。

土地权属状况是指不同权属类别的土地面积及其分布。土地权属类别分为集体所有土地和国有土地两种。

土地利用状况是指各种土地利用类型的面积及其分布。土地利用类型参照全国规定的土地利用现状分类。

土地位置界限是指土地的地理位置、范围界线和四至,包括各行政单位、土地权属单位以及各种地类的界线,用图件和文字形式表述。

（二）土地统计的程序

土地统计的工程程序可分为 4 个阶段和若干个步骤,分别为土地统计设计阶段、土地统计调查阶段、土地统计整理阶段和土地统计分析阶段。

1. 土地统计设计阶段

土地统计设计是土地统计工作的第一个环节,是确定土地统计中所要达到的目标,并对统计工作的各方面和全过程所作的通盘考虑和协调安排。这一阶段工作包括确定统计目标、设计统计指标和表格、制定统计调查方案等步骤。

2. 土地统计调查阶段

土地统计调查是按已有的调查方案,采用科学的方法收集土地原始资料和开展实地调查的过程。针对不同的土地资料往往采用不同的调查手段和方法。这一阶段的工作包含两个步骤,即资料收集和实地调查。

3. 土地统计整理阶段

土地统计整理就是根据土地统计研究的任务和目的,对土地统计调查取得的各项原始资料进行审核汇总,使其系统化、条理化,以得出反映土地资源总体特征的综合资料。

4. 土地统计分析阶段

统计分析是土地统计工作过程的最后阶段,是对土地统计数据进行分析研究,说明土地利用状况,揭示土地变化规律,并提出解决问题的方案和建议的工作。土地统计分析一般包括土地现状及动态分析、土地专题分析、土地综合分析和土地预测分析等。

二、土地统计类型

根据统计时间和任务的不同,土地统计分为初始土地统计和年度土地统计(或日常土地统计)。

(一)初始土地统计

初始土地统计是利用有关统计图和表册,对土地的面积、质量、分布、权属和利用状况的数量表现所进行的首次系统的记载和分析,是土地统计工作的起点。

土地初始统计的任务是设计土地统计文件(包括统计图和统计表册);将有关土地面积、质量、分布、权属、利用状况的数据和界线,按全国统一规范要求分别载入土地统计表和统计图;逐级汇总分析统计资料并提供各种服务。初始统计一般都是在大规模土地调查和土地登记工作结束后立即进行,以反映同一时间的土地现状,便于逐级汇总统计资料。土地初始统计应短时间内一次性完成。

初始土地统计也可以在初始土地登记后进行,把初始土地登记的各类土地利用面积作为初始土地统计的基本依据资料。初始土地统计在初始土地登记的基础上进行,可以保证土地统计面积的精确性和稳定性,不会因在土地登记时改变权属地界而引起统计数据的变更。同时,土地登记的成果又是进行土地权属统计的基础数据,是分析和研究权属变化的原因和结果的依据。由此可见,土地利用现状调查成果和土地登记文件都是初始土地统计的重要信息来源。

(二)年度土地统计

年度土地统计指的是在初始土地统计的基础上开展的对土地数量、质量、地权、地类等变化状况所进行的统计工作,也是指通过变更调查,对所辖行政范围内的土地利用现状进行全面核实,特别是对变化图斑面积和界线进行实地测量及图上注记,并记录其变更的面积、原因、性质,然后对资料进行整理记录和分析的全过程。土地初始统计结束后,年度土地统计就应开始,并且每年都要连续不断地进行。

年度土地统计是经常土地统计的必要环节,是保证土地信息更新的常规方法,是反映年内增减变动程度与趋向的显示器,是基层土地统计资料的主要来源和重要成分,是构成土地统计台账的主体,是编写土地统计年报的可靠依据,也是对土地管理工作成果的信息反馈和统计监督的一项措施。

年度土地统计的任务是,首先查明土地数量、质量、分布、权属、利用类型所发生的变化,并载入土地统计文件;其次是改正初始统计中出现的错误和补充记载由于某种原因遗漏的资料,也就是对初始统计阶段的资料进行不断地更新、补充和修正,使之经常保持准确性和现实性。

年度土地统计所依据的资料,主要是土地变更登记文件和定期土地统计调查资料。土地变更登记文件有土地初始登记后的地权、地类变更的时间、面积及地界的详细记载和图样反映。土地变更登记文件中反映不出来,但又为土地变更统计所必需的资料,例如城镇用地中的商业用地、工业用地、公共建筑用地面积的变化以及未利用土地的面积、界限变化等,就要通过定期统计调查获得。

(三)初始土地统计与年度土地统计的关系

年度土地统计(或日常土地统计)是为保持土地统计资料的及时性和现势性而建立的,年度土地统计是初始土地统计的延续和更新。所以,定期开展的土地统计(变更)调查成果,以及土地征收、划拨和依法审批建设用地的文件、资料等,都是年度土地统计的基本信息来源和依据。但是,土地统计(变更)调查的精度与方法应与原调查保持一致,只有这样才能实现整体意义上的衔接,因此,可以认为初始土地统计是年度土地统计的基础。

三、土地统计表和土地统计图

(一)土地统计表

土地统计表可以看成是填有土地统计指标的表格。

土地统计指标由两个部分构成:指标名称和指标数值。一个科学的土地统计指标应满足以下基本要求:首先,统计指标要有科学的概念。统计指标要有科学的内涵和合理的外延,它是正确统计与计算指标的基础。其次,统计指标要有一个科学计算方法。这里包含两层意思:其一指统计指标如何计算才能符合客观实际,具有现实意义;其二指统计指标数值采用什么恰当的数学公式进行计算。

土地统计表包括总标题、统计指标名称、权属单位或统计单位名称、数字资料的计量单位、填报单位、填表人、填表日期、表号、制表机关、批准机关和批准文号等内容。

土地统计表一般采用开口式,即表的左、右两端不划竖线。表的上、下基线用粗直线画出,其余则用细线画出。

(二) 土地统计图

土地统计图是土地统计的重要文件。已完成地籍调查或土地利用现状详查的县市,可以采用地籍图或土地利用现状图作为土地统计图。城镇土地统计图应包含以下内容:各级行政界线;宗地的界址线;地类界线;建筑物界线;地籍编号(以行政区为单位,按行政区、街道、宗地三级编号,对于较大城市可以按行政区、街道、街坊、宗地四级编号);地类、面积、单位名称等注记;比例尺,一般采用 1∶500 或 1∶1 000,村庄可采用 1∶2 000;图名、图廓、图例、指北针等。

在编绘土地统计图时,首先要对各级行政界线、权属界线和地类界线进行校核,以消除面积的重叠或遗漏。然后用黑墨汁清绘整饰成市(县)土地统计图。

在进行土地日常统计时,首先,要根据已校核过的文据、图纸资料,将全市(县)范围内土地权属和土地利用变化用铅笔指示到土地统计图上,到实地调查核实后,再统一用红墨汁描绘,然后,清绘、复制成本年度土地统计图。通过在图上反映出土地面积变化的具体位置,就可以发现土地统计中的错误,避免面积的重复计算和遗漏。

四、土地统计分析

土地统计分析是土地统计工作过程的最后阶段,是土地统计工作的重要组成部分。它运用统计学特有的方法,分析土地现象所反映的数量特征,研究土地现象的数量表现和数量界限,以及各种土地现象变化的数量关系。通过土地统计分析说明土地利用和使用等方面的情况,揭示其本质及规律性,并提出解决矛盾的办法。常用的土地统计分析方法主要有土地综合指标分析、土地动态分析、土地指数分析、相关分析和平衡分析。

(一) 土地综合指标分析

土地综合指标分析法是在划分类型的基础上,从个别到一般,从个性到共性进行概括的数量分析的方法。综合说明土地现象特征的有土地总量指标、土地相对指标和土地平均指标,土地标志变异指标等总称为综合指标。

1. 土地总量指标分析

土地总量指标反映一定时间、地点条件下土地的规模或水平,多用绝对数表示,故亦称土地绝对指标。它是在取得各类土地的数量之后,按照不同的目的,将之进行分类后逐级汇总而来。它可以反映全国和各级行政区以及各使用单位不同地类土地的数量及分布,可检查土地利用计划,也是计算相对指标与平均指标的依据。具体计算方法有两种:直接计算法,即直接通过对土地的测量、计数等方法将总量计算出来;估算法,即在一定条件下,依据有关资料进行估计和推算,得到土地变化的总量资料。

2. 土地相对指标分析

土地相对指标是两个与土地有联系的相关指标对比的结果,能深刻表明土地及与土地有关现象之间的相对水平、比例关系和联系程度。它使原来不能直接比较的绝对指标找到了共同比较的基础,也是用来检查监督计划执行情况的基本指标。在土地统计分析中,常用的相对指标有土地利用计划执行情况相对指标、土地结构相对指标、土地比较相对指标、土地强度相对指标和土地动态相对指标等。

3. 土地平均指标分析

平均指标又称平均数,是统计范围内各单位某一数量标志的一般水平,它概括地说明被研究现象在一定时间、地点、条件下的发展水平。土地是自然与经济的综合体,在这个综合体中,由于所处的具体条件不同而形成数量上的差异。因此,要说明同类土地的一般水平则需要计算平均指标。平均指标是一种代表数,其代表性的大小与各单位差异程度的大小相联系。在计算时要依据现象的特点分别采用简单算术平均数、加权算术平均数。此外,还有众数和中位数等位置平均数和调和平均数指标。

4. 土地标志变异指标分析

标志变异指标和集中趋势指标从不同的侧面反映了总体的特征。标志变异指标可以衡量集中趋势指标的代表性大小。标志变异指标大,说明总体各单位标志值的差异程度大,集中趋势指标的代表性就小;反之标志变异指标小,集中趋势指标的代表性就大。标志变异指标有全距、平均差、标准差和标志变异系数。

(二) 土地动态分析

土地现象是处于发展变化之中,若要了解变化的方向和程度,掌握变化规律,就要进行动态分析。进行动态分析,首先应将各时期土地现象的特征数据整理成动态数列,进而计算出动态分析指标。也可以对土地现象的长期变动趋势进行测定。

1. 土地动态数列

土地动态数列,又称土地时间序列,指的是按时间顺序排列的反映土地现象变化的一系列指标值。动态数列的编制可以在一个较长时间内反映出土地的发展过程与发展规律,从而将短时间内施加在土地现象上的偶然因素的影响下降至次要地位。

反映土地现象的指标主要有绝对数、相对数和平均数,相应地,土地动态数列也可分为土地绝对数动态数列、土地相对数动态数列和土地平均数动态数列。土地绝对数动态数列反映了土地现象的绝对水平、规模的发展过程和变化趋势;土地相对数动态数列反映了土地现象数量对比关系的发展变化;土地平均数动态数列则反映了土地现象代表性水平的发展变化。

2. 土地动态分析指标

动态分析指标可分为以下三类。

(1) 对数列各项指标进行两两对比的分析指标。这一类动态分析指标系统包括增长量、发展速度和增长速度,它们是根据原动态数列计算的一系列分析指标,形成新的动态分析指标数列。

(2) 对原数列各项指标数值求典型水平分析指标,称为序时平均数或动态平均数。

(3) 对原数列已有的分析指标或新求出的动态分析指标的求典型水平分析指标。这一类动态分析指标主要有平均增长量、平均发展速度与平均增长速度。

3. 土地现象长期变动趋势的测定

土地现象的发展水平在各个时期是不同的,这是因为有许多影响现象发展的因素存在,这些因素共同作用于土地现象,最终形成了土地现象的动态变化,使得土地动态数列中的各期发展水平有大有小,发展速度忽快忽慢。在这些众多的因素中,有些属于基本因素,它们对土地现象的发展起着长期的、普遍的作用,而使土地现象发展水平持续地沿着一定的方向变动,称之为长期变动趋势。另外,尚有一些因素属于偶然因素,它们对现象的发展只起着一时的局部的作用,因而其影响难以捉摸、时上时下、忽左忽右,从而使土地现象产生了不规则的变动,破坏了现象固有的变化规律。虽然这种不规则运动难以认识和掌握,但从较长时间看,其影响是趋于相互抵消的。

(三)土地指数分析

土地统计指数是用来反映土地现象动态发展的相对数,这种相对数用来反映不能直接相加的复杂的土地现象总体数量的综合变动,如研究土地投资中物质投入和劳动投入不能直接相加时;又如有些土地现象的影响因素往往不只是一个,各个因素对其影响的程度又不一样,土地生产率的高低既决定于土地总体中各类土地的生产率,又决定于每一类土地占土地总体中的比重。利用指数可以分析土地现象的发展动态,分析各构成因素对土地现象的影响程度,因此,指数分析法又称为因素分析法。土地综合指数分为土地数量指数、土地质量指标指数。

(四)土地平衡分析

平衡分析是研究土地现象之间的数量及其比例关系的一种统计方法。土地平衡分析则是根据土地要素的变化状况编制平衡表,反映土地现象客观上也是相互联系,在数量上具有平衡关系。

平衡分析作为一种重要的统计分析方法,具有如下特点:① 反映土地内部的地类构成、等级分布、权属性质等因素间的数量对等关系。② 用若干有联系的会引起土地变化的要素,以及地类变化指标之间的数量关系来分析其存在的平衡比例关系。③ 这种分析必须以全面资料为依据,只有这样才能正确反映数量对等关系。

土地平衡分析主要利用平衡表和平衡图进行。按照平衡分析的结构有土地单项平衡分析、土地综合平衡分析和土地联系平衡分析三种常用方法。

土地单项平衡分析仅反映一个单位或一个地区的一个要素的平衡关系;土地综合平衡分析是土地现象整体的全局性平衡分析,它从土地现象的几个侧面综合反映土地总体的综合平衡关系;土地联系平衡分析法用于对整个事物的全局进行分析,即从某一范围内土地的整体出发来研究各地区各地类之间的平衡关系,研究其构成的比例及变化趋势的一种分析方法。

由于土地统计自身的特点,某一地类的增加意味着另一地类的减少,故采用土地平衡分析以比较清楚地表明土地的来源与去向。

第五节　地籍档案管理

一、地籍档案管理的概念

档案是指过去和现在国家机构、社会组织以及个人从事政治、军事、经济、科学、技术、文化、宗教等活动直接形成的,对国家和社会有保存价值的各种文字、图表、声像等不同形式的历史纪录。由此引申,地籍档案可以表述为:在地籍管理的过程中直接形成的,具有保存和参考价值的文字、数字、图表、声像等不同形式的历史纪录和客观见证。它有四个内涵:① 地籍档案是国家各级土地管理部门地籍管理专业活动中的真实历史纪录;② 地籍档案由地籍文件材料有条件的转化而来;③ 地籍档案的形式多种多样;④ 地籍档案是地籍活动的原始记录。

档案是国家的宝贵财富,反映土地基本状况的历史纪录的地籍档案是国家档案重要组成部分,是依法管理土地的凭证和依据。它不仅可以为当今土地管理业务活动提供依据,而且还可以为今后的工作提供参考。建立和健全地籍档案制度,是土地管理工作走上科学化、标准化的重要标志。

地籍档案管理是以地籍档案为对象所进行的收集、整理归档、鉴定、保管、统计和利用等工作的总称。地籍档案管理的基本任务是按照统一管理国家档案的原则和要求,科学的管理好土地管理部门的地籍档案,为本部门及国家有关业务部门提供服务和条件。地籍档案管理要为建立、健全土地管理档案的集中、统一管理业务,并按《土地管理档案工作暂行规定》、《县级土地管理档案分类方案(试行)》及《土地管理档案案卷构成的一般要求》的要求,努力实现管理手段的现代化。地籍档案管理的任务有收集、整理归类、鉴定、保管、统计和利用等。

二、地籍档案的收集和整理

(一) 地籍档案的收集

所谓地籍档案的收集就是指将分散在各部门、机关、单位或个人手上的,具有保存和利用价值的地籍资料,按一定的制度和要求收集齐全,系统整理和移交给档案室的工作。地籍档案收集工作是地籍档案工作的起点和首要环节。

搞好地籍档案收集工作最重要的是要建立健全地籍档案归档制度,应根据集中统一管理档案的原则和地籍管理的实际情况来确定,一般应包括归档范围、归档时间、立卷部门三方面的内容。

1. 明确归档范围

凡是地籍管理工作中直接形成的、办理完毕的有查考价值的各种文字、图表、音像、磁盘等不同形式的地籍文件材料,均应列入归档范围。

2. 归档确立时间

归档时间要根据地籍文件形成过程的特点来确定。本着便于集中统一管理,便于维护地籍档案的完整性和安全性,也便于档案的利用等要求,归档时间可以分为以下两种。

(1) 随时归档:凡是地籍管理部门在工作中直接形成的、涉及土地变更登记的文件材料,应随时归档。

(2) 定期归档:指项目告一段落或者全部完成后进行归档或者另行规定归档时间。一般规定,地籍综合性文件和土地统计材料在文件形成后的第二年的上半年归档;土地调查、土地初始登记、土地分等定级估价等项目的文件,可以采取分阶段或待项目全部结束后统一归档的办法。

3. 确立立卷部门

地籍文件材料一般应由地籍部门立卷。县市级土地管理部门人员较紧缺,可以由档案人员协助地籍部门业务人员立卷。

(二) 地籍档案的整理

地籍档案整理就是把处于零乱状态的、需要进一步条理化的地籍文件材料进行基本的分类、组合、排列和编目,使之系统化、条理化的过程。地籍档案整理的主要内容包括档案的分类、立卷、案卷的排列和案卷目录的编制等。

地籍档案整理工作必须遵循的原则:必须保持地价资料之间的历史关系,即地籍资料在产生和处理过程中所形成的关系;必须便于保管和利用。

三、地籍档案的分类和编目

(一) 地籍档案的分类

档案分类指全宗内档案的类别的划分。所谓全宗是指一个独立的机关和著名人物在社会活动中所形成的全部档案的总称,形成档案全宗的机关叫立档单位。《土地管理档案工作暂行条例》确定原国家土地管理局和地方县以上人民政府土地管理部门分别负责全国和本辖区的土地管理档案工作,并分别可以形成独立的土地管理立档单位,形成土地档案全宗。地籍档案是土地管理档案全宗的一部分。地籍档案的分类是土地管理全宗档案内分类的续分。

地籍档案的分类方法很多,但适用于土地管理部门的分类方法可以采取以下几种形式:① 年度-机构-问题分类法,即一个年度内的文件材料按机构分开,再按问题分类组卷。该形式适合于国家级、省级土地管理部门;② 年度-问题分类方法;③ 问题-年度分类方法。后两种适合于地(市)、县级机构较为简单的土地管理部门,机构的变动不会影响档案的分类整理。

地籍档案的问题分类与其他土地管理分类的方法和原则是一致的,大致可以分为以下六类。

(1) 地籍综合类。指地籍管理档案的综合材料,包括地籍管理综合性计划、总结、报告等综合性文件材料,地籍管理会议文件及有关的音像材料等。

(2) 土地调查类。指土地利用现状调查、地籍调查和土地条件调查等方面的内容。凡在土地调查活动中形成的、具有保存价值的土地文件资料,都是本类档案的来源,如土利用现状材料、转绘材料、权属调查材料、地籍测量成果、自然条件调查、社会经济条件调查、检查验收及技术鉴定材料、变更纪录等。

(3) 土地登记类。土地登记档案主要包括在土地权属确认与变更过程中所形成的一系列具有保存价值的材料。如土地划界、定界文件、土地登记申请书、通知、登记表册簿卡,土地变更登记申请书、通知书,变更登记表册簿卡,土地权属来源证明材料,土地权属复查、核实材料,处理土地权属争议的协议书、仲裁书,土地清查登记表册、地籍图以及有关政策、规定、批、纪要、技术总结等文件材料。

(4) 土地统计类。指初始土地统计和经常土地统计过程中形成的具有保存价值的材料,如基层土地统计(簿),土地统计调查纪录,土地统计报表,土地统计台账,年度非农业建设占地统计,土地数量,质量统计分析,统计变更调查纪录和计算机软件等。

(5)土地分等定级估价类。指土地分等定级估价过程中所形成的调查、测算及其数据和图件等具有保存价值的材料。

(6)土地利用变化动态监测类。

(二)地籍档案的编目

地籍档案的编目是指对各类不同保管单位地籍档案案卷(图集、卡片薄、册集)目录的编制。案卷目录是查找和利用档案的基本检索工具,也是统计和检查档案的重要依据。

案卷目录包括封面、序言、目次、简称与全称对照表、案卷目录、案卷目录表和备考表。

封面:案卷目录封面要写明全宗和目录名称、全宗号、目录号、年、月、日和编制单位。

序言:案卷目录序言要简要说明案卷数量、全宗、分类和立卷整理情况以及存在的问题。

目次:写明各类的名称及起止页码。

简称与全称对照表:案卷标题、内容、作者、机关、地区等全称过长需要简化时,应按统一规定列出对照表,以便查用。

案卷目录表:案卷目录的主要部分。在目录表中要写明卷号、案卷标题、年度、份数、页码、保管期限和备注。

备考表:在表中写明该目录的有关情况,如案卷数量、目录的页数、编制日期、案卷移出、销毁、损害情况的说明等。

四、地籍档案的鉴定和统计

(一)地籍档案的鉴定

地籍档案的鉴定包括鉴定地籍档案的真伪、地籍档案的价值及保存期限。它包括三个方面的工作:首先要制定鉴定地籍档案价值标准;其次要编制地籍档案保管期限表;再次要剔除并销毁失去保存价值的地籍档案。

(二)地籍档案的统计

地籍档案统计是以表册、数字的形式,反映地籍档案及其管理工作的有关情况。地籍档案统计工作主要包括对堆积档案的收进、管理、利用等情况进行登记和统计。登记是对地籍档案的收进、移出、整理、鉴定和保管的数量和状况的登记,地籍档案利用情况的登记。数量和状况的登记通常采用卷内的文件目录、案卷目录、收进登记簿和总登记簿等形式。统计的主要形式是填写统计年报。填写统计年报的数据要以原始记录为依据,并要求做到准确、可靠,并按规定定期送报主管部门和同级档案部门。

五、地籍档案的保管和利用

地籍档案的保管与利用是指维护地籍档案的完整、安全并为使用者提供地籍档案资料的总称,它是档案室的日常工作。

(一)地籍档案保管

地籍档案的保管是指根据地籍档案的特点、成分和状况所采取的存放和安全防护的措施,目的是为了地籍档案袋长期利用。其主要任务是采取专门技术措施防止档案的损坏,延长地籍档案的利用寿命和维护地籍档案的完整和安全。

(二)地籍档案利用

地籍档案的提供利用是地籍档案管理的目的。地籍档案提供利用工作的一项重要内容就是编制地籍档案的检索工具。使用者可以通过检索工具比较迅速地查找到必要文件材料的线索;档案保管人员也可以通过检索工具查找或高效地、系统地向使用者提供地籍档案。地籍档案的检索工具主要有:档案总目录、分类目录、专题目录及各种索引等。

地籍档案可以以原件、复制件以及编写档案材料汇编或文摘等形式提供利用。为了实现提供利用,档案室应建立阅览室和借阅制度。

第四章 土地权属管理

第一节 土地产权与土地权属管理

一、土地产权及其基本属性

（一）土地产权的涵义

产权，即财产权利的简称，是指由法律加以维护的对生产资源或生产要素的使用权、收益权、转让权和处置权。产权制度是指以产权为依托，对财产关系进行合理有效的组合、调节的制度。产权制度包括三个方面的内容：产权关系与产权结构安排，即财产权性质和分解程度；各产权主体权利、义务关系的界定；保证各种产权契约、协议实现的法规、制度。从法律意义上来看，财产并不是由物组成，而是由人对物的权利所构成，即为产权。因此，西方学者将财产描述为对一物的占有、享用和处置的独占权利，或者说是控制一个经济物品的排他性权利。

根据人们对产权的理解，土地产权则是指存在于土地中的一系列排他性权利束。这一权利束由各具特色的利益或权利构成，可以分散拥有，其中一个土地所有者在土地上所能拥有的最大权益束是完全所有权或者是无限制条件继承的所有权。无限制条件继承的所有权是相对于有限制条件继承的所有权而言的，每一个具有无限制条件的所有权的所有者持有一束可独立的财产权利，如他有权支配、使用，在一定条件下开发、滥用甚至破坏土地资源，还可以出售、放弃、租赁、抵押、重分、授予地役权等。然而，由于土地产权要服务于公共目的，即使是无限制条件继承的所有权也只是相对而非绝对的权利，土地产权总要受到政府征税，因公共利益而被征收，为提高区域土地利用的整体效益或社会利益而对其实行用途管制等的限制。

从我国土地制度改革与运行的现状来看，在我国作为一束权利组成的土地产权主要有土地所有权、土地使用权和土地他项权利。而土地所有权包括国有土地所有权和农村集体土地所有权；土地使用权包括国有土地使用权和农村集体土地使用权；土地他项权利则包括抵押权、租赁权、地役权，等等。

（二）土地产权的基本属性

1. 土地产权具有排他性

即土地产权可以是个体独立拥有，也可以是由某些人共同享有而排斥所有其他人对该项财产的权利。因此，界定财产十分必要。

土地产权客体必须具有可占用性和价值性。土地产权客体指能被占用而且可以带来经济利益的土地。在全球陆地上有近 50% 的土地面积是永久冰盖物、干旱、沙漠地、岩石、沼泽、高寒地等难以利用或无法利用的土地。这些土地不能视为财产，自然状态下的空气无法行使排他权利，也不能视为财产，因此，必须明确土地产权客体。

2. 土地产权的合法性

土地产权必须经过登记，才能得到法律的承认，并受到法律的保护。如果通过欺诈、暴力或其他非法手段获得，只能说明他具有了非法占有权，而不能说明他获得了产权。因此，在土地产权合法流转时，必须依照法律规定程序，到土地产权管理部门办理产权变更登记手续，否则，土地产权无法律保护凭证。

3. 土地产权具有相对性

产权具有排他性，但不是绝对的权利，而且要受到来自社会的或者国家的最高权力机关的控制和制约。如在私有制国家，土地所有权主体，即使享有完全所有权，即在法律意义上有支配、使用其拥有的土地权利，但是，他必须受到政府的行政管理限制和约束。因此，明晰土地产权权能十分必要。

二、土地产权的权能构成

每个国家由于社会经济政治制度的差异和法律体系的不同，都各自具有不同的财产权利体系及其构成，就土地产权来说，各个国家的土地产权体系一般包括下列各项基本权能。

（一）土地所有权

马克思说："土地所有权的前提是，一些人垄断一定量的土地，把它作为排斥其他一切人的只服从自己个人意志的领域。"马克思认为，土地所有权可以从两个方面来理解：第一，法律意义上的土地所有权，即土地所有者把土地当作自己的财产，土地所有者对土地实行垄断，这种权利是法律赋予的，受到法律的保护。第二，经济意义上的土地所有权，土地所有者凭借他对土地的垄断从而获得的相应的地租，地租是土地所有权在经济上的实现形式。这两者不可或缺，任何一方面丧失，都会使土地所有权不完整。

因此，土地所有权是指土地所有者依法对土地享有占有、使用、收益和处分，并排除他人干涉的权利。在土地私有制的条件下，土地主要为地主阶级垄断，土地所有权是地主阶级剥削农民的基础。中华人民共和国成立后，经过土地改革，废除了封建地主土地所有制，通过农业合作化和社会主义改造，依法确立了国家土地所有权和集体土地所有权。我国宪法规定："城市的土地属于国家所有。农村和城市郊区的土地，除由法律规定属于国家所有的以外，属于集体所有；宅基地、自留地、自留山，也属于集体所有。"在我国，土地所有权的法律特征是土地所有权的权利主体只能是国家和农民集体,其他任何组织或个人都不享有土地所有权;土地所有权的客体不能移动,具有不动产的性质;土地所有权包括占有、使用、收益和处分四项权能,这四项权能在一般情况下是统一的,在特定情况下也可以分离。国家或农民集体经济组织作为国有土地或集体土地的所有权人,有权为实现社会利益或集体利益依法直接占有、使用、收益和处分土地;也有权在法律允许的范围内,通过合法的形式将土地所有权的部分权能转让给其他社会组织或个人行使。

土地所有权具有以下基本属性。

1. 土地所有权的完全性

土地所有权是相对土地的全面的、且一般的支配之完全权,是土地产权权利束中最充分的一项物权,它由土地占有权、使用权、收益权以及处分权等权能组成。它是其他物权的源泉和出发点。土地使用权、抵押权、地役权等物权都是土地所有权的派生权利,是就使用收益的特定方向、在特定的范围内对土地实行支配的权利。

2. 土地所有权的排他性

土地所有权有排斥他人对土地的权利。因此,土地所有者对自己的土地具有垄断性。当有非自然因素妨碍土地所有者行使自己的所有权利时,他无须向别人请求,也不必由法院出面,他自己就有排除这些妨碍的权利。

3. 土地所有权的恒久性

土地所有权的存在没有一定的存续期限,它是无限期的由土地所有者保有的,因此,土地所有者即使将土地闲置不用,其土地所有权也不因此而消灭。只有发生社会变革,对土地所有制进行改革时,才有可能终止。而土地所有权的买卖,只不过是权利主体的更替而已。

4. 土地所有权的归一性

土地所有者可以在自己的土地上为别人设定使用权、地役权、抵押权、租赁权等其他权利。虽然土地所有者似乎成为一种空虚的权利,但是,土地所有者仍拥有最终的统一支配权。一旦这些设定的派生权利到期消灭,它们便又复归土地所有权,从而使土地所有权回复到原来的完全状态。

5. 土地所有权的社会性

土地所有权虽然是一种完全排他性的权利,但是,土地所有者在行使自己的权利时从来就不是不受到约束的,他必须受到社会的限制。这在任何社会都是如此,且随着生产力的发展,社会限制也日趋强化。如中国目前的耕地的稀缺,土地是人类社会生活的基础,国家必须对土地利用作出宏观规划与管理,对土地所有者的权利适当加以限制。

（二）土地使用权

土地使用权是依法对土地加以利用并取得收益的权利,是土地使用制的法律体现形式。土地使用权是与土地所有权相关的财产权利。

土地使用权有广义和狭义之分,狭义的土地使用权是指依法对土地的实际使用,包括在土地所有权之内,与土地占有权、收益权和处分权是并列的关系;广义的土地使用权是指独立于土地所有权能之外的含有土地占有权、狭义的土地使用权、部分收益权和不完全处分权的集合。目前中国实行的土地使用权的转让和出让制度中的"土地使用权"就是广义的土地使用权。取得广义的土地使用权者,就称为土地使用权人。由于土地使用权也是一种物权,因此,土地使用权也可以买卖、继承和抵押。同时,土地使用权人也可以将土地使用权租赁,即设定租赁权。

土地使用权的设定必须按照法律设定,任何人无论以任何方式取得土地使用权必须得到法律的认可,否则就为非法占用土地。由于土地使用权是以他人土地为客体的权利,因此,土地使用权人一般须向土地使用权出让人支付土地使用权价格。

当然,土地使用权的取得可以是有偿的,也可以是无偿的。1995 年 1 月开始实施的《中华人民共和国城市房地产管理法》规定:土地使用者在国家规定的特殊用途下可以依法无偿取得土地使用权,即划拨土地使用权。有偿取得土地使用权一般通过土地使用权出让、转让等方式进行。同时,土地使用权的设定也是有期限的,上述法律规定的土地使用权的最高年限因土地用途的不同分别为商业 40 年、工业 50 年、居住 70 年三种,土地使用权的转让和抵押都必须在限定的期限内进行。

在我国,根据土地所有权的不同,土地使用权可分为国有土地使用权和集体土地使用权。《中华人民共和国土地管理法》规定:"国有土地可以依法确定给全民所有制单位或集体所有制单位使用,国有土地和集体所有的土地可以依法确定给个人使用。"土地使用权的主体是广泛的,全民所有制单位、集体所有制单位、外商独资经营企业、中外合资经营企业、中外合作经营企业、有限责任公司、股份有限公司、股份合作制企业、私营企业、公民个人,凡是具备法定条件者,均可依照法定程序取得土地使用权。土地使用权的客体既可以是国有土地,也可以是集体所有土地。国有土地使用权的设定方式,包括有偿出让和行政划拨两种。集体所有土地使用权的设定方式,包括批准、承包合同和租赁三种。《中华人民共和国土地管理法》规定"国有土地和集体所有土地的土地使用权可以依法转让"。根据《中华人民共和国城镇国有土地使用权出让和转让暂行条例》,城市、县城、建制镇、工矿区范围内的国有土地使用权可以依法出让、转让、出租、抵押土地使用权的内容包括对土地的占有、使用、收益的权利,但不包含对土地的处分权。土地使用者依法取得的土地使用权受国家法律保护,任何单位或个人不得侵犯;除法律明确规定的以外,任何单位或个人不得擅自变更或强行收回土地使用权。国家实行土地权属变更登记制度,通过确认权属,发放土地使用证书来保护土地使用者的合法权益。土地使用者在土地使用权取得或变更、终止时,必须到有关机关登记,以保证土地使用权的有效性与合法性。

(三) 土地租赁权

所谓土地租赁权是指:"承租人有占有租赁物而为使用收益之权能。"设定土地租赁权是指土地所有权人或者土地租赁权人通过契约将土地占有权、狭义的土地租赁权和部分收益权转让给他人。这时,该他人就称为土地租赁权人,即承租人。它与广义的土地使用权的最基本区别就是土地租赁权人不拥有对土地的部分处分权,承租人对土地的使用条件是依据土地出租人的意志而决定的。在一般情况下,土地租赁权人未经出租人同意不能将自己承租的土地再以任何方式转移出去。

土地租赁权人为取得土地租赁权就必须向出租方缴纳地租,无论出租方是土地所有者还是土地使用者。土地租赁权依租赁契约而成立,因此,出租方和承租方之间必须签订租赁合同。租赁合同不得违背国家的法律、法规。如出租方是土地使用权人,则租赁合同不能违背土地使用权出让合同的规定。在出租方是土地使用权人的条件下,土地承租方向土地使用权人缴纳地租,而土地使用权人则继续履行土地使用权出让合同。

土地租赁一般可以分为有期限的和无期限的两种。但在目前的中国,各种法律都没有规定土地可以无期限的租赁,而只规定有期限的租赁。在农村,土地转包实际上是一种有期限的土地租赁,出租方是土地承包者,即集体土地使用权人,他除收取承租人缴纳的地租外,还履行自己与集体的承包合同。

(四)土地抵押权

土地抵押权是在土地受押人对于土地抵押人不转移占有并继续使用收益而提供担保的土地,在债务不能履行时可以将土地拍卖价款作为受偿的担保物权。土地受押人称为土地抵押权人。设定土地抵押权时,作为标的物的土地并不发生转移,它仍是被土地抵押人占有,只以其代表的经济价值的某项权利(如所有权、使用权)作为担保。这样,土地抵押人在取得贷款后更能发挥土地的经济效益。只是当抵押人到期不能履行债务时,抵押权人有权将土地拍卖并优先受偿。抵押人如果按规定的方式和期限偿还债务,则土地如期回到抵押人手中,抵押权则自动消灭。

土地抵押权具有以下性质。

1. 土地抵押权具有优先清偿权

土地抵押权是一种担保物权,当土地抵押人在将土地进行抵押的同时,若还没有设定租赁权等,则在债务清偿时抵押权人可以不考虑抵押人是否设定租赁权而将土地拍卖,并将其拍卖价格优先获得清偿。这时,土地租赁契约没有任何约束力。《中华人民共和国城镇国有土地使用权出让和转让暂行条例》第 37 条规定:"处分抵押财产所得,抵押权人有优先受偿权。"

2. 土地抵押权具有附属性

土地抵押权虽然为担保物权,但是,它却以债务的存在为前提,即具有从属于债权的性质。当以土地作为抵押担保物时,受押人在对抵押物及抵押人进行各方面考察之后,认为可以发放贷款,才确立其抵押权。因此,抵押权的成立原则上以债权的成立为前提,而且,一旦债务得以偿还,则抵押权也随着消失,也就是抵押权原则上也因债权的消灭而消灭。

3. 土地抵押权的不可分性

抵押权所担保的债务,债务人(抵押人)必须以全部抵押物来行使权力。如果债务的一部分已经被偿还,或大部分已经被偿还,抵押权也不受影响,仍必须以全部土地继续受押。同时,抵押人在抵押期限内,一般没有处分土地的权利,如若处分其中的一部分土地,如将其部分租赁,抵押权也不因此而分割,被出租的土地同样必须履行清偿债务的义务。

(五)地役权

地役权是在土地所有权上设定的一种他项权利。土地所有人为了其毗邻土地的权益,有义务允许他人在其土地上实施的某种行为。为他人设置地役权的土地为供役地,与供役地相邻并需在他人土地上获取地役权的土地为需役地。地役权主要包括:建筑支持权、采光权、眺望权、取水权、道路通行权等。地役权可以由于弃权、解除、时效和某些其他原因而消灭。地役权是一种从物权,不得与需役地分离而让与。如果需役地所有权转移,地役权原则上随之转移。地役权有不可分性,在共有或分割时,对全体关系人均有效力。

(六)土地发展权

土地发展权是在土地现状利用基础上进一步开发利用的权利,是一种可与土地所有权分割而单独处分的权利。具体说,土地发展权就是变更土地使用权性质的权利,如农地变更为城市建设用地,或者提高土地原有的集约利用程度的权利,如增加建筑物的容积率。设定土地发展权后,其他一切土地财产权包括所有权是以目前状态下土地正常使用所依法取得的既得权利为限。此后变更土地使用类别和集约利用程度的权益属于土地发展权。土地发展权是近代随着土地利用方式的多样性以及相应的土地收益的巨大差异性而出现的。

我国土地产权权能的构成是一个不断探索和发展的问题,尤其是随着我国市场经济体制建设不断深化而带来的日益复杂的土地权益关系,将使得人们对于土地权能结构的认识不断深化。

三、土地权属管理的任务与内容

(一)土地权属管理的任务

土地权属管理是国家为合理组织土地利用、调整土地关系而依法对土地所有权和使用权进行的科学管理。它是土地管理中十分重要的一部分内容,其基本任务有以下几项。

1. 巩固、维护和不断完善社会主义土地公有制

我国《宪法》及《中华人民共和国土地管理法》中都明确规定,我国实行土地的社会主义公有制,即全民所有和劳动群众集体所有。因此,土地权属管理的首要任务就是巩固、维护和不断完善社会主义土地公有制。

2. 保护土地所有者和使用者的合法权益,调动其合理开发、利用土地和不断改善土地使用条件的积极性

《中华人民共和国土地管理法》第十三条规定:"依法登记的土地所有权和使用权受法律保护,任何单位和个人不得侵犯。"第九条规定:"……使用土地的单位和个人,有保护、管理和合理利用土地的义务。"因此,保护土地所有者和使用者的合法权益,调动其合理利用土地的积极性是土地权属管理的重要任务之一。

3. 调整土地关系

《中华人民共和国土地管理法》第二条规定:"……任何单位和个人不得侵占、买卖或者以其他方式非法转让土地。土地使用权可以依法转让。国家为了公共利益的需要,可以依法对土地实行征收或者征用并给予补偿。……"因此,土地权属管理的任务还包括及时调整经济发展过程中产生的各种土地关系。

(二)土地权属管理的内容

土地权属管理内容主要包括以下几个方面。

1. 依法确认土地权属

国家依法对土地所有权、使用权和其他各项权利进行确认、确定。即国家依法对每宗土地的权属要经过土地申报、地籍调查、审核批准、登记发证等法律程序,进行土地权属的确认。

2. 依法管理土地权属变更

土地权属变更主要包括以下几种情况:① 土地所有权的变更。主要是国家征收集体土地,除此还有国家与集体、集体与集体之间的土地调换。② 土地使用权变更。主要形式有:土地使用权划拨;土地使用权出让;因赠予、继承、交换、买卖、分割地上附着物而涉及土地使用权的变更的,以及因机构调整、企业兼并等原因引起土地使用权变更的。③ 他项权利变更及主要用途变更等。

土地权属变更及主要用途变更要向县级以上土地管理部门申报变更登记,经过批准,方具有法律效力。

3. 依法调整、处理土地权属变更

保护土地所有者、使用者的合法权益,保障土地的合理利用。

第二节　国有土地权属管理

一、国有土地所有权与使用权的确认

(一)国有土地所有权的确立

新中国成立以后,我国政府针对不同性质的土地所有权形式,分阶段,分别采取接管、没收、赎买、征收和法律宣布等方式,逐步建立起国有土地所有制。

接管、没收。指将地主、官僚资本、敌伪政府和反革命分子等占有的城市土地无偿收归国家所有。1949 年全国政协通过的《中国人民政治协商会议共同纲领》第三条宣告:"中华人民共和国必须取消帝国主义在中国的一切特权,没收官僚资本归人民的国家所有。"

赎买。通过改造资本主义工商业、私营房地产公司及房地产业主所拥有的城市地产,用赎买的办法将它们转化成国有土地。

征收土地。国家依据法定的条件,将原来私人所有或农民集体所有的土地转变为国有土地。

法律宣布。通过法律将城市中尚未国有化的土地转变为国家所有。1982 年颁布的《中华人民共和国宪法》第十条规定:"城市的土地属于国家所有"。这项规定不仅再次明确了原来的国有土地所有权,而且把城市中原来少量的非国有土地在法律上也宣布国有了。至此,城市的土地全部实现了国有化。

(二)国有土地使用权的取得和收回

1. 国有土地使用权的取得

国有土地使用权的取得有以下几种方式。

有偿取得方式。是指土地使用者通过向国家交纳土地有偿使用费以取得国有土地使用权。根据我国《城市房地产管理法》和《城镇国有土地使用权出让和转让暂行条例》的规定,有偿方式中又包括土地使用权出让、土地使用权作价入股、土地使用权出租等具体方式。

无偿取得方式。是指土地使用者在没有缴纳国有土地使用费的情况下,通过国家行政划拨的方式取得国有土地使用权。按照《中华人民共和国土地管理法》第五十四条规定,下列建设用地,经县级以上人民政府的批准,可以以划拨方式取得:国家机关用地和军事用地;城市基础设施用地和公益事业用地;国家重点扶持的能源、交通、水利等基础设施用地;法律、行政法规规定的其他用地。

依照法律、政策规定取得。《中华人民共和国土地管理法实施条例》第十七条规定:"开发未确定土地使用权的国有荒山、荒地、荒滩从事种植业、畜牧业或渔业生产的,经县级以上人民政府批准,可以确定给开发单位和个人长期使用,使用年限最长不得超过 50 年。"

确认国有土地使用权,是根据《中华人民共和国土地管理法》第八条的规定:"单位和个人依法使用的国有土地,经县级以上的地方人民政府登记造册,核发证书,确认使用权"。"确认林地、草原的所有权,或者确认滩涂、水面的养殖使用权,分别依照《中华人民共和国森林法》、《中华人民共和国草原法》和《中华人民共和国渔业法》的有关规定办理。"

(二)国有土地使用权的收回

国有土地使用权的收回,是指人民政府依照法律规定,收回用地单位和个人的国有土地使用权的行为。按照《中华人民共和国土地管理法》第五十八条的规定,有下列情形之一的,由有关人民政府土地行政主管部门报经原批准用地的人民政府或者有批准权的人民政府批准,可以收回国有土地使用权:为公共利益需要使用国有土地的;为实施城市规划进行旧城区改建,需要调整使用土地的;土地出让等有偿使用合同约定的使用期限届满,土地使用者未申请延期或者申请延期未获得批准的;因单位撤销、迁移等原因,停止使用原划拨的国有土地的;公路、铁路、机场、矿场等经核准报废的。

二、城镇国有土地使用权出让管理

(一)城镇国有土地使用权出让的概念和特征

城镇国有土地使用权出让,是指市、县人民政府代表国家以土地所有者的身份将土地的使用权在一定年限内出让给土地使用者,并由土地使用者向国家支付土地出让金的行为。

国有土地使用权出让主要有两种情况:一是根据国家建设需要,将城市规划区内的国有土地,即按行政建制设立的直辖市、市、镇规划范围内的国有土地有偿让于用地单位使用;二是集体土地征收后出让,即根据国家建设需要,将城市规划区内的集体土地,经依法征收为国家土地后,再有偿让于用地单位使用。

通过出让方式取得城市土地使用权主要有以下特征。

1. 受让主体广泛

《中华人民共和国城镇国有土地使用权出让和转让暂行条例》第三条规定:"中华人民共和国境内外的公司、企业、其他组织和个人,除法律另有规定外,均可按照本条例取得国有土地使用权……"。因此,只要法律未做禁止规定的公司、企业、其他组织和个人,无论是在我国境内还是在境外,均可成为我国城镇土地出让行为的受让方。

2. 有偿性

这是相对城镇土地使用权划拨方式而言的。通过出让方式取得国有土地使用权,必须签订国有土地使用权出让合同,再支付完全部土地使用出让金,依照有关规定办理土地登记,领取土地使用证书,方可取得土地使用权;而划拨方式取得国有土地使用权,是指国有土地使用者通过国有土地出让以外的方式取得国有土地使用权。其国有土地使用权的取得,总的来说是无偿的,即使是通过征收程序所支付的征地拆迁补偿费用,也是对被征地单位在土地上的原始投入及其生活安置的补偿,并未支付土地使用权的购买价格,这与以出让方式支付的土地出让金有本质的区别。

3. 计划性

《城市房地产管理法》第十条规定:"土地使用权的出让,必须符合土地利用总体规划、城市规划和年度建设用地计划"。第十一条规定:"县级以上地方人民政府出让土地使用权用于房地产开发的,须根据省级以上人民政府下达的控制指标拟定年度出让土地使用权总面积,按照国务院规定,报国务院或省级人民政府批准"。这表明,土地使用权出让有很强的计划性。根据《国务院关于出让土地使用权批准权限的通知》,"出让土地使用权的国有土地用地指标,要纳入国家下达的地方年度建设用地指标……"。县、市土地管理部门应当会同计划部门、城市规划和建设管理部门、房产管理部门,根据本地区国民经济发展计划、城镇总体规划以及年度建设用地计划编制土地使用权出让年度计划,经同级人民政府批准实施。

（二）城镇国有土地使用权出让的基本原则

1. 所有权与使用权分离原则

土地使用权出让,就是土地使用权从所有权中合法分离的过程。土地使用权是土地所有权的四项权能之一。根据马克思主义地租理论,土地所有者对土地使用权的转移,必然要求在经济上得以实现,地租是土地所有权借以实现的经济形式。土地使用者在支付地租后,获得土地使用权,从而实现土地所有权与使用权的分离。《城镇国有土地使用权出让和转让暂行条例》第十六条与《城市房地产管理法》第十六条的规定,正是这一原则的具体体现。土地使用者在土地出让合同约定的条件下使用土地,受国家的法律保护。

2. 平等、自愿、有偿原则

《城镇国有土地使用权出让和转让暂行条例》第十一条规定:"土地使用权出让合同应当按照平等、自愿、有偿的原则,由市、县人民政府土地管理部门与土地使用者签订。"平等,是签订土地使用权出让合同的出让方和受让方的地位平等,不因受让方的国籍、地位、财富不同而有所差异,不允许任何一方将自己的意志强加给另一方。自愿,是土地使用权出让合同的内容,必须体现双方的真实意愿,任何一方不得强迫另一方违反自己的意愿签订合同。有偿,是土地使用权的出让必须在经济上有所体现,受让方必须按照土地使用权出让合同的约定向国家支付土地使用权出让金,方可合法取得土地使用权。

3. 国家主权神圣不可侵犯原则

土地使用权出让,不是割让领地,无论受让人是谁,无论受让的土地面积多大,土地使用者都不得在其受让的土地范围内代行国家主权,亦不得拒绝国家行使主权;另一方面,土地使用权的出让主体只能是国家,其他任何单位或个人未经法律授权均不得行使出让土地使用权的权力。违者,不仅其行为无效,还得承担由此而产生的法律后果。

4. 充分合理有计划利用土地原则

城镇国有土地使用权出让,是我国土地使用制度改革的重要组成部分,其最终目标是达到土地资源的最佳配置和提高土地利用效率,创造最佳的社会效益、经济效益和生态效益。因此,在从事土地使用权出让活动中,不能只追求一时的经济效益,只考虑获得最高的地租收入,而不考虑土地的利用是否合理。应当在综合考虑三大效益的同时,把合理利用土地资源始终摆在第一位。《城市房地产管理法》第十条规定:"土地使用权出让,必须符合土地利用总体规划、城市规划和年度建设用地计划"。第十一条还规定:"县级以上人民政府出让土地使用权用于房地产开发的,须根据省级人民政府下达的控制指标拟定年度出让土地使用权总面积方案,按照国务院规定,报国务院或省级人民政府批准。"以及第十二条的规定:"土地使用权出让,由市、县人民政府有计划,有步骤地进行。……"这些规定表明土地使用权出让有很强的计划性,并且对房地产开发用地,国家严格实行宏观调控,总量控制。

(三)城镇国有土地使用权出让年限、方式和程序

1. 土地使用权出让期限

出让土地使用权,必须分别用途确定其使用年限。依据《城市房地产管理法》第十四条和《城镇国有土地使用权出让和转让暂行条例》第二十条规定,土地使用权出让最高限期按下列用途确定:

(1)居住用地 70 年。

(2)工业用地 50 年。

(3)教育、科技、文化、卫生、体育用地 50 年。

(4)商业、旅游、娱乐用地 40 年。

(5)综合或者其他用地 50 年。

上述规定,是土地使用权出让年限的上限,在具体地块出让中,应根据具体情况和国家产业政策在上述范围内确定使用年限,不必都以最高限出让,更不允许超出最高年限出让土地使用权。

2. 土地使用权出让方式及程序

根据《城市房地产管理法》第十三条规定,城镇国有土地使用权出让有三种方式:一是以协议方式出让;二是以招标方式出让;三是以拍卖方式出让。此外,中华人民共和国国土资源部令第 11 号又对挂牌出让国有土地使用权作了具体规定(于 2007 年 9 月 21 日进行了修订,并以国土资源部令第 39 号的形式颁发)。至此,城镇国有土地使用权出让的方式主要有四种,即协议、招标、拍卖及挂牌,其具体的操作程序、步骤由省、自治区、直辖市人民政府规定。

(1)协议出让国有土地使用权方式。

土地使用权协议出让指由市、县土地管理部门根据土地用途、建设规划要求、土地开发程度等情况,与受让申请人协调用地价款和条件,根据双方达成的协议出让土地使用权。采

取双方协议方式出让土地使用权的出让金不得低于按国家规定所确定的最低价。协议出让的一般程序是：

① 用地者持经政府批准的投资计划等文件向土地所在地的市、县土地管理部门提出协议受让土地使用权的申请。

② 经县、市土地管理部门审查同意,通知申请人洽谈用地条件及土地使用权出让价款,签订《土地使用权出让合同(草案)》。

③ 土地管理部门收齐有关材料后,按照规定权限予以审查报批。

④ 经批准后,由市、县土地管理部门与受让人正式签订土地使用权出让合同,受让人按土地出让合同规定付清土地出让价款后,到市、县土地管理部门办理土地使用权登记手续,领取市、县人民政府颁发的《国有土地使用证》,取得土地使用权。

(2) 招标出让国有土地使用权方式。

土地使用权的招标出让,是指市、县人民政府土地管理部门发布招标公告,邀请特定或者不特定的自然人、法人和其他组织参加国有土地使用权投标,根据投标结果确定国有土地使用权人。它分为邀请招标和公开招标,向特定的自然人、法人和其他组织发出招标邀请书的为邀请招标;通过公共传播媒介向不特定的自然人、法人和其他组织发出招标公告的为公开招标。招标出让的一般程序是:

① 土地管理部门印制好《投标须知》、《土地使用权投标书》和《土地使用权出让合同》等文件,并制作好标箱等必要的工具。

② 市、县土地管理部门向符合规定条件的单位发出《招标邀请书》或者向社会公开发布《招标公告》。

③ 有意参加投标者在规定时间里到指定地点领取招标文件。

④ 投标者在投标截止日期之前到指定的地点将密封的投标书投入标箱,并按土地管理部门的规定交付投标保证金。

⑤ 土地管理部门组织开标会议,按照招标公告或者招标邀请书规定的日期、地点,在公证员现场监证的情况下,当众开标、验标,宣布不符合投标规定的标书无效。

⑥ 由土地管理部门组织招标机构评标、定标。

⑦ 中标人在接到中标通知书后,按规定的时间与土地管理部门签订土地使用权出让合同。

⑧ 中标人按土地使用权出让合同的规定付清地价款后,持土地管理部门出具的付清地价款的凭证,办理土地使用权登记手续,领取市、县人民政府颁发的《国有土地使用证》,取得土地使用权。

(3) 拍卖出让国有土地使用权方式。

拍卖出让国有土地使用权,是由市、县土地管理部门或者所委托的合法的拍卖机构,在指定的时间、地点,向符合规定条件的用地需求者公开叫价竞投,并以竞投的最高报价向该出价人出让土地使用权的活动。拍卖出让的一般程序是:

① 土地管理部门印制好土地使用权拍卖须知、土地使用权出让合同样式等文件,并在拍卖前不少于三十天的时间里将土地使用权拍卖的有关事宜登报公告。

② 有意参加拍卖竞投者按公告指示领取有关文件。

③ 拍卖主持人按公告规定的时间、地点主持拍卖活动。

④ 竞得人应即时与土地管理部门签订拍卖成交确认书、土地使用权出让合同并按规定交付定金,余额按出让合同规定的时间、方式交付。

⑤ 竞得人付清地价款后,持土地管理部门出具的付清地价款的凭证,办理土地使用权登记手续,领取市、县人民政府颁发的《国有土地使用证》,取得土地使用权。

(4) 挂牌出让国有土地使用权。

挂牌出让国有土地使用权,是指市、县人民政府土地管理部门发布挂牌公告,按公告规定的期限将拟出让宗地的交易条件在指定的土地交易场所挂牌公布,接受竞买人的报价申请并更新挂牌价格,根据挂牌期限截止时的出价结果确定土地使用者的行为。挂牌出让综合体现了招标、拍卖和协议方式的优点,同样是具有公开、公平、公正特点的国有土地使用权出让的重要方式,尤其适用于当前我国土地市场现状,具有招标、拍卖不具备的优势:一是挂牌时间长,且允许多次报价,有利于投资者理性决策和竞争;二是操作简便,便于实施,有利于土地有形市场的形成和运作。为此,国土资源部在 2002 年 5 月 7 日颁布的《招标拍卖挂牌出让国有土地使用权规定》(第 11 号令)中将挂牌出让与招标拍卖方式并列,使其成为有偿出让经营性土地使用权的重要方式之一。

挂牌出让国有土地使用权依照以下程序进行:

① 在挂牌公告规定的挂牌起始日,出让人将挂牌宗地的位置、面积、用途、使用年期、规划要求、起始价、增价规则及增价幅度等,在挂牌公告规定的土地交易场所挂牌公布;

② 符合条件的竞买人填写报价单报价;

③ 出让人确认该报价后,更新显示挂牌价格;

④ 出让人继续接受新的报价;

⑤ 出让人在挂牌公告规定的挂牌截止时间确定竞得人。

挂牌时间不得少于 10 个工作日。挂牌期间可根据竞买人竞价情况调整增价幅度。挂牌截止应当由挂牌主持人主持确定。挂牌期限届满,挂牌主持人现场宣布最高报价及其报价者,并询问竞买人是否愿意继续竞价。有竞买人表示愿意继续竞价的,挂牌出让转入现场竞价,通过现场竞价确定竞得人。挂牌主持人连续三次报出最高挂牌价格,没有竞买人表示愿意继续竞价的,按照下列规定确定是否成交:

① 在挂牌期限内只有一个竞买人报价,且报价不低于底价,并符合其他条件的,挂牌成交;

② 在挂牌期限内有两个或者两个以上的竞买人报价的,出价最高者为竞得人;报价相同的,先提交报价单者为竞得人,但报价低于底价者除外;

③ 在挂牌期限内无应价者或者竞买人的报价均低于底价或者均不符合其他条件的,挂牌不成交。

3. 土地使用权出让的报批程序

根据《出让国有土地使用权审批管理暂行规定》,出让国有土地使用权的批准程序分为预报和正式报批两套程序。

市、县国有土地使用权出让方案经初步确定以后,按照国务院规定的出让国有土地使用权批准权限,须报上级人民政府批准的,市、县土地管理部门应当及时向上级人民政府的土地管理部门预先报告,然后才能进入正式报批程序。

预报的内容主要包括:

(1)出让地块的位置、面积、利用现状;

(2)出让土地使用权的出让年限、出让方式;

(3)出让土地使用权的地价评估、效益测算;

(4)方案实施进展情况。

出让国有土地使用权正式报批,按下列程序办理:

(1)市、县土地管理部门根据出让计划会同有关部门拟订出让地块的征地、拆迁补偿安置方案、土地使用条件、《土地使用权出让合同》,报同级人民政府审核。

(2)按照出让国有土地使用权批准权限,经有批准权的人民政府土地管理部门审查后,报人民政府批准。

(3)经人民政府批准后,由市、县土地管理部门与国有土地使用权受让人正式签订国有土地使用权出让合同,依法办理土地使用权登记手续,核发土地使用证。

每宗国有土地使用权出让,报批时需附下列文件:

(1)出让国有土地使用权呈报表;

(2)出让地块的地理位置图和规划设计;

(3)征地、拆迁安置方案或有关协议;

(4)土地使用条件;

(5)出让合同(草案);

(6)人民政府或有关部门的文件或意见;

(7)土地管理部门的审查意见。

采用协议方式或属于出让给外商成片土地综合开发经营的,还需附经批准的建设项目设计任务书(可行性研究报告)和企业批准证书副本。

(四)城镇国有土地使用权出让合同

1. 国有土地使用权出让合同的订立、变更和终止

国有土地使用权出让合同是出让人将国有土地地块的使用权在一定年限内按限定的用途和条件让与受让人进行开发、利用、经营,受让人在规定的期限内支付出让金,并在使用期满后将土地使用权及其地上建筑物、其他附着物的所有权无偿交给出让人而签订的协议。因此,国有土地使用权出让合同与其他经济合同相比具有以下三方面显著的特点。

一是国有土地使用权出让合同的一方(出让方)是特定主体,出让土地必须按法定的程序进行。《城市房地产管理法》第十五条、第十八条及第二十二条、《城镇国有土地使用权出让和转让暂行条例》第八条、第十条、第十一条对此作了明确的规定。国家以土地所有者的身份出让国有土地使用权,出让宗地地块的方案由市、县人民政府会同有关部门拟定,报经有批准权的人民政府批准后,由市、县人民政府土地管理部门组织实施,并由市、县人民政府土地管理部门以国家产权代表人的身份与土地使用权受让人签订协议。

二是国有土地使用权出让受制于国家宏观调控、总量控制,具有很强的计划性。因此,"土地使用权出让,必须符合土地利用总体规划、城市规划和年度建设用地计划",不能单纯追求眼前的经济效益而忽视国家的宏观调控、总量控制的方针。

三是土地使用权出让合同属于附意合同(亦称附从合同),即一方权利受到一定的限制,而需要依附对方的意思表示的一种合同。因为合同出让宗地地块的用途、年限和其他条件必须按照经过批准的计划方案的规定,作为合同的硬性条款,不得加以变更,只有出让金及其支付方式等才属于弹性条款,当事人双方可以协商。

(1) 国有土地使用权出让合同的订立。

所谓合同的订立,是指双方当事人就合同的主要条款经过协商一致,合同即告成立。土地使用权出让合同的订立与一般合同不尽相同,它是按照所采取的出让方式不同而有所不同。

采用协议方式出让土地使用权,在当事人双方经过协商一致达成协议,合同即成立。

采用招标方式出让土地使用权,在投标人中标并在规定时间内签订,合同即成立。

采取拍卖方式出让土地使用权,在竞买人应价,拍卖人拍板成交时正式签订,合同即成立。

采取挂牌方式出让土地使用权,在竞买人报价或竞价,挂牌成交时正式签订,合同即成立。

土地使用权出让合同订立后,经有批准权的人民政府批准,受让人按照出让合同约定期限支付全部土地使用权出让金,出让人按照合同约定,提供出让土地使用权,受让人还需到出让宗地地块所在地的市、县人民政府土地管理部门办理出让登记手续,领取国有土地使用证。

(2) 土地使用权出让合同的变更。

土地使用权出让合同的变更,通常是由于土地使用者(受让人)要求改变出让合同规定的土地用途或者因规划建设的要求而引起的一系列内容的变更。

根据《城市房地产管理法》第十八条的规定:"土地使用者需要改变土地使用权出让合同约定的土地用途的,必须取得出让方和市、县人民政府城市规划行政主管部门的同意,签订土地使用权出让合同变更协议或者重新签订土地使用权出让合同,相应调整土地使用权出让金"。

(3) 土地使用权出让合同终止。

土地使用权出让合同终止的情形,一般有以下几种:土地使用权出让合同规定的年限届满;土地灭失致使土地使用权出让合同无法继续履行;土地使用者死亡而又无合法的继承人;人民法院或土地管理部门依法作出的没收土地使用权的判决、裁定或决定生效;国家根据社会公共利益的需要,依照法律程序提前收回土地使用权;应土地使用者的要求,土地管理部门同意提前终止土地使用权出让合同;法律、法规规定的其他情况。

对土地使用权出让合同终止的处理,根据其终止的情形不同,处理也不同。因土地使用权出让合同期满而终止,根据《城市房地产管理法》第二十二条、《城镇国有土地使用权出让和转让暂行条例》第四十条、第四十一条的规定:土地使用权出让合同约定的使用年限届满,期满的土地使用权连同其地上建筑物及其他附着物的所有权一并由政府无偿收回。土地使用者需要继续使用土地的,应当最迟于届满前一年申请续期,经批准准予续期的,应当重新签订土地使用权出让合同,依照规定支付土地使用权出让金,并办理登记手续,取得续期的土地使用权。

土地因灭失而终止土地使用权出让合同的,根据《土地登记办法》的规定:土地使用者应持有关证明文件到土地管理部门申请注销登记。经土地管理部门审核,报县级以上人民政府批准,办理注销土地登记,收回国有土地使用证,解除出让合同规定的权利、义务关系。

因人民法院或土地管理部门作出的没收土地使用权的判决、裁定或处罚决定生效而终止土地使用权出让合同的,若当事人不履行已生效的判决、裁定或处罚决定,由人民法院强制执行或由作出处罚决定的土地管理部门申请人民法院强制执行。

国家根据社会公共利益的需要,依照法律程序提前收回土地使用权的,根据土地使用者使用土地的实际年限和开发土地的实际情况给予相应的补偿。

土地使用者死亡而又无合法继承人的,其土地使用权及其地上建筑物和其他附着物的所有权作为无主财产处理,由政府公告收回。

土地使用者要求提前终止土地使用权出让合同,并经土地管理部门同意的,办理土地使用权注销登记,其土地使用权及其地上建筑物和附着物的所有权由政府无偿收回。

2. 国有土地使用权出让合同的内容

土地使用权出让合同,一般分为宗地出让合同或成片开发土地出让合同和划拨土地使用权补办出让合同等几种。

土地使用权出让应当签订书面出让合同,合同应当具备下列主要条款:出让方及受让人的姓名或者名称、地址;出让土地的坐落位置、宗地号、面积、界址及用途;土地使用年期及起止时间;交付土地出让金的数额、期限及付款方式;交付土地的时间;规划设计要点;项目竣工时间;市政设施配套建设义务;使用相邻土地和道路的限制;转让、出租和抵押土地使用权的条件;不可抗力对合同履行造成影响的处置方式;违约责任;合同适用的法律及合同争议的解决方式;土地使用条件等。

除此之外,宗地出让合同往往还包括出让土地的建设项目及其建设进度等方面的规定;成片开发土地出让项目包括总体规划、成片开发规划、公共设施等方面的规定;划拨土地使用权补办出让合同包括原划拨土地的位置、面积、四至、界址,现补办出让的面积、应补交地价款及评估等方面的规定。各具体出让合同,往往还会有一些双方当事人认为必要的其他条款。

3. 国有土地使用权出让合同当事人的权利和义务

土地使用权出让合同的当事人是出让方和受让方。出让方是市、县土地管理部门,受让方是土地使用者。

由于土地出让者在一定年限,一定条件下将土地使用权让渡给土地使用者,而不是土地的买断,国家始终保持对土地的最终处置。所以,土地使用权出让合同的内容,必然是大部分制约土地使用者的。对出让方的制约主要是按合同的规定提供土地使用权。这也是土地作为特殊商品出让合同区别于一般商品买卖合同的主要特征。

土地使用权出让合同当事人的权利和义务主要如下。

出让方的权利主要有:要求受让方按合同规定按时上缴出让价款,否则有权解除合同并请求违约赔偿;在合同履行过程中对受让方利用土地的情况行使监督检查权;对受让方不按合同规定使用土地或者连续两年不投资建设的,行使警告、罚款直到无偿收回土地使用权的处罚权;合同规定的出让年限届满,无偿收回土地使用权,并同时取得其地上的一切不动产所有权;对合同的争议享有提请有关仲裁机构仲裁或向人民法院起诉的权利。

出让方的义务主要有：按合同规定提供土地使用权；执行有关仲裁机构或人民法院对合同争议所作的仲裁决定或判决、裁定；遇有不可抗力造成合同不能履行或者不能全部履行以及需要延期履行的情况，应及时将理由及情况通报对方当事人。

受让方的权利主要有：要求出让方按合同规定提供土地使用权，否则有权解除合同并请求违约赔偿；对合同的争议享有提请有关仲裁机构仲裁或者向人民法院起诉的权利；在不违反合同的情况下，享有独立行使土地使用权并排除不法干扰的权利。

受让方的义务主要有：按合同规定缴纳出让价款，并办理土地登记手续；按合同规定对土地进行开发、利用、经营，如需改变合同规定的土地用途，须经出让方同意并经有关部门批准；必须达到合同规定的条件，方可转让、出租、抵押土地使用权；遇有不可抗力致使合同不能履行或者不能全部履行以及需要延期履行时，应采取必要的补救措施尽力减少损失，并及时将有关情况及其理由通报出让方；出让合同届满，及时交还土地使用证和办理土地使用权注销手续，并无偿交付地上建筑物及其他附着物；接受出让方对合同履行情况的监督、检查。

三、城镇国有土地使用权转让管理

（一）土地使用权转让的概念及其特征

1. 土地使用权转让的概念

土地使用权转让是指以出让方式取得的自有土地使用权在民事主体之间再转移的行为，是平等民事主体之间发生的民事法律关系。土地使用权转让的基本形式有出售、交换和赠予。

出售。即买卖，是指当事人约定一方将财产权转移给他方，他方支付价金的行为。土地使用权的出售必须是符合法定条件的国有土地使用权者的行为。并且贯彻平等、自愿、等价有偿的原则，由双方当事人通过协商，招标或拍卖成交。

交换。在民法上也称"互易"，就是以物换物。土地使用权的交换是指当事人双方交换各自具有使用权的土地，不同于以款项支付方式的土地使用权的买卖，但当事人双方的法律地位与买卖的当事人双方相当。

赠予。是指赠予人一方自愿将自己的财物无偿地交给受赠人一方的行为。土地使用权的赠予是赠予人（国有土地使用权原受让人或者再受让人）将土地使用权无偿转移给受赠人的行为，受赠人成为土地使用权新的受让人。与出售一样，赠予只是土地使用权，土地所有权仍归国家。

2. 土地使用权转让的特征

土地使用权转让具有如下特征。

（1）土地使用权转让是发生在平等民事主体之间的民事法律行为，是当事人之间进行的民事活动，遵循平等、自愿、等价有偿、诚实、信用、不损害社会公共利益等民事活动基本原则。

（2）土地使用权转让，只是转让一定年限（有效出让年限内）的国有土地使用权，所有权仍属于国家。这是由我国的社会主义土地公有制性质所决定的。

（3）土地使用权转让时，原受让人同时转让了该土地使用权出让合同中规定的权利和义务,新的受让人成为出让合同规定的权利和义务的新的承受者。在香港,称为"认地不认人",即土地使用权可以多次转让,但无论转让到谁的手里,土地使用者与国家的权利、义务关系也随之转移。《城镇国有土地使用权出让和转让暂行条例》第二十一条规定:"土地使用权转让时,土地使用权出让合同和登记文件中所载明的权利、义务随之转移。"这就是要求新的土地使用权受让人使用土地必须按照国家与原受让人之间订立的土地使用权受让合同进行,不得随意改变。

(4) 土地使用权与其地上建筑物、附着物在转让时不可分离。即土地使用权转让,其地上建筑物必须同时转让;地上建筑物转让,土地使用权也同时转让。但地上建筑物和其他附着物作为动产转让的除外。

(二) 土地使用权转让的条件、内容和程序

《城市房地产管理法》和《城镇国有土地使用权出让和转让暂行条例》对土地使用权转让的涵义、条件、内容和转让的程序作了明确的规定。现分述如下。

1. 土地使用权转让的条件

土地使用权转让是土地使用者将土地使用权再转移的行为。转让包括出售、交换和赠予。土地使用权转让的条件有以下两种情况:

(1) 直接通过出让方式取得土地使用权的转让条件。

《城市房地产管理法》第三十八条、《城镇国有土地使用权出让和转让暂行条例》第十九条第二款对直接通过出让方式取得土地使用权的转让条件作了如下规定:按照出让合同约定已经支付全部土地使用权出让金,并取得土地使用证书;按照出让合同的约定进行投资开发,属于房屋建筑工程的,完成开发投资总额的 25% 以上;属于成片开发土地的,形成工业用地或者其他建设用地条件;转让房地产时房屋已建成的,还应当持有房屋所有权证书。

(2) 以划拨方式取得的土地使用权转让的条件。

首先应当报经有批准权的人民政府审批。有批准权的人民政府准予转让的,有两种处置方式:一种是受让方办理土地使用权出让手续,并依照国家规定缴纳土地使用权出让金,受让方以此取得土地使用权;二是有批准权的人民政府依照国务院规定,决定可以不办理入地使用权出让手续的,转让方应当将转让划拨土地使用权所获得的土地收益上缴国家或做其他处理。

对土地使用权转让作出上述明确限制性规定,这是与国家出让土地使用权的立法宗旨是一致的,即出让的目的在于合理开发、利用、经营土地,提高土地利用效益,促进城市建设和经济发展;土地使用者不得非法转让使用权,否则,要承担相应的法律责任。

2. 土地使用权转让的内容

国有土地使用权转让主要有以下内容:

权利义务转移。土地使用权转让时,国有土地使用权出让合同和登记文件中所载明的权利、义务随之转移给新的受让人。

建筑物、附着物转让。国有土地使用权转让时,其地上的建筑物、附着物随之转让;土地使用权者转让地上建筑物、附着物所有权时,其使用范围内的土地使用权随之转让,但地上建筑物、其他附着物作为动产转让的除外。

使用期限。受让国有土地使用期限为国有土地使用权出让合同规定的使用年限减去原使用者已使用的年限。

转让价格。对于国有土地使用权的转让价格,如明显低于市场价格的,市、县人民政府有优先购买权。如市场价格不合理上涨时,市、县人民政府可以采取必要的措施,平稳价格。土地使用权同地上建筑物其他附着物一同转让的,其价格应当分别作出评估,一同支付。

3. 土地使用权转让的程序

法律虽没有对土地使用权转让程序作出具体要求,但规定了几项转让的必经程序:

(1) 转让方与受让方签订书面的土地使用权转让合同。

(2) 转让方协同受让方办理土地使用权和地上建筑物、其他附着物所有权的过户登记,以及转让方办理注销登记。

(3) 分割转让土地使用权和地上建筑物、其他附着物所有权以及转让划拨土地使用权,向市、县人民政府土地管理部门和房产管理部门申请批准。

(4) 经批准同意转让划拨土地使用权的,应补办土地使用权出让手续,补签土地出让合同以及补缴土地使用权出让金,或者将转让土地使用权所获得的收益上缴国家。

(三) 土地使用权转让合同

土地使用权转让应当签订书面转让合同。土地使用权转让合同是当事人之间设立、变更、终止土地使用权转让法律关系的协议,是当事人自愿签订并且基于双方当事人意思表示一致,合同就成立。当事人双方的法律地位是平等的,转让合同签订后,确立了权利义务关系,转让方给付土地使用权,受让方支付价款,协同完成土地使用权转移的权利义务。

土地使用权转让合同的内容,是指双方当事人协商一致达成协议的各项条款。合同的内容是双方当事人享有权利、承担义务的法律依据,也是确定合同合法性和有效性的重要依据。

标的。合同的标的,指的是双方当事人权利义务所共同指向的对象。土地使用权转让合同的标的,就是相应的某地块的土地使用权。转让合同的标的必须清楚、明确、具体,所涉及地块必须按出让合同的规定写明具体位置、面积、使用年限、规划用途等详细情况。另外附带转让的地上建筑物、附着物也是合同标的的组成部分。

价款。土地使用权转让合同的价款,是受让土地使用权的一方向另一方支付的地价。在互易和赠与合同中,价款不是它们必备的条款。价款由当事人双方在有资格认定的物业估价事务所评估的价格的基础上,协商确定。

合同的期限。合同的期限是合同具有法律效力的时间范围,包括合同签订期、有效期。转让合同有效期一般为合同生效之日至出让合同规定的最后使用日的这段时间。转让合同的生效日为双方当事人签订合同之日或另外约定的特定日为合同的期限。对法律规定须经批准才允许转让的,批准之日为合同生效日。

合同的履行方式。合同的履行方式,是合同义务具体履行的方法。根据合同的内容等因素,土地使用权转让合同当事人,要对如何申请登记及支付地价款等合同履行方式作出明确规定。双方当事人必须按照合同规定的方式履行义务。在土地使用权转让合同中,可以采取一次性全部履行的方式,即当事人一次性履行完全部义务;也可以采用部分地分期履行的方式履行合同约定的义务。

违约责任。违约责任是指当事人违反合同规定所应承担的法律责任。当事人双方应在合同中明确规定一方违约时的具体责任,以促使当事人双方自觉、全面、及时地履行合同,保证当事人的合法权益不受他方违法行为的损害。

四、城镇国有土地使用权出租管理

(一)土地使用权出租的概念及其特征

土地使用权出租是指合法取得国有土地使用权的民事主体(即出租人)将土地使用权及地上建筑物、其他附着物全部或部分提供给他人(承租人)使用,承租人为此而支付租金的行为。

土地使用权出租的法律特征表现为以下几方面。

(1)土地使用权出租也是一种民事法律行为,与土地使用权转让一样,遵循平等、自愿、等价有偿、诚实、信用等民法原则。

(2)土地使用权出租是出租人在保留土地使用权的前提下,把部分土地使用权能租赁给他人使用,并收取租金,不发生作为物权的整体的转移。

(3)出租地块必须是合法取得且法律允许出租的地块。通过出让方式取得的土地使用权的民事主体可以依法出租土地使用权。以划拨方式取得国有土地使用权的民事主体以营利为目的出租房屋的,应当补办划拨土地使用权出让手续,否则应当将租金中所含土地收益上缴国家。

(4)土地使用权出租后,出租人仍需继续履行出让合同规定的义务。《城镇国有土地使用权出让和转让暂行条例》第三十条明确规定:"土地使用权出租后,出租人必须继续履行土地使用权出让合同"。

(5)土地使用权出租主体(出租人)是通过出让或者转让而取得土地使用权的受让人,不同于土地所有人——国家或代表的出让主体,这也是土地使用权出租的法律特征之一。

(6)土地使用权出租,必须将出租土地上的建筑物、其他附着物连同土地使用权一并出租,而民法上的财产租赁合同无此限制。

(二)土地使用权出租合同

土地使用权出租合同(租赁合同)是土地使用权人(即出租人)将土地使用权随同地上建筑物和其他附着物一并交给他人(承租人)使用,承租人向出租人支付租金,并在租赁关系终止时返还所租土地使用权的协议。土地使用权出租合同不得违背国家法律、法规及土地使用权出让合同的规定。出租合同须到有权机关办理登记才生效。

1. 出租合同的主要条款

土地使用权出租合同的主要条款有以下几条。

(1)出租合同的标的。是指出租土地(地块的位置、四至、面积、用途等)。

(2)租期。即出租土地使用期限,应在合同中明确规定,也可不约定,只要承租人按合同规定支付租金和使用,合同就继续。最长出租期限为出让合同规定的出让期限减去出让合同生效后有关土地使用权受让人已经使用年限的余额。短期租赁期限以 3—5 年为宜。年租期限一般以 1 年为期限。

（3）租金。因不同地块而有差别。目前,国家没有统一规定租金标准,当事人双方应到土地评估机构进行地价评估,确定合理的租价。

（4）使用条件。所出租地块的使用条件一般由出让合同予以专门规定;所出租地块必须按照出让合同的规定,由出租人向土地所有者或其代表提出申请。出租合同无权改变出让合同规定的土地使用条件。

（5）违约责任。

2. 违反土地使用权租赁合同的责任

违反土地使用权租赁合同的责任,是合同一方或双方当事人违反租赁合同和有关租赁法律规定而承担的法律后果。责任承担的具体方式应在合同的违约条款中作具体的约定。主要责任有以下几条。

（1）土地使用权出租合同经到有权登记机关登记生效后,出租人应按合同规定将土地使用权交付承租人使用,不按时交付,应偿付违约金。

（2）出租人未按合同约定的使用标准提供土地,使承租人达不到对土地的承租使用目的,承租人有权要求出租人降低租金或者解除合同,并赔偿由此而造成的损失。

（3）承租人不按合同规定或约定数额、期限交付租金时,除补交租金,应偿付违约金。

（4）由于承租人使用不当,造成租赁地块使用条件破坏的,承租人如不能使其恢复原有状况,应承担赔偿责任。

（5）承租人将租赁土地非法转租或进行非法活动的,出租人有权解除合同。

五、城镇国有土地使用权抵押管理

（一）土地使用权抵押的概念及其作用

土地使用权抵押是指土地使用权人以土地使用权作为履行债务的担保,当土地使用权人不能按期履行债务时,债权人享有从变卖土地使用权的价款中优先受偿权的债务担保形式。在土地使用权上所设定的是土地使用权抵押权。

土地使用权抵押在经济生活中有其积极的作用。首先,对债务人(即土地使用权人)来说,一方面通过抵押权的设立取得所需资金,用于土地的开发建设,达到利用土地及使土地增值的目的;另一方面,由于抵押权的设立,无需转移占有供担保的土地,债务人又可以继续对土地在开发建设的基础上进行占有、使用和收益,得以发挥土地的双重效用。其次对债权人来说,土地不转移占有,既免除了对抵押地块的责任,又在债务人到期未能履行债务时,通过处分土地使用权,发挥抵押权的担保作用而获得优先于其他债权人受偿的权利,从而保障了债权人的利益。

综上所述,土地使用权抵押使资金融通更为便利,为在土地开发经营领域的土地开发者提供了筹资渠道,从而推动和活跃了土地开发经营活动。

（二）城镇国有土地使用权抵押的法律规定

1. 抵押权的设立与登记

根据《城镇国有土地使用权出让和转让暂行条例》规定,设立土地使用权抵押,抵押双方当事人应签订抵押合同,并依照规定办理抵押登记。

我国目前实行房地分管体制,土地使用权的抵押向人民政府土地管理部门登记,涉及地上建筑物、其他附着物的,还应向人民政府房产管理部门登记。

2. 抵押权实现后登记

抵押权实现后的登记涉及三个方面的内容,一是抵押权因债务如期履行或者其他原因使抵押权归于消灭的注销登记。《城镇国有土地使用权出让和转让暂行条例》第三十八条规定:"抵押权因债务清偿或者其他原因而消灭的,应当依照规定办理注销登记"。二是因处分土地使用权而取得土地使用权和地上建筑物、其他附着物所有权的过户登记。三是以划拨土地使用权设定的抵押权,处分土地使用权时,应补办出让手续,补交出让金。

(三) 土地使用权抵押合同

土地使用权抵押合同是指土地使用权人(即债务人)与债权人签订的关于以土地使用权作抵押以担保债务履行的书面协议。土地使用权抵押应当签订抵押合同。抵押合同不得违背国家法律、法规和土地使用权出让合同的规定。

土地使用权抵押合同具有如下法律特征。

(1) 抵押合同是从属合同,附属于以担保债务为内容的主合同,随主合同的成立而成立,随主合同的消灭而消灭。

(2) 土地使用权抵押合同只能由土地使用权人与债权人签订,土地使用权人与债务人须为同一人。

(3) 抵押合同是抵押权的设定行为,直接导致抵押权产生,是抵押权成立的要件之一。

(4) 抵押合同经有权的登记机关登记而生效,其有效期限为抵押登记3个月至出让合同规定的最后使用日止。由于抵押权实现(处分)往往需要一定的时间,因此,抵押权的实现期限应以转让土地使用权出让合同规定的最后使用日为限。

土地使用权抵押合同应载明下列条款:

(1) 抵押人、抵押权人的名称、住所;

(2) 主合同的主要内容;

(3) 抵押土地的位置、面积、用途、有效使用期限和其他条件;

(4) 当事人双方的权利义务;

(5) 当事人双方约定的其他事项;

(6) 违约条款,等等。

抵押当事人一方或双方违反抵押合同约定的权利和义务须承担法律上的责任。承担土地抵押合同法律责任的形成有以下几种:停止侵害、消除危险、赔偿损失、重新提出担保等。

由于土地使用权抵押不转移对地块的占有,当事人双方一般均在抵押合同中约定,抵押人有保持土地完整性即保持其抵押时担保价值的义务,当抵押人没尽到保管责任致使第三人的不当行为造成抵押地块使用价值损害时,抵押人应承担要求第三人停止侵害、消除危险的责任,第三人应自行停止侵害,否则抵押人和抵押权人均可向法院申请限制侵害人的侵害行为。由于抵押人自身的原因,如没有按照出让合同规定的使用条件使用土地,造成抵押土地价值受到损害的,抵押人应承担恢复原状即恢复原有价值的责任,如不能恢复原有使用价值,抵押人应重新提出与减少价值相当的担保。

第三节　集体土地权属管理

一、集体土地所有权的确立

我国农村集体土地所有权的建立,是先后经过了土地改革、农业合作化、人民公社化等运动而逐步建立起来的。

1. 通过土改,建立农民个体土地所有权

农村土地制度发展的历史证明,集体土地所有权是在私人土地所有权的基础上形成的。而农民个人私有的土地所有权,是在新中国成立后依据《土地改革法》取得的。土地改革运动,没收地主富农阶级的土地,无偿分配给无地少地的农民,实现了土地农民所有,极大地激发了农民的生产积极性,对解放初期农业生产的恢复和发展起了重要作用。

2. 通过农业合作化建立农业生产合作社土地集体土地所有权

农民个人私有的土地是农民集体土地的来源。土地改革时分配给农民的土地,由于一家一户的经营,这种小农经济无力进行大规模的农业基本建设,抗御自然灾害的能力差,因而阻碍了农业生产的进一步发展。为此,国家对个体农民所有进行了社会主义改造,逐步将农民土地私有改变为农业生产合作社集体所有。这一过程分为三步走:第一步建立农业生产互助组,即在土地和其他生产资料私有和分散经营的基础上实行劳动互助。第二步建立初级农业生产合作社,即在土地等基本生产资料私有的条件下,实行土地入股,统一经营,集中劳动,统一分配。这期间,土地所有权仍归农民个人,但其使用权却归合作社。第三步建立高级农业生产合作社,即在土地等基本生产资料公有制的基础上,实行统一经营,统一分配。这期间,农民个人所有的土地无偿转归农业合作社集体所有。到1957年,全国已有97.5%的农户加入了农业生产合作社,其中加入高级农业合作社的农户占全国总农户的96.2%。至此,全国农村的土地(耕地)已基本上由农民的私有变成了农业生产合作社的集体所有。

3. 通过人民公社化建立农民集体土地所有权

土地的农业生产合作社集体所有,经过人民公社化运动,变为人民公社所有,后又改变为"三级所有,队为基础"的制度。十一届三中全会以后,我国农村普遍实行了土地承包制,土地所有权依旧归集体所有,农户通过承包土地取得了土地使用权。

根据《中华人民共和国土地管理法》第十一条规定:"农民集体所有的土地,由县级人民政府登记造册,核发证书,确认所有权"。"农民集体所有的土地依法用于非农业建设的,由县级人民政府登记造册,核发证书,确认建设用地使用权。"

农民承包地使用权的确认,是依据《中华人民共和国土地管理法》第十四条规定:"土地承包经营期限为30年。发包方与承包方应当订立承包合同,约定双方的权利与义务,农民的土地承包经营权受法律保护"。

二、集体土地使用权的取得与回收

集体土地使用权的取得是指集体土地使用者从集体手中取得土地使用权。

(一)集体建设用地使用权的取得

1. **集体建设用地使用权取得的方式**
集体让渡建设用地使用权的方式主要有配拨、联营、入股等。

(1)集体建设用地的配拨。集体建设用地的配拨是根据国家法律法规的规定,由集体将其建设用地使用权无偿让渡,用于乡镇企业建设、农民建住宅或者乡(镇)村公共设施和公益事业建设。集体建设用地的配拨基本上是无偿的。

(2)集体以建设用地作为条件与他人联营。集体以建设用地使用权作为联营条件,与他人共同兴办企业。集体与企业单位应当订立联营合同,规定双方的权利、联营的各项条件以及集体与单位的分红比例等。这是集体有偿提供土地使用权的一种方式。

(3)集体以建设用地作价入股。集体将建设用地使用权作价,作为股份制企业的一定股份,并按土地使用权股份占企业总股份的比例参与企业分红。集体与股份制企业应当订立合同,规定双方的权利和义务,并明确股本和股息的分配、支付方式等。这也是集体有偿提供建设用地使用权的一种方式。

2. **集体建设用地使用权取得的条件**
根据我国法律、法规的有关规定,集体建设用地使用权的取得必须符合以下条件。

(1)集体建设用地只能用于兴办乡镇企业、村民建住宅以及乡(镇)村公共设施和公益事业建设。其中,兴办乡镇企业和村民建设住宅经依法批准,可以使用本集体经济组织农民集体所有的土地;乡(镇)村公共设施和公益事业建设经依法批准,可以使用农民集体所有的土地。

(2)乡镇企业、乡(镇)村公共设施、公益事业、农村村民住宅等乡(镇)村建设,应当按照村庄和集镇规划,合理布局,综合开发,配套建设;建设用地应当符合乡(镇)土地利用总体规划和土地利用年度计划,并依法办理审批手续。

(3)兴办乡镇企业的建设用地,必须贯彻节约用地的原则,对其用地面积要严格控制。省、自治区、直辖市可以按照乡镇企业的不同行业和经营规模,分别规定用地标准。

(4)农村村民一户只能拥有一处宅基地,其宅基地的面积不得超过省、自治区、直辖市规定的标准。农村村民建住宅,应当符合乡(镇)土地利用总体规划,并尽量使用原有的宅基地和村内空闲地。农村村民出卖、出租住房后,再申请宅基地的,不予批准。

(5)农民集体所有土地的使用权不得出让、转让或者出租用于非农业建设;但是,符合土地利用总体规划并依法取得建设用地的企业,因破产、兼并等情形致使土地使用权依法发生转移的除外。

(6)在土地利用总体规划制定前已建的不符合土地利用总体规划确定用途的建筑物、构筑物,不得重建、扩建。

3. **集体建设用地使用权取得的审批**
集体建设用地使用权的取得,不论采用何种方式,不论是否有偿,都应按照国家法律法规规定的程序和权限,报有批准权的人民政府审批。集体作为土地所有者,可以让渡其土地使用权,但必须置于国家监督和管理之下。

(1)兴办乡镇企业用地的审批。农村集体经济组织使用乡(镇)土地利用总体规划确定的建设用地兴办企业或者与其他单位、个人以土地使用权入股、联营等形式共同兴办企业的,应当持有关批准文件,向县级以上地方人民政府土地行政主管部门提出申请,按照省、自治区、直辖市规定的批准权限,由县级以上地方人民政府批准;其中,涉及占用农用地的,依法办理农用地转用审批手续。

(2)乡(镇)村公共设施、公益事业建设用地的审批。乡(镇)村公共设施、公益事业建设需要使用土地的,经乡(镇)人民政府审核,向县级以上地方人民政府土地行政主管部门提出申请,按照省、自治区、直辖市规定的批准权限,由县级以上地方人民政府批准;其中,涉及占用农用地的,依法办理农用地转用审批手续。

(3)农村村民建设住宅用地的审批。农村村民住宅用地经乡(镇)人民政府审核,由县级人民政府批准;其中,涉及占用农用地的,依法办理农用地转用审批手续。

(4)农用地转用审批。关于农用地转用的批准,《土地管理法》有明确规定:省、自治区、直辖市人民政府批准的道路、管线工程和大型基础设施建设项目,国务院批准的建设项目占用土地,涉及农用地转为建设用地的,由国务院批准。

在土地利用总体规划确定的城市和村庄、集镇建设用地规模范围内,为实施该规划而将农用地转为建设用地的,按土地利用年度计划分批次由原批准土地利用总体规划的机关批准。在已批准的农用地转用范围内,具体建设项目用地可以由市、县人民政府批准。

上述规定以外的建设项目占用土地,涉及农用地转为建设用地的,由省、自治区、直辖市人民政府批准。

(二)集体农用地使用权的取得

1. 集体农用地使用权取得的方式

集体农用地使用权取得的方式主要有承包经营、农地使用权入股等方式。

(1)承包经营。集体农用地承包经营是指集体将农用地使用权承包给本集体经济内部的成员经营,或按法定程序报批后,将农用地使用权承包给本集体经济组织以外的单位或者个人经营。

根据我国《土地管理法》和《农村土地承包法》等的规定:国家实行农村土地承包制度,农村土地承包采取农村集体经济组织内部的家庭承包方式;不宜采取家庭承包方式的荒山、荒沟、荒丘、荒滩等农村土地,可以采取招标、拍卖、公开协商等方式承包。农村集体经济组织成员有权依法承包由本集体经济组织发包的农村土地。任何组织和个人不得剥夺和非法限制农村集体经济组织成员承包土地的权利。国家依法保护农村土地承包方式的长期稳定,保护承包方的土地承包经营权,任何组织和个人不得侵犯。

同时,我国《土地管理法》规定,农民集体所有的土地,可以由本集体经济组织以外的单位或者个人承包经营,从事种植业、林业、畜牧业、渔业生产。农民集体所有的土地由本集体经济组织以外的单位或者个人承包经营的,必须经村民会议三分之二以上成员或者三分之二以上村民代表的同意,并报乡(镇)人民政府批准。

(2) 农用地使用权入股。农用地使用权入股是指农民集体经济组织将其农用地使用权作价,作为农业企业的资源股,并依法律和合同的规定按比例从农业企业盈利中分取红利。这是一种较新型的集体农用地使用权取得方式。

随着经济发展的不断全球化,加入世界贸易组织后,国内农业日渐延伸为国际农业,农产品参与国际农产品市场竞争,我国传统的以户为单位的承包经营方式日渐暴露其粗放、低效等缺点,新的农用地经营方式应运而生。农业企业、农业生产集团通过与集体经济组织协商,把农民集体的农用地,企业的资金、生产工艺和管理优势等结合起来,发展优质、高效农业,农民集体和农业企业都可从中获益。

2. 集体农用地使用权取得的条件

根据有关法律法规的规定,集体农用地使用权的取得有如下要求。

(1) 必须订立合同。土地承包经营时,发包方和承包方应当订立合同。农民集体以农用地使用权入股时,集体经济组织与农业企业应当订立合同,规定双方的权利和义务。承包合同一般包括以下条款:发包方、承包方的名称及发包方负责人和承包方代表的姓名、住所,承包土地的名称、坐落、面积、质量等级,承包期限和起止日期,承包土地的用途,发包方和承包方的权利和义务,违约责任等。

(2) 必须符合法定程序。在土地承包经营期限内,对个别承包经营者之间承包的土地进行适当调整的,必须经村民会议三分之二以上成员或者三分之二以上村民代表同意,并报乡(镇)人民政府和县级人民政府农业行政主管部门批准。农民集体所有的土地由本集体经济组织以外的单位或个人承包经营的,必须经村民会议三分之二以上成员或者三分之二以上村民代表的同意,并报乡(镇)人民政府批准。

(3) 必须符合法定年限。耕地的承包期为三十年;草地的承包期为三十年至五十年;林地的承包期为三十年至七十年;特殊林木的林地承包期,经国务院林业行政主管部门批准可以延长。农用地的具体承包经营期限,在上述规定期限内由承包合同约定。

(4) 土地承包经营权可以流转。集体农用地的承包经营权可以依法、自愿、有偿地进行流转。

3. 集体农用地使用权取得的程序

(1) 集体农用地使用权承包经营的程序如下:

① 本集体经济组织成员的村民会议选举产生承包工作小组;

② 承包工作小组依照法律、法规的规定拟订并公布承包方案;

③ 依法召开本集体经济组织成员的村民会议,讨论通过承包方案;

④ 公开组织实施承包方案;

⑤ 签订承包合同。

(2) 集体农用地股份合营的程序如下:

① 股份制农业企业向集体经济组织发出合营意向书;

② 农村集体经济组织召开村民会议或者村民代表大会,决定是否与之合营,决定合营的,确定合营条件;

③ 农业企业与村民代表协商合营有关事项;

④ 协商达成协议的,签订合营合同。

（三）集体未利用地使用权的取得

集体未利用地使用权取得的主要方式为承包经营。我国《土地管理法》规定："农民集体所有的土地由本集体经济组织的成员承包经营,从事种植业、林业、畜牧业、渔业生产。"我国《农村土地承包经营法》规定:不宜采取家庭承包方式的荒山、荒沟、荒丘、荒滩等农村土地,可以通过招标、拍卖、公开协商等方式承包;也可以将土地承包经营权折股分给本集体经济组织的成员,再实行承包经营或者股份合作经营。

集体未利用地的开发要遵循如下原则:① 必须符合土地利用总体规划,在土地利用总体规划规定的可开垦区域内开发。禁止在土地利用总体规划确定的禁止开垦区内从事土地开发活动。② 必须按照法律法规的规定,保护和改善生态环境,防止水土流失和土地荒漠化;③ 适宜开发为农用地的,应当优先开发为农用地;④ 在同等条件下,本集体经济组织成员有优先承包权。

（四）集体土地使用权的收回

依据《中华人民共和国土地管理法》第六十五条规定,有下列情形之一的,农村集体经济组织经原批准用地的人民政府批准,可以收回土地使用权:为乡(镇)村公共设施和公益事业建设,需要使用土地的;不按照批准的用途使用土地的;因撤销、迁移等原因而停止使用土地的。

三、集体土地使用权流转管理

集体土地使用权流转是指集体土地使用者将从集体手中取得的土地使用权再转移。

（一）集体建设用地使用权流转管理

根据我国法律法规的有关规定,目前,集体建设用地使用权一般情况下不允许以转让、出租、抵押等形式流转。只有一种情况允许流转,即在符合土地利用总体规划并依法取得建设用地的企业,因破产、兼并等情形致使土地使用权依法发生转移。这存在以下两种不同的情况:

(1) 集体经济组织使用乡(镇)土地利用总体规划确定的建设用地自行兴办的企业,其依法取得的建设用地使用权,可以因企业的破产、兼并等发生转移。

(2) 集体经济组织与其他单位或者个人以土地使用权入股、联营等形式共同兴办的企业,其依法取得的建设用地使用权,可以因破产、兼并等发生转移。

企业是独立的法人,有权依法处分其财产,但使用集体建设用地的企业不得像使用国有建设用地的企业那样依法转让、出租其土地使用权。集体建设用地使用权不允许随意转让、出租。只有发生破产、兼并等情形,致使土地使用权被抵债,或被兼并后的单位继续使用时,集体建设用地才能依法转移。

对集体建设用地使用权,我国总的方针是配拨使用,不许流转。乡镇企业因破产、停止生产等原因,不再使用原集体建设用地的,其土地使用权不得转让、出租给其他单位用于非农业建设,而是由集体收回土地使用权;乡(镇)村公共设施和公益设施不再使用的,其土地使用权由集体收回,不得转让、出租给其他单位或者个人进行非农业建设。

农村村民因农转非、迁移或其他原因不再使用其宅基地的,其土地使用权可以由集体收回,不得转让、出租给他人居住或用于其他非农业建设。农村村民一户只能拥有一处宅基地,且其宅基地面积不得超过规定标准。特殊情况下,农村村民可以转让、出租其住宅,如农村居民到城镇购买商品房后,将其原居住的农村房屋出卖、出租。但是,这种情况下,该农民再在该集体内申请新宅基地的,不予批准。

(二)集体农用地使用权流转管理

1. 集体农用地使用权流转的主要方式

(1)转包。转包是指集体农用地的承包者将其土地承包经营权部分或全部发包给他人的行为。双方应当签订合同,并报原发包方备案。转包时的转包费、租金、转让费等,应当由当事人双方协商确定。流转的收益归承包方所有。

(2)出租。出租是指集体农用地的承包经营者作为出租人,将其土地承包经营权部分或全部租赁给他人,并由他人支付租金的行为。出租人和承租人应当订立合同,约定双方的权利和义务,并报原发包方备案。

(3)互换。互换是指集体农用地承包者之间根据需要将其承包经营的特定土地的相互交换。互换承包经营的土地时,双方应当签订合同,并报原发包方备案。

(4)转让。转让是指集体农用地的承包经营者将其土地承包经营权再转移的行为。转让与转包不同。转包是指土地承包者作为发包人将土地承包经营权让渡给他人。承包期满后,将之收回。转让是指土地承包者将承包经营权完全让渡于他人,自己与原发包方在该土地上的承包关系终止。双方订立转让合同,转让合同中约定的转让年限为该承包地一级流转合同规定的年限扣减已使用年限后的剩余年限。采取转让方式流转的,应当报原发包方同意。

(5)入股。入股是指承包方之间为发展农业经济,可以自愿联合将土地承包经营权入股,从事农业合作生产。

2. 集体农用地使用权流转的原则

(1)平等协商、自愿、有偿,任何组织和个人不得强迫或者阻碍承包方进行土地承包经营权流转。

(2)不得改变土地所有权的性质和土地的农业用途。

(3)流转的期限不得超过承包期的剩余期限。

(4)受让方必须有农业经营能力。

(5)在同等条件下,本集体经济组织成员享有优先权。

(三)集体未利用地使用权流转管理

通过承包方式取得的集体未利用地使用权,经依法登记取得土地承包经营权证或者林权证等证书的,其土地承包经营权可以依法采取转让、出租、入股、抵押或者其他方式流转。通过招标、拍卖、公开协商等方式取得的未利用地承包经营权,该承包人死亡后,其应得的承包收益依照继承法的规定由继承人继承;在承包期内,其继承人可以继续承包。

第四节　土地征收管理

一、土地征收的概念与特征

（一）土地征收的概念

2004年之前，我国在法律上没有区分"土地征收"与"土地征用"两种不同情形，统称为"土地征用"。2004年3月14日第十届全国人民代表大会第二次会议通过《中华人民共和国宪法修正案》，将《宪法》第十条第三款"国家为了公共利益的需要，可以依照法律规定对土地实行征用"修改为"国家为了公共利益的需要，可以依照法律规定对土地实行征收或者征用并给予补偿"。

土地征收是指国家为了公共利益的需要，依法将农民集体所有的土地强制地转为国有土地的行为。征收与征用是两个不同的法律概念，既有共同之处，也有不同之处。共同之处在于，都是为了公共利益的需要，都要经过法定程序，都要依法给予补偿。不同之处在于，征收主要是所有权的改变，是国家将集体土地强制地征归国有，不存在发还的问题，征用只是使用权的改变，是国家强制地使用集体土地，被征用的集体土地使用后，应当返还被征用人。

除了《宪法》，《物权法》和《土地管理法》也都明确规定，国家为了公共利益的需要，可以依照法律规定对土地实行征收。《物权法》第四十二条规定："为了公共利益的需要，依照法律规定的权限和程序可以征收集体所有的土地和单位、个人的房屋及其他不动产。"《土地管理法》第二条规定："国家为了公共利益的需要，可以依法对土地实行征收或者征用并给予补偿。"

（二）土地征收的原则

为了防止土地的滥征滥用，在征收土地时，必须遵循以下原则。

1. 节约用地，合理用地的原则

国家建设征收土地，要注意节约用地。各级人民政府和土地管理部门应当严格掌握用地控制指标，应当根据建设项目的性质和规模，确定征收土地的面积，不得多征、早征。国家建设征收土地，应当依据土地利用总体规划和城市规划，合理确定建设用地的位置。凡是有荒地可以利用的，不得占用耕地；在确定占用耕地时，凡是有可能利用劣地的，不得占用好地。

2. 兼顾国家、集体和个人三者利益的原则

在征收土地时，要注意处理好各方面的关系。首先，被征收土地的农村集体经济组织要维护国家利益，服从国家建设需要，协助国家顺利实现土地征收，而不能乘机漫天要价，延误国家建设的正常进行。同时，国家也要给予被征收土地的农村集体经济组织适当补偿，对因征收土地而受损失的个人给予妥善安置和补助。

3. 谁使用土地谁补偿的原则

土地征收的补偿，不是由国家支付，而是由用地单位支付。这是因为，国家并不直接使用所征收的土地，也不是使用该被征土地的建设项目的直接受益者；而用地单位则兼具这两

个因素,由其支付征收土地补偿是合理的。用地单位的补偿是一项法定义务,承担此项义务是使用被征土地的必要条件。用地单位必须按法定的标准,向被征收土地的农村集体经济组织给予补偿。

4. 妥善安置被征地单位和农民的原则

集体土地征收意味着农民集体土地所有权的丧失,意味着农民对土地的使用收益利益的丧失,故用地单位应当根据国家法律规定,妥善安排被征地单位和农民的生产和生活:一是对被征收土地的生产单位要妥善安排生产;二是对征地范围内的拆迁户要妥善安置;三是征收的耕地要适当补偿;四是征地给农民造成的损失要适当补助。

5. 保证国家建设用地的原则

国家建设征收土地,被征地单位必须无条件服从,这不但因为征收土地是国家政治权力的行使,而且因为国家权力的行使是为了维护社会的公共利益。社会公共利益是一国的最高利益,是全体人民的共同利益体现,私人行使权利不得违背社会公共利益,而且在与社会公共利益相抵触时就得对私人利益加以限制以维护社会公共利益。国家建设即是社会公共利益的体现,因此,应在贯彻节约土地,保护土地的前提下保证国家建设用地。

6. 十分珍惜、合理利用土地和切实保护耕地的原则

我国人口多,耕地少并且在某些地区耕地又浪费严重。随着人口的逐年增长,耕地将继续减少,这是一个不争的事实,因此,土地管理法规定"十分珍惜和合理利用每寸土地,切实保护耕地"是我国的基本国策。各级人民政府应当采取措施,全面规划,严格管理,保护开发土地资源,制止非法占用土地的行为。在国家建设征收土地中要做到这一要求,必须坚持:① 加强规划,严格管理,严格控制各项建设用地;② 要优先利用荒地,非农业用地,尽量不用耕地;③ 要优先利用劣地,尽量不用良田;④ 加大土地监察和土地违法行为的打击力度,切实制止乱占耕地的滥用土地行为。

(三)土地征收的特征

1. 土地征收是一种政府权力

其他任何单位和个人都没有征地权,但为了保护集体土地所有权人的合法权益,政府不能滥用土地征收权,必须依照法律规定的程序和条件行使。

2. 土地征收具有强制性

国家为了公共利益需要,一旦确定对土地实行征收,被征地单位(集体所有权人)必须服从,不得以其所有权从事对抗行为,不得阻挠土地征收。

3. 土地征收具有补偿性

国家对集体土地实施征收,必须对被征地单位进行适当补偿。

二、土地征收的前提条件

现行法律规定土地征收的前提条件是为了公共利益的需要。公共利益通常是指全体社会成员的共同利益和社会的整体利益。但是,目前法律法规尚未对公共利益的范围作出明确、具体的规定。在《土地管理法》和《城市房屋拆迁管理条例》的修订中,试图对公共利益的

范围作出规定。

2009 年 6 月 30 日国土资源部提出的《中华人民共和国土地管理法(修订案送审稿)》规定:"为了公共利益的需要,进行下列建设,需要使用农民集体所有土地的,依法征收为国有:(一)在土地利用总体规划确定的城市建设用地范围内,国家实施城市规划建设;(二)在土地利用总体规划确定的城市建设用地范围外进行基础设施、公共管理和服务设施、军事设施等公益性项目建设。"

2011 年 1 月 19 日国务院第 141 次常务会议通过的《国有土地上房屋征收与补偿条例》(国务院令第 590 号)规定:"为了保障国家安全、促进国民经济和社会发展等公共利益的需要,有下列情形之一,确需征收房屋的,由市、县级人民政府作出房屋征收决定:(一)国防和外交的需要;(二)由政府组织实施的能源、交通、水利等基础设施建设的需要;(三)由政府组织实施的科技、教育、文化、卫生、体育、环境和资源保护、防灾减灾、文物保护、社会福利、市政公用等公共事业的需要;(四)由政府组织实施的保障性安居工程建设的需要;(五)由政府依照城乡规划法有关规定组织实施的对危房集中、基础设施落后等地段进行旧城区改建的需要;(六)法律、行政法规规定的其他公共利益的需要。"

三、土地征收的程序

根据《土地管理法》和有关规定,土地征收程序如下。

1. 拟定土地征收方案并公告

市、县人民政府在申报征收土地前,应当拟订土地征收方案。土地征收方案的拟定,应遵循如下原则:① 合理用地、节约用地、切实保护耕地;② 严格执行有关法律、法规,正确处理国家、集体、个人三者利益关系;③ 认真听取被征地单位农民的意见,使征地方案切实可行;④ 被征地单位群众生产、生活水平不降低。

土地征收方案的主要内容包括:① 拟征收土地的基本情况如征地面积、位置、边界、用途,耕地、基本农田的面积、产值等,地籍资料、权属状况及证明材料等;② 补偿标准及涉及的其他费用标准;③ 被征地单位的经济状况;④ 需要安置人员的安置途径。

拟定的土地征收方案应在被征收土地的农村集体经济组织所在地进行公告。

2. 开展现状调查并告知调查结果

征收土地实施单位对拟征收土地的现状进行调查,并将调查结果告知被征收土地农村集体经济组织和农民,就土地征收补偿安置事项听取意见。

3. 复核调查结果和组织听证

被征收土地的农村集体经济组织和农民对拟征收土地的现状调查结果有异议的,国土资源行政主管部门应当及时复核;对土地征收补偿安置事项提出听证申请的,国土资源行政主管部门应当依照有关规定组织听证。

4. 征收土地报批和审查

拟征土地所在地的市、县(市)国土资源行政主管部门应将有关资料按要求整理成册,先报本级人民政府审核签署意见后,逐级上报审批。具有批准权的一级政府国土资源行政主管部门审查后,报同级人民政府审批。

征收下列土地的,由国务院批准: ① 基本农田; ② 基本农田以外的耕地超过 35 hm² 的; ③ 其他土地超过 70 hm² 的。

征收上述规定以外的土地的,由省、自治区、直辖市人民政府批准,并报国务院备案。

征收农用地的,应当依法先行办理农用地转用审批。其中,由国务院批准农用地转用的,同时办理土地征收审批手续,不再另行办理征地审批;经省、自治区、直辖市人民政府在征地审批权限内批准农用地转用的,同时办理征地审批手续,不再另行办理征地审批,超过征地批准权限的,应当按照上述批准权限另行办理征地审批。

5. 征地方案公告并组织实施

征地方案经批准后,按"两公告一登记"组织实施:

(1) 发布征地批准公告。市、县(市)人民政府国土资源行政主管部门在收到征地批准文件后,应将征地方案在被征收土地所在地的乡(镇)、村予以公告。公告可采用张贴、广播、登报等形式。公告的主要内容包括,征收土地涉及的乡(镇)村、征收土地面积、地类、土地用途、批准用地机关及批准用地日期、补偿标准、安置途径、办理征地补偿时限等。

(2) 办理征地补偿登记。被征收土地的所有权人和使用权人应在征地批准公告规定的时间内,持土地权属证明,到指定的地点办理征地补偿登记。

(3) 发布征地补偿安置方案公告。听取被征地单位和个人对方案的意见。

6. 征收土地补偿争议裁决

被征收土地的农村集体经济组织或者农民对征收土地方案中确定的补偿方案有争议的,由市、县地方人民政府协调;协调不成的,由实施征收土地的人民政府或者被征收土地的农村集体经济组织和农民向批准征收土地的人民政府申请裁决。对裁决有异议的,可以自接到裁决决定之日起十五日内,向人民法院起诉。征收土地补偿、安置争议不影响征收土地方案的实施。

7. 支付征收土地补偿费,妥善安置被征地农民

征收土地的各项费用应当自征地补偿、安置方案批准之日起 3 个月内全额支付。

四、土地征收补偿标准

我国现行的土地征收补偿有以下特点:一是按照被征收土地的原用途给予补偿。《土地管理法》第四十七条规定:"征收土地的,按照被征收土地的原用途给予补偿。"二是根据被征收土地的平均年产值的倍数给予补偿,而非按土地市场价值补偿。三是补偿费用包括土地补偿费、安置补助费、地上附着物和青苗的补偿费等多项。《物权法》第四十二条规定:"征收集体所有的土地,应当依法足额支付土地补偿费、安置补助费、地上附着物和青苗的补偿费等费用,安排被征地农民的社会保障费用,保障被征地农民的生活,维护被征地农民的合法权益。"

根据《土地管理法》和有关规定,征收土地的补偿费用标准如下:

(一) 土地补偿费

土地补偿费是对农村集体经济组织因土地被征收而造成的经济上的损失的一种补偿,

只能由被征地单位用于再生产投资,不得付给农民个人。

征收耕地的土地补偿费,为该耕地被征收前 3 年平均年产值的 6—10 倍。年产值按被征收前 3 年的平均年产量和国家规定的价格平均计算。征收其他土地的土地补偿费用标准,由省、自治区、直辖市参照征收耕地的土地补偿费的标准规定。

(二)安置补助费

安置补助费是指为了安置以土地为主要生产资料并取得生活来源的农业人口的生活,国家所给予的补助费用。需要安置的人员由农村集体经济组织安置的,安置补助费支付给农村集体经济组织,由农村集体经济组织管理和使用;由其他单位安置的,安置补助费支付给单位;不需要统一安置的,安置补助费发放给安置人员个人或者征得被安置人员同意后用于支付被安置人员的保险费用。

征收耕地的安置补助费,按照需要安置的农业人口数计算。需要安置的农业人口数,按照被征收的耕地数量除以征地前被征收单位平均每人占有耕地数量计算。每一个需要安置的农业人口的安置补助费标准,为该耕地被征收前 3 年平均年产值的 4—6 倍。但是,每公顷被征收耕地的安置补助费,最高不得超过被征收前 3 年平均年产值的 15 倍。征收其他土地的安置补助费标准,由省、自治区、直辖市参照征收耕地的安置补助费的标准规定。安置补助费与土地补偿费的总和不得超过土地被征收前 3 年平均年产值的 30 倍,国务院根据社会、经济发展水平,在特殊情况下,可以提高征收耕地的土地补偿费和安置补助费的标准。

(三)地上附着物补偿费

地上附着物补偿费包括被征收土地上的房屋及其他建筑物(含构筑物)、农田水利设施、树木、蔬菜大棚等的补偿费。地上附着物的补偿标准,由省、自治区、直辖市规定。

(四)青苗补偿费

青苗补偿费是对被征收土地上尚不能收获的农作物给予的补偿费。可以移植的苗木、花草以及多年生经济林木等,一般是支付移植费;不能移植的,给予合理补偿或作价收购。青苗的补偿标准由省、自治区、直辖市规定。

第五节 土地权属纠纷调处

一、土地权属纠纷的概念及其产生原因

(一)土地权属纠纷的概念

土地权属纠纷指有关土地所有权、使用权的争议。它包括两种情况:一种是依法取得的土地所有权或使用权受到侵害时引起的权属纠纷;另一种是对现有权属界线的争议。

土地权属纠纷牵涉面比较广泛,情况也比较复杂,它不仅发生在国营企事业单位和集体企事业单位之间,国营企、事业单位,集体企、事业单位之间,农业企事业单位与国家基本建设用地单位之间,还发生在国营、集体用地单位内部职工或农民之间,土地权属纠纷除了涉及耕地外,还涉及山林地、牧草地、水面和宅基地等。

土地权属纠纷严重影响着有关单位的生产和工作,影响着争议地段的合理利用,有时还会爆发群众性的斗殴,造成人员伤亡,影响社会的安定团结,因此,对土地权属纠纷必须认真依法妥善解决。

(二)土地权属纠纷产生的原因

土地权属纠纷产生的主要原因有:① 土地权属混乱,地界无明显标志;② 过去农村政策多次变化以及在土地问题上吃大锅饭、"一平二调"无偿占有造成的土地权属不清;③ 行政区划变更,社队归并、调整插花地等造成的土地权属不清;④ 水利建设、围湖造田、更改河道、开荒、平整土地、铲除了原有地界,又无新的用地协议;⑤ 征用土地审批手续不全、界址不清或一地多征引起的纠纷;⑥ 历史上存在的地权争议延续至今;⑦ 土地所有权或使用权受到侵害;⑧ 土地隐形交易、土地使用权非法转移。

二、土地权属纠纷调处的原则和依据

(一)土地权属纠纷调处的原则

土地权属纠纷调处应遵循以下原则:
(1)维护社会主义土地公有制,保护土地所有者和使用者的合法权益;
(2)坚持以事实为依据,以法律为准绳的实事求是的原则;
(3)有利于团结、有利于合理利用土地的原则;
(4)远期证据服从近期证据的原则。

(二)土地权属纠纷调处的法律、政策依据

调处土地权属纠纷的主要法律政策依据是:《中华人民共和国宪法》、《中华人民共和国民法典》、《中华人民共和国土地管理法》、《中华人民共和国土地管理法实施条例》、《闲置土地处置办法》、《基本农田保护条例》、《土地利用年度计划管理办法》、《建设用地审批报批管理办法》、《中华人民共和国森林法》、《中华人民共和国森林法实施细则》、《中华人民共和国草原法》、《中华人民共和国渔业法》、《中华人民共和国矿产资源法》、《中华人民共和国水法》、《中华人民共和国文物保护法》、《国家建设征用土地条例》、《村镇建房用地管理条例》,国务院《关于制止农村建房侵占耕地的紧急通知》、《行政区域边界争议处理条例》、《农村人民公社工作条例修正案》(1962 年)、《农村人民公社工作条例(试行草案)》(1978 年),中共中央"关于改变农村人民公社基本核算单位问题"的指示、《高级农业生产合作社示范章程》,国务院《关于国家建设征用土地办法》(1953 年)、《中华人民共和国改革法》、《城市郊区土地改革条例》及其他有关的政策、法规。

三、土地权属纠纷调处的程序

土地权属纠纷的调处一般按以下程序进行。

(一)当事人协商解决

所谓协商解决是指土地纠纷发生以后,由当事人在自愿、互谅的基础上,按照有关法律规定,在不损害他人利益的前提下,直接进行磋商,自行解决纠纷的办法。协商解决后,当事人双方应当签署协议。该协议由当事人自愿执行,没有法律的约束力。如果当事人一方后悔,拒绝执行,另一方可以申请人民政府土地管理部门进行调处。

(二)人民政府调处

依据《中华人民共和国土地管理法》第十六条规定:"单位之间的争议,由县级以上人民政府处理;个人之间、个人与单位之间的争议,由乡人民政府或县级以上人民政府处理。当事人对有关人民政府处理不服的,可以自接到处理决定通知之日起三十日内,向人民法院起诉。在土地所有权和使用权争议解决以前,任何一方不得改变土地现状。"

人民政府受理土地纠纷,一般采用调解和裁决两种方式调处。

1. 调解

调解是由第三者从中调停,促使当事人和解的一种方式。土地纠纷是土地管理部门进行调解,属于行政调解。它是根据《土地管理法》授权进行的,具有行政效力。调解的程序是:① 受理纠纷当事人的申诉。土地纠纷当事人一方或双方,以口头、信访或书面报告形式,将纠纷的事实向人民政府提出申诉,并出示有关地权地界的证明文件。② 地权纠纷的调查。土地管理部门根据当事人的申诉及地权地界的证明文件进行调查。查明争议地界的历史情况及文件(政府过去确定地权的文件、协议、图件及历史上使用情况等)以及发生纠纷的原因、过程、造成的危害和双方对纠纷处理的意见。③ 调解。土地管理部门依据政策、法规,根据调查结果,向当事人进行宣传、说服工作,使认识逐步趋向一致,使纠纷得到解决。调解时,既要坚持原则,又要具有一定灵活性,从实际出发,实事求是地解决问题。④ 签订调解协议书。调解成功后,当事人签订调解协议书。调解协议书应该包括:当事人姓名、地址,代表人和代理人姓名职务;纠纷的主要事实;协议内容和费用承担等项目。调解协议书要由当事人、调解员和书记员签字,并加盖主持调解机关的公章。调解协议书送达后,当事人均应当自觉执行。

2. 行政裁决

行政裁决是仲裁的一种形式,是有关机关以第三者的身份,依照法律对纠纷作出的公正的具有约束力的处理决定。裁决与调解的区别在于:调解必须在双方自愿的基础上进行,而裁决完全是第三者的行为。调解时,任何一方当事人不愿接受调解,就可立即终止调解,而当事人一旦申请裁决,则仲裁机构有权依据法律作出对当事人均有约束力的裁决。裁决的程序是:① 当事人提出裁决申请。当土地纠纷调解不成时,当事人任何一方均可向被诉一方所在地的土地管理部门提出裁决申请,裁决申请采用书面形式。② 调解。土地管理部门在做出裁决以前,要在纠纷当事人之间再次做出调解。调解不成的,即进行裁决。③ 裁决。裁决前应书面通知当事人和有关人员到场。土地管理部门依据法律和调查结果,本着保障合法权益,有利团结和保护土地资源的原则,作出决定。裁决书要写明以下事项:申诉人和被申诉人姓名、地址,代理人和代表人姓名、职务;申诉理由、争议事实和要求;裁决认定的事实理由和适用的法律、法规等依据;裁决结果和裁决费用的承担;不服裁决时申请行政复议和向人民法院起诉的期限等。

(三) 行政复议或向人民法院起诉

当事人对有关人民政府下达的处理决定不服的,根据《行政复议条例》和《行政诉讼法》的有关规定,可以在接到处理决定书之日起十五日内向作出处理决定的上级人民政府国土资源行政主管部门申请行政复议,也可在接到处理决定书之日起三十日内向人民法院起诉。上一级土地管理部门应当在收到复议申请书之日起 2 个月内提出复议意见报人民政府作出复议决定。申请人不服行政复议决定的,可以在收到复议决定书之日起十五日内到人民法院起诉。期满未申请复议也未起诉的,处理决定书即发生法律效力,并作为土地登记的依据。

当事人拒不履行发生法律效力的处理决定的,按照《行政诉讼法》的有关规定,由受理案件的人民政府国土资源行政主管部门报请作出处理决定的人民政府提出《强制执行申请书》,送交有管辖权的人民法院,申请人民法院强制执行。

当事人根据协议、处理决定(裁决)或判决结果,向土地管理机关申请登记,换取新的土地证。

在土地争议解决前,土地管理机关有权确定临时处置办法,合理使用、保护有争议的土地,争议各方均需服从,不得荒废土地;不准破坏土地及其附着物;不得修建永久性建筑物;不得聚众闹事;不得强占土地。

第五章　土地利用管理

第一节　土地开发、整理、复垦与保护

一、土地开发

（一）土地开发的概念

土地开发是指在土地利用总体规划指导下，对未利用的土地以及废弃的或利用效率低下的土地，通过工程的、生物的、技术的或综合的措施，使其成为可利用的土地，成为经济、社会、生态综合效益较高的土地，并加以充分、合理地利用的过程。因此，土地开发活动既包括对尚未投入利用的土地进行开垦和利用，以此来扩大土地利用范围，也包括对已利用的土地进行追加投资和劳动，提高土地利用率和集约经营程度，从而做到对土地的充分利用。

土地开发主要分为农用地开发和建设用地开发两类。就农用地开发来说，它既包括从数量上扩大耕地面积，例如，对宜农荒山、荒地、宜牧草地和农村闲散地的开发利用；也包括通过投资和追加成本，对土地进行集约化整治，例如，采取改良土壤，进行农田基本建设，兴修水利等，以及增加对土地的物质投入，改良品种，增加复种指数，调整不合理的土地利用结构等集约经营措施，从质量上提高土地利用率和生产率。建设用地开发一般是指工业、交通、水利、能源和城市建设等部门进行基本建设和对旧设施的重新改造。例如，因兴建铁路、公路，开采石油，对荒山、荒地的开发利用，以及因城市旧城区内的改造和农村旧村庄的改造等，都会涉及土地开发的问题。因此，土地开发，从广义上讲，不仅限于农业部门，而且与国民经济各个部门都密切相关。

（二）土地开发的基本原则

国家对土地开发实行计划管理，它遵循一定的原则，具体如下。

1. 生态平衡原则

不同的土地开发方式对生态环境的影响不一样，也就是说土地的开发利用，必然引起生态系统的变化。如果开发合理，符合生态平衡规律，不断建立新的生态平衡，在变化过程中加速能量流、物质流的转化、循环，促进农业发展，便能取得好的经济效益，同时又保护了生

123

态平衡。反之,片面追求经济效益,不按自然规律和经济规律要求,强行开发,如陡坡开荒、乱伐林木、围湖造田等,必然造成水土流失,使生态系统失去平衡,恶化生态环境,危害农业生产,最终影响经济效益的实现。这种不合理的土地开发,会危及人类的生存条件。因此,我们必须按照自然规律,因地制宜地进行土地开发。

2. 符合土地利用总体规划原则

土地开发,必须经过科学论证和评估,在土地利用总体规划划定的区域内,经依法批准后进行。禁止毁坏森林、草原开垦耕地,禁止围湖造田和侵占江河滩地。根据土地利用总体规划,对破坏生态环境开垦、围垦的土地,有计划有步骤地退耕还林、还牧、还湖。

3. 农用地开发优先原则

由于土地是农业最基本最主要的生产资料,以及我国耕地因建设等原因在逐年减少,待开发土地资源有限等多方面因素,因此,应优先进行农用地开发。当然,这也不排除在某一地区和特殊情况下,对建设用地的开发实行优先。

4. 综合性开发原则

在研究土地开发时,首先要做好土地开发规划,依据自然条件,对自然条件好、土地资源丰富、经济发达的地区,集中力量进行综合性开发;对自然条件差、经济发展比较缓慢、多灾、低产地区要加强土地综合整治和进行保护性开发。同时,对土地的质量进行全面评价,从质的方面确定土地对发展农、林、牧、渔业生产或工业生产的适宜性、限制性和可更新性;从量的方面确定各种类型土地规模及其数量的有限性,并预测开发后的生态变化趋势。通过综合分析评价和统筹规划,保证最大限度地发挥土地开发的经济效益。

(三)土地开发管理

由于土地的开发活动涉及国家对土地资源利用管理问题,因此,土地开发管理也是土地管理的一个重要组成部分。土地开发管理涉及土地开发审批、开发程序及开发后的权属管理。在此着重介绍未利用地开发管理的相关内容。

1. 未利用地开发审批

(1)集体未利用地开发的审批。

按照土地利用总体规划开发农民集体所有的未利用地用于种植业、林业、畜牧业、渔业生产的,应当由开发单位或个人向拥有该未利用地所有权的集体经济组织或村委会提出开发申请,在集体经济组织或村委会同意后,经乡(镇)人民政府审核,报县级人民政府批准。申请批准后,申请者方可根据土地开发原则进行开发。

开发单位或个人不属于该集体经济组织的,则根据《土地管理法》的规定首先取得村民会议三分之二以上成员或者三分之二以上村民代表的同意,报乡(镇)人民政府批准后,再报县级人民政府批准。已确定了未利用地承包经营权的,还需首先取得承包经营权人的同意。

按照土地利用总体规划,开发农民集体所有的未利用地用于非农业建设的,应当分需要征收和不需要征收两种情况。对开发农民集体所有的未利用地兴办乡镇企业、进行乡(镇)村公共设施和公益事业建设,或者建村民住宅的,不需办理征收审批手续。其他单位或个人开发农民集体所有的未利用地进行非农业建设的,应当首先办理土地征收审批手续。

（2）国有未利用地开发的审批。

一次性开发未确定土地使用权的国有荒山、荒地600 hm² 以下的，按照省、自治区、直辖市规定的权限，由县级以上地方人民政府批准；开发 600 hm² 以上的，报国务院批准。

2. 未利用地开发程序

未利用地开发的基本程序是：未利用地适宜性评价；编制未利用地开发规划；论证未利用地开发方案；实施未利用地开发。

（1）未利用地适宜性评价。

未利用地适宜性评价是指根据土地的自然和社会经济条件，采用各种可行的方法，对未利用地的适宜性和限制性进行评估，以确定土地的适宜性及其等级的过程。

（2）编制未利用地开发规划。

编制未利用地开发规划是指根据土地利用总体规划和土地适宜性评价，确定土地开发目的、任务，安排开发区域，确定开发用途，提出开发技术方案等。

（3）论证未利用地开发方案。

论证未利用地开发方案是指根据土地开发原则，对土地开发规划确定的目的、任务、开发用途、技术途径等进行论证评估，剔除其不合理、不科学、不经济的方面，强化其合理性、科学性和可行性，更好地实现土地开发的经济效益、生态效益和社会效益的统一。

（4）实施未利用地开发。

实施未利用地开发是指政府或单位、个人根据土地开发规划，经合法审批后，进行未利用地开发。

3. 未利用地开发后的权属管理

国家依法保护未利用地开发者的合法权益。土地开发可能涉及土地所有权变更和土地使用权的确认。

（1）土地所有权变更。

关于土地所有权，如果土地开发未涉及土地征用或置换，一般不发生所有权变更。但如果开发土地涉及土地征收，或土地置换，则会发生土地所有权变更。集体所有土地转变为国有土地，在依法办理土地征收审批手续，给予农民集体合理补偿后，更换集体土地所有权证书，确定为国家所有。两个或两个以上的农民集体置换土地，应当持置换协议或合同，到县级人民政府土地管理部门办理土地所有权变更登记，更换土地所有权证书。

（2）土地使用权的确认。

关于被开发土地的使用权的确认，有以下几种不同的情况：

一是开发未确定使用权的国有荒山、荒地、荒滩等从事种植业、林业、畜牧业、渔业生产的，根据有关规定，其使用权可以长期确定给开发单位或者个人。使用期限最长不得超过50 年。

二是开发未确定使用权的国有未利用地进行非农业建设的，根据《土地管理法》、《土地管理法实施条例》、《建设用地审查报批管理办法》等的规定，办理建设用地审批手续后，其使用权可以确定给建设单位。

三是开发已确定使用权的国有未利用地，在实际操作中可以认定为闲置土地，按照《土地管理法》、《城市房地产管理法》、《闲置土地处置办法》等的规定处置土地使用权。

四是开发未确定承包经营权的农民集体所有的未利用地从事种植业、林业、畜牧业、渔业生产的，开发者为本集体经济组织内部成员，经本集体经济组织或村委会同意，可以承包给开发者使用。开发者为本集体经济组织以外的单位或个人，则经村民会议三分之二以上成员或者三分之二以上村民代表同意，报乡(镇)人民政府批准后，可以承包给开发者使用。

五是开发未确定承包经营权的农民集体所有的未利用地从事非农业建设的，应当按照《土地管理法》《土地管理法实施条例》等的规定办理建设用地审查报批手续后，将其使用权确定给建设单位或个人。

六是开发已确定承包经营权的农民集体所有未利用地从事种植业、林业、畜牧业、渔业生产的，首先应经承包者的同意，并依法定程序报批后，可以将土地承包经营权确定给土地开发者。

七是开发已确定承包经营权的农民集体所有未利用地进行非农业建设的，按承包合同的约定向承包者支付一定的损失补偿，并按有关规定办理建设用地审批手续后，可以将土地使用权确定给开发者。

二、土地整理

(一) 土地整理的概念

土地整理通常可分为农村土地整理和城市土地整理，或称农地整理和市地整理。农村土地整理是指在一定区域内，依据土地利用总体规划，采用行政、经济、法律和技术手段，对田、水、路、林、村进行综合整治，调整土地关系，改善土地利用结构和生产、生活条件，增加可利用土地面积，提高土地利用率和产出率。城市土地整理是指在城镇规划区范围内，按照土地利用总体规划和城市规划，根据社会经济可持续发展的要求，利用各种经济技术手段，实现城市土地利用结构和布局的优化调整，改善城镇土地利用环境，促进土地利用的有序化和集约化，促进土地配置效率和利用效率的提高，增加城市土地经济供给的行为。城市土地整理的定位应该放在存量建设用地的利用上，其核心是调整土地利用结构，通过结构的调整，功能合理的布局，来最大限度地发挥土地资源的综合效益。

(二) 土地整理的意义

1. 有利于实现经济增长方式根本转变

目前，我国的经济增长方式正从粗放型向集约型转变，然而要实现经济增长方式根本转变，必须推行土地整理，因为土地作为最重要的资源之一，是经济发展的基础，是实现经济转型的根本。

2. 有利于增加耕地面积、提高耕地质量，实现耕地总量动态平衡

随着我国人口的不断增长和经济的快速发展，用地需求日益增大，人地矛盾将更加尖锐，再加上要对过度开垦的耕地有计划、有步骤地退耕，这一土地国情和客观现实决定了必须实行世界上最严格的土地管理制度，必须走土地整理、集约用地的道路。通过对各类零星闲散土地、农村居民点用地、砖瓦窑用地、乡镇企业用地以及已利用耕地的整理，可以增加耕地面积。按照耕地面积增加5%推算，全国可增加耕地1亿多亩，这对解决人口继续增加的情况下，耕地大量减少的失衡趋势将起到重要的作用。

3. 有利于土地利用总体规划的实施,全面加强土地管理

土地管理部门要从批地提高到全面管理,土地整理是重要环节。要将村镇规划图、基本农田保护图和土地整理规划图同时落实到土地利用规划图上,做到"三位一体",达到全面加强土地管理的目的。许多地方通过推进土地整理,较好地协调与农、林、水、建设、环境等部门的关系,保护好基本农田,并为实现土地用途管制打下坚实的基础。

4. 有利于改善农业生产条件和生态环境,实现农业增产增收、促进农场经济的发展

土地整理通过农田平整、灌溉水网改造、防护林网建设、交通线网规整、村庄集镇搬迁合并等措施,可以改变农村的农用地或村庄脏、乱、差的面貌,减少污染,控制风沙,改善气候,美化环境。土地整理改善了农业生产条件,有利于农业适度规模经营和农场现代化的建设。整理后的土地便于机械化作业,这就大幅度降低了农业生产成本,提高了生产效率。同时,土地整理可以促进土地权属纠纷的调解,缩小城乡差距,改善农村生活条件,稳定农村社会环境,增强政府在农村的威信,树立良好的政府形象。

5. 有利于推进国企改革和发展

目前,国企改革正处于攻坚阶段,土地作为一种重要资产,在企业资产重组、兼并、破产中也是不容忽视的。长期以来,由于国有土地实行行政划拨、无偿使用,造成土地利用粗放、浪费严重,而在国企改革中,要显化国有资产的价值,以便保值、增值,从而达到国有土地资产的优化配置。因此,必须通过土地整理,来加速存量土地资产的流动和重组,充分显化土地资产价值,推进国企改革和发展。

(三) 土地整理的类型

目前,我国土地整理主要包括以下几种类型。

(1) 以实现"三个集中"为主要内容的土地整理。即通过迁村并点,使农民住宅逐步向中心村和小集镇集中;通过搬迁改造,使乡镇企业逐步向工业园区集中;通过归并零散地块,使农田逐步向规模经营集中。

(2) 结合基本农田建设,对田、水、路、林、村等综合整治的土地整理。

(3) 以对小流域统一规划,综合整治,提高农业综合生产能力,改善生态环境为主要内容的山区土地整理。

(4) 结合农民住宅建设,迁村并点、退宅还耕,通过实施村镇规划增加耕地面积的村庄土地整理。

(5) 控制城市外延,挖掘城市存量土地潜力,解决城市建设用地,实施城市规划的城市土地整理和盘活闲置土地的闲置土地整理。

(6) 通过对工矿生产建设形成的废弃土地进行复垦整治,增加农用地或建设用地,改善生态环境的矿区土地整理。

(7) 结合灾后重建对灾毁农田抢整、兴修水利和移民建镇对移民后旧宅基地还耕进行灾区土地整理。

(四) 土地整理的运作程序

土地整理的基本程序应当包括整理区域的基础调查和资料收集,系统分析,编制土地整

理规划,论证规划方案,筹集整理资金,实施规划方案等基本步骤。

1. 基础调查和资料收集

基础调查和资料收集是指对整理区域内的自然和社会经济条件、国民经济和社会发展规划与计划、规划土地利用目标、土地利用现状、中低产田的制约因素、生态环境特征,以及土地产权状况等进行调查,并收集相关资料。

2. 系统分析

系统分析是指对收集的各类信息进行汇总分类,去伪存真,去粗取精,分析土地利用存在的问题,提出土地整理任务,进行资金需求量预测,设计技术途径等。

3. 编制土地整理规划

应当根据土地利用总体规划和系统分析结果,确定土地整理应实现的目标,安排土地整理内容,拟订整理技术方案、产权调整和权益分配方案,提出方案实施措施。

4. 论证规划方案

论证规划方案是指广泛征求有关部门的领导、专家和群众的意见,对编制方案的依据、目标、任务进行评价,对整理内容、整理途径、产权调整和权益分配方式进行研究,对方案实施的经济效益、生态效益、社会效益进行论证,以保证规划方案具有较强的科学性和可操作性。

5. 筹集整理资金

筹集整理资金是指根据土地整理资金需求量预测,通过多种途径筹集所需资金。

6. 实施整理规划方案

实施整理规划方案是指县、乡(镇)人民政府根据论证通过的土地整理规划方案,对整理区域进行综合整治。

(五)整理后土地的权属管理

整理后土地的权属管理是土地整理中的一个敏感问题。土地整理涉及田块重整、村庄合并等诸多权属置换与重划。不明确规定土地所有权、使用权、承包经营权等问题,不仅不利于土地整理工作的开展,还会使土地整理后留下各种权属纠纷,给土地整理带来很大困难。

土地整理后权属管理的主要内容包括:整理后土地所有权主体的确定,土地使用权主体的确定,以及给原所有权和使用权主体的赔偿标准等。土地整理后土地所有权、使用权主体确定要根据《宪法》《民法典》《土地管理法》等的有关规定进行。不涉及所有权置换或重划的,土地所有权、使用权主体不发生变化,不需重新确定其主体,不需支付补偿费。涉及所有权、使用权主体变更的,需重新确定所有权、使用权主体,确定给原所有者、使用者的补偿标准,并在支付补偿费后办理土地所有权、使用权变更登记。土地整理后应当进行全面的地籍调查,绘制新的地籍图,形成新的地籍档案。

三、土地复垦

(一)土地复垦的概念

土地复垦是指对生产建设活动和自然灾害损毁的土地采取整治措施,使其达到可供利用状态的活动。可见,土地复垦包括两方面内容,即生产建设活动损毁土地的复垦和自然灾害损毁土地的复垦。其中,生产建设活动损毁的土地,由生产建设单位或者个人(以下称土地复垦义务人)负责复垦。但是,由于历史原因无法确定土地复垦义务人的生产建设活动损毁的土地,由县级以上人民政府负责组织复垦。自然灾害损毁的土地,由县级以上人民政府负责组织复垦。在此着重介绍因生产建设活动损毁土地的复垦活动。

有土地复垦任务的生产建设项目,其可行性研究报告和设计任务书应当包括土地复垦的内容;设计文件应当有土地复垦的章节;工艺设计应当兼顾土地复垦的要求。否则,土地管理部门审批建设用地时不得批准。

(二)土地复垦的意义

从 20 世纪 50 年代以来,随着国家工业化的发展,我国生产建设破坏土地的情况十分严重,特别是 80 年代以后,随着生产建设规模的不断扩大和开发速度的加快,对资源破坏规模和程度都远远超过以往,可以说是对资源的掠夺性发展。全国历年因挖损、塌陷、压占等原因破坏的土地对当地的生产生活、社会安定和生态环境都带来严重的影响。因此,在我国开展土地复垦工作具有十分重要的意义。

1. 缓解人地矛盾的重要措施

我国一方面人地矛盾相当突出,另一方面又有大量的土地被破坏后长期闲置荒废,而其中有很大一部分可以重新利用。据粗略估算,目前中国因矿产资源开发等生产建设活动,挖损、塌陷、压占等各种人为因素造成的破坏废弃的土地约 2 亿亩,占耕地总面积的 10% 以上,而全国土地复垦率仅为 15% 左右。如果按 50% 的土地复垦率计算,可增加 1 亿亩的可利用面积。实际上,国外许多国家的土地复垦率都在 50% 以上,如美国 20 世纪 70 年代的土地复垦率已经达到 78%。

2. 促进社会的安定团结

生产建设活动破坏的土地,大部分都是耕地或其他农用地,多数还是土地质量很好的基本农田,集中连片,地理位置优越,一般都靠近城镇或村庄,交通便利,水资源等基础条件都比较好。而矿区附近农民的土地日趋减少,人均耕地面积不断下降,少地无地农民增加,农业生产受到严重影响,国家负担加重。许多企业在征地、拆迁、安置问题上同农民的矛盾日益尖锐,造成工农关系紧张,成为社会不安定因素。开展土地复垦,不仅减轻了国家负担,为当地农民重新开辟了生产和生活门路,也缓和了企业和农民的矛盾,促进了安定团结。

3. 改善土地破坏地区的生态环境

工矿企业破坏土地,大量占用农田,带来许多生态环境问题。一些地方生态环境恶化,土地荒芜,房屋倒塌,路桥断裂,洼地积水,呈现一片破烂不堪、荒衰的景象;废弃土、石、灰、渣肆意堆放,粉尘飞扬,有的造成滑坡和泥石流,水土流失加剧;有害有毒液体、气体的渗漏、溢出,使大范围的环境被污染,严重影响了人民的生活、生产和身心健康。土地复垦则有利于改变这种状况,改善生态环境。

4. 减轻企业的经济负担

过去被破坏的土地,只考虑采用经济赔偿,或由国家征收土地再安排群众的生产、生活,这就增加了企业的生产成本和经济负担。开展土地复垦,企业可以利用机械设备的优势,帮助农民复垦,尽量减轻征收土地和损失补偿费的支付。国家征收的土地复垦后,企业享有使用权,可用作种植、养殖、建筑、公园绿化等,从而减轻了企业的经济负担。

(三)土地复垦的原则

1. 谁损毁、谁复垦

生产建设过程中破坏的土地,可以由企业和个人自行复垦,也可以由其他有条件的单位和个人承包复垦。承包复垦土地,应当以合同形式确定承、发包双方的权利和义务。土地复垦费用,应当综合考虑损毁前的土地类型、实际损毁面积、损毁程度、复垦标准、复垦用途和完成复垦任务所需的工程量等因素合理确定。土地复垦费用应当列入生产成本或建设项目总投资。复垦后的土地由所在地县级以上人民政府国土资源主管部门会同同级农业、林业、环境保护等有关部门进行验收。没有条件复垦或复垦不符合要求的,应当缴纳土地复垦费,专项用于土地复垦,由有关国土资源主管部门代为组织复垦。对不履行土地复垦义务的,由县级以上人民政府国土资源主管部门责令限期缴纳土地复垦费;逾期不缴纳的,处应缴纳土地复垦费 1 倍以上 2 倍以下的罚款。

2. 谁破坏,谁补偿

土地复垦义务人对在生产建设活动中损毁的由其他单位或者个人使用的国有土地或者农民集体所有的土地,除负责复垦外,还应当向遭受损失的单位或者个人支付损失补偿费。损失补偿费由土地复垦义务人与遭受损失的单位或者个人按照造成的实际损失协商确定;协商不成的,可以向土地所在地人民政府国土资源主管部门申请调解或者依法向人民法院提起民事诉讼。

3. 应当符合有关规划和标准

土地复垦应当符合土地利用总体规划、城市规划和土地复垦规划的要求。土地利用总体规划规定土地复垦的要求和复垦后的基本用途。土地复垦应当根据土地利用总体规划确定的用途和条件进行。各有关行业管理部门在制定土地复垦规划时,应当根据经济合理的原则和自然条件以及土地破坏状态,确定复垦后的具体土地用途。在城市规划区内,复垦后的土地利用应当符合城市规划。土地复垦应当与生产建设统一规划,有土地复垦任务的企业应当把土地复垦指标纳入生产建设计划,在征求当地土地管理部门的意见,并经行业管理部门批准后实施。

此外,编制土地复垦方案,实施土地复垦工程,进行土地复垦验收等活动,应当遵守土地复垦国家标准;没有国家标准的,应当遵守土地复垦行业标准。

4. 复垦的土地应当优先用于农业

复垦的土地应当优先用于农业。被破坏的土地,可以复垦为耕地、园地、林地、草地或养殖用地的,应当首先复垦为耕地、园地、林地、草地和养殖用地。不能直接复垦为上述农用地,但可复垦成为农业生产服务的土地,如蓄水池、沼气池等,应当因地制宜复垦用于农业服务。不能复垦为农用地的,应当设法用于建设。

(四)土地复垦的类型

土地复垦按不同的方式可划分为不同的类型,具体有以下几种。

1. 按废弃地的形成类型划分

(1)矿山开采废弃地复垦,可分为地下开采的废弃地复垦和露天开采的废弃地复垦两种。

（2）燃煤发电排出的粉煤灰储灰场复垦。

（3）砖瓦窑废弃地复垦。

（4）兴修水利、交通而挖废、占压的废弃地复垦。

（5）农村废弃宅基地及废坑、废塘等各种废弃地复垦。

（6）因自然灾害、污染等造成的各种废弃地。

2. 按新造土地利用方向的不同划分

（1）农业复垦。

（2）牧业复垦。

（3）林业复垦。

（4）水域复垦。

（5）休憩文娱体育场地复垦。

（6）建筑复垦。

（7）其他复垦，如原料堆场与市政垃圾场等。

（五）土地复垦的权属管理

1. 复垦土地的所有权

企业（不含乡村的集体企业和私营企业）在生产建设过程中破坏的集体所有土地，按下列情况分别处理：

（1）不能恢复原用途或者复垦后需要用于国家建设的，由国家征收。

（2）经复垦不能恢复原用途，但原集体经济组织愿意保留的，可以不实行国家征收。

（3）经复垦可以恢复原用途，但国家建设不需要的，不实行国家征收。

2. 复垦土地的使用权

（1）企业用自有资金或贷款复垦后的土地使用权。生产过程中破坏的国家征收的土地，企业用自有资金或者贷款进行复垦的，复垦后归该企业使用；根据规划设计企业不需要使用的土地或者未经当地土地管理部门同意，复垦后连续两年以上不使用的土地，由当地县级以上人民政府统筹安排使用。

（2）企业采用承包或者集资方式复垦后的土地使用权。企业采用承包或者集资方式进行复垦的，复垦后的土地使用权和收益分配，依照承包合同或者集资协议约定的期限和条件确定；因国家生产建设需要提前收回的，企业应当对承包合同或者集资协议的另一方当事人支付适当的补偿费。

（3）国家不征收的被破坏土地的使用权。生产过程中破坏的国家不征收的土地，复垦后仍归原集体经济组织使用。

3. 复垦后土地权属变更登记

（1）所有权变更登记。被破坏的土地由国家依法征收的，土地所有者应当持原土地所有权证书，到县级人民政府土地行政主管部门办理所有权变更登记。

（2）使用权变更登记。生产建设过程中破坏的国家征收的土地，经复垦后土地使用权依法变更的，必须依照国家有关规定办理过户登记手续。

国家鼓励生产建设单位优先使用复垦后的土地。土地复垦义务人在规定的期限内将生产建设活动损毁的耕地、林地、牧草地等农用地复垦恢复原状的,依照国家有关税收法律法规的规定退还已经缴纳的耕地占用税。

四、土地保护

(一)土地保护的概念

由于人口的不断增长,形成对土地资源的巨大压力,一方面是非农业用地不断扩大,占去和破坏一部分耕地;另一方面是在土地利用中,由于一些不合理的开发,破坏了土地生态系统与环境要素之间的平衡关系,致使土地资源不断退化,生产力不断下降。所以,土地保护成为土地管理工作的一项重大而长期的基本任务。

土地保护是人类为了自身的生存与发展对土地资源的需求,保存土地资源,恢复和改善土地资源的物质生产能力,防治土地资源的环境污染,使土地资源能够持续地利用所采取的措施和行动。

我国 1978 年的《宪法》规定,"国家保护环境和自然资源"。在 20 世纪 80 年代,把"保护环境"和"十分珍惜和合理利用每寸土地,切实保护耕地"作为我国的两项基本国策。同时,颁布了《中华人民共和国环境保护法》、《中华人民共和国土地管理法》等有关保护土地资源的法律。进入 20 世纪 90 年代以后,又颁布了《中华人民共和国农业法》和《基本农田保护条例》。在这些国策、法律和法规中明确了土地保护的内容包括对土地资源数量的保护、防治土地资源污染的环境保护、维护土地的生产潜力和提高土地资源生产力的地力保护。土地资源保护的目的是要达到对土地资源的可持续利用。

(二)土地数量保护

土地资源的数量是指土地资源在水平面上的面积,土地资源的数量还可定义为是人类当前和可预见未来已经和拟开发的,且具有特定性质的土地剖面在水平面上扩展体的面积。对于一个特定的地区而言,土地资源数量特性的内容包括土地资源种类的数量和各类土地资源的面积。由于土地资源在社会经济发展中重要性的原因,随着社会经济的不断发展,一个国家或地区的土地资源种类及各类土地资源的数量,是谋划该国或该地区社会经济发展的基础。

土地资源数量的保护指对土地资源的保存,主要是针对农业用地的保护,防止非农业用地的盲目扩展,主要通过基本农田保护实现(有关耕地和基本农田保护的内容详见本章第三节土地用途管理与农地管理)。

(三)土地质量保护

土地资源的质量是通过土地资源评价或土地评价确定的。土地资源评价是指土地资源作为某种用途时,对土地资源好坏的评定,土地资源的好坏可解释为土地资源对某种用途的适宜程度高低、生产潜力或生产力的大小以及价值的多少等。

此外,从污染的角度讲,土地资源的质量还包括土地资源在一定的用途条件下,该用途是否对土地资源自身造成污染以及污染的程度如何,由于污染的原因比较复杂,一种土地资源利用所形成的污染物还会通过大气、水等流体对邻近土地资源造成污染。所以,从环境角度所谈的土地资源质量,是指土地资源是否被污染物污染以及被污染的程度,而不讨论土地资源被污染的原因。

综上所述,土地资源的质量或土地资源的好坏包括:"适宜程度高低"、"生产潜力或生产力的大小"、"污染状况"和"价值的多少"等四种类型。土地资源质量的保护,通常指土地资源的地力保护,指维护土地的生产潜力和提高土地资源生产力水平,主要有防治水土流失、沙化、次生盐碱化、贫瘠化等。

(四)土地环境保护

土地资源环境的保护即防治土地资源污染。

1. 土地污染

"土地污染"是指那些被利用后由于各种原因受到污染,而对人体和环境产生潜在危害的土地。污染的途径主要有两类:天然污染和人为污染。天然污染是指自然界本身存在的物质对土地造成的污染,如自然界中某些金属、氡和天然甲烷等产生的污染;人为污染是指人们应用天然资源,开采、加工、生产各种产品给土地造成的污染,及农业中化学物质,如化肥和农药等不合理的使用对土地造成的污染等。

(1)土地污染中的人为污染源。

人为污染主要有:能源工业;金属加工制造业;非金属及其产品的生产工业;玻璃及陶瓷制造业;化学品、印染品的生产与使用;工程与制造业;食品加工工业;木材加工工业;纺织工业;橡胶工业;农业。其中农业对土地的污染日益引起人们的重视。现代化农业依靠大量的能量物质输入,在改良土壤、提高产量的同时,一些难以分解的化学药品如杀虫剂等随着生物地球化学过程,进入食物链或滞留土壤内,在生命有机体内富集,使生物产生病变或致畸,并形成土地污染;又可通过地表径流过程污染地表水或淋溶渗入影响地下水质,所以农田污染必须引起重视。城市郊区农用土地主要污染物为废水、垃圾、农药等,污染程度远高于远郊农用地。

(2)土地利用的生态环境效应。

生态环境是指以人为主体的环境,它是由周围的各种有机体和土地、水、空气等非生命环境相结合,所组成的生命维持系统。土地作为生态环境的组成要素,其利用开发实质上是对环境平衡机制的干扰,从而使生态环境发展的不确定性增大。虽然人类由此可获取维持社会发展的物质,但也构成了对生态环境的破坏,产生人们不愿意获得的负效应。土地利用对周围环境作用不是单一的,而是多种效应共同发生,相互叠加,交织在一起,对生态环境所有各组分均产生影响。但是,一般而言,土地利用仍有其共同特点,即生态群落简单化,物种减少,系统的不稳定性增大。然而由于土地利用方式的规模、结构和强度的不同,其对生态环境组分及整体所产生的效应具有明显的时空差异。如林地大肆砍伐、小区域范围的植被破坏、动物迁徙、物种减少、土壤侵蚀增加,大范围还会造成降水减少、气温升高、旱涝灾害增多,甚至导致全球气候变化。

2. 土地资源污染与生态环境质量恶化防治的对策和措施

(1)防止土地污染与生态环境质量恶化的对策。

"一要吃饭,二要建设,三要保护环境"是我国土地利用的基本方针。防治的措施首先是要正确评价土地利用方式及其生态环境效应,确定科学的土地利用结构及其生态环境,明确土地利用总体方案。

土地污染最突出的特点是污染容易治理难。因此,防治土地污染必须"以防为主",严格控制和消除污染源,不能走先污染后治理的途径。应成立相应的管理与协调机构;制定有关法规,控制对土地的污染和限制对污染土地的使用;建立土地使用登记制度,完善土地档案;制定不同用途土地的污染物浓度指标;鼓励对污染土地进行整治;加强与污染土地有关的科学研究。其防治的重点是减少由农药、化肥、污浊水和固体废弃物等带给土地的有毒物质的数量,减少毒素的再循环。

(2)土地污染与生态环境质量恶化防治的具体措施。

① 土地污染调查与动态监测。开展土地污染的调查与监测,制定土地污染标准是评价土地质量、防止污染发生和发展的一项基础工作。土地污染调查是指区域土壤污染状况调查和污染程度的分级评价。土地污染的监测和预防即在代表性区域里定期采样,或在条件许可时,在固定点安置监测仪器进行化学、物理和生物学测定,以观察污染状况的动态变化规律。

② 制订"三废"排放的标准。主要是改进工艺流程、控制和消除工矿业"三废"排放,尽可能减少或消除污染物质来源。必须排放的"三废"要进行净化处理,进行回收综合利用,变废为宝,使之符合国家的排故标准。对于污水灌溉必须谨慎,在利用前必须测定废水中的有害物质和浓度,避免盲目使用以引起污染。

③ 控制化学农药和化肥的使用。要合理使用化学农药,发展高效低毒低残留的农药新品种,提倡推广生物防治和综合防治病虫害的新措施。化肥的使用必须实行平衡配方施肥方法,提高化肥的利用率。

(3)污染土地的整治技术。

污染土地的整治是一项昂贵而困难的工作。目前西方国家使用的整治技术主要有:覆盖、搬移、封闭式填埋、微生物处理、高温处理、抽取法、蒸气萃取、植物处理等。近几年,应用植物吸收土壤重金属的方法已引起广泛的兴趣。其主要原理是将基质中的重金属,通过植物吸收或者将其固定在土壤中,待收获后,对重金属进行处理。对于污染土地的整治,可以根据实际情况以及经济和技术的可能性,选择适宜的整治技术。

第二节　土地利用规划与计划

一、土地利用总体规划

(一)土地利用总体规划的特性

土地利用总体规划是指人民政府依照法律规定,在一定的规划区域内,根据国民经济和社会发展规划、国土整治和资源环境保护的要求、土地供给能力以及各项建设对土地的需要,确定和调整土地利用结构、用地布局的总体战略部署。

土地利用总体规划是实施土地用途管制制度的基本依据和基础,是指导土地所有者、土地使用者合理利用土地的依据,是规范土地所有者、使用者使用土地的政策依据,同时,也是规范土地管理者行为的尺度。

土地利用总体规划的特性表现为以下几点。

1. 综合性

综合性又称整体性或总体性。土地利用总体规划关系到各部门用地的分配与使用,必须从国民经济和社会发展的全局来科学、合理地安排各部门用地,协调各部门的土地利用活动。要综合各部门对土地的需求,对土地利用结构和土地利用方式作出调整,使之符合经济和社会发展目标,以促进国民经济持续、高速和健康发展。

2. 战略性

由于土地利用总体规划是中长期的规划,因此,只能预见土地利用的方向、目标、内容、结构、布局与土地利用方向变化的大体趋势,而不能预见其具体变化的形式和内容。因此,土地利用总体规划只能是战略性的规划,只能为主要用地部门提供概略的、方向性的、指导性的规划指标,例如经济、社会各部门的用地总供给与总需求的平衡问题,土地利用方式的重大变化,土地利用结构与用地布局的调整等。

3. 长期性

土地利用总体规划是土地利用的中长期规划,是对与土地利用有关的重要经济与社会长期变动趋势作出预测,据此制定长远的土地利用规划,拟订战略性的方针政策和措施,为编制短期和年度土地利用计划提供科学依据。并且经济、社会的发展过程是长期的、渐进的,调整土地利用结构与利用方式,使之达到预定的目标,也是长期才能实现的,这就决定了需要有一个长期的规划,以使土地利用的变化能与长期的经济发展过程相协调。

4. 控制性

土地利用总体规划的控制性主要表现在两个方面:从纵向讲,下一级的土地利用总体规划受到上一级土地利用总体规划的指导和控制,下一级土地利用总体规划又是上一级土地利用总体规划的反馈;从横向看,一个区域的土地利用总体规划,对本区域内国民经济各部门的土地利用起到宏观控制作用。

5. 权威性

土地利用总体规划由各级人民政府编制,纳入国民经济和社会发展计划,通过国家行政权力保证实施,对于违反土地利用总体规划的土地利用行为要追究其刑事责任,这不同于行业或者部门规划。

6. 动态性

土地利用总体规划属中长期规划,涉及人口、技术进步、经济增长、社会发展和政策等各个方面,受许多不可预测因素的影响。因此,土地利用总体规划也只是在一定时期内把土地利用现状改变为更合适于当时经济发展状况的措施之一,它是随时间变化的。当国民经济和社会的发展、科学技术的进步、经济形势和政策的变化、实际土地利用同规划的土地利用不相一致时,就要及时对规划进行充实、修编和完善,及时调整实施措施。因此,土地利用总体规划是一个"规划实施—再规划—再实施"的连续不断的发展过程。

（二）土地利用总体规划的体系和内容

1. 土地利用总体规划体系

土地利用总体规划是一个多层次的规划体系。由于我国地域广阔，各地区之间的自然、经济状况差别很大，故按不同行政辖区实行分级管理。土地利用总体规划也按行政区域分为全国、省（自治区、直辖市）、地（市）、县和乡（镇）五级，即五个层次。

全国土地利用体规划由国务院国土资源行政主管部门会同国务院有关部门编制。省、自治区、直辖市的土地利用总体规划及地方各级土地利用总体规划，由各有关人民政府组织本级国土资源行政主管部门和其他有关部门编制。上下级土地利用总体规划必须紧密衔接。上级规划是下级规划的依据和指导，下一级土地利用总体规划应当依据上一级土地利用总体规划编制；下级规划是上级规划的具体化和落实。土地利用总体规划的编制期限一般为 15 年。

各级土地利用总体规划的性质有所不同。全国和省级土地利用总体规划属宏观控制性规划，主要任务是在确保耕地总量动态平衡和严格控制城市、集镇和村庄用地规模的前提下，将土地资源在各产业部门间和地域间进行调整和合理分配。县、乡（镇）级土地利用总体规划属实施性规划，其主要任务是按照上级土地利用总体规划的控制指标和布局要求，划分土地利用区，明确各土地利用区的土地用途和使用条件。地（市）级土地利用总体规划是介于省、县级之间的过渡性规划。

2. 土地利用总体规划的内容

（1）根据区域内土地资源和土地利用状况、上一级土地利用总体规划下达的规划控制指标和布局要求、当地国民经济和社会发展对土地的需求状况，确定区域内土地利用总体规划的目标和为实现这一目标所应遵循的土地利用基本方针。

（2）根据确定的土地利用总体规划目标和土地利用方针，通过综合平衡，确定土地利用结构和各业用地指标。

（3）根据土地利用结构和各业用地指标，划分土地利用区，规定各土地利用区的土地用途和土地使用规则。

（4）确定规划范围内重点工程项目与设施的用地范围。

（5）将土地利用总体规划的主要指标按行政辖区进行分解，为编制下一级规划提供依据。

（6）拟定实施规划的政策和措施。

（三）土地利用总体规划编制的依据、原则与程序

1. 土地利用总体规划编制的依据

土地利用总体规划编制的依据主要有：① 有关法律、法规和行政规章，如《土地管理法》、《土地管理法实施条例》、《基本农田保护条例》、《土地利用总体规划编制审批办法》、《土地利用总体规划技术规程》等；② 国民经济和社会发展规划、国土规划及上级土地利用总体规划等；③ 当地土地利用状况、土地供给能力、土地需求状况等。

2. 土地利用总体规划编制的原则

《土地管理法》第十九条规定："土地利用总体规划按照下列原则编制：① 严格保护基本农田，控制非农业建设占用农用地；② 提高土地利用率；③ 统筹安排各类、各区域用地；④ 保护

和改善生态环境,保障土地的可持续利用;⑤ 占用耕地与开发复垦耕地相平衡。"

3. 土地利用总体规划编制的程序

土地利用总体规划的编制程序一般可分为以下五个阶段。

(1) 准备工作。其主要工作是组织准备、制定工作计划和工作方案。组织准备是为规划的编制成立规划领导小组和规划办公室,落实规划经费和工作人员,并进行分工。工作计划是对编制规划的任务、时间、经费、人员等方面的统一安排和部署。工作方案是对编制规划的目的、内容、方法、技术路线、工作步骤、成果要求等作出安排。

(2) 调查研究分析。主要任务是收集和分析有关文件、资料,如上级土地利用总体规划、国民经济和社会发展规划、国土规划及其他相关规划以及土地利用的相关资料和数据,并根据需要进行外业调查核实;通过上述工作,要对规划范围内的土地利用现状、土地适宜性、土地利用潜力、土地供应能力和土地需求状况及规划环境影响作出确切的分析、评价和深入研究,明确土地利用存在的主要问题和应采取的对策。

(3) 编制规划方案。主要任务是在调查研究分析,尤其是各项专题研究的基础上,划分土地利用区,拟定各类用地指标,编制规划方案,绘制规划图,对规划方案和图件广泛征求意见并进行科学论证。

(4) 拟定规划实施的措施。为保障规划方案的落实和科学实施,需要制定相关的保障措施。规划实施的措施主要有法律法规措施、行政措施、经济措施和技术措施。

(5) 规划成果的评审。规划成果一般包括规划文本、规划说明、规划图件及规划附件等。为了保证规划成果的质量,由上级人民政府国土资源行政主管部门组织规划评审小组对规划成果进行评审。规划应当符合相关要求。对规划成果不合格的或部分内容不合格的,评审小组应提出纠正、修改或补充的具体意见,由规划编制单位进行修改。

(四) 土地利用总体规划的审批

根据我国《土地管理法》的规定,土地利用总体规划实行分级审批制。

下列土地利用总体规划由国务院批准:① 省、自治区、直辖市的土地利用总体规划,报国务院批准;② 省、自治区人民政府所在地的市及人口在 100 万以上的城市以及国务院指定的城市的土地利用总体规划,经省、自治区人民政府审查同意后,报国务院批准。

除上述规定以外的土地利用总体规划,逐级上报省、自治区、直辖市人民政府批准;其中,乡(镇)土地利用总体规划可以由省级人民政府授权的设区的市、自治州人民政府批准。

(五) 土地利用总体规划的实施与修改

土地利用总体规划一经批准,必须严格执行。在土地利用总体规划的期限内,由于某些不可抗力或不可预料因素的出现,致使已经批准的土地利用总体规划不能适应社会和经济发展的要求,需要对规划确定的土地利用指标和布局进行适当的调整,即修改土地利用总体规划。

规划的修改必须十分慎重,否则会影响规划的严肃性和权威性。确需修改的,应严格按照法律规定的修改程序、修改审批权限办理,即按原报批程序,报原批准机关批准;未经批准,不得改变土地利用总体规划确定的土地用途。

土地利用总体规划在下列情况下可以修改:① 经国务院批准的大型能源、交通、水利等基础设施建设用地,需要改变土地利用总体规划的,根据国务院的批准文件修改土地利用总体规划。② 经省、自治区、直辖市人民政府批准的能源、交通、水利等基础设施建设用地,需要改变省级人民政府批准的土地利用总体规划的,根据省级人民政府的批准文件修改土地利用总体规划;需要改变国务院批准的土地利用总体规划的,根据国务院的批准文件修改土地利用总体规划;修改后的土地利用总体规划应当报原批准机关批准。③ 由于上级规划的修改,需要逐级规划作出相应修改的,由上一级人民政府通知下一级人民政府做出相应修改,并报原批准机关备案。

(六)土地利用总体规划与其他有关规划的关系

土地利用总体规划应该与国土规划相衔接。国土规划是为了处理好经济发展与人口、资源、环境之间的关系而进行的规划。国土规划的主要任务是勾画国土开发整治的基本蓝图,进行生产力和人口、城镇的总体布局,明确重点开发地区的发展方向,提出重大国土整治任务和要求。国土规划是综合程度更高的规划,是土地利用总体规划的编制依据之一。同时,国土规划要靠土地利用总体规划来落实。

城市总体规划应当与土地利用总体规划相衔接。城市总体规划中建设用地规模不得超过土地利用总体规划确定的城市和村庄、集镇建设用地规模。在城市规划区内,城市建设用地应当符合城市规划。城市建设用地规模应当符合国家规定的标准,充分利用现有建设用地,不占或者尽量少占农用地。

村庄和集镇规划应当与土地利用总体规划相衔接。村庄、集镇规划中建设用地规模不得超过土地利用总体规划确定的村庄、集镇建设用地规模。在村庄和集镇规划区内,村庄、集镇建设用地应当符合村庄和集镇规划。

江河、湖泊综合治理和开发利用规划应当与土地利用总体规划相衔接。在江河、湖泊、水库的管理和保护范围以及蓄洪滞洪区内,土地利用应当符合江河、湖泊综合治理和开发利用规划,符合河道、湖泊防洪、蓄洪和输水的要求。

二、土地利用专项规划

土地利用专项规划是在土地利用总体规划的框架控制下,针对土地开发、利用、整治和保护某一专门问题而编制的规划。

(一)基本农田保护规划

各级人民政府在编制土地利用总体规划时,应当将基本农田保护作为规划的一项内容,明确基本农田保护的布局安排、数量指标和质量要求。县级和乡(镇)土地利用总体规划应当确定基本农田保护区。基本农田保护区以乡(镇)为单位划区定界,由县级人民政府土地行政主管部门会同同级农业行政主管部门组织实施。划定的基本农田保护区,由县级人民政府设立保护标志,予以公告。

基本农田保护规划是指对规划期间基本农田保护的数量和布局所做的统筹安排。基本农田保护规划主要内容包括:① 土地利用特别是耕地利用及保护现状分析评价;② 基本农田保护规划的指导思想、方针、原则和任务；③ 划定基本农田保护区范围,确定保护的数量指标,分类分级保护和布局安排；④ 基本农田建设和保护的重点项目；⑤ 基本农田保护与建设的质量标准；⑥ 拟定规划实施的保障措施。

（二）土地整理、复垦与开发规划

1. 土地整理规划

土地整理规划通常包括农村土地整理规划和城市土地整理规划。农村土地整理规划主要依据土地利用总体规划进行编制,城市土地整理规划主要依据城市规划进行编制。农村土地整理规划的内容主要包括八个方面：一是规划的目的、原则与要求；二是村庄搬迁集并方案；三是灌排水系方案；四是农村道路方案；五是田块归整方案；六是生态防护方案；七是资金筹集方案；八是权属调整方案等。

2. 土地复垦规划

县级以上人民政府国土资源行政主管部门应当在调查评价的基础上,根据土地利用总体规划编制土地复垦专项规划,确定复垦的重点区域以及复垦的目标任务和要求。政府投资进行复垦的,负责组织实施土地复垦项目的国土资源主管部门应当组织编制土地复垦项目设计书,明确复垦项目的位置、面积、目标任务、工程规划设计、实施进度及完成期限等。土地权利人自行复垦或者社会投资进行复垦的,土地权利人或者投资单位、个人应当组织编制土地复垦项目设计书,并报负责组织实施土地复垦项目的国土资源主管部门审查同意后实施。土地复垦规划的主要内容有以下六个方面：一是规划的目的、原则和要求；二是土地复垦工程技术方案；三是土地复垦生物方案；四是土地复垦资金方案；五是土地复垦的生态影响评价；六是土地权属调整方案等。

3. 土地开发规划

土地开发主要是指对未利用地采取措施加以利用。土地开发规划的主要内容如下：一是规划的目的、原则和要求；二是未利用地开发的工程技术方案；三是未利用地开发的生物方案；四是未利用地开发的生态影响评价；五是未利用地的权属确认等。

（三）土地保护规划

土地保护规划是指在一定历史条件下,人们从保障土地生态环境或满足社会需要出发,为防止土地退化及不合理占用土地等,以一定的法律、行政、经济和技术手段,对某些区域或地块所采取的限制和保护措施。土地保护规划主要有：① 以保护资源尤其是耕地资源为主要内容的土地保护规划；② 以保护土地生态环境为主要内容的土地保护规划；③ 以保护珍稀物种为主要内容的土地保护规划。

土地保护规划的主要内容包括以下几个方面：① 编制工作方案；② 土地资源调查和土地利用现状分析；③ 拟定土地保护战略方向,部门用地预测与保护；④ 确定主要地类保护面积、划定保护片块,进行土地保护功能分区；⑤ 拟定规划实施的保障措施。

（四）部门用地规划

部门用地规划是指各行政主管部门根据本部门的建设发展需要,对规划期间部门建设用地规模所做的安排。部门规划中涉及用地规划的主要有农业区划、林业发展规划、渔业发展规划、畜牧业发展规划、交通发展规划、水利发展规划、旅游发展规划等。

1. 农业区划

农业区划是依据农业生产地域分布规律对农业的区域划分。即在农业资源调查的基础上，根据各地不同的自然条件与社会经济条件、农业资源和农业生产特点，按照区内相似性与区间差异性和保持一定行政区界完整性的原则，把全国或一定地域范围划分为若干不同类型和等级的农业区域，并分析研究各农业区的农业生产条件、特点、布局现状和存在问题，指明各农业区的生产发展方向及其建设途径。农业区划既是对农业空间分布的一种科学分类方法，又是实现农业合理布局和制定农业发展规划的科学手段及依据，是科学地指导农业生产，实现农业现代化的基础工作。

2. 林业发展规划

林业发展规划是指为了保护、培育和合理利用森林资源，加快国土绿化，发挥森林蓄水保土、调节气候、改善环境和提供林产品的作用而对林业发展所作的统筹安排。林业发展规划的内容包括森林、林木的培育种植，森林的采伐利用，林地的经营管理等。其中与土地有关的主要有林地的发展规模与布局。

3. 渔业发展规划

渔业发展规划是指为了加强渔业资源的保护、增值、开发和合理利用，发展人工养殖，促进渔业生产的发展，对水产养殖所作的统筹安排。渔业发展规划的主要内容包括水生动物、水生植物的养殖，水生动物、水生植物的捕捞，养殖水面的保护等。其中与土地有关的主要有养殖水面的规模与布局。

3. 畜牧业发展规划

畜牧业发展规划是指为了保障一定人口在一定社会经济发展水平下的肉、奶、蛋等动物产品需求，而对畜牧业所做的统筹安排。畜牧业发展规划的主要内容包括饲养牲畜类型，饲料的保障与供应，畜产品的销售，牲畜防疫等。其中与土地利用有关的主要有草原发展规模与布局。

4. 交通发展规划

交通发展规划是指为了一定区域的人口和社会经济发展需要，对公路、铁路、港口码头、机场以及车辆、船舶、飞机等交通设施所作的统筹安排。其中与土地利用有关的主要有公路、铁路、港口码头、机场的发展规模与布局。

5. 水利发展规划

水利发展规划是指为了防止旱涝灾害，防治水土流失，平衡水资源，改善生态环境等目的，对水利工程建设所做的统筹安排。水利规划中与土地利用有关的主要有水库发展规模与布局、水工建筑物的发展规模与布局等。

6. 旅游发展规划

旅游发展规划是指为充分、合理利用旅游资源，改善旅游生态环境，提高旅游服务质量，对旅游资源及其配套设施所做的统筹安排。旅游发展规划中与土地利用有关的主要有旅游用地发展规模与布局。

（五）城市用地规划

城市用地规划是指为了确定城市的规模和发展方向,实现城市的经济和社会发展目标,合理地进行城市建设,对城市的性质、发展目标和发展规模,城市主要建设标准和定额指标,城市建设用地布局、功能分区和各项建设的总体部署,城市综合交通体系和河湖、绿地系统等所做的统筹安排。城市规划中与土地利用有关的内容主要有城市发展规模与布局。

（六）村镇用地规划

村镇用地规划是指为了改善村庄、集镇的生产、生活环境,合理利用村庄、集镇用地,加强村庄、集镇的建设管理,促进农村经济和社会发展,对村庄和集镇用地所做的统筹安排。村镇规划中与土地利用有关的内容主要有村庄、集镇建设的规模和布局。

三、土地利用计划

土地利用计划是落实土地利用规划的具体安排。相对于土地利用规划,土地利用计划具有期限短、可操作性强等特点。土地利用计划的期限不超过五年,一般为五年或一年。其中,一年期土地利用计划称为土地利用年度计划。

土地利用年度计划是实施土地利用总体规划的基本措施。土地利用年度计划,是指国家对计划年度内新增建设用地量、土地开发整理补充耕地量和耕地保有量的具体安排。

（一）土地利用年度计划的编制与审批

1. 计划建议的提出

县级以上地方人民政府国土资源行政主管部门会同有关部门,按照国土资源部的统一部署和控制指标,根据本行政区域土地利用总体规划、国民经济和社会发展计划及土地利用的实际情况,提出本地下一年度的土地利用年度计划建议,经同级人民政府审查后,报上一级人民政府国土资源行政主管部门。省、自治区、直辖市的土地利用年度计划建议,应当于每年 10 月 31 日前报国土资源部,同时抄送国家发展和改革委员会。计划单列市、新疆生产建设兵团的土地利用年度计划建议在相关省、自治区的计划建议中单列。

需国务院及国家发展和改革等部门审批、核准和备案的重点建设项目拟在计划年度内使用土地,涉及新增建设用地的,由行业主管部门于上一年 9 月 25 日前,按项目向国土资源部提出计划建议,同时抄送项目拟使用土地所在地的省、自治区、直辖市国土资源管理部门以及发展和改革部门。

2. 计划的编制与审批

国土资源部会同国家发展和改革委员会,在省、自治区、直辖市和国务院有关部门提出的土地利用年度计划建议的基础上,提出全国土地利用年度计划总量控制指标建议。

国土资源部根据全国土地利用年度计划总量控制指标建议和省、自治区、直辖市提出的计划指标建议,编制全国土地利用年度计划草案,纳入年度国民经济和社会发展计划草案,上报国务院。经国务院审定后,下达各地参照执行。待全国人民代表大会审议通过国民经济和社会发展计划草案后,按批准的土地利用年度计划正式执行。

(二) 土地利用年度计划的下达

全国土地利用年度计划下达到省、自治区、直辖市以及计划单列市、新疆生产建设兵团。新增建设用地计划指标只下达城镇村(包括独立工矿区)和由省及省以下审批、核准和备案的独立选址建设项目用地。国务院及国家发展和改革等部门审批、核准和备案的独立选址重点建设项目,新增建设用地计划指标不下达地方,在建设项目用地审批时直接核销。

县级以上地方人民政府国土资源管理部门可以将上级下达的土地利用年度计划指标分解,经同级人民政府同意后下达。省级人民政府国土资源管理部门应当将分解下达的土地利用年度计划报国土资源部备案。省级人民政府国土资源管理部门在分解下达计划指标时,对国务院批准土地利用总体规划的城市,应将中心城市的规划建设用地范围内新增建设用地计划指标单独列出。省级人民政府国土资源管理部门在分解下达城镇村建设用地计划指标时,应当严格依据土地利用总体规划,按照城镇建设用地增加与农村建设用地减少相挂钩的原则,统筹城乡建设,合理安排城镇和农村建设用地,实现建设用地的总量控制。

(三) 土地利用年度计划的实施

土地利用年度计划一经批准下达,必须严格执行。因特殊情况需增加全国土地利用年度计划中新增建设用地计划的,按规定程序报国务院审定。

新增建设用地计划指标实行指令性管理,不得突破。新增建设用地计划中城镇村建设用地指标和能源、交通、水利、矿山、军事设施等独立选址的重点项目建设用地指标不得混用。没有新增建设用地计划指标擅自批准用地的,或者没有新增建设占用农用地计划指标擅自批准农用地转用的,按非法批准用地追究法律责任。

土地开发整理补充耕地应当不低于土地开发整理计划确定的指标,耕地保有量不得低于耕地保有量计划指标。

对实际新增建设用地面积超过当年下达计划指标的,扣减下一年度相应的计划指标。省、自治区、直辖市及计划单列市、新疆生产建设兵团节余的新增建设用地计划指标,经国土资源部审核同意后,允许在规划期内按要求结转下一年度使用。

(四) 土地利用年度计划实施的监督

上级国土资源管理部门应当对下级国土资源管理部门土地利用年度计划的执行情况进行年度评估和考核。年度评估和考核,以土地利用变更调查和监测数据为依据。土地利用年度计划以每年1月1日至12月31日为考核年度。

县级以上地方人民政府国土资源管理部门应当建立土地利用计划管理信息系统,实行土地利用年度计划台账管理,在建设用地审批的规划审查过程中确认并根据批准情况及时核销计划,对计划执行情况进行登记和统计,并按月上报,作为计划执行跟踪和监督的依据。

省、自治区、直辖市国土资源管理部门应当加强对土地利用年度计划执行情况的跟踪检查,于每年9月份对计划执行情况进行中期检查,并形成报告报国土资源部。

土地利用年度计划执行情况年度评估和考核结果,作为下一年度计划编制和管理的依据。

（五）土地利用年度计划的修改

省、自治区、直辖市以及由国务院批准土地利用总体规划的城市和新疆生产建设兵团在实施土地利用年度计划时,确需调整本地区土地利用年度计划指标的,应当向国务院国土资源行政主管部门提出申请。国务院国土资源行政主管部门审核同意后,报国务院批准。

第三节　土地用途管制与农用地管理

一、土地用途管制的内涵

现代社会经济的飞速发展和人口的迅猛增长对土地产生多种需求,由于在一定地域内土地总面积为常数,势必造成各业用地的竞争使用,根据竞争使用原则,比较经济效益低的土地用途必然存在向比较效益高的土地用途转化的内在冲动,土地的特殊性以及过度的市场竞争,会使土地资源的配置失去效益,社会的公正原则遭到破坏,即微观经济学中的"市场失灵",为了实现社会的整体利益,于是土地用途管制制度应运而生。

土地用途管制制度是人类发展到一定阶段保护和合理利用土地资源的必然抉择,但对何为土地用途管制,学术界虽然存在着不同的看法,但却有以下的共识。

（一）土地用途管制是一种土地利用约束机制

它规范土地的使用,防止土地资源的浪费和不合理使用,保证土地资源的可持续利用,促进社会经济的可持续发展。

（二）必须经过一定的科学程序和法定程序,确定土地的具体用途

这种具体用途是一种法定用途,具有法律意义,它是符合各级土地利用总体规划及与其对应的详细规划要求的用途。

（三）土地用途变更的申请许可制

一般的,在符合土地利用规划的前提下,土地用途由甲用途变成乙用途时,必须由土地使用者提出书面申请,经土地管理部门依法审查并获批准,领取土地用途变更许可证,办理土地用途变更登记等手续后才能完成土地用途从甲用途到乙用途的变更。

（四）擅自变更土地用途的责任

土地使用者未经批准,擅自改变土地用途以及国家机关工作人员和有关管理部门非法批准改变土地用途必将受到经济、行政和法律的处罚。

因此,可以把土地用途管制定义为:国家为了保证土地资源的合理利用,通过编制土地利用规划,依法划定土地用途分区,确定土地使用限制条件,实行用途变更许可的一项强制性管理制度。

二、土地用途管制的目标

土地用途管制制度是政府采取的最严格的土地管理制度,是政府为了保障全社会的整体利益和长远利益,消除土地利用中的各种非理性现象,处理好土地利用中的各种矛盾,保证土地资源的可持续利用而采取的一种公共干预措施。因而土地用途管制的目标是"政府目标",它是要通过用途管制实现土地的合理利用与持续利用。具体来说,土地用途管制的目标应包括以下几个方面。

(一)土地利用整体效益最大化

土地作为稀缺的不可移动的资源,其有效使用和有效配置可以从两个方面来考虑,一是从土地使用者的角度来看;二是社会或宏观控制者的角度来看。对于土地使用者来说,土地利用的目标是利益最大化,在取得同样经济效果的情况下,土地使用者会通过对使用土地资源还是使用其可替代的资源进行比较权衡后才能决定使用多少土地和使用何种区位的土地;同样在既定的土地资源条件下,土地使用者如何使用土地,将土地投入到何种使用方向,也是要看哪种方式能为其获得最大的经济效益。而对于社会或宏观决策者来说,土地利用的经济效益与个别的土地使用者有所不同,它追求的是全社会土地利用整体利益最大化,要取得土地利用整体效益最大化,其实质就是要达到区域土地利用结构的最优化,即土地在各种不同用途之间的有效配置。土地用途管制就是要解决在各种竞争性用途之间的合理分配土地资源并提高土地的利用效益问题,它既考虑了每一个土地使用者的切身利益,又从宏观上考虑了社会整体利益,从两者的结合上追求土地利用的经济效益目标。

(二)协调"吃饭"与"建设"的矛盾

我国是一个人多地少、人均土地资源相对短缺的国家,土地利用矛盾十分突出,特别是随着人口的增加、经济的快速发展和城市化程度的不断提高,农业与非农业建设之间的争地矛盾将更加突出。由于农业生产用地与各种非农业建设用地所产生的经济利益存在比较大的差异,在农业用地和非农业建设用地的竞争中总是处于相对弱势的地位,土地利用的非农化现象越来越严重。因此,必须通过土地用途管制,严格限制农业生产用地向非农业建设用地的转移,以保护耕地,保障我国人口的食物安全供应,保持社会的稳定。当然,人的需要是多方面的,"一要吃饭,二要建设",土地利用的根本目的是满足人们的各种需要,土地用途管制的目的就是要对有限的土地资源在数量上、时间上和空间上进行合理的分配,以保障各种用途的土地需求。

(三)消除土地利用中不利的外部性影响,保护环境,实现土地的可持续利用

土地在空间上互相连接在一起,不能移动和分割。因此,每块土地利用的后果,不仅影响到自身的利益、生态环境,必然影响到邻近土地,甚至整个区域的生态环境和经济利益,产

生巨大的社会后果。也就是说,土地利用具有明显的社会性和外部性,对于土地利用产生的积极的外部性应该充分加以利用,对于土地利用中的不利的外部性影响必须加以避免和限制。土地用途管制是一种政府行为,政府可根据土地资源的特性、经济和社会条件,合理划分土地用途区,对每一用途区的土地使用类别、土地使用条件、土地使用强度等加以规定和限制,防止土地沙漠化和盐渍化,防止建筑物和人口的过度拥挤,保证一定的绿地等,达到保护和改善生态环境,实现土地资源可持续利用的目标。

三、土地用途管制的意义

土地用途管制的根本目的在于保护对国民经济和社会发展具有重大影响的用地类型的数量,控制其他相对次要的用地类型的数量,以合理利用土地资源,促进社会经济的可持续发展。我国土地用途管制的根本目的,就是要保护农用地特别是耕地的数量,严格控制各类非农建设的用地规模。确定土地用途管制制度为我国基本土地管理制度,是由我国人多地少、人地矛盾突出、建设用地大量侵占农用地、耕地面积剧减等基本国情决定的。

(一)土地用途管制是合理利用土地资源的需要

土地资源利用的合理性,体现在用地数量结构上的合理性和空间布局上的合理性等方面。用地数量和空间布局的合理与否,有赖于土地利用总体规划的科学与否。科学的土地利用总体规划实施与否,有赖于土地用途管制制度的完善与否。土地用途管制制度必须以科学的土地利用总体规划为龙头,土地利用总体规划依靠完善的用途管制制度来实施。

(二)土地用途管制是切实保护耕地的需要

"十分珍惜和合理利用每寸土地,切实保护耕地"是我国一项基本国策。我国人多地少,人均耕地面积少,耕地总体质量差,后备资源缺乏。我国耕地面临的形势十分严峻。尽管我国耕地面临严峻的形势,但近年来耕地却被各类非农建设大量侵占。在各项生产建设活动侵占的耕地中,城镇周围和交通沿线的高产耕地和菜地所占比例较大。这些优质耕地的减少,很难靠荒地开发来弥补。耕地面积的剧减关系到我国13亿多人口的粮食安全,关系到我国经济的可持续发展,必须采取强有力的措施对耕地实施特殊保护。

(三)土地用途管制是保护生态环境,促进社会经济可持续发展的需要

不仅耕地需要保护,林地、草地、水域等其他农用地也需要保护。林地、草地、水域不仅以其自然资源特性为人类服务,还以其独特的生态环境调节功能为人类的生存和发展作出特殊贡献。我们必须着眼于可持续发展战略,采取措施保护一定面积、特定位置、特定品种的林地、草地和水域。

缓解人地矛盾,保护农用地,抑制生态环境进一步恶化,促进社会经济的可持续发展,需要合理的、强有力的土地利用制度。土地用途管制基于土地的发展权属于国家的法理,通过编制土地利用总体规划,划定土地用途区,确定土地使用限制条件,严把用途变更审批关,并加强土地利用监督检查,制定违反土地用途管制处罚措施,使严格保护农用地,控制农用地

转用,保护生态环境获得了制度保障。

四、土地用途管制的内容

(一) 土地用途管制的规划管理

土地用途管制本质上是国家为了保证土地资源的合理利用,通过编制土地利用规划,依法划定土地利用分区,确定土地使用限制条件,实行用途变更许可的一项强制性管理制度。所以,土地用途管制主要是通过编制和执行土地利用规划来实现的。

我国目前的土地利用规划体系主要由国家级、省级、地市级、县级和乡镇级的土地利用规划所构成,从各级规划的内容深度来看,作为土地用途管制最直接依据的主要是城市土地利用规划和乡镇级土地利用规划。

土地利用规划管理的内容具体包括以下几个方面。

1. 定性控制

定性控制即从土地利用的性质上对土地利用加以控制。它主要是指通过规划对土地利用的目标、方向、土地使用功能及土地使用条件等加以控制,它规定了土地的用途、使用的标准、要求和限制等。

2. 定量控制

定量控制是指规划中对土地利用活动所进行的一系列量化要求的控制。定量控制可分为总量控制和个量控制。总量控制是对区域土地利用活动的总体数量的控制,如耕地保有量指标,建设用地供应总量控制指标,城镇用地规划控制指标,土地开发复垦指标等。个量控制主要是对个别土地利用行为的定量约束指标,如人均耕地拥有量指标、城镇人均用地指标,户均宅基地指标,容积率、建筑密度、土地产出率、单位产值占地率等。

3. 定位控制

定位控制是指规划中对各种土地利用活动空间位置的规定,它限制了各种土地利用活动,这些活动必须在特定的空间范围内进行,从而保证了土地用途在空间中的确定性,如基本农田保护区界线的划定,自然保护区界线的划定,城镇用地范围的确定,村庄用地范围的确定,工业小区范围的确定,土地整理区的确定,后备资源开发区的确定,水源保护地的确定等。

4. 定序控制

定序控制即对各种土地利用活动的时序安排。规划中要根据规划区域的土地资源状况和社会经济发展的需要对各种土地利用活动在时间序列上进行合理的安排,尤其是按照土地利用供需平衡的要求,依据各时间段土地后备资源开发的可能性和可行性,在做到农用地增减平衡的基础上,合理确定各时间段的土地开发量和建设用地量。

(二) 土地用途管制的实施管理

所谓土地用途转变是指土地利用从一种现状用途转变为另一种用途。一般地,由于受到多种因素的影响土地用途转变不太可能自然服从土地用途分区规划的目标,必须加以限制。因此,满足土地用途分区规划成为土地用途管制的关键,为实施土地用途分区规划的规划许可制度是土地用途管制的有效途径。

所谓规划许可制度就是采用颁发规划许可证的办法,控制土地用途的转变。在具体操作时应把握以下几个原则:

第一,对现用途符合用途分区规划的用地向符合用途的方向进一步开发利用,提高土地的利用率和生产率的,应给予鼓励并颁发许可证给予许可。

第二,对现有用途符合用途分区规划的用地向其他用途转变时,不予颁发许可证,限制其转变。

第三,对现用途不符合用途分区规划的用地向符合规定用途转变时,颁发许可证给予许可,并采取鼓励政策引导土地利用加快向规定的用途转变。

第四,对现用途不符合分区规划的用地向其他不符合规定的用途转变时,不予颁发许可证,限制其转变。

第五,对一些特殊项目用地,如线形工程和国家大型基础设施工程等,若不符合用途分区规划,可体现出一定的灵活性,为社会经济建设服务。

值得注意的是,农用地转用许可是实现土地用途管制的关键。任何建设项目占用土地,首先都要依据土地利用总体规划进行审查,占用农用地必须获得农用地转用许可后,建设项目才能批准立项;占用农用地不符合土地利用总体规划和土地用途分区规划的,不予颁发许可证,建设项目不能立项。

规划许可证是各项土地用途实现转变的法律凭证,也就是说,规划许可证是行政许可机关赋予许可证持有人一定权利和权能的证明,同时,许可证也为许可证持有人或单位使用许可证的活动设定了范围,使用许可证必须严格按照许可证上标明的范围、方式、期限和其他事项进行,不得超越和违背。

实际上,我国土地用途管制的根本目的在于盘活存量建设用地,控制建设对耕地资源的浪费性占用,确保耕地总量动态平衡目标的实现。因此,土地用途管制的核心是耕地总量控制制度,这是中国特色的土地用途管制制度。耕地总量的控制指的是在预测未来社会经济发展对用地需求和人口增长对农副产品的需求后,根据区域内耕地可持续补充的能力,确定本地区需要保持的地量和分阶段控制总量以及各阶段可转移(可供)耕地数量并通过编制详细规划,对耕地的保护、利用和转移实行分阶段的管制。要实现这样的目标,必须按照土地用途分区的土地利用规划,重点抓好农用地的管制和非农用地的管制。

1. 农用地管制

根据国际上通行的农用地管制的内容和要求,农用地管制实际上是农用地转移的管制,即对农用地利用现状的改变设定一定的限制条件。借鉴国外的经验结合我国的实际情况,农用地管制可分为限制转移管制和许可转移管制两类。

(1)限制转移管制。限制转移管制是指依据土地利用总体规划,划定一定数量的农用地主要是耕地作为特殊保护的区域严格加以管制。目前我们在农用地中划定的基本农田保护区就属于这一类性质的用途区域。对这类特殊保护的区域,不得进行任何形式送往转用,若要转用,必须履行严格而又特殊的审批程序,并必须缴纳高额补偿费以再造同等数量、质量的农地,以保持农用地保有量的平衡和稳定。

(2)许可转移管制。所谓许可转移管制就是根据规划的布局,在一定的条件限制下,允许一部分农地进行规定用途的转用,这类管制包括三种情况:一是农用地内部转移管制,这主要是耕地向其他农业生产用地的转移;二是农用地向非农用地的转移;三是耕地后备资源的开发转移管制。

在现阶段,农用地许可转移管制的重点应放在农用地向非农用地的转移管制和耕地后备资源的开发转移管制。

农用地向非农用地的转移管制。此类管制主要依据土地利用总体规划来进行操作。操作步骤如下:① 依据土地利用总体规划,确定可转移农用地的总量,在空间区位上予以明确和限定;② 依据可转移的农用地总量,制定年度供应计划(数量和区位),依计划批准每个建设项目可占用的农用地数量;③ 依照规划和计划,加强对具体占用农用地建设项目的审查;④ 依据建设项目占用农用地的数量,制定再造计划,以确保耕地总量的持续平衡和稳定。

耕地后备资源的开发转移管制。根据土地利用总体规划中的开发复垦和土地整理的规划,依照开发时序,有序地组织耕地后备资源的开发复垦,并依照《土地复垦条例》,对开发复垦的项目进行管理。对于建设项目"占一补一"补偿耕地的开发复垦,则农用地向非农用地的转移管制一并实施。

2. 非农用地的用途管制

非农用地用途管制的重点是非农建设用地的用途管制,主要包括增量非农业建设用地的用途管制和存量非农建设用地的用途管制,其中增量非农业建设用地的用途管制与农用地许可转移管制密不可分。因此,非农用地用途管制的重点应是非农业建设用地的用途管制。

存量土地的用途管制是指存量建设用地土地利用结构调整和土地利用方式置换的管制,实际上就是盘活存量建设用地。存量建设用地主要指非农建设闲置或低效利用,在现有经济技术条件下,可挖潜利用的土地,包括破产、停产、半停产企业用地、征而未用、占而未用闲置土地以及城镇内部因规划调整可挖潜改造、利用的土地等。加强对这类土地的管制,对控制和减少项目建设新占土地,特别是新占耕地,提高土地利用效率和效益,实现土地资源的优化配置具有十分重要的意义。

存量土地的用途管制同样是根据土地利用总体规划和城市规划。存量土地的用途管制的对象主要在以下几个方面。

(1) 土地使用用途因用地功能的改变而发生的调整,如旧城改造、污染企业搬迁、退二进三等。

(2) 土地使用用途和方式因土地使用、经营方式的改变而发生的调整,如原地翻建等。

(3) 因土地资产处置方式发生变化的调整,如划拨土地入市、企业改制土地资产等。

(4) 利用不充分或闲置土地的再利用。

除此之外,对未利用土地也要实行用途管制,要说明的是,此处的未利用地用途管制指的是未利用地经开发成为何种用途的土地要科学合理,符合经济、生态环境的要求,而不是盲目的开发。

(三) 土地用途管制的动态调整

土地用途管制并不意味着规划的土地用途是绝对不可改变的,因为影响土地利用的社会经济体条件及其他条件随着时间的推移而在不断的发展变化,虽然在规划编制过程中,对规划期间的社会经济等条件进行了分析预测,但是,实事求是地说,人们对未来事物的预见能力是有限的,规划内容与实际发展之间的偏差不可避免。客观上要求土地用途随着社会经济发展进行某些动态调整,从而对土地利用总体规划也提出了动态的要求。

(四)土地用途管制的监督管理

土地用途管制的监督要依据具有法律效力的土地用途规划文件、图件等来进行,一方面要开展经常性的土地用途调查和土地变更登记,通过建立土地利用监测网,跟踪土地用途变更状况,监控土地利用规划和土地用途管制实施的全过程;另一方面要运用行政、经济、法律等措施,对符合规定的土地利用行为给予奖励,反之则给予严厉的处罚。同时,要充分利用社会公众的监督作用,为土地用途管制的正确实施提供社会保障。

五、农用地用途管制

农用地是指直接用于农业生产的土地,包括耕地、园地、林地、牧草地和其他农用地。农用地利用有其独特性,农用地对土地的自然条件,如土壤、气候、水文等有一定要求。对农用地利用进行管理,要针对农用地的资源和利用特性,采用适当的措施,对农用地的开发、利用、治理、保护进行有效管理。农用地用途管制就是对土地利用总体规划划定的农业用地区,根据规定的使用条件和方式,对基本农田保护区、一般农田区、林业用地区、牧业用地区、水产养殖区等进行用途管制。在此重点阐述耕地保护尤其是基本农田保护相关的管制内容。

(一)耕地保护

耕地是土地资源中最重要最珍贵的部分。我国耕地的总体特点是:人均少,质量低,后备不足。随着社会经济的发展,大量耕地被各项建设占用;由于人们的不合理利用,耕地破坏和退化严重。作为农业生产和为人们提供食物的基础,耕地正受到严重威胁。

我国高度重视耕地保护工作,一直强调实行最严格的土地管理制度,主要体现在如下三个方面:一是必须依照法律和规划实行最严格的用途管制制度;二是严格划定基本农田保护区;三是必须严格执行耕地占补平衡制度。

国家从数量和质量管制两个方面对耕地实行严格的保护。

1. 耕地数量管制

我国耕地的数量管制主要是指保证耕地面积不减少。我国《土地管理法》和《土地管理法实施条例》规定的耕地数量管制措施主要有以下几项。

(1)耕地占补平衡。我国《土地管理法》规定:"国家保护耕地,严格控制耕地转为非耕地。""国家实行占用耕地补偿制度。非农业建设经批准占用耕地的,按照'占多少,垦多少'的原则,由占用耕地的单位负责开垦与所占用耕地的数量和质量相当的耕地;没有条件开垦或者开垦的耕地不符合要求的,应当按照省、自治区、直辖市的规定缴纳耕地开垦费,专款用于开垦新的耕地。"

省、自治区、直辖市人民政府应当制定开垦耕地计划,监督占用耕地的单位按照计划开垦耕地或者按照计划组织开垦耕地,并进行验收。

省、自治区、直辖市人民政府应当严格执行土地利用总体规划和土地利用年度计划,采取措施,确保本行政区域内耕地总量不减少;耕地总量减少的,由国务院责令在规定期限内组织开垦与所减少耕地数量与质量相当的耕地,并由国务院土地行政主管部门会同农业行政主管部门验收。个别省、直辖市确因土地后备资源匮乏,新增建设用地后,新开垦耕地的数量不足以补偿所占用耕地的数量的,必须报经国务院批准减免本行政区域内开垦耕地的数量,进行异地开垦。

(2) 基本农田保护。我国《土地管理法》规定:"国家实行基本农田保护制度。"各省、自治区、直辖市划定的基本农田应当占本行政区域内耕地的 80% 以上。基本农田保护区以乡(镇)为单位进行划区定界,由县级人民政府土地行政主管部门会同同级农业行政主管部门组织实施。

(3) 土地退化防治。各级人民政府应当采取措施,维护排灌工程设施,改良土壤,提高地力,防止土地荒漠化、盐渍化、水土流失和污染土地。

(4) 鼓励开展土地整理、复垦和开发。国家鼓励单位和个人按照土地利用总体规划,在保护和改善生态环境、防止水土流失和土地荒漠化的前提下,开发未利用的土地;适宜开发为农用地的,应当优先开发成农用地。国家依法保护开发者的合法权益。开垦未利用的土地,必须经过科学论证和评估,在土地利用总体规划划定的可开垦的区域内,经依法批准后进行。禁止毁坏森林、草原开垦耕地,禁止围湖造田和侵占江河滩地。根据土地利用总体规划,对破坏生态环境开垦、围垦的土地,应当有计划有步骤地退耕还林、还牧、还湖。开发未确定使用权的国有荒山、荒地、荒滩从事种植业、林业、畜牧业、渔业生产的,经县级以上人民政府依法批准,可以确定给开发单位或者个人长期使用。

国家鼓励土地整理。县、乡(镇)人民政府应当组织农村集体经济组织,按照土地利用总体规划,对田、水、路、林、村综合整治,提高耕地质量,增加有效耕地面积,改善农业生产条件和生态环境。土地整理新增耕地面积的 60% 可以用作折抵建设占用耕地的补偿指标。土地整理所需费用,按照谁受益谁负担的原则,由农村集体经济组织和土地使用者共同承担。

因挖损、塌陷、压占等造成土地破坏,用地单位和个人应当按照国家有关规定负责复垦;没有条件复垦或者复垦不符合要求的,应当缴纳土地复垦费,专项用于土地复垦。复垦的土地应当优先用于农业。

2. 耕地质量管制

国家对耕地质量的管制措施主要有以下几项。

(1) 加强农田基本建设。各级人民政府和农业生产经营组织应当加强农田水利设施建设,建立健全农田水利设施的管理制度,节约用水,发展节水型农业,严格依法控制非农业建设占用灌溉水源,禁止任何组织和个人非法占用或者毁损农田水利设施。

(2) 耕作层保护。县级以上地方人民政府可以要求占用耕地的单位将所占用耕地耕作层的土壤用于新开垦耕地、劣质地或者其他耕地的土壤改良。禁止占用耕地建窑、建坟或者擅自在耕地上建房、挖砂、采石、采矿、取土等。

（3）中低产田改造。地方各级人民政府应当采取措施,改造中、低产田,整治闲散地和废弃地。

（4）禁止污染耕地。农民和农业生产经营组织应当保养耕地,合理使用化肥、农药、农用薄膜,增加使用有机肥料,防止农用地的污染、破坏和地力衰退。各级农业行政主管部门应当引导农民和农业生产经营组织采取生物措施或者使用高效低毒低残留农药、兽药,防治动植物病、虫、杂草、鼠害。县级以上人民政府应当采取措施,督促有关单位进行治理,防治废水、废气和固体废弃物对农业生态环境的污染。排放废水、废气和固体废弃物造成农业生态环境污染事故的,由环境保护行政主管部门或者农业行政主管部门依法调查处理。

（5）禁止破坏耕地。各级人民政府应当采取措施,加强小流域综合治理,预防和治理水土流失。从事可能引起水土流失的生产建设活动的单位和个人,必须采取预防措施,并负责治理因生产建设活动造成的水土流失。各级人民政府应当采取措施,预防土地沙化,治理沙化土地。国务院和沙化土地所在地区的县级以上地方人民政府应当按照法律规定制定防沙治沙规划,并组织实施。

（二）基本农田保护

基本农田保护制度是我国实施最严格的土地管理制度的重要内容之一,是实施耕地保护的重要举措。各级人民政府在编制土地利用总体规划时,应当将基本农田保护作为规划的一项内容,明确基本农田保护的布局安排、数量指标和质量要求。县级和乡(镇)土地利用总体规划应当确定基本农田保护区。基本农田是指按照一定时期人口和社会经济发展对农产品的需求,依据土地利用总体规划确定的不得占用的耕地;基本农田保护区是指为对基本农田实行特殊保护而依据土地利用总体规划和依照法定程序确定的特定保护区域。

1. 基本农田保护区的划定

依据《土地管理法》及《基本农田保护条例》的规定,下列耕地应当划入基本农田保护区:

① 经国务院有关主管部门或者县级以上地方人民政府批准确定的粮、棉、油生产基地内的耕地;② 有良好的水利与水土保持设施的耕地,正在实施改造计划以及可以改造的中、低产田;③ 蔬菜生产基地;④ 农业科研、教学试验田;⑤ 根据土地利用总体规划,铁路、公路等交通沿线,城市和村庄、集镇建设用地周边的耕地,应当优先划入基本农田保护区;需要退耕还林、还牧、还湖的耕地,不应当划入基本农田保护区。

省、自治区、直辖市划定的基本农田应当占本行政区域内耕地总面积的 80% 以上,具体数量指标根据全国土地利用总体规划逐级分解下达。

2. 基本农田保护区划定的程序

（1）由国务院土地行政主管部门和农业行政主管部门会同其他有关部门,根据全国经济和社会发展及人口增长对耕地的需求进行科学预测与论证,编制全国基本农田保护区规划,报国务院批准。

（2）县级以上地方各级人民政府土地行政主管部门和同级农业行政主管部门会同其他部门,根据上一级人民政府的基本农田保护区规划编制本行政区域内的基本农田保护规划,报上一级人民政府批准。规划中必须明确本级基本农田保护的数量指标和布局安排,并逐级分解下达。

（3）乡（镇）人民政府要根据县级人民政府的基本农田保护规划编制本行政区域内的基本农田保护区规划，报县级人民政府批准。

（4）由县级人民政府土地行政主管部门会同同级农业行政主管部门对基本农田保护区以乡（镇）为单位划区定界，设立保护标志，予以公告。

（5）由县级人民政府土地行政主管部门建立档案，并抄送同级农业行政主管部门。

（6）基本农田保护区定界后，由省、自治区、直辖市人民政府组织土地行政主管部门和农业行政主管部门验收确认，或者由省、自治区人民政府授权设区的市、自治州人民政府组织土地行政主管部门和农业行政主管部门验收确认。

3. 基本农田保护区的管制

（1）基本农田保护区经依法划定后，任何单位和个人不得改变或者占用。国家能源、交通、水利、军事设施等重点建设项目选址确实无法避开基本农田保护区，需要占用基本农田，涉及农用地转用或者征收土地的，必须经国务院批准。建设占用多少基本农田，就必须补划数量相等、质量相当的耕地，确保本行政区域内土地利用总体规划确定的基本农田面积不减少。占用基本农田的单位应当按照县级以上地方人民政府的要求，将所占用基本农田耕作层的土壤用于新开垦耕地、劣质地或者其他耕地的土壤改良。

（2）禁止破坏和闲置、荒芜基本农田。禁止任何单位和个人在基本农田保护区内建窑、建房、建坟、挖砂、采石、采矿、取土、堆放固体废弃物或者进行其他破坏基本农田的活动。禁止任何单位和个人占用基本农田发展林果业和挖塘养鱼。经国务院批准的重点建设项目占用基本农田的，满1年不使用而又可以耕种并收获的，应当由原耕种该幅基本农田的集体或者个人恢复耕种，也可以由用地单位组织耕种；1年以上未动工建设的，应当按照省、自治区、直辖市人民政府的规定缴纳闲置费；连续2年未使用的，经国务院批准，由县级以上人民政府无偿收回用地单位的土地使用权；该幅土地原为农民集体所有的，应当交由原农村集体经济组织恢复耕种，重新划入基本农田保护区。承包经营基本农田的单位或个人连续2年弃耕抛荒的，原发包单位应当终止承包合同，收回发包的基本农田。

（3）地方各级人民政府农业行政主管部门和基本农田承包经营者，需要采取措施，培肥地力。国家提倡和鼓励农业生产者对其经营的基本农田施用有机肥料，合理施用化肥和农药。利用基本农田从事农业生产的单位和个人应当保持和培肥地力。县级以上地方各级人民政府农业行政主管部门应当逐步建立基本农田地力与施肥效益长期定位监测网点，定期向本级人民政府提出基本农田地力变化状况报告以及相应的地力保护措施，并为农业生产者提供施肥指导服务。

（4）县级人民政府应当根据当地实际情况制定基本农田地力分等定级办法，由农业行政主管部门会同土地行政主管部门组织实施，对基本农田地力分等定级，并建立档案。农村集体经济组织或者村民委员会应当定期评定基本农田地力等级。

（5）向基本农田保护区提供肥料和作为肥料的城市垃圾、污泥的，应当符合国家有关标准。县级以上人民政府农业行政主管部门应当会同同级环境保护行政主管部门对基本农田环境污染进行监测和评价，并定期向本级人民政府提出环境质量与发展趋势的报告，防治基本农田污染。因发生事故或者其他突发性事件，造成或者可能造成基本农田环境污染事故的，当事人必须立即采取措施处理，并向当地环境保护行政主管部门和农业行政主管部门报告,接受调查处理。

(6) 经国务院批准占用基本农田兴建国家重点建设项目的,必须遵守国家有关建设项目环境保护管理的规定。在建设项目环境影响报告书中,应当有基本农田环境保护方案。

4. 基本农田保护区的管理

加强基本农田的保护,是各级人民政府及其土地行政主管部门的重要职责之一。因此,凡是建立基本农田保护区的地方,必须严格管理。

在建立基本农田保护区的地方,县级以上地方人民政府应当与下一级人民政府签订基本农田保护责任书;乡(镇)人民政府应当根据与县级人民政府签订的基本农田保护责任书的要求,与农村集体经济组织或者村民委员会签订基本农田保护责任书。基本农田保护责任书应当包括下列内容:① 基本农田的范围、面积与地块;② 基本农田的地力等级;③ 保护措施;④ 当事人的权利与义务;⑤ 奖励与处罚。土地承包合同应当载明承包农户和专业队(组)对基本农田的保护责任。将基本农田保护的责任落实到人、落实到地块,并作为考核政府领导干部政绩的重要内容。

县级以上人民政府应当建立基本农田保护区监管检查制度,定期组织土地行政主管部门、农业行政主管部门以及其他相关部门对基本农田保护情况进行检查,将检查情况书面报告上一级人民政府。被检查的单位和个人应当如实提供有关情况和资料,不得拒绝。

县级以上人民地方土地行政主管部门和农业行政主管部门对本行政区域内发生的破坏基本农田保护区内耕地的行为,有权责令纠正。任何单位和个人不得破坏或者擅自改变基本农田保护区的保护标志。

(三) 农用地转用管理

农用地转用即农用地转为建设用地的简称,是指将耕地、林地、草地等农业生产用地,按照土地利用总体规划和国家规定的批准权限报批后,转变为建设用地的行为。农用地转用审批是控制农用地转用及耕地保护的重要措施,也是土地用途管制制度的关键环节。

1. 农用地转用的特征

(1) 农用地转用是实施土地用途管制、耕地保护的重要手段。农用地的市场价格远远低于商业用地、工业用地等建设用地,市场对农用地转用具有巨大的驱动力。要想有效地保护耕地,必须严格执行农用地转用的规划控制和政府部门的审批制度。否则,土地用途管制及耕地保护就难以实现。

(2) 农用地转用是行政行为,是政府的专有权力。农用地转用的权力主体必须是国家,其他任何单位和个人都不得擅自进行农用地转用。

(3) 农用地转用必须符合法定程序和法定依据,必须符合土地利用总体规划、土地利用年度计划、建设用地供应政策等。

(4) 农用地转用必然引起土地市场价格的变化。农用地转为公共用地,就可能在一定程度上失去市场价值,但如果转为商业用地、工业用地等盈利性的建设用地,其市场价值就会大幅提升。

(5) 农用地转用是农用地转为建设用地的唯一法律途径,是集体所有土地转为城镇土地的前提。

2. 农用地转用的审批

《土地管理法》第 44 条规定:"建设占用土地,涉及农用地转为建设用地的,应当办理农用地转用审批手续。……"为了便于对土地实行集中统一管理,《土地管理法》对农用地转用实行二级审批管理,具体规定如下:

国务院的审批权限:① 国务院批准的建设项目占用农用地的,包括按照国家基本建设程序规定,由国务院及国务院有关部门批准可行性研究报告的项目,并且是在城市建设用地区之外需要单独选址的项目,即国务院或国务院有关部门批准的能源、交通、水利、矿山等项目,以及中央军委批准建设的军事项目用地;② 省、自治区、直辖市人民政府批准可行性研究报告的道路、管线工程和大型基础设施建设项目需要在城市建设用地区之外单独选址的建设项目用地;③ 城市建设用地内统一征地的,包括省、自治区、直辖市人民政府所在地城市、城区人口在 100 万以上的城市、国务院指定的其他城市及一些市设的开发区、卫星城等城市扩张用地。

省级、自治区、直辖市人民政府的批准权限:① 省级以下人民政府批准的道路、管线工程及基础设施占用城市建设用地区外土地涉及农用地的;② 国务院批准权限第三项中市辖县的县城扩张和省指定的乡(镇)区以及市内农村集体建设用地的扩张用地涉及农用地的;③ 除国务院批准的城市之外一般城市建设占用农用地的;④ 县(市)所在地城镇和建制镇建设占用农用地的;⑤ 乡(镇)土地利用总体规划确定的村庄、集镇建设用地规模范围内,为实施该规划而占用农用地的,省级人民政府可以授权设区的市、自治州人民政府批准。

农用地转用批准文件有效期为 2 年。农用地转用经依法批准后,市、县 2 年内未用地的有关批准文件自动失效;2 年内未提供给具体用地单位的,按未供应土地面积扣减该市、县下一年度的农用地转用计划指标。

第四节　建设用地管理

一、建设用地管理概述

(一) 建设用地的概念

建设用地通常是指一切建筑工程物体所占用及其使用范围内的土地,是一种以利用土地承载力和建筑空间为主要目的的用地方式。依据《土地管理法》的规定,建设用地是指建造建筑物、构筑物的土地,包括城乡住宅和公共设施用地、工矿用地、交通水利用地、旅游用地、军事设施用地等。其中,建筑物是指人工建筑而成,由建筑材料、建筑构配件和建筑设备(如给排水、卫生、照明、通讯等设备)等组成的整体物,一般指人们进行生产、生活或其他活动的房屋或场所,如工业建筑、民用建筑和园林建筑等;构筑物是指房屋以外的建筑物,人们一般不直接在内进行生产和生活活动,如烟囱、水塔、水井、道路、桥梁、隧道、水坝等。房屋和构筑物是同一层次的,其之间的区别主要有:是否直接在内进行生产或生活活动;是否有门、窗、顶盖。

建设用地与农业用地,在土地利用的相互关系上,存在着显著的、本质的差别。建设用地利用的结果,基础上是以非生态附着物的形式,如建筑物、道路、桥梁等存在于土地上;农业用地则主要是依赖于土地的肥力,直接从耕作层中生产农作物,它对土壤、气候等自然条件有十分严格的要求,具有生态利用性。肥力低的土地难以用于农业生产,但可以作为建设用地。

就利用现状而言,建设用地包括已经建设的土地、正在建设的土地和规划中的建设用地。按《土地利用现状分类》(GB/T21010—2007)(详见附录1),建设用地包括商服用地、工矿仓储用地、住宅、公共管理与公共服务用地、特殊用地、交通运输用地、水域及水利设施用地(仅包括其中的水工建筑用地)等7个一级类,31个二级类。

(二) 建设用地的特性

1. 承载性与非生态利用性

建设用地从利用方式上看,是利用的承载功能,建造建筑物和构筑物,作为人们的生活场所。操作空间和工程载体,以及堆放场地,而不是利用土壤的生产功能。它与土壤肥力没有关系。建设用地的这个特点,要求我们在选择用地时,应尽可能将水土条件好的、可能生产出更多生物量的土地留作农业生产用地。建设用地可以利用水土条件相对较差、而承载功能符合要求的土地,从而使土地资源的配置更加合理化,以发挥土地更大的效益。

2. 土地利用逆转相对困难性

建设用地是以利用土地的承载力为主,其上的建筑物、构筑物一旦建成就可以使用很长的,一般来说,只要规划允许,农业用地转变为建设用地较为容易,但要使建设用地转变为农业用地,则较为困难。除需要相当长的时间外,成本也相当高。建设用地的这个特点,要求在农业地转变为建设用地时,一定要慎重行事,严格把关,不要轻易将农用地转变为建设用地。

3. 土地利用的集约性

农用地或未利用地变为建设用地后,就具有利用的高度集约性和资金的高密性,可以产生更高的经济效益。就具体地来说,它能引起地价的上升,有时可以上涨几倍、几十倍、上百倍。人们热衷于将农用地转变为建设用地就是一个典型的例子。为了保护农用地实现政府综合效益,限制农用地转变为建设用地,世界各国都采取了严格的控制措施。国外将农用地转变为建设用地要经过政府的许可,有的还通过购买的方式取得土地的发展权。

4. 区位选择的重要性

在建设用地的选择中,区位起着非常重要的作用。如道路的位置决定着商业服务中心的布局。但区位具有相对性,一是对一种类型的用地来说是优越的区位,对另外一种用地来说则不一定。如临街的土地对商业来说是很好的区位,而对居住用地来说则不一定是优越的区位。二是区位的优劣可以随着周围环境的改变而改变,经济活动对于区位本身的影响是巨大的。如交通站点的变迁对周围土地的影响就是典型的例子。

5. 无限性与再生性

由于建设及经济发展的需要,建设用地占用土地,对农业构成了巨大的威胁。建设用地的无限延伸,而土地的供应却是有限的,这就是迫使我们要慎重考虑如何更加有效地以有限的供应去满足无限的需求。

建设用地的再生性是指建设用地能够从现有的建设用地即存量建设用地中经过再开发重新获得。充分发挥和利用建设用地的再生性,能使人们在不断开发存量建设用地的过程中,获得越来越多的操作场所和建筑空间,提高土地利用效率。

6. 空间性和实体性

建设用地是整个建筑工程的一部分,建设用地的空间立体利用对于高效利用土地、节约用地,都是很有成效的。

建设用地的实体性是指建设用地具有固定的形状,是一个工程实体,一旦形成就能直接为人类建设活动服务。建设用地的实体性是通过"营造结果"形成多种具体固定形状的工程实体如建筑物、道路、机场等。

(三) 建设用地管理的概念

建设用地管理是指国家调整建设用地关系,合理组织建设用地利用而采取的行政、法律、经济和工程的综合性措施。调整建设用地关系,主要是指通过调整建设用地的来源、供给、使用要求等,促进建设用地的用途管制、总量控制、合理供给和高效利用,并以此来调整建设与耕地保护的关系,实现可持续发展。合理组织建设用地是指对建设用地进行组织、利用、控制、监督。

建设用地管理是土地管理工作重要的组成部分,是认真贯彻"十分珍惜和合理利用每寸土地,切实保护耕地"这一基本国策的主要阵地。当前我国正处于高速城镇化和工业化的阶段,建设用地的需求量非常大,耕地保护与经济建设的矛盾十分尖锐。土地管理部门必须协调好"一要吃饭,二要建设"的关系,在保护好耕地的同时,提供经济发展、城市发展、人口增长所需要的建设用地。因此,必须加强对建设用地的管理,不占或少占耕地,同时采取措施努力提高土地利用效率,充分利用和盘活现有存量土地。

(四) 建设用地管理的内容

建设用地管理的内容按其工作过程和业务要求主要分为:建设用地有偿使用管理和农村建设用地管理等方面。具体包括。

1. 建设用地的规划和计划管理

土地利用规划和计划是建设用地管理的基本依据,尤其涉及农用地转为建设用地时,首先要看其是否符合土地利用总体规划的要求,其次要看其是否符合土地利用年度计划的要求。建设用地计划是国民经济和社会发展计划中土地利用计划的组成部分,是加强土地资源宏观管理、调控固定资产投资规模和实施产业政策的重要措施,是审核建设项目可行性研究报告评估和初步设计及审批建设用地的重要依据。

2. 建设用地的供应管理

建设用地供应是指国家将土地使用权提供给建设单位使用的过程,根据我国现行的有关法律法规规定,我国建设用地的供应方式主要有两大类:有偿使用与行政划拨。有偿方式又分为三种:土地使用权出让、土地使用权作价出资入股与土地使用权租赁。出让可按形式不同分为协议、招标、拍卖和挂牌出让,出让法定最高年限为:居住用地 70 年;工业用地 50

年;教育、科技、文化、卫生、体育用地50年;商业、旅游、娱乐用地40年;综合或其他用地50年。(详见第四章第二节国有土地权属管理)

3. 建设用地的征收管理

现行《土地管理法》规定:国家为了公共利益的需要,可以依照法律规定对土地实行征收或者征用并给予补偿。征收土地涉及农用地的,还要进行农用地转用审批,同时,还需要按照规定给予农民集体和原使用个人一定的补偿和安置。因此,在建设过程中涉及国家建设需要征收农民集体所有土地时,就需要实行土地征收,将集体土地所有权转变为国家所有,这是由我国的土地制度所决定的。建设用地征收管理过程中的主要内容包括农用地转用审批、土地征收审批和农民安置补偿等(详见第四章第四节土地征收管理)。

4. 农村建设用地管理

农村建设用地是相对于城镇建设用地而言的,它是指在城镇建设规划区以外,主要由乡(镇)集体和农民个人投资的各项生产、生活和社会公共设施以及公益事业建设所需要使用的土地。如乡镇企业用地、村镇公共设施建设用地、农民宅基地等(详见第四章第三节集体土地权属管理)。

(五)建设用地管理的原则

我国的特殊国情决定要对建设用地实行严格控制的管理方法。因此,在建设用地管理中,必须坚持以下五项原则。

1. 实行统一管理的原则

对建设用地实行统一管理是国家在管理建设用地上实行统一的法律和政策,由统一的管理部门负责管理,采用统一的措施,制定统一的规划、计划和建设用地标准,主要由各级人民政府土地行政主管部门,对土地征收、转用、供应、监督实行统一管理。以前,土地由多部门分头管理,造成了政出多门、多头批地、建设用地无序增长及浪费的现象。1986年,我国颁布了第一部《土地管理法》,并成立了统一管理土地的部门,实行了城乡地政、全国土地的统一管理,各级政府必须严格按照法律规定的批准权和用地申报程序审批建设用地。从土地管理关系上,下级服从上级,地方服从中央,在同一地区,统一由土地行政主管部门管理。

2. 规划、计划总体控制的原则

国家依据国民经济和社会发展规划、土地利用总体规划及土地利用计划,每年给各省、自治区、直辖市下达指令性计划指标,再由省、自治区、直辖市层层分解下达,同时,对具体项目供地,按照规定的用地限额指标执行。建设用地的规划与计划管理是土地市场宏观调控管理的一项重要举措。建设用地管理首先要做好编制规划与计划工作,实行建设用地总量控制,保证耕地总量的动态平衡。

3. 农业用地优先保护的原则

我国人均耕地少,耕地后备资源不足,要解决"谁来养活中国人的问题",必须满足我国农业生产用地的需要,保障国家粮食安全。这就要求建设用地要尽可能少占或不占耕地。

4. 节约和集约用地的原则

"十分珍惜和合理利用每寸土地,切实保护耕地"是我国必须长期坚持的一项基本国策。建设用地管理必须适应"经济增长方式由外延粗放型向内涵集约型转变"这一根本转变,最大限度地节约、集约用地,提高土地的利用效率。强化节约利用土地、提高土地集约利用水平是解决当前我国土地供需矛盾的重要途径之一,其中组织制定建设用地指标是节约集约利用土地的重要管理方式之一。建设用地指标是在综合考虑国家经济社会发展状况、土地资源状况、当前社会经济活动采用的先进技术和工艺平均水平等情况下,对建设项目用地规模作出的定性和定量的规定,是衡量建设项目用地是否科学合理和节约集约的综合指标,是核定建设用地规模的尺度,是审批建设项目用地和进行工程咨询、规划、设计的重要依据。目前,我国已制定了多项建设用地指标,基本形成了建设用地指标体系。

5. 有偿使用土地的原则

1988 年通过修改《宪法》和《土地管理法》,1990 年国务院颁布了《城镇国有土地使用权出让和转让暂行条例》,我国国有土地有偿使用制度正式建立,建设用地的管理也从单一的资源管理向资源和资产管理并重的模式转变。目前,除法律规定可以采用划拨方式外,建设用地的获得一律采用协议、招标、拍卖和挂牌等有偿出让方式,特别是商业、旅游、娱乐、写字楼及商品住宅等经营性开发的建设项目用地,必须通过招标、拍卖或挂牌方式进行公开交易。土地有偿使用已成为我国建设用地供应的基本制度。实行土地有偿使用,不但可以增加国家收入,防止国有资产流失,还可以促进土地资源的优化配置和合理利用,是控制建设用地增长的有效经济手段。

二、建设用地规划管理

(一)建设用地规划管理的概念

建设用地规划管理就是根据规划法律法规和已批准的规划,对规划区内建设项目用地的选址、定点和范围的规定,总平面审查、核发建设用地许可证和土地使用证等各项管理工作的总称。建设用地的规划管理不仅涉及建设项目的立项审批,也涉及到建设项目在空间上的落实和时间上的安排,因此,对建设用地实行严格的规划管理是规划实施的基本保证。涉及建设用地规划管理的规划主要有土地利用总体规划、城镇体系规划、城市规划、村庄和集镇规划、江河湖泊综合治理规划以及项目用地详细规划等。

(二)建设用地规划管理的任务

建设用地规划管理的具体任务主要有:

1. 控制土地,保障规划

严格按照规划来审批建设用地,保障规划的实施,并结合规划中规定的土地利用条件,以出让合同或划拨决定书为基础,进一步把规划落实到具体的地块上。具体措施主要有:确定建设用地范围;按土地利用计划供应土地;控制土地使用性质和土地使用强度;调整用地布局;核定土地使用状况及其他规划管理要求等。

2. 节约用地,协调发展

为了在城镇化和工业化过程中保护农用地尤其是保护耕地,我国在法律上确定了以土地用途管制作为土地管理的根本制度,根据土地利用总体规划确定的土地用途,将土地分为农用地、建设用地和未利用地,严格限制农用地转为建设用地,控制建设用地总量,对耕地实行特殊保护。为了提高土地利用集约化水平,各地还出台了针对不同土地用途的容积率指标与相关工程项目建设用地指标。

3. 综合协调,综合考虑

生态环境是影响人类生产与发展的自然资源与环境状况的总称,主要作用是提供人类活动不可缺少的各种自然资源,对人类经济活动所产生的废弃物和废能量进行消纳和同化,提供舒适性环境的精神享受。然而,生态环境自净能力或容量是有限的,自然资源的补给和再生、增殖也是有限的或需要时间的。当过度消耗自然资源或环境容量时,生态环境就会恶化,将严重影响我国生态环境安全和经济社会的可持续发展。因此,在进行建设的同时,就要保护和改善生态环境,实现社会经济效益与生态环境效益的双赢,这是规划管理的重要任务。

4. 不断完善,深化规划

所有的规划最终都要落实到土地上。建设用地的规划管理,既是规划的具体实施,又是规划审批的最后一道"关口",同时,根据实际情况的变化,可以适当调整规划中不完善的地方,使之更具合理性。

(三)建设用地规划管理的内容

从具体内容上看,建设用地规划管理涉及土地用途管制、建设用地定额管理和建设用地总量控制。

建设用地用途管制的基础是土地利用分区,其内容主要涉及农用地转用审批制度、建设用地用途转用审批制度、禁止供地与限制供地制度。

建设用地定额管理主要是通过用地定额指标来进行。用地定额指标是建设项目评估、编审项目建议书的依据,也是确定建设项目用地规模、核定审批用地面积的尺度,对项目建设用地的管理和监督具有指导作用。

建设用地总量控制是指国家对建设项目用地实行一定程度的限制,为防止建设项目乱占农用地而实行的从总量上对建设用地的规模进行控制的制度。建设用地总量控制的基础是土地利用总体规划、城市规划和土地利用年度计划。在总量控制过程中,还要考虑用途管理制度、闲置土地管理制度。建设用地总量控制是针对我国人多地少,土地资源匮乏的基本国情而提出的重要措施,其根本目的和作用均在于防止建设项目大量占用土地、耕地过度转化为建设用地,实现耕地总量动态平衡,保障国家粮食安全。

在实践的基础上,我国逐步形成了以土地利用年度计划、建设项目用地预审和建设用地报批规划审查为主的规划管理制度。

(四)建设用地规划管理的具体实施

1. 建设用地分区与控制性规划

为了更好地对土地进行管理,规划通常根据功能,把土地利用进行分区,并针对不同的分区,提出不同的管制措施。建设用地分区一般可以分为非农业建设用地区和农业建设用地区,其中非农业建设用地区的土地一般用于满足工业、商业、住宅、文化、教育、体育、娱乐等需求,可以进一步划分为城镇建设用地区、乡村建设用地区、独立工矿区、自然与人文景观保护区和其他用地区。建设用地分区是我国实行严格的用途管制和耕地保护的基础。

在城镇区域,建设用地规划管理的依据通常还有城市总体规划和控制性详细规划。城市总体规划确定了城市性质、空间布局结构、发展目标和发展战略等重大原则,是城市建设和发展的基本依据,也是调控城市建设用地、指导城市建设发展、维护社会公平、保障公共安全和公众利益的重要公共政策。控制性规划主要包括分区控制、指标控制和用途管制。其中,分区控制的基础就是土地利用控制分区,它是根据土地的特点和土地的自然、经济和社会属性而确定的用地主导方向控制区,其作用主要是达到用地功能定位,使土地管理具体化;控制和防止不合理用地;明确土地利用分工,协调各业矛盾;根据土地属性,优化土地利用结构。指标控制是为了促进建设用地的集约利用和优化配置,提高工业项目建设用地的管理水平,是对一个工业项目(或单项工程)及其配套工程在土地利用上进行控制的标准。用途管制是为了控制具体地块的土地利用,依据规划对土地利用和土地用途转变所进行强制性的许可审批。

城市中心地区、旧城改造地区、近期发展地区、土地储备区、下一年度建设用地和拟出让的用地要优先编制控制性详细规划。控制性详细规划要明确规划地段内各地块的使用性质、容积率、建筑密度、建筑高度、绿地率、必须配置的公共设施等控制指标和要求。城市规划行政主管部门和有关部门要根据城市规划实施的步骤和要求,编制城市国有土地使用权出让规划和计划,包括地块的数量、面积、位置及出让步骤等,保证城市国有土地使用权的出让有规划、有步骤、有计划地进行。另外,要根据城市发展建设的需要和城市近期建设规划,就近期建设用地位置与数量及时间向城市政府提出土地的收购储备建议,协助政府制定土地收购储备年度计划,做好土地收购储备工作。出让城市国有土地使用权前,应当制定控制性详细规划。出让的土地,必须具有城市规划行政主管部门提出的规划设计及相关图件。对于规划设计条件及附图,出让方和受让方不得擅自变更,确需变更的,必须经过城市规划行政主管部门的批准。

2. 土地用途管制

土地用途管制能使农用地得到有效的保护和合理利用,防止土地使用者不顾社会整体利益而任意使用和处置土地,制止对土地的破坏和掠夺性利用。同时,也有利于提高现有建设用地的利用效率。建设用地用途管制的内容主要涉及农用地转用审批制度、建设用地用途转用审批制度、禁止供地与限制供地制度。建设用地用途转用审批制度是指建设用地之间用途转换要依照规划的规定,按照土地出让合同或划拨决定书,变更使用年限,补交出让金。禁止供地与限制供地主要是依据特定项目来确定土地供应方式,把市场配置机制与宏观政策调控机制相结合,促进土地资源的合理利用,防止重复建设、浪费土地,以及保护生态环境。

根据 2012 年 1 月 1 日开始实施的最新修订的《城市用地分类与规划建设用地标准》(GB50137—2011),城市建设用地应包括居住用地、公共管理与公共服务用地、商业服务业设施用地、工业用地、物流仓储用地、道路与交通设施用地、公用设施用地、绿地与广场用地等 8 大类,35 中类,44 小类(详见附录 6)。编制和修订城市总体规划时,居住用地、公共管理与公共服务用地、工业用地、交通设施用地和绿地五大类主要用地规划占城市建设用地的比例宜符合表 5.1 的规定。工矿城市、风景旅游城市以及其他具有特殊情况的城市,可根据实际情况具体确定。

表 5.1　规划建设用地结构

类　别　名　称	占城市建设用地的比例(%)
居住用地	25.0—40.0
公共管理与公共服务用地	5.0—8.0
工业用地	15.0—30.0
交通设施用地	10.0—30.0
绿地	10.0—15.0

3. 建设用地预审与报批

建设项目用地预审是指国土资源管理部门在建设项目进入审批、核准、备案阶段之前，依法对建设项目涉及的土地利用事项进行的审查。需审批的建设项目在可行性研究阶段或项目建议书编制阶段，由建设用地单位提出预审申请；需核准、备案的建设项目在申请核准、备案之前，由建设用地单位提出预审申请。建设项目在用地申请之前必须申请建设项目预审，建设项目预审报告是建设项目申请用地的要件之一。

建设项目用地预审的主要内容包括：① 建设项目用地选址是否符合土地利用总体规划，是否符合土地管理法律、法规规定的条件；② 建设项目是否符合国家供地政策；③ 建设项目用地标准和总规模是否符合有关规定；④ 占用耕地的，补充耕地初步方案是否可行，资金是否有保障；⑤ 符合《土地管理法》中有关土地利用总体规划修改的规定情形，建设项目用地需修改土地利用总体规划的，规划的修改方案、建设项目对规划实施影响评估报告等是否符合法律、法规的规定。

建设项目用地实行分级预审。需人民政府或有批准权的人民政府发展和改革等部门审批的建设项目，由该人民政府国土资源行政主管部门预审；需要核准和备案的建设项目，由与核准、备案机关同级的国土资源行政主管部门预审。应当由国土资源部预审的建设项目，国土资源部委托项目所在地的省级国土资源行政主管部门受理，但建设项目占用规划确定的城市建设用地范围内土地的，委托市级国土资源行政主管部门受理，受理后提出初审意见，转报国土资源部。

建设用地单位申请预审，应提交下列材料：① 建设项目用地预审申请表(详见附录 7)；② 预审申请报告，内容包括拟建设项目基本情况、拟选址情况、拟用地总规模和拟用地类型、补充耕地初步方案等；③ 需审批的建设项目还应提供项目建议书批复文件和项目可行性研究报告。受国土资源部委托负责初审的国土资源行政主管部门在转报建设项目用地预审申请时，应提供下列材料：① 初审意见，内容包括拟建设项目用地是否符合土地利用总体规划、是否符合国家供地政策、用地标准和总规模是否符合有关规定、补充耕地初步方案是否可行等；② 标注项目用地范围的县级以上土地利用总体规划图及相关图件；③ 符合《土地管理法》中有关土地利用总体规划修改的规定情形，建设项目用地需修改土地利用总体规划的，应出具经有关部门和专家论证的规划修改方案、建设项目对规划实施影响评估报告和修改规划听证会纪要。

国土资源行政主管部门应当自受理预审申请或收到转报材料之日起 20 天内完成预审工作，形成预审意见，并出具建设项目用地预审报告。预审意见是建设项目审批、核准的必备文件，其内容应当包括对规定预审内容的结论性意见和对建设用地单位的具体要求。建设用地单位应当在建设项目初步设计阶段充分考虑预审意见中提出的相关要求。

建设用地单位在预审完毕后，进行建设项目设计，编制设计任务书，经批准后，向用地所在地的地、市、县国土资源行政主管部门提出用地申请。建设单位提出用地申请时，需提交下列材料：① 建设用地申请表；② 国土资源行政主管部门出具的建设项目用地预审报告；③ 项目可行性研究报告批复或其他立项批准文件；④ 建设项目初步设计批准文件或其他批准文件；⑤ 建设项目总平面布置图或线形工程平面图；⑥ 建设用地规划许可证；⑦ 建设单位有关资质证明；⑧ 其他相关材料和图件，如占用耕地的必须提出耕地补充方案，建设项目位于地质灾害区的，必须提供地质危险性评估报告等。

受理用地申请的国土资源行政主管部门，对用地是否进行预审、用地位置是否符合土地利用总体规划、用地规模是否符合标准、占用耕地的，是否有补充耕地的措施，措施是否可行等进行审查，对符合条件的，应当受理，并在 30 日内拟定供地方案，编制建设项目用地呈报说明书。具体建设项目用地申请，经市、县人民政府国土资源行政主管部门审查同意后，对材料齐全、符合条件的，应及时报同级人民政府审核或批准。

建设项目用地经依法批准后，由市、县国土资源行政主管部门现场界定用地范围。以有偿方式提供国有土地使用权的，由市、县国土资源行政主管部门与土地使用者签订土地有偿使用合同，并向建设单位颁发建设用地批准书；土地使用者缴纳土地有偿使用费后，办理土地登记。以划拨方式提供国有土地使用权的，由市、县国土资源行政主管部门向建设单位颁发国有土地划拨决定书和建设用地批准书，依照规定办理土地登记。市、县国土资源行政主管部门应当将供应国有土地的情况定期予以公布。

4. 土地收购、出让规划管理

（1）土地收购规划管理。

城市规划行政主管部门应当对拟收购土地进行规划审查，出具拟收购土地的选址意见书，供进行土地收购的单位办理征地、拆迁等土地整理活动需要的相关手续。不符合近期建设规划、控制性详细规划规定用途的土地，不予核发选址意见书。

（2）土地出让规划管理。

国有土地使用权出让前，出让地块必须具备由城市规划行政主管部门依据控制性详细规划出具的拟出让地块的规划设计条件和附图。规划设计条件必须明确出让地块的面积、土地使用性质、容积率、建筑密度、建筑高度、停车泊位、主要出入口、绿地比例、必须配置的公共设施和市政基础设施、建筑界线、开发期限等要求。附图要明确标明地块区位与现状，地块坐标、标高，道路红线坐标、标高，出入口位置，建筑界线以及地块周围地区的环境与基础设施条件。

国有土地使用权招标、拍卖和挂牌出让时，必须准确标明出让地块的规划设计条件，国有土地使用权出让成交签订国有土地使用权出让合同时，必须将规划设计条件与附图作为国有土地使用权出让合同的重要内容和组成部分。没有城市规划行政主管部门出具的规划设计条件，国有土地使用权不得出让。

国有土地使用权出让的受让方在签订国有土地使用权出让合同后，应当持国有土地使用权出让合同向市、县人民政府城市规划行政主管部门申请核发建设项目选址意见书和建设项目用地规划许可证。城市规划行政主管部门对国有土地使用权出让合同中规定的规划设计条件核验无误后，同时颁发建设项目选址意见书和建设用地规划许可证。

（3）已出让土地的监督管理。

已出让土地的监督管理,实际上就是规划的跟踪管理。受让人取得国有土地使用权后,必须按照国有土地使用权出让合同和建设用地规划许可证规定的规划设计条件进行开发建设,一般不得改变规划设计条件;如因特殊原因,确需改变规划设计条件的,应当向城市规划行政主管部门提出改变规划设计条件的申请,经批准后方可实施。依法应当补交土地出让金的,受让人应当依据有关规定予以补交。城市规划行政主管部门依法定程序修改控制性详细规划,并批准变更建设用地规划设计条件的,应当告知国土资源行政主管部门。

受让人需要转让国有土地使用权的,必须符合国家有关出让土地使用权转让的规定和国有土地使用权出让合同的约定。转让国有土地使用权时不得改变规定的规划设计条件。以转让方式获得建设用地使用权后,转让的受让人应当持国有土地使用权出让合同、转让地块原建设用地规划许可证向城市规划行政主管部门申请换发建设用地规划许可证。受让方在符合规划设计条件外为公众提供公共使用空间或设施的,经城市规划行政主管部门批准后,可给予适当提高容积率的补偿。受让方经城市规划行政主管部门批准变更规划设计条件而获得的收益,应当按规定比例上交城市政府。

三、建设用地计划管理

（一）建设用地计划管理的概念

建设用地计划管理是指国家按照土地利用计划来进行建设用地管理的活动。建设用地计划是国民经济和社会发展计划中土地利用计划的组成部分,是加强土地资源宏观管理、调控固定资产投资规模和实施产业政策的重要措施,是审核建设项目可行性研究报告评估和初步设计及审批建设用地的重要依据。

完整的建设用地计划体系包括年限较长的土地利用总体规划、五年用地计划和年度用地计划的规划、计划体系。土地利用总体规划是体现土地综合利用、保护耕地的纲要,是编制五年用地计划的重要依据;五年用地计划是分阶段落实土地利用总体规划的中间环节,是指导编制年度用地计划的依据;年度用地计划是按照五年用地计划编制的分年度执行计划。目前,实践中应用较多的是土地利用总体规划和土地利用年度计划。

（二）建设用地计划管理的原则

1.切实保护基本农田

严格执行土地利用总体规划,合理控制建设用地总量,切实保护耕地特别是基本农田。各级人民政府应当加强建设用地的计划管理,只有列入计划范围,并不超过土地利用总体规划和土地利用年度计划确定的控制指标的建设项目,方可占用土地。只有在严格控制建设用地总量的前提下,才能有效发挥市场配置土地资源的基础性作用,充分实现土地资产价值,有效地保护耕地,提高土地资源利用效率。

2.提高土地节约集约水平

运用土地政策参与宏观调控,以土地供应引导需求,促进经济增长方式转变,提高土地节约集约利用水平。合理开发利用土地对提高土地利用率和产出率,增加土地的有效供给具有重要的作用。我国应由当前的粗放型土地利用向依据规划的集约型利用进一步转变,提高土地的利用率和单位面积的产出率,充分发挥土地利用的效益和使用功能,减少土地闲置和浪费。

3. 建设占用耕地与补充耕地相平衡

在人均耕地资源稀缺及快速城镇化和工业化的背景下,我国人地矛盾不断加剧。进一步强化土地利用和保护耕地的管理和监督工作迫在眉睫。建设占用耕地必须按照"占多少,补多少"的原则,由占用者开垦与所占用耕地数量与质量相当的耕地,以保持耕地总量的动态平衡。这不仅是指标上的平衡,还应在土地利用分区上得到反应。一是要规划出足够面积的基本农田保护区和一般耕地区;二是规划出与耕地占用相匹配的耕地开垦区和土地整理区,保障占地者能够开垦或整理出足够的耕地。

4. 优先保证国家重点建设项目和基础设施项目用地

避免地方建设项目挤占国家重点建设项目用地,确保国家重点建设项目用地需求,增加国家对土地市场的宏观调控能力。

5. 城镇建设用地增加与农村建设用地减少相挂钩

新增建设用地计划指标分为城镇村建设用地指标和能源、交通、水利、矿山、军事设施等独立选址的重点建设项目用地指标两大类。城镇建设用地增加与农村建设用地减少相挂钩,有利于实现土地利用计划对用地结构调整的调控作用,还有利于地方政府对城镇建设用地和农村建设用地的统筹安排。

6. 保护和改善生态环境,保障土地的可持续利用

保护生态环境有利于保障农业生产、人居环境,减少自然灾害等。按照保护优先、兼顾治理的要求,保证必要的耕地面积,合理安排生态建设和环境保护用地,推进国土资源综合整治,协调土地利用与环境保护的关系,保证土地资源可持续利用。在安排建设项目用地时,必须要注意环境影响评价,不能造成环境污染和生态破坏。

(三)建设用地计划管理的内容

1. 建设用地总量控制

所谓建设用地总量控制,是指国家为防止建设项目乱占农用地而实行的从总量上对建设用地的规模进行控制的制度。

建设用地总量控制是针对我国人多地少,土地资源尤其是耕地资源匮乏的实际情况而提出的重要措施,其根本目的和作用均在于制止目前建设项目占用土地,导致耕地大量流失的现状,以实现耕地总量动态平衡。建设用地总量控制的基础是土地利用总体规划、城市规划和土地利用年度计划。

2. 建设用地利用年度计划指标控制

土地利用年度计划是实施土地利用总体规划的基本措施。土地利用年度计划,是指国家对计划年度内新增建设用地量、土地开发整理补充耕地量和耕地保有量的具体安排。

土地利用年度计划指标包括新增建设用地计划指标、土地开发整理计划指标和耕地保有量计划指标。这是建设用地计划管理的基础。

(1)新增建设用地计划指标。

新增建设用地包括建设占用农用地和未利用地。新增建设用地计划指标,是依据国民经济和社会发展计划、国家宏观调控要求、土地利用总体规划、国家供地政策和土地利用的实际情况确定的,包括新增建设用地总量和新增建设占用农用地及耕地指标。新增建设用地计划指标实行指令性管理,具体分为城镇村建设用地指标和能源、交通、水利、矿山、军事设施等独立选址的重点项目建设用地指标两大类。城镇村建设用地指标,应按照节约集约利用土地、积极盘活存量土地的原则,依据土地利用总体规划确定的城乡居民点用地总规模以及规划实施情况,结合城镇村发展的实际,科学编制。独立选址的重点建设用地指标,分为国务院及国务院有关部门批准、核准的建设项目用地指标和省及省级以下批准、核准的建设项目用地指标。以项目为单位,按照有关工程项目建设用地定额标准编制,并按优先顺序排列。

(2) 土地开发整理计划指标。

土地开发整理补充耕地计划,按照补充耕地来源分为两类编制:土地整理复垦补充耕地和土地开发补充耕地。土地开发整理补充耕地计划指标,包括建设占用耕地占补平衡任务和使用新增建设用地土地有偿使用费等补充耕地。土地开发整理计划指标依据土地利用总体规划、土地开发整理规划、建设占用耕地、实现耕地保有量目标等情况确定。

(3) 耕地保有量计划指标。

耕地保有量计划指标依据国务院向省、自治区、直辖市下达的耕地保护责任考核目标确定。耕地保有量计划指标的完成情况直接与建设用地指标挂钩。耕地保有量计划指标不能完成的,相应地扣减下一年度建设用地指标。

四、建设用地指标管理

1988 年,原国家土地管理局会同原建设部组织有关行业部门开始编制分行业的《工程项目建设用地指标》,涉及 22 个行业 26 项工程项目的建设用地指标,成为建设单位进行项目初步设计、土地管理部门审核建设项目用地规模的重要依据。由于《工程项目建设用地指标》主要是针对单独选址的大型工程项目,按照其生产工艺流程或单位生产能力需要配置的用地规模来编制的,一方面没有涵盖大量门类繁多的中小型工业企业;另一方面缺少对项目用地的经济评价,难以适应当前工业建设项目用地管理的实际需要。因此,国土资源部于2004 年发布实施了《工业项目建设用地控制指标(试行)》,并根据社会经济发展、技术进步、节约集约用地要求和具体实施情况对试行控制指标进行了修订,于 2008 年 2 月 19 日发布了《关于发布和实施〈工业项目建设用地控制指标〉的通知》(国土资发[2008]24 号),其主要目的是全面贯彻落实《国务院关于深化改革严格土地管理的决定》(国发[2004]28 号)、《国务院关于加强土地调控有关问题的通知》(国发[2006]31 号)和《国务院关于促进节约集约用地的通知》(国发[2008]3 号),加强工业项目建设用地管理,促进节约集约用地。

(一) 用地定额指标

建设项目用地定额指标是指在平均的生产工艺水平、规划设计水平、经济技术水平和通常的场地条件下,一个建设项目的主体工程和配套工程所需占用的额定土地面积。用地定额指标,主要为计算建设项目所需用地面积、建设项目的选址、总平面设计和按合理方案征拨用地服务。它是建设项目评估、编审项目建议书、设计任务书的依据;是编审初步设计文件,确定建设项目用地规模,以及核定审批用地面积的尺度。建设项目用地定额指标,对检验项目的用地投资和用地计划,以及在开展项目用地选址、招标、投标和征地费用包干等项工作中加强建设用地管理和监督,具有指导作用。科学的用地定额指标可以促进工艺和设计水平及生产集约化程度的提高,保证用地审批工作的质量和效率。

建设项目用地定额指标一般可以分为总体和单项建设用地定额指标两个层次。总体建设用地定额指标是指按设计任务书和初步设计文件规定的一个独立、完整项目的总平面用地定额指标,如矿山、电厂、钢铁厂等的总用地定额指标。单项用地定额指标是指在建设项目中有独立设计、可以独立发挥效益的各个单项工程的用地定额指标,如大型企业的主要装置和分厂、民航机场的跑道等的用地定额指标。

(二)工业项目建设用地控制指标

工业项目建设用地控制指标是对一个工业项目或单项工程及其配套工程在土地利用上进行控制的标准。工业项目建设用地控制指标是国土资源管理部门在建设用地预审和审批阶段核定工业项目用地规模的重要标准,是工业企业和设计单位编制工业项目可行性研究报告和初步设计文件的重要依据。工业项目所属行业已有国家颁布的有关工程项目建设用地指标的,应与国土资源部发布的《工业项目建设用地控制指标》共同使用。

工业项目建设用地控制指标包括:投资强度、容积率、建筑系数、行政办公及生活服务设施用地所占比重、绿地率五项指标。

1. 投资强度

投资强度是指项目用地范围内单位面积固定资产投资额。其计算公式为:

$$投资强度 = 项目固定资产总投资 \div 项目总用地面积$$

式中:项目固定资产总投资包括厂房、设备和地价款。

投资强度按地区、行业确定,在具体应用本控制指标时,首先按照《财政部国土资源部关于调整新增建设用地土地有偿使用费政策等问题的通知》(财综[2006]48号)有关新增建设用地土地有偿使用费征收等别划分的规定,确定项目所在城市的土地等别;再根据《国民经济行业分类》(GB/T4754—2002)规定的行业划分标准,确定各行业分类工业用地的投资强度控制指标。工业项目用地投资强度控制指标应符合表5.2的规定。

表 5.2 投资强度控制指标   单位:万元/hm²

行业代码/地区分类	市县等别	一类 第一,二,三,四等	二类 第五,六等	三类 第七,八等	四类 第九,十等	五类 第十一,十二等	六类 第十三,十四等	七类 第十五等
13		≥1 935	≥1 555	≥1 125	≥780	≥660	≥590	≥440
14		≥1 935	≥1 555	≥1 125	≥780	≥660	≥590	≥440
15		≥1 935	≥1 555	≥1 125	≥780	≥660	≥590	≥440
16		≥1 935	≥1 555	≥1 125	≥780	≥660	≥590	≥440
17		≥1 935	≥1 555	≥1 125	≥780	≥660	≥590	≥440

续 表

行业代码/地区分类	一类	二类	三类	四类	五类	六类	七类
市县等别	第一,二,三,四等	第五,六等	第七,八等	第九,十等	第十一,十二等	第十三,十四等	第十五等
18	≥1 935	≥1 555	≥1 125	≥780	≥660	≥590	≥440
19	≥1 935	≥1 555	≥1 125	≥780	≥660	≥590	≥440
20	≥1 555	≥1 245	≥900	≥625	≥520	≥470	≥440
21	≥1 815	≥1 450	≥1 055	≥725	≥605	≥555	≥440
22	≥1 935	≥1 555	≥1 125	≥780	≥660	≥590	≥440
23	≥2 590	≥2 070	≥1 505	≥1 035	≥865	≥780	≥440
24	≥1 935	≥1 555	≥1 125	≥780	≥660	≥590	≥440
25	≥2 590	≥2 070	≥1 505	≥1 035	≥865	≥780	≥440
26	≥2 590	≥2 070	≥1 505	≥1 035	≥865	≥780	≥440
27	≥3 885	≥3 105	≥2 260	≥1 555	≥1 295	≥1 175	≥440
28	≥3 885	≥3 105	≥2 260	≥1 555	≥1 295	≥1 175	≥440
29	≥2 590	≥2 070	≥1 505	≥1 035	≥865	≥780	≥440
30	≥2 070	≥1 660	≥1 210	≥830	≥690	≥625	≥440
31	≥1 555	≥1 245	≥900	≥625	≥520	≥470	≥440
32	≥3 105	≥2 485	≥1 815	≥1 245	≥1 035	≥935	≥440
33	≥3 105	≥2 485	≥1 815	≥1 245	≥1 035	≥935	≥440
34	≥2 590	≥2 070	≥1 505	≥1 035	≥865	≥780	≥440
35	≥3 105	≥2 485	≥1 815	≥1 245	≥1 035	≥935	≥440
36	≥3 105	≥2 485	≥1 815	≥1 245	≥1 035	≥935	≥440
37	≥3 885	≥3 105	≥2 260	≥1 555	≥1 295	≥1 175	≥440
39	≥3 105	≥2 485	≥1 815	≥1 245	≥1 035	≥935	≥440
40	≥4 400	≥3 520	≥2 575	≥1 760	≥1 470	≥1 330	≥440
41	≥3 105	≥2 485	≥1 815	≥1 245	≥1 035	≥935	≥440
42	≥1 555	≥1 245	≥900	≥625	≥520	≥470	≥440
43	≥1 555	≥1 245	≥900	≥625	≥520	≥470	≥440

注：城市等别划分见《财政部国土资源部关于调整新增建设用地土地有偿使用费政策等问题的通知》(财综〔2006〕48号)有关新增建设用地土地有偿使用费征收等别划分的规定;行业划分见《国民经济行业分类》(GB/T4754—2002)中的规定。

2. 容积率

容积率是指项目用地范围内总建筑面积与项目总用地面积的比值。其计算公式为:

$$容积率 = 总建筑面积 \div 总用地面积$$

建筑物层高超过 8 m 的,在计算容积率时该层建筑面积加倍计算。工业项目用地容积率控制指标应符合表5.3的规定。

表 5.3 工业项目用地容积率控制指标

行 业 分 类		容积率
代　码	名　　称	
13	农副食品加工业	≥1.0
14	食品制造业	≥1.0
15	饮料制造业	≥1.0
16	烟草加工业	≥1.0
17	纺织业	≥0.8
18	纺织服装鞋帽制造业	≥1.0
19	皮革、毛皮、羽绒及其制品业	≥1.0
20	木材加工及竹、藤、棕、草制品业	≥0.8
21	家具制造业	≥0.8
22	造纸及纸制品业	≥0.8
23	印刷业、记录媒介的复制	≥0.8
24	文教体育用品制造业	≥1.0
25	石油加工、炼焦及核燃料加工业	≥0.5
26	化学原料及化学制品制造业	≥0.6
27	医药制造业	≥0.7
28	化学纤维制造业	≥0.8
29	橡胶制品业	≥0.8
30	塑料制品业	≥1.0
31	非金属矿物制品业	≥0.7
32	黑色金属冶炼及压延加工业	≥0.6
33	有色金属冶炼及压延加工业	≥0.6
34	金属制品业	≥0.7
35	通用设备制造业	≥0.7
36	专用设备制造业	≥0.7
37	交通运输设备制造业	≥0.7
39	电气机械及器材制造业	≥0.7
40	通信设备、计算机及其他电子设备制造业	≥1.0
41	仪器仪表及文化、办公用机械制造业	≥1.0
42	工艺品及其他制造业	≥1.0
43	废弃资源和废旧材料回收加工业	≥0.7

3. 建筑系数

建筑系数是指项目用地范围内各种建筑物、用于生产和直接为生产服务的构筑物占地面积总和占总用地面积的比例。其计算公式为：

$$建筑系数＝(建筑物占地面积＋构筑物占地面积＋堆场用地面积)÷$$
$$项目总用地面积×100\%$$

工业项目的建筑系数应不低于 30％。

4. 行政办公及生活服务设施用地所占比重

行政办公及生活服务设施用地所占比重是指项目用地范围内行政办公、生活服务设施占用土地面积(或分摊土地面积)占总用地面积的比例。其计算公式为：

$$行政办公及生活服务设施用地所占比重＝行政办公、生活服务设施占用土地面积÷$$
$$项目总用地面积×100\%$$

当无法单独计算行政办公和生活服务设施占用土地面积时,可以采用行政办公和生活服务设施建筑面积占总建筑面积的比重计算得出的分摊土地面积代替。工业项目所需行政办公及生活服务设施用地面积不得超过工业项目总用地面积的 7％。严禁在工业项目用地范围内建造成套住宅、专家楼、宾馆、招待所和培训中心等非生产性配套设施。

5. 绿地率

绿地率是指规划建设用地范围内的绿地面积与规划建设用地面积之比。其计算公式为：

$$绿地率＝规划建设用地范围内的绿地面积÷项目总用地面积×100\%$$

绿地率所指绿地面积包括厂区内公共绿地、建(构)筑物周边绿地等。工业企业内部一般不得安排绿地。但因生产工艺等特殊要求需要安排一定比例绿地的,绿地率不得超过 20％。

各级国土资源管理部门要严格执行《工业项目建设用地控制指标》与相关工程项目建设用地指标。不符合《工业项目建设用地控制指标》要求的工业项目,不予供地或对项目用地面积予以核减。对因生产安全等有特殊要求确需突破《工业项目建设用地控制指标》的,应当根据有关规定,结合项目实际进行充分论证,确属合理的,方可批准供地,并将项目用地的批准文件、土地使用合同等相关法律文书报省(区、市)国土资源管理部门备案。

市、县国土资源管理部门在编制工业项目供地文件和签订用地合同时,必须明确约定投资强度、容积率、建筑系数、行政办公及生活服务设施用地所占比重、绿地率等土地利用控制性指标要求及相关违约责任。

第五节　土地利用监测

一、土地利用动态监测

(一)土地利用动态监测的概念

土地利用动态监测是指通过采取各种技术手段,对行政管辖范围内的土地利用状况、土地用途管制状况、土地利用规划实施状况等进行的监督和管理。

土地利用状况不是永恒的,它常随着自然条件和社会经济条件的变化而变化,对土地利用动态变化进行监测,随时掌握土地利用变化趋势,采取相应对策,确保管理目标的实现,是土地利用监督的一个主要方面,也是实现土地利用监督和对土地利用进行调控的技术基础。

土地利用监测的目的在于能及时地掌握土地利用及其时空动态变化状况,有效地利用土地资源,使其发挥最佳利用效益。目前,我国开展的土地利用动态监测主要是对耕地和建设用地等土地利用变化情况进行及时、直接和客观的定期监测,检查土地利用总体规划和年度用地计划执行情况,重点核查每年土地变更调查汇总数据,为国家宏观决策提供比较可靠、准确的依据。

(二)土地利用动态监测的作用

土地利用动态监测的作用主要有:保持土地利用有关数据的现势性,保证信息能不断得到更新;通过动态分析,揭示土地利用变化的规律,为宏观研究提供依据;能够反映土地利用规划的实施状况,为规划信息系统及时反馈创造条件;对一些重点指标进行定时监控,设置预警界线,为政府制定有效政策与措施提供服务;及时发现违反土地管理法律法规的行为,为土地监察提供目标和依据等等。

(三)土地利用动态监测的内容

土地利用动态监测的主要内容包括以下四个方面。

1. 区域土地利用状况监测

监测的重点是耕地变化和建设用地扩展。耕地占补平衡是我国重要的耕地保护制度。非农建设经批准占用耕地的,应当按"占多少,垦多少"的原则,相关责任人应负责开发与所占用耕地数量、质量相当的耕地。通过监测耕地变化及建设用地扩展状况,可以及时发现耕地的减少与增加情况,对不按照要求落实耕地占补平衡制度的,可以及时予以纠正,确保耕地总量动态平衡。

2. 土地政策措施执行情况监测

政策的制定依靠准确的信息,同时信息还是政策执行情况的反馈。土地利用动态监测就是获取土地信息和反馈土地政策执行情况、检验土地管理措施执行结果的主要手段。如土地利用规划目标实现情况监测、建设用地批准后的使用情况监测、土地违法行为监测等。

3. 土地生产力监测

土地生产力受制于自然和社会经济两大因素,呈现出动态变化。这就需要进行动态监测,掌握土地生产力动态变化的方向与规律,为调整生产力布局和确定合理对策提供依据。如《基本农田保护条例》中规定,县级以上农业行政部门应当逐步建立基本农田保护区内耕地地力与施肥效益长期定位监测网点,定期向本级人民政府提出保护区内耕地地力变化状况报告以及相应的地力保护措施,并为农业生产者提供施肥指导服务。土地生产力监测的重点是土壤属性、地形、水文、气候、土地的投入产出水平等指标。

4. 土地环境条件监测

环境影响城市土地利用,土地也是环境的一部分。对土地环境条件的监测,重点是考察环境条件的变化、环境污染等对土地利用产生的影响。如对农田防护林防护效应的监测、基本农田保护区内耕地环境污染的监测与评价、自然保护区生态环境监测、土地植被变化监测等。除此以外,还要监测环境破坏,如水土流失及风蚀、土地沙化、盐渍化,地面沉降等。

(四)土地利用动态监测方法

土地利用动态监测常用方法有实地调查、统计报表调查、遥感监测、专项定点监测等。

1. 实地调查

实地调查是由土地管理部门派遣工作人员到被调查现场,通过直接量测、采访等,获得有关土地利用状况及动态变化资料的一种方法。按调查范围的不同,实地调查可分为全面调查和非全面调查两种。全面调查是对被调查对象范围内全部土地都进行调查。非全面调查又可分为抽样调查、重点调查和典型调查。抽样调查是在所调查的总体中,有目的地抽取部分单位,组成样本,用样本的参数去估计总体参数的一种非全面调查。抽样调查的目的是为了用调查的资料来推断总体。重点调查是在所调查的总体中,选择一部分重点单位进行调查的一种非全面调查,重点调查的目的是了解研究被调查对象的基本情况。典型调查是在对被调查对象进行具体分析的基础上,从中选择出若干符合调查目的的代表性单位进行调查的一种非全面调查。典型调查的目的在于寻求同类事物的共同规律。

2. 统计报表调查

统计报表调查是由国家或上级主管部门颁发统一的表格,由各级土地行政主管部门根据原始记录,按照规定的时间和程序、自下而上提供统计资料的一种调查方法。根据对报送资料的急需程度和报送周期的长短,统计报表可为月报、季报、半年报和年报;按报送方式的区别,统计报表又分为邮寄报表和电讯报表两种。将报表提供的历年土地统计资料进行横向、纵向对比、分析,就可掌握土地资源的数量、质量、利用状况、变化趋势和存在问题等。

3. 遥感监测

遥感监测是应用遥感技术,监测土地利用及其动态变化的一种方法。该方法是根据同一区域不同时相的遥感图像间存在着光谱特征差异的原理,来识别土地利用动态变化的。其实质就是对影像系列时域效果进行量化,通过量化多时相遥感影像空间域、时间域、光谱域的耦合特征,来获取区域土地利用变化的类型、位置和数量等信息,从而为土地利用管理提供快速而准确的监测结果。

4. 专项定点监测

为了详细而准确地掌握土地质量变化情况,常采用仪器对土地质量的某个项目进行定点监测,如土壤肥力监测、水土流失监测、土地沙化监测、土地污染监测等。通过仪器监测取得科学数据,以便采取对策,改善土地利用状况。

(五)3S技术在土地利用动态监测中应用

3S技术(RS,遥感;GIS,地理信息系统;GPS,全球定位系统)在土地利用动态监测中发挥着越来越重要的作用。3S技术的应用,不仅可以提高工作效率,实现土地利用信息的及时更新,更重要的是可以提高决策的科学性、准确性和时效性。

应用3S技术进行土地利用动态监测,即利用遥感遥测技术,结合GIS和GPS,对一个国家或地区土地利用状况的动态变化进行定期或不定期的监视和测定。在 3S 系统中,RS 相当于传感器,进行数据采集更新;GPS 相当于定位器,进行实时定位;GIS 相当于中枢神经,进行空间分析和综合处理等。三者有机结合,能够准确把握土地资源利用变化区域的特征,实现土地资源的动态监测,有着传统调查方法无法比拟的优越性。

运用 3S 技术进行土地利用动态监测主要流程如图 5 - 1 所示。

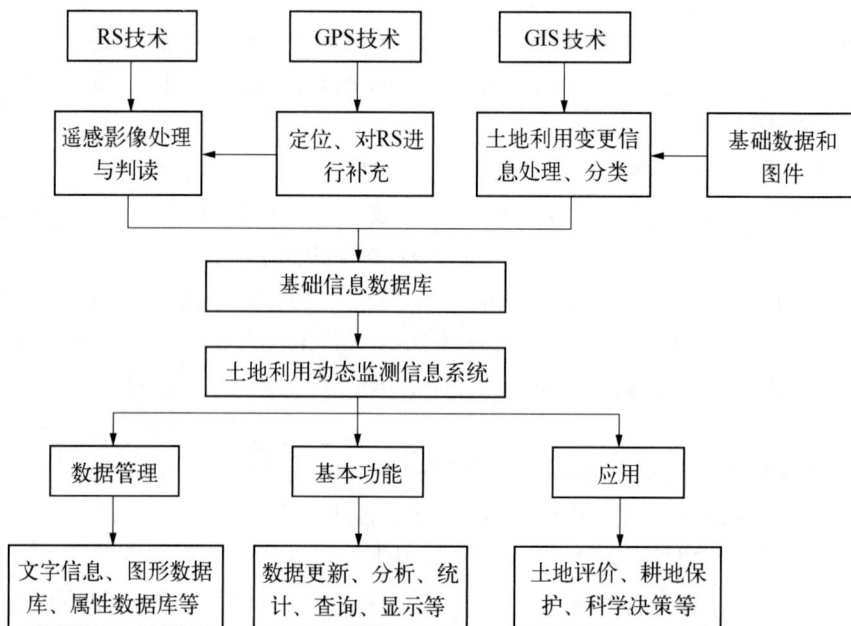

图 5 - 1　应用 3S 技术进行土地利用动态监测的流程

资料来源:刘兴权,龙熊,吴涛.3S 技术在土地利用动态监测中的应用.地理空间信息,2009,7(5):5.

具体来说,运用 3S 技术对某区域进行土地利用动态监测大致要经历如下步骤。

1. 室内判别

(1)资料准备。根据需要收集调查区域内的土地利用现状资料及遥感数据,如土地利用数据库、遥感影像等。

(2)对遥感影像进行处理。将收集到的遥感影像进行辐射校正、几何校正、影像增强等处理。

(3)提取不一致信息。利用已有的土地利用现状数据及处理后的遥感影像进行叠加对比,以遥感影像图为基准,自动解译或人工勾绘与土地利用现状不一致的图斑及新增地物,并对其进行编码。

2. 外业调查

(1)制作外业调查资料。将在室内判别中有变化的图斑所对应的区域分别加载地形图,制作外业调查工作底图,并根据需要制作外业调查表。

(2)实地调查有变化区域。根据工作底图对解译过程中产生变化的地物逐一进行实地调查,必要时利用 GPS 进行定位寻找、实地观测、丈量、绘制草图并填写外业调查表中的信息。

3. 数据处理及分析

(1) 数据更新。根据外业调查结果对土地利用数据库中的空间和属性数据进行修正和补充,然后进行图形与属性数据的正确性和一致性核查、拓扑错误检查、接边情况检查等。

(2) 利用 GIS 进行各类分析和制图输出。GIS 在土地利用数据采集、管理、分析及制图中具有明显优势,在数据库更新后可利用它进行如下两个主要操作。

叠加分析:将同一区域范围内两个不同图层的数据叠加在一起,其结果是生成一个新的图层。通过叠加分析,可以产生土地利用变化图,在该图上标明了土地利用变化范围与分布区域。

统计分析:对土地利用现状图与土地利用变化图上不同类型的图斑进行统计分析,求出各种类型变化的面积。将不同土地利用类型的面积绘制图表,比较土地利用类型在数量上的变化。

二、国家土地督察制度

(一)国家土地督察制度建立的背景

土地的使用和保护涉及国家和社会的公共利益,关系到中华民族的长远生存和发展。党中央、国务院决定建立国家土地督察制度,是加强土地管理和调控,强化土地管理的重大决策。

2003 年,党中央、国务院部署开展了以清理开发区为重点的土地市场治理整顿。整顿中发现,有的地方政府以低地价或"零地价"作为招商引资的优惠条件,举办各类开发区和工业园区,造成大量土地闲置浪费,严重影响了宏观经济的稳定,也引发了诸多社会矛盾。针对这一问题,从治本的角度出发,中央决定改革土地管理体制,重点强化省级政府土地管理的权力和责任,加强中央政府对省级政府土地管理和利用行为的监督。为强化省级政府土地管理的权力和责任,2004 年 4 月,中央决定改革省级以下国土资源管理部门的领导干部管理体制,对省级以下国土资源管理部门实行"垂直管理"。为加强中央政府对省级政府土地管理和利用行为的监督,2004 年 10 月,《国务院关于深化改革严格土地管理的决定》(国发[2004]28 号)第 24 条明确提出:"完善土地执法监察体制,建立国家土地督察制度,设立国家土地总督察,向地方派驻土地督察专员,监督土地执法行为"。在此背景下,为全面落实科学发展观,适应构建社会主义和谐社会和全面建设小康社会的要求,切实加强土地管理工作,完善土地执法监察体系,2006 年 7 月 13 日国务院办公厅印发了《国务院办公厅关于建立土地督察制度有关问题的通知》(国办发[2006]50 号),建立国家土地督察制度。

(二)国家土地督察的目标与职责

建立国家土地督察制度的宗旨,是要维护和增进土地资源利用与保护的社会整体利益。国家土地督察工作目标就是以服从国家利益为前提,以科学发展观为统领,以国家土地政策、法律法规为依据,通过对省级以及计划单列市人民政府土地利用和管理行为的监督检查,确保国家土地利用和管理政策、法律法规在地方得到切实执行,落实最严格的耕地保护制度和最严格的节约用地制度,促使地方政府依法、高效、廉洁履行土地利用和管理职责,构建最严格的土地管理监督体制机制。

国务院授权国土资源部代表国务院对各省、自治区、直辖市,以及计划单列市人民政府土地利用和管理情况进行监督检查。在国土资源部设立国家土地总督察办公室,其主要职责是:监督检查省级以及计划单列市人民政府耕地保护责任目标的落实情况;监督省级以及计划单列市人民政府土地管理法定职责和审批事项履行情况;监督省级以及计划单列市人民政府土地执法情况;监督检查省级以及计划单列市人民政府贯彻中央关于运用土地政策参与宏观调控要求情况;开展土地管理的调查研究,提出加强土地管理的政策建议;承办国土资源部及国家土地总督察交办的其他事项。

由国土资源部向地方派驻 9 个国家土地督察局,分别是国家土地督察北京局、沈阳局、上海局、南京局、济南局、广州局、武汉局、成都局和西安局。派驻地方的国家土地督察局,代表国家土地总督察履行监督检查职责,其主要职责是:监督检查省级以及计划单列市人民政府耕地保护责任目标的落实情况;监督省级以及计划单列市人民政府土地执法情况,核查土地利用和管理中的合法性和真实性,监督检查土地管理审批事项和土地管理法定职责履行情况;监督检查省级以及计划单列市人民政府贯彻中央关于运用土地政策参与宏观调控要求情况;开展土地管理的调查研究,提出加强土地管理的政策建议;承办国土资源部及国家土地总督察交办的其他事项。

(三) 国家土地督察机构的职权

1. 检查权

国家土地督察机构的检查权,是指国家土地总督察、派驻地方的国家土地督察局等,组织检查组(督察组)或委派工作人员,对省级及计划单列市人民政府及其下级政府执行国家土地政策和法律法规、落实耕地保护责任制、土地审批、土地执法、运用土地政策参与宏观调控等土地利用和管理情况进行检查的权力。

国家土地督察机构的检查有以下四点要求:一是主动作为,即国家土地督察机构根据工作计划和时机,自主安排。二是有具体的内部实施组织和人员,土地督察机构以外组织和人员只能协助、配合,不能独立组织实施。三是一般情况下有明确的检查区域、事项和时段,按批准的工作方案实施检查。四是检查组及检查人员要对检查结果的真实性负责。

国家土地督察机构行使检查权,根据工作需要,可以采取以下措施:听取被检查地区政府及相关部门就检查事项所做的汇报和说明;调阅、复制有关文件、档案、账册、原始记录等文字、音像和电子数据材料;要求有关单位及人员就特定事项做出解释、说明和提供相关证据材料;进入检查事项所涉及的用地现场,进行勘验、测量、拍照、摄像,询问、查阅用地有关情况和材料;及时制止或责令有关政府及其工作部门制止正在进行中的土地违法违规行为。

2. 审核权

国家土地督察机构的审核权,是指派驻地方的国家土地督察局,在收到相关上报、批准文件后,对依法应报国务院审批和由省级人民政府审批的农用地转用和土地征收事项及批后实施情况进行真实性、合法性审核的权力。审核是否符合法律、规划和国家产业政策,新增建设用地是否列入年度用地计划、耕地占补平衡是否落实和征收补偿标准是否符合要求等内容,必要时,实地核查用地的产权、地类是否与文件一致,是否存在未报即用等现象。对于报送国务院审批文件,发现有违法违规问题的,及时向国家土地总督察报告;对于省级和计划单列市政府批准文件,发现有违法违规问题的,提出纠正意见。

3. 调查权

国家土地督察机构的调查权,是指对各种线索和情况反映,可能涉及政府违法违规、滥用职权或玩忽职守产生土地利用和管理问题,进行深入调查核实的权力。赋予国家土地督察机构调查权,一是履行督察职责所必须,各类线索和情况反映是发现问题的重要渠道;二是彰显国家土地督察机构监督政府土地利用和管理行为、维护公民合法权益、积极回应社会舆论的价值取向。

4. 纠正和整改权

对于在专项督察、例行督察、审核督察和日常巡查等监督检查中发现的问题,派驻地区的国家土地督察局应及时向其督察范围内的省级和计划单列市人民政府提出纠正和整改意见。对拒不纠正和整改不力的,由国家土地总督察依照有关规定责令限期整改。整改期间,暂停被责令限期整改地区的农用地转用和土地征收的受理和审批。整改工作由省级和计划单列市人民政府组织实施。结束对该地区整改,由派驻地区的国家土地督察局审核后,报国家土地总督察批准。

国家土地总督察及派驻地区的国家土地督察局,根据问题的性质、情节和影响,主要采取以下几种督促整改方式:提出督察建议;违法案件督办;发出纠正意见书;约谈负有责任相关地方政府领导;发出督察整改意见书;发出限期整改通知书。有关的地方政府和部门在收到国家土地督察机构的要求、建议后,要按规定期限进行改进、纠正和整改,并在规定时间内将结果报相关派驻地方的督察局。

5. 报告和通报权

国家土地总督察和派驻地方的国家土地督察局,可以通过各种方式与途径向其上级报告工作,具体方式有督察工作报告、定期报告、专报、工作简报、专门工作汇报等,让党中央、国务院,国土资源部和国家土地总督察、副总督察了解土地督察工作情况,国家土地利用和管理政策、法律法规落实、执行情况,当前土地利用和管理形势及主要问题,土地督察工作意见和建议,为相关政策制定、工作决策和具体工作部署提供依据、参考和建议。

国家土地督察机构对其工作情况、发现的问题及对问题的处理意见或建议,通过以下几种方式对相关单位进行通报,以使问题得到及时和妥善解决。一是通报问题所涉及地区人民政府及其所在的省级和计划单列市人民政府,包括国土资源管理部门。二是通报纪检监察部门,对涉嫌在土地利用和管理方面违反党纪政纪的责任人进行处理。三是通报公安、检察等司法机关,对涉嫌在土地利用和管理方面违法犯罪的责任人进行侦查、起诉。四是以区域性公告方式,通报区域内或其下属地区土地利用和管理存在的严重和突出问题,督促相关地方人民政府加强整改。五是以新闻发布或刊发消息方式,在新闻媒体上通报土地利用和管理重点案件及土地违法违规突出问题,利用媒体和社会监督促其整改。

6. 建议权

国家土地督察机构除对其发现的各类土地利用和管理问题直接督促地方政府整改外,还有三个方面的建议权:其一是工作建议。对地方政策制定、制度建设、工作规范等方面的问题,提出改进建议,建议不被采纳的,予以纠正和整改。其二是问责建议,包括行政问责和法律责任追究。对在土地利用和管理方面违反土地管理规定的有关单位及责任人,向土地执法机关提出行政处罚建议,向监察机关和任免机关提出依法给予处分的建议;对土地利用和管理行为涉嫌犯罪的单位和责任人员,向公安、检察等司法机关移送,依法追究法律责任;将有关土地利用和管理问题的线索移交纪检监察、巡视、审计、司法及其他有关部门,建议其进一步核实、处理。其三是政策建议。国家土地督察机构还要通过认真细致的实地调查研究,对地方土地利用和管理实际情况和国家土地政策执行情况进行了解和分析,提出对各地好的做法和典型经验进行总结推广的建议,以及有关政策和法律法规进一步改革完善的建议。

(四)国家土地督察的实施方式

从国家土地督察机构的实践过程看,目前已经成型的土地督察方式主要有以下四种。

1. 例行督察

例行督察是指国家土地督察机构依据有关法律法规和政策,集中对督察区域内一个地区某时间段内的土地利用和管理情况进行全面或者专项常规性监督检查和评估,从而及时发现土地利用年度计划执行情况、中央土地调控政策和国家产业政策执行情况、建设用地审批的合法性和真实性、供地政策执行情况和节约集约用地等存在的主要问题。例行督察具有全面性、系统性、主动性和治本性特点,是国家土地督察机构的核心业务之一。

2. 审核督察

审核督察是指国家土地督察机构依照规定的权限和程序,对应报国务院审批和由省、自治区、直辖市人民政府审批的农用地转用和土地征收事项以及批后实施情况进行监督检查。国家土地督察局可以根据需要,采取日常重点抽查、实地核查等方式对抄送备案的农用地转用和土地征收审批事项进行督察。审核督察是国家土地督察机构的日常性工作,具有常态化、现势性特点。

3. 专项督察

专项督察是指国家土地督察机构针对土地利用与管理中的特定事项进行监督检查,向国家土地总督察提交督察报告,向督察对象提出督察意见和建议。例如根据自身调研、新闻媒体、群众举报曝光等渠道掌握情况,针对一些地方擅自设立或变相扩大开发区、大量闲置建设用地、违反土地供应政策等土地违法违规突出问题,组织开展专门督察的活动形式。专项督察针对性强,具有明确指向,反应迅速快,处理力度大,影响范围广。

4. 督察巡视

督察巡视是指国家土地督察机构向有关省、自治区、直辖市或计划单列市派发国家土地督察专员和工作人员,对其进行土地巡视。土地巡视主要通过"走、听、看、问"等形式,多渠道了解地方的土地管理情况,广泛听取各方面意见和建议。

三、违法用地的查处

(一)违法用地的类型

违法用地一般情况下可以分为三大类:一是非法占用土地;二是非法使用土地;三是非

法批地。

非法占用土地的行为是指不按法律法规规定的程序,占有特定土地的行为。非法占用土地的行为包括未经批准占用土地,采取欺骗手段骗取批准占用土地,超过批准的数量占用土地等。

非法使用土地是指不按照规定的期限、用途、使用条件、要求等使用土地。

非法批地是指不依法批准使用土地,包括:① 无权批地,即没有法定审批权限的单位或个人批准征收、使用土地的行为;② 越权批地,即超越法定批准权限批准征收、使用土地的行为;③ 分散批地,即依法应当一次性报批的项目用地,分散为小量多次进行审批的行为;④ 非法下放批地权,即有批准权的人民政府擅自下放其征收土地或农用地转用审批权的行为;⑤ 不按土地利用总体规划确定的用途批地,即有批准权的人民政府未按照土地利用总体规划确定的用途批准征收、使用土地的行为;⑥ 不按法律规定的程序批地,即不依照法律规定的土地征收、使用审批程序批准征收、使用土地的行为。

(二) 违法用地的查处

对非法占用土地和使用土地的单位和个人,由县级以上人民政府土地行政主管部门进行查处。

1. 非法占地的查处

未经批准或者采取欺骗手段骗取批准,非法占用土地的,由县级以上人民政府土地行政主管部门责令退还非法占用的土地;对违反土地利用总体规划擅自将农用地改为建设用地的,限期拆除在非法占用的土地上新建的建筑物和其他设施,恢复土地原状;对符合土地利用总体规划的,没收在非法占用的土地上新建的建筑物和其他设施,可以并处罚款;对非法占用土地单位的直接负责的主管人员和其他直接责任人员,依法给予行政处分;构成犯罪的,依法追究刑事责任。超过批准的数量占用土地,多占的土地以非法占用土地论处。

农村村民未经批准或者采取欺骗手段骗取批准,非法占用土地建住宅的,由县级以上人民政府土地行政主管部门责令退还非法占用的土地,限期拆除在非法占用的土地上新建的房屋。超过省、自治区、直辖市规定的标准,多占的土地以非法占用土地论处。

责令限期拆除在非法占用的土地上新建的建筑物和其他设施的,建设单位或者个人必须立即停止施工,自行拆除;对继续施工的,作出处罚决定的机关有权制止。建设单位或者个人对责令限期拆除的行政处罚决定不服的,可以在接到责令限期拆除决定之日起十五日内,向人民法院起诉;期满不起诉又不自行拆除的,由作出处罚决定的机关依法申请人民法院强制执行,费用由违法者承担。

2. 非法用地的查处

根据《土地管理法》的有关规定,非法用地的查处分以下几种不同的情况:

占用耕地建窑、建坟或者擅自在耕地上建房、挖砂、采石、采矿、取土等,破坏种植条件的,或者因开发土地造成土地荒漠化、盐渍化的,由县级以上人民政府土地行政主管部门责令限期改正或者治理,可以并处罚款;构成犯罪的,依法追究刑事责任。

拒不履行土地复垦义务的,由县级以上人民政府土地行政主管部门责令限期改正;逾期不改正的,责令缴纳复垦费,专项用于土地复垦,可以处以罚款。

已经办理审批手续的非农业建设占用耕地,一年内不用而又可以耕种并收获的,应当由原耕种该幅耕地的集体或者个人恢复耕种,也可以由用地单位组织耕种;一年以上未动工建设的,应当按照省、自治区、直辖市的规定缴纳闲置费;连续两年未使用的,经原批准机关批准,由县级以上人民政府无偿收回用地单位的土地使用权;该幅土地原为农民集体所有的,应当交由原农村集体经济组织恢复耕种。承包经营耕地的单位或者个人连续两年弃耕抛荒的,原发包单位应当终止承包合同,收回发包的耕地。

3. 非法批地的查处

无权批准征收、使用土地的单位或者个人非法批准占用土地的,超越批准权限非法批准占用土地的,不按照土地利用总体规划确定的用途批准用地的,或者违反法律规定的程序批准占用、征收土地的,其批文无效,对非法批准征收、使用土地的直接负责的主管人员和其他直接责任人员,依法给予行政处分;构成犯罪的,依法追究刑事责任。非法批准征收、使用的土地应当收回;有关当事人拒不归还的,以非法占用土地论处。非法批准征收、使用土地,给当事人造成损失的,依法应当承担赔偿责任。

第六章　土地市场管理

第一节　土地市场概述

一、土地市场的概念

市场是商品交易的场所,从实质上来说,它是商品交换中发生的经济关系的总和。土地市场是指土地这种特殊商品在流通过程中发生的经济关系的总和。在土地市场中,市场的主体是土地的供给者、购买者和其他参与者,市场客体是交换的目的物,即土地。在土地交换过程中,不只是市场的买卖双方参与土地交易,而是有众多的参与者要发生多方面的经济关系。市场的参与者除购买者、出售者之外,还有出租者、承租者、抵押者、贷款者、经营者、政府管理部门、中介机构等,在土地交易过程中各参与者要发生以土地交易为核心的各种经济关系,如签订经济合同、资金结算、办理各种法律手续等。这种为实现土地交易而进行的各种活动及经济关系就构成了土地市场。

土地是一种特殊的商品,土地的功能主要体现在为人类提供劳动条件、活动空间及场所,人们利用土地是为了获取土地的产品和服务,即土地的未来收益。土地的未来收益因土地权利的分离而在各权利者之间实现分割。土地的权利是一个以土地所有权为核心的权利束,有土地所有权、使用权、抵押权、租赁权、地役权等。不同权利因其内涵不同而分割为大小不等的土地收益。土地交易交换的客体事实上不是土地本身而是各种内涵不同的土地权利。

在中国,土地资源的配置可以通过行政划拨方式实现,也可以通过市场机制来实现。单纯的行政划拨方式配置土地具有效率低下、浪费土地资源的缺点。过多的行政划拨方式与市场机制共同配置土地资源,是土地市场不成熟、不完善的表现。

由于我国实行的是国家所有和集体所有两种形式公有的社会主义土地公有制,因此,土地市场包括城市土地市场和农村土地市场。

二、土地市场的特点

一般而论,土地市场具有以下特点:

（一）地域性

由于土地位置的固定性,使土地市场具有强烈的地域性特点。在各地域性市场之间相互影响较小,难以形成全国性统一市场。但全国各地域性土地市场因受到全球经济和国家宏观经济政策影响而发生变化的趋势则大体相同。

（二）竞争不充分性

在特定时间内及特定市场交易中,市场的交易对象及交易主体很少;同时,市场信息获取较难,可作参考的类似交易不多,使土地市场的竞争不充分。

（三）供给滞后性

土地价值较大,用途难以改变且开发周期较长,致使土地供给难以根据市场需求变化进行及时调整,使得土地及土地产品的供给存在明显的滞后性。

（四）供给弹性较小

从总体上说,土地资源一般不可再生,土地自然供给没有弹性,土地的经济供给弹性也相对较小,在同一地域性市场内,土地价格主要由需求决定。

（五）低效率性

土地市场是地域性市场,参与者相对较少,投资决策受价格以外因素影响较大,而且同一用途不同区域的土地具有较小的替代性,因而,土地市场相对一般商品市场来讲,交易效率较低。

（六）政府管制较严

土地是一个国家重要的资源,其分配是否公平有效,对经济的发展和社会的稳定具有十分重大的作用,因而各国政府都对土地的权利、利用、交易等作较多的严格控制。

三、土地市场的功能

一般地讲,土地市场具有以下功能。

（一）优化配置土地资源

土地资源的配置方式因配置手段的不同而分为行政划拨方式和市场方式。中国几十年的实践证明单一的行政划拨方式一般说效率低下,极易造成土地资源的巨大浪费。目前,中国正对这种方式进行改革,以逐步实现大部分土地资源的市场配置。市场方式是通过市场机制的作用把土地资源分配到各土地使用者手中,实现土地资源与其他生产生活资料的结合。多目标多样化的人类生产生活活动对土地资源的需求千差万别,难以通过政府的行政划拨手段得以满足,只有通过市场机制的作用,运用市场原则才能得到满足。

（二）调整产业结构，优化生产力布局

经济的健康发展，需要有合理的产业结构和生产力布局，以价格机制为核心的市场机制是一只"无形的手"，时刻对一个国家或地区的产业结构和生产力布局依市场原则进行调整，以实现最大的经济效益。地租、地价是土地市场中最为重要的经济杠杆，是引导土地资源在不同产业中配置的重要信号，这种信号比任何其他非经济信号和指令更科学，更能促进生产力布局的优化。

（三）健全市场体系，实现生产要素的最佳组合

一个完整的市场体系，不但有消费品市场、一般生产资料市场，还应包括金融市场、土地市场、房产市场、劳务市场、技术市场等。市场机制只有在一个完整的市场体系中才能充分发挥作用。土地是人类的基本生产要素，只有实现其市场配置才能健全市场体系，最大限度地发挥市场机制的作用。

四、中国土地市场的构成

中国目前还没有形成城乡统一的土地市场，但基本框架已经形成。依据土地产权结构和法律限制，中国土地市场分为城市土地市场和农村土地市场。城市土地市场分为土地使用权出让市场、土地使用权转让市场和土地使用权抵押市场和土地使用权租赁市场等。农村土地市场分为集体土地征收市场、集体农用地承包经营权流转市场、"四荒地"使用权市场和集体建设用地使用权市场等。

（一）城市土地市场

1. 土地使用权出让市场

土地出让市场又称土地一级市场或土地批租市场。国有土地使用权出让，是指市、县人民政府代表国家以土地所有者的身份将土地的使用权在一定年限内出让给土地使用者，并由土地使用者向国家支付土地出让金的行为。市场的主体，土地出让方是受国务院委托的市、县人民政府，受让方是中国境内外的公司、企业、其他组织和个人；市场客体是国有土地使用权。国有土地使用权出让在中国实践中有多种方式，主要包括协议出让、招标出让、拍卖出让、挂牌出让等。城市土地使用权出让，是国家城市土地使用权进入市场的第一个环节，也是城市土地使用权作为商品经营的第一步。

2002 年以前，土地使用权出让以协议方式为主，其比重占土地出让总量的 95% 以上；每年城市建设用地增量以划拨方式配置为主，有偿出让部分所占比重很小。2002 年 7 月 1 日《招标拍卖挂牌出让国有土地使用权规定》(国土资源部令第 11 号)开始实施，规定"商业、旅游、娱乐和商品住宅等各类经营性用地，必须以招标、拍卖或者挂牌方式出让；其他用途的土地的供地计划公布后，同一宗地有两个以上意向用地者的，也应当采用招标、拍卖或者挂牌方式出让。"自此，政府加大了竞争程度较高的招标拍卖挂牌出让方式的比重。在此基础上，国土资源部于 2007 年 9 月 21 日对该规定进行了修订，加大了招拍挂出让的范围，规定"工

业、商业、旅游、娱乐和商品住宅等经营性用地以及同一宗地有两个以上意向用地者的,应当以招标、拍卖或者挂牌方式出让。"2011年全年,通过招拍挂方式出让的土地面积及价款分别占国有建设用地出让总面积的91.3%和总价款的95.9%。

2. 土地使用权转让市场

土地使用权转让市场又称土地二级市场。土地使用权转让是指以出让方式取得的自有土地使用权在民事主体之间再转移的行为,是平等民事主体之间发生的民事法律关系。土地使用权转让的基本形式有出售、交换和赠予。市场主体,转让方是拥有中国境内国有土地使用权的土地使用权人,受让方是中国境内外的公司、企业、其他组织和个人;市场客体是国有土地使用权。

《房地产管理法》第三十八条、《城镇国有土地使用权出让和转让暂行条例》第十九条第二款规定,对直接通过出让方式取得土地使用权的转让:按照出让合同约定已经支付全部土地使用权出让金,并取得土地使用证书;按照出让合同的约定进行投资开发,属于房屋建筑工程的,完成开发投资总额的25%以上;属于成片开发土地的,形成工业用地或者其他建设用地条件;转让房地产时房屋已建成的,还应当持有房屋所有权证书。对以划拨方式取得的土地使用权的转让,首先应当报经有批准权的人民政府审批。有批准权的人民政府准予转让的,有两种处置方式:一种是受让方办理土地使用权出让手续,并依照国家规定缴纳土地使用权出让金,受让方以此取得土地使用权;二是有批准权的人民政府依照国务院规定,决定可以不办理土地使用权出让手续的,转让方应当将转让划拨土地使用权所获得的土地收益上缴国家或做其他处理。

土地使用权转让市场是一个竞争性市场。转让方式和转让的价格主要由市场决定,市场机制的作用较强。

3. 土地使用权租赁市场

土地使用权出租是指合法取得国有土地使用权的民事主体(即出租人)将土地使用权及地上建筑物、其他附着物全部或部分提供给他人(承租人)使用,承租人为此而支付租金的行为。承租人按规定支付土地租金经过出租人同意可以将土地使用权进行转租。因此,土地使用权租赁市场根据不同情况可以分属一级市场、二级市场或三级市场。中国国有土地使用权的租赁市场发育相对缓慢。国有土地有偿使用中租赁方式由于各种原因尚未广泛开展。但在国有划拨土地上房屋的非法和不公开的租赁行为非常活跃,在未向土地管理部门办理任何手续的情况下,将公有房屋连同占用的划拨土地私下出租,或者以土地联合建房分房、进行土地联营和场地出租等。

4. 土地使用权抵押市场

土地使用权抵押是土地使用权市场的一种重要交换形式。土地使用权抵押是指土地使用权人以土地使用权作为履行债务的担保,当土地使用权人不能按期履行债务时,债权人享有从变卖土地使用权的价款中优先受偿权的债务担保形式。在土地使用权上所设定的是土地使用权抵押权。《城镇国有土地使用权出让和转让暂行条例》第三十三条规定:"土地使用权抵押时,其地上建筑物、其他附着物随之抵押。地上建筑物、其他附着物抵押时,其使用范围内的土地使用权随之抵押。"这表明,土地使用权与土地上的建筑物和附着物所有权主体是统一的,它们在抵押时是不可分开的。土地使用权抵押属于不动产抵押,由此决定了土地使用权抵押有两个重要的特点：一是不转移抵押的标的物，也就是土地使用权仍然由土地使用权抵押人使用；二是要进行抵押登记，要把土地使用权证书交给债权人，由债权人保管。

（二）农村土地市场

农村土地市场即农村集体土地产权流转市场。集体土地产权流转，包括集体所有土地转为国有土地和集体土地使用权流转两类。集体所有土地转为国有土地，即土地征收。集体土地使用权流转又分为集体建设用地使用权流转、集体农用地使用权流转，以及农用地转为建设用地的使用权流转。集体农用地使用权流转市场主要包括土地承包经营权流转、"四荒地"拍卖及集体土地股份化等。

1. 土地征收市场

2005年3月14日公布施行并生效的《宪法》修正案，将原《宪法》第十条第三款"国家为了公共利益的需要，可以依照法律规定对土地实行征用"，修改为："国家为了公共利益的需要，可以依照法律规定对土地实行征收或者征用并给予补偿。"将原来的对土地实行"征用"改为"征收或者征用"。土地征收是指国家根据公共利益的需要而行使公权力，以补偿为条件，强制的取得集体土地所有权，集体土地所有权因征收而消灭。

国家建设征收是有补偿条件的征收。征地合理补偿是按公平正义和权益保障的原则，国家对因征地而受损失的人负有货币给付或其他方式补偿的义务。对征用土地进行科学的价格评估后给予财产所有者合理的补偿，是整个土地征用过程的关键环节。实施征地需要支付以下六方面费用。① 征地补偿费用：是指土地补偿费、安置补助费、地上附着物和青苗补偿费的总和。征用土地的各项费用应当在自征地补偿、安置方案批准之日起3个月内全额支付。② 土地补偿费：是因国家征用土地对土地所有者在土地上的投入和收益造成损失的补偿。补偿的对象是土地所有权人。③ 安置补助费：是国家建设征用农民集体土地后，为了解决以土地为主要生产资料并取得生活来源的农业人口因失去土地造成生活困难所给予的补助费用。④ 青苗补偿费：是指征用土地时，对被征用土地上生长的农作物，如水稻、小麦、玉米、土豆、蔬菜等造成损失所给予的一次性经济补偿费用。⑤ 地上附着物补偿费：是对被征用土地上的各种地上建筑物、构筑物，如房屋、水井、道路、管线、水渠等的拆迁和恢复费以及被征用土地上林木的补偿或者砍伐费等。⑥ 其他补偿费：是指除土地补偿费、地上附着物补偿费、青苗补偿费、安置补助费以外的其他补偿费用，即因征用土地给被征用土地单位和农民造成的其他方面损失而支付的费用，如水利设施恢复费、误工费、搬迁费、基础设施恢复费等。

为解决当前中国征地工作中存在的补偿标准偏低、同地不同价、随意性较大等突出问题，国务院及国土资源部分别下发了《国务院关于深化改革严格土地管理的决定》（国发［2004］28号）、《关于完善征地补偿安置制度的指导意见》（国土资发［2004］238号），要求制定征地统一年产值标准和区片综合地价，依法合理做好征地补偿安置工作、维护被征地农民切身利益。此外，国务院正在开展《农村集体土地征收补偿条例》的制定工作，预计不久将出台。

2. 集体农用地使用权流转市场

土地承包权与使用权的分离，使得土地承包经营权的流转成为可能。1995年农业部《关于稳定和完善土地承包关系的意见》规定："农村集体土地承包经营权的流转，是家庭联产承包责任制的延伸和发展,应纳入农业承包合同管理的范围。在坚持土地集体所有和不改变农业用途的前提下,经发包方同意,允许承包在承包期内,对承包标的依法转包、转让、入股,其合法权益受法律保护,……土地承包经营权流转的形式、经济补偿,应由双方协商,签订书面合同,并报发包方和农业承包合同管理机关备案。"1998 年十五届三中全会再次强调了承包土地的有偿流转。目前,国家法律已规定,农村集体土地使用权可以依法有偿转让,在2002 年颁布并于 2003 年 3 月 1 日开始实施的《农村土地承包法》中也明确规定,农村集体土地的家庭承包经营权可以依法采取转包、出租、互换、转让或其他方式流转。土地使用权有偿流转就是一种交易行为即市场行为。

对于荒地拍卖,国家规定"四荒地"(荒山、荒沟、荒丘、荒滩)在不改变集体土地所有权性质和农业用途的情况下可以由集体经济组织的代表把"四荒地"一定年期的土地使用权以承包、租赁和拍卖的方式有偿转让给土地使用者,土地使用者享有规定年期的土地开发利用权,并可以转让、出租和抵押。

承租户可将承租的土地使用权入股、转租、抵押等。农村土地股份化指在家庭联产承包责任制基础上,将集体土地作价入股,农民凭股权获得土地收益的红利。

3. 集体建设用地使用权流转市场

按现行法律规定农村集体所有的土地只是农民对自己的承包土地可以有偿出让、转让,凡是非农业建设用地是不能自由进入市场的。农村集体土地进入市场必须由政府征收转为国有。这就意味着作为农村土地所有者的农村集体组织不具备土地市场出让、转让主体资格。

然而,实际上,非农土地交易行为在农村普遍存在。表现形式有:① 村集体有偿出让土地;② 村集体出租土地;③ 买卖房屋时宅基地使用权随之转移;④ 出租房屋同时出租土地;⑤ 以土地使用权作为资本招商办合资企业,集体凭土地分红;⑥ 集体出土地进行房地产开发,等等。

对于既成事实的农村集体土地使用权流转现象,"堵"是没有用的,应该采用"疏"的方式,为其创造一个良好的发展环境。1995 年,苏州市率先提出了"集体建设用地能不能流转,能不能进行试验?"。1996 年 9 月,苏州市颁布了《苏州市农村集体存量建设用地使用权流转管理暂行办法》,集体建设用地使用权流转试点启动。1999 年 11 月经国土资源部批准,在安徽芜湖开展"农民集体所有建设用地使用权流转试点",随后,湖州、抚顺、安阳、古田、抚州等地也先后开始了试点工作。2003 年 6 月 24 日,广东省人民政府发布实施的《关于试行农村集体建设用地使用流转的通知》规定,农村集体建设用地使用权在一定条件下可以出让、转让、出租和抵押,并享有与城镇国有土地使用权同等的权益。

广东省经过两年多的试点,2005 年 5 月 17 日广东省政府以政府令形式颁发了《广东省集体建设用地使用权流转管理办法》(广东省人民政府令第 100 号),作为"农民的资产"的农村集体土地将与国有土地一样,按"同地、同价、同权"的原则,纳入统一的土地市场。广东因此成为全国第一个在全省范围内推行集体建设用地使用权流转的省份。该办法规定集体建设用地使用权在一定条件下可以出让、出租、转让、转租和抵押。

集体建设用地使用权出让,是指农民集体土地所有者将一定年期的集体建设用地使用权让与土地使用者,由土地使用者向农民集体土地所有者支付出让价款的行为。以集体建设用地使用权作价入股(出资),与他人合作、联营等形式共同兴办企业的,视同集体建设用地使用权出让。

集体建设用地使用权出租,是指集体土地所有者或集体建设用地使用权人作为出租人,将集体建设用地租赁给承租人使用,由承租人向出租人支付租金的行为。

集体建设用地使用权转让,是指农民集体建设用地使用权人将集体建设用地使用权再转移的行为。

集体建设用地使用权转租,是指承租人将集体建设用地使用权再次租赁的行为。

集体建设用地使用权抵押,是指集体建设用地使用权人不转移对集体建设用地的占有,将该集体建设用地使用权作为债权担保的行为。

第二节 城市土地市场供需调控管理

一、城市土地市场的供需平衡模型与调控机制

(一) 城市土地市场的供需平衡的涵义

瓦尔拉均衡理论认为,市场供需的格局只有一种正常状态,即供给等于需求。供需不等只是短期和个别时点上的现象,只要满足如下两个基本条件,市场运行总是收敛于供需一致这种均衡状态:条件之一就是供需双方都只对价格信号做出灵敏的反应;条件之二就是价格是根据供需状况而随时调整的。在西方微观经济学中,瓦尔拉均衡理论被证明是"帕累托最优性质"。非瓦尔拉均衡理论则认为,在现实经济中,并不是只有价格信号,还有非价格信号,它们都对供需产生影响,而且总存在信息的不完全性。所以,市场的运行不可能总处于供需相等的均衡状态,在某一时点上可能供过于求,也可能供不应求,但供需的差额不会很大,总保持在一定范围之内。就某一时期整体上看,供需是一致的。

因此,城市土地供需平衡是指城市土地供需运动的趋势——从非均衡趋向于均衡,是一种动态的平衡。处于这种动态平衡的城市土地市场虽然不具有理想的"帕累托最优性质",但可认为已趋近"帕累托最优性质",如果我们以此动态平衡为参照系调控实际的城市土地供需运动,便可以达到合理配置城市土地的目的。以下介绍城市土地市场的供需平衡模型及调控机制。

(二) 城市土地市场的供需平衡模型

城市土地市场可分为一级市场、二级市场,同样,城市土地市场的供需平衡就包括一级市场供需平衡、二级市场供需平衡。由于城市土地具有用途的多样性,城市土地市场的供需平衡可以通过各类用地供需平衡来实现。

假设一级市场某类用地的供给为 S_1,一级市场某类用地的需求为 D_1;

二级市场某类用地的供给为 S_2,二级市场某类用地的需求为 D_2。

则得到城市土地市场的供需平衡模型如下:$S_1 = D_1$,$S_2 = D_2$。

城市土地市场的供需不平衡就有四种情况:

(1) $S_1>D_1$,说明一级土地市场供过于求,表现为城市内有大量未开发的闲置土地。

(2) $S_1<D_1$,说明一级土地市场供不应求,表现为城市内没有未开发的闲置土地。

(3) $S_2>D_2$,说明二级土地市场供过于求,表现为大量土地未销售而闲置。

(4) $S_2<D_2$,说明二级土地市场供不应求,表现为居民住房和营业性用房极为紧缺。

由于城市土地供需不平衡易于观察、分析,据此可以判断一个国家或城市土地供需是否处于平衡状态。

二、城市土地市场供需平衡的调控机制

(一)一级土地市场供需平衡调控

1. 一级土地市场供过于求($S_1>D_1$)的调控

一级土地市场供给的形成过程,实际上是农地转化为城市建设用地的过程,而且这一过程是单向不可逆的,又由于城市周边大多数是高产优质的耕地,所以,$S_1>D_1$,不仅导致城市土地大量闲置,城市土地利用率低下,而且导致耕地大量减少,危及农业生产乃至整个国民经济。

因此,要使一级土地市场供需趋于平衡,首先应控制城市土地增量供给,稳定 S_1。具体来讲可采取以下措施:① 加强城市规划管理。科学地编制城市规划,在规划范围内,根据经济发展和城市建设的情况,制定年度供地计划,使 S_1 始终在城市规划的控制之下。② 提高农地特别是耕地的价格。我国目前农地"非农化"是通过具有行政强制性的"征收"而实现的,征地费用普遍偏低,不利于控制增量,所以应改变这一状况。③ 建立耕地用途管制制度。在那些规划编制不合理、价格措施仍无效的地区,应实施强制性的耕地用途管制制度,限制耕地"非农化"。

其次,应刺激开发公司开发闲置的城市土地,使 D_1 增大,具体措施是:① 对城市土地价格实行"最高限价"管制,降低开发公司的土地成本,对土地开发给予适当的价格优惠,降低有关税费征收标准,以此达到降低房价,扩大二级市场的容量,刺激开发公司开发闲置的城市土地;② 开征城市土地闲置税并逐步提高其征收标准,以此提高空地的持有成本,避免土地投机活动,从而达到提高城市土地利用率的目的。

2. 一级土地市场供不应求($S_1<D_1$)的调控

一级土地市场供不应求,虽然可以使城市土地得到充分利用,但会带来两方面的危害,一方面造成环境效益低下,城市公共用地短缺;另一方面会导致 $S_2<D_2$,最终使生产、生活用房短缺。因此,当出现 $S_1<D_1$ 情形时,只能调控供给一方使 S_1 增大,不能抑制 D_1,否则会出现一级市场供需平衡而二级市场供需失衡的现象,具体措施如下:① 建立城市规划的反馈机制,及时修编城市规划,适度扩大规划限额;② 在编制规划的范围内,不能大幅度、全面降低新编规划范围内农地的价格,否则,又导致 $S_1>D_1$。

(二)二级土地市场供需平衡调控

1. 二级土地市场供过于求($S_2>D_2$)的调控

二级市场土地供给的形成过程实际上是土地开发建设过程,所以 $S_2>D_2$ 就表现为土地大量空置。目前,我国已出现 $S_2>D_2$,且主要表现为商品住房大量空置,因此,首先要控制

S_2 进一步增大的趋势,其次应刺激居民对商品住房的需求,使 D_2 趋近 S_2。具体措施如下:① 控制一级市场土地增量的供给。若增加 S_1,D_1 及 S_2 增大就有可能,应控制 S_1 以达到控制 S_2 的目的。② 适度降低商品房的价格。通过减免有关商品房销售税费、降低贷款利率,促使开发公司降低现时商品房的售价,以刺激居民购房行为,从而达到扩大 D_2 的目的。③ 在我国,还应加快住房福利化向住房商品化转变的进程,扩大二级市场的有效需求;加快建立现代企业制度,扭转目前企业效益普遍低下的状况,以普遍提高居民所得水平,从而达到增大 D_2 并使之趋近 S_2 的目的。

2. 二级土地市场供不应求($S_2 < D_2$)的调控

二级土地市场供不应求,存在以下几种情况:① 因为一级市场土地供不应求而导致二级土地市场供不应求,即 $S_1 < D_1 \rightarrow S_2 < D_2$,对这种不平衡的调控前面已有论述;② 由于房价偏低,开发贷款利率较高而购房贷款利率较低,导致 $S_2 < D_2$。对于这种不平衡应采取"双向"调控的办法,既要刺激开发公司的开发行为,又要适当抑制购买者的购买行为。具体措施如下:政府放松对土地价格管制,使房价随行就市;适度降低土地开发贷款利率,提高购房贷款利率。以此使开发公司的投入,使购房者降低需求,从而使 S_2 和 D_2 趋于一致的目的。

三、城市土地市场供需调控的方向、时间和力度

总之,要始终把握从城市土地市场的供需调控的方向、时间和力度上对城市土地市场的供需进行调控。

(一)城市土地市场供需调控的方向

城市土地市场供需调控的方向包括两方面的内容:选择调控目标和确定调控措施的作用方向。

相对来说,调控目标的选择相对容易,其确定依据是一定时期内土地市场发展目标。例如,当土地市场处于景气循环的谷底萧条阶段,这时供需调控的目标是增加有效需求,促进消费从而启动土地市场,加快市场走出低谷的步伐。当土地市场处于景气循环的繁荣阶段,这时就要根据土地市场的发展状况(一般以土地价格为指示器)来判断土地市场是否过热,根据判断结果来决定调控的目标是保持还是降低其发展速度。

确定调控措施的作用方向则需要在明确调控目标的基础上,对当前土地市场的运行状态和变化趋势进行分析。城市土地市场供需调控措施的作用方向大致可分为两类:一类是刺激土地市场发展的措施,其作用方向是向上,如减免税收、降低贷款利率等;另一类是抑制土地市场发展的措施,其作用方向是向下,如控制贷款规模、限制土地供给量等。在土地市场景气循环的不同阶段,需要采用不同作用方向的调控措施。一般来说,在土地市场景气循环的萧条阶段和复苏阶段,应采用作用方向向上的调控措施;在土地市场出现"过热"预兆时,应采用作用方向向下的调控措施。

为了判别调控的方向是否正确,可以分析、评估调控措施实施之后产生的调控效应,如果调控方向正确,那么调控效应就会表现为向目标逼近的有效成果,即正向效应;如果调控方向不正确,那么调控效应就会表现为与目标偏离的运行结果或与预期相反的结果,即偏离

效应或负向效应。

(二) 城市土地市场供需调控的时间

确定城市土地市场供需调控的时间,也就是要确定何时开始调控,调控时间应持续多长。

在确定土地市场供需的时间问题上,必须考虑以下三个方面:① 要考虑供需调控措施的决策时间,即从土地市场上问题的出现—供需调控决策者对问题有了比较清楚的认识—决策者经过判断决定对土地市场实施调控行为—决策者具体确定调控方案和调控手段组合之间的时间间隔。② 要考虑供需调控效应的滞后时间。供需调控的措施实施之后,并不是马上就能产生调控效果,从实施供需调控措施到产生供需调控效应的这一段时间就是供需调控效应的滞后时间。③ 考虑调控效应的惯性,即某种调控行为撤销之后,调控效应在一定时间内仍然存在。

由以上分析可知,在对城市土地市场实施供需调控的过程中,为了准确把握供需调控的时机,正确确定供需调控的时限,必须做到以下几点。

1. 准确掌握土地市场的状态和变化趋势

为此,可以凭借历史经验进行定性分析,也可以对土地市场的变化趋势进行定量分析与界定。为了提高判断的准确性,后者显得更为重要。

2. 提前调控

由于供需调控决策时间和调控效应滞后性的存在,必须尽早发现土地市场中存在的问题,超前采取调控措施,才能做到"防患于未然"或"将问题消灭在萌芽状态",将土地景气循环波动减至最小程度。

3. 及时调整调控力度

密切注意调控效应的强弱,及时修正调控手段,调整调控力度。当调控目标已基本实现时,要及时终止调控。

以上三点的实行,都依赖于及时充分地掌握土地市场上的各种信息,这些信息的收集、处理及分析,又依赖于土地市场监测预警系统。因此,城市土地市场的供需调控必须与完善的土地市场监测预警系统相结合。

(三) 城市土地市场供需调控的力度

城市土地市场供需调控的力度要考虑土地经济波动的幅度、调控手段从使用到产生效应的滞后时间、调控效应惯性大小和调控的环境等。

供需调控力度大小与作为调控手段的变量的变化大小相关。以土地开发投资贷款利率为例,将贷款利率提高 10% 和 5%,对土地开发投资总量的调控作用的大小是不同的,前者将大幅度降低投资需求。显然,供需调控手段的变量的变化幅度越大,则调控力度越大;反之,则调控力度越小。作为供需调控手段的变量,有些可以用具体数量来反映其变化幅度,如土地开发投资贷款利率、按揭利率、固定资产总规模、土地开发和交易的相关税率等;有些则难以用数值来反映变化幅度,如法律手段、行政手段、规划手段、舆论手段,它们只能以采取措施的严厉程度或传递信息量的大小来衡量——措施越严厉,实施行为次数越多,传递信息量越大,调控力度也越大。在决定土地市场供需调控的力度时,要考虑如下因素。

1. 土地经济波动的幅度

这是决定调控力度的首要因素。土地经济波动的幅度越大,为了抑制其波动,需要使用的调控措施的力度也越大。

2. 调控手段从使用到产生的滞后时间

不同调控手段在同等力度时的滞后时间是不同的,因此,在同等情况下,若使用滞后时间长的调控手段,需要加大调控力度。

3. 调控效应惯性大小

对于调控效应惯性大的调控手段,使用时要注意减少其力度。

4. 调控环境

若调控环境不利,如土地市场不完善,市场信号传递效率低,调控手段执行过程中遇到的调控摩擦和阻力将增大,在使用时就必须加大调控力度。

第三节　土地市场价格管理

一、土地价格概述

(一) 土地价格的内涵

从劳动价值论的观点,对土地价格比较经典的解释是:"土地是自然物,而非人类创造,不包含人类的劳动价值,因而土地也就没有价值,当然不存在其价值的货币表现——土地价格。但是由于土地是一种垄断财产,土地的垄断是因为土地本身的稀缺性及其满足人类需要的特殊使用价值,所以土地有价格。"

土地能向人类永续提供产品和服务,即在一定的劳动条件下土地本身能产生纯收益,谁拥有了土地,也就拥有了土地纯收益,即地租。由于土地功能的永久性,这种地租也是一种恒久的收益流。随着土地权利的转移,这种收益流的归宿也发生转移。购买土地的权利,实际上是购买一定时期的土地收益。因而,土地收益现值的总和就表现为土地价格,亦称地价。可见,土地价格的内涵是若干年的土地纯收益即地租贴现值的总和。它具体包括由土地所有权垄断而产生的绝对地租以及由土地的生产条件好坏而产生的级差地租。

土地经过人类长期的开发,已经不再是纯粹的自然土地,而是在各个时期都凝结着人类的劳动。在现实经济运行中,土地在交换活动发生之前,土地所有者或土地开发商总是先对土地进行开发。那些为了改造土地性能的投资就转化为土地资本,它属于固定资本的范畴。这些固定资本投入必然要求收回,从而以折旧和利息的形式在租金里得到体现。正如马克思所说:"这种贡赋和真正的地租有一个共同点:它决定土地价格,如上所述,土地价格无非是出租土地的资本化的收入。"

可见,土地价格的内涵包含三个部分:① 真正的地租,即绝对地租和级差地租;② 土地投资的折旧;③ 土地投资的利息。土地价格即以上三个部分之和的资本化。

2001 年我国颁发的《中华人民共和国国家标准城镇土地估价规程》（GB/T18508—2001）（简称《城镇土地估价规程》），规定我国城镇土地估价的价格内涵是："在正常市场条件下，一定年期的土地使用权未来纯收益的现值总和。其权利特征是出让土地使用权。划拨土地使用权价格、承租土地使用权价格是其特殊形式，租赁权价格、地役权价格是其派生形式。"

（二）土地价格的特点

由于土地的特殊性质，与市场上交换的一般商品不大相同，因而其价格也有独自的特点。

1. 土地价格是土地的权益价格

土地是一种财产，能给人们提供恒久的产品和服务，而这种产品和服务的获得都伴随着土地权利的限定。因此，土地买卖实质上是一种财产权利的买卖，人们购买土地是购买获得土地收益的权利。土地权利是一束权利的集合，可分为土地所有权、土地使用权、土地租赁权和土地抵押权等。购买土地，获得某项土地权利，就可获得某种程度的土地收益，因而，也就必须为获得这项权利付出代价。

2. 土地价格不依生产成本定价

土地价格不是土地价值的货币表现，不依生产成本定价。一般商品，都是人类劳动的产品，具有价值，其交换价格是其价值的货币表现。同时，人们可以根据其生产成本确定其价格，因而比较客观。由于土地是一种自然物，不是人类劳动的产品，没有价值，也就无所谓生产成本，因此，土地价格不以土地价值或生产成本为依据。

3. 土地价格主要由土地需求决定

一般商品的市场供给和需求，共同决定该商品的市场价格。然而，土地却不同。在宏观上，土地的自然供给是不能改变的，土地的经济供给弹性也很小。因此，相对于土地需求来说，土地供给的变动总是很小的。这样，土地市场价格就主要由土地需求决定。当社会人口增加、经济发展对土地的需求日益增大时，土地价格就不断上涨；反之，当社会或某一地区人口减少、经济衰落，人们对土地的需求减少时，土地价格就下跌。当然，从微观上看，在某一个具体地域性市场上，土地的供给是可变的，特别是对某一购买商而言，在某一价格水平下，它可以在众多的土地供给中选择自己所需的土地。

4. 土地价格呈上升趋势

随着社会经济发展，人口增加，人地比率不断增大，社会对土地的需求日益扩大，从而使地租有不断上涨的趋势。同时，社会经济的发展也就意味着高技术、高投资的产业日趋发达，工人的劳动总量在生产中的比重日趋缩小，从而整个社会的资本有机构成提高，使得社会平均利润率下降，从而导致利息率有下降的趋势。地租的上升和利息率的下降，决定了土地价格呈上升趋势。

5. 土地价格具有强烈的地域性

在理论上，我们可以说根据土地的供给和需求来确定土地的市场价格。但是，由于土地位置的固定性，它无法像其他产品那样可以到处流动，因而使土地市场具有强烈的地域性，不能形成统一的市场均衡价格，各地域性市场之间，土地价格很难相互影响。所以，土地价格一般是在地域性市场内根据其供求情况,交易双方当面论价成交。

(三) 土地价格的形式

从不同的角度分类,土地价格具有不同表现形式,它们之间会有所交叉,同一宗土地之上会赋有一种以上的价格形式。

1. 按土地权利分类

按土地权利分类,土地价格可分为所有权价格、使用权价格、租赁价格、抵押价格等。土地作为一种能带来永久收益的资产,其价格不是土地实物本身的价格而是土地权利的收益价格。土地权利是一束权利的集合,包括土地的所有权及使用权、租赁权、抵押权等。相应地,土地价格可以划分为所有权价格、使用权价格、租赁价格、抵押价格等。土地所有权价格是一种土地所有权转移价格。土地使用权价格,是在一定期限中持有土地的使用权、收益权所形成的一种价格,包括土地使用权出让价格(包括协议价格、招标价格、拍卖价格、挂牌价格)、土地使用权转让价格等。同样,租赁权和抵押权也分别会形成租赁价格和抵押价格。

2. 按土地价格形成方式分类

按土地价格形成的方式分类,土地价格分为交易价格和评估价格。交易价格是通过市场交易形成的土地成交价格。而评估价格是土地估价人员应用土地估价程序和方法评出的土地价格。如我们用市场比较法、收益还原法、成本逼近法、剩余法等对某块土地进行评估,所得的结果便是评估价格。它是交易价格的基础。土地在进行交易前,一般都要对土地进行价格评估,得出评估价,而后,买卖双方根据各自的评估价在市场中讨价还价,最后成交。因而,同一块土地利用不同的评估方法,有不同的评估价格,评估人员不同,其评估价格也不同,而交易价格也可能与评估价格相等或不相等。

3. 按政府管理手段分类

按政府管理手段分类,地价可以分为:① 申报地价,由土地所有人或使用人向有关机关提出申报的地价;② 公告(示)地价,是政府定期公布的地价,它一般是征收土地增值税和征用土地补偿的依据;③ 补地价,是中国所规定的原无偿划拨土地转为土地出让方式时必须由转让方向土地部门交纳的地价,有些地方称之为土地增值费,但它实际上只是土地市场购买价格中的一部分。

4. 按土地估价技术分类

按土地估价技术分类,土地价格可分为:土地总价、单价(单位土地面积价格)、楼面地价(单位建筑面积地价)等。

5. 按土地开发利用和估价目的分类

按土地开发利用和估价目的分类,地价可表示为熟地价格、生地价格、毛地价格。

(四) 土地价格体系

中国目前的地价体系是随着经济体制改革的深化形成的。根据中国土地管理制度的特点和《城市房地产管理法》的有关规定,中国的土地价格体系主要包括以下几种价格形式。

1. 基准地价

基准地价反映城镇及农村整体地价水平,作为政府对地价实行宏观管理和控制的标准。

城镇土地基准地价是指在城镇规划区范围内,对现有利用条件下不同级别的土地或者土地条件相当的地域,按照商业、居住、工业等用途,分别评估确定的某一时点上法定最高年期物权性质的土地使用权区域平均价格。

农用地基准地价是指县(市)政府根据需要针对农用地不同级别或不同均质地域,按照不同利用类型,分别评估确定的某一时点的平均价格。

2. 标定地价

标定地价反映宗地在一般市场条件下正常地价水平,作为政府对地价和土地市场进行管理的依据。

标定地价是政府根据管理需要,评估的具体宗地在公开市场和正常经营管理条件下某一期日的土地使用权价格。标定地价是宗地地价的一种,由政府组织或委托评估,并被政府认可,作为土地市场管理的依据,其评估方法与一般宗地估价方法相同。标定地价与基准地价一样,由政府定期公布。

3. 交易底价

交易底价反映宗地在不同市场条件和不同交换形式下的地价水平,供土地交易或交换各方作为交易最低价或期望价参考的价格或评估价。

4. 成交价格

成交价格反映具体宗地在土地市场交易或交换等活动中的现实价格,由土地交易双方认可并据此支付地价款的土地价格。

5. 其他价格

其他价格由以上四种类型的土地价格衍生和派生的供抵押贷款、土地税收、资产核算、土地出让等方面使用的土地价格。

上述五个地价系列相互影响,相互联系,共同构成了我国的土地价格体系,同时,这五个地价系列也在地价体系中起到不同的作用,具有不同的地位,显示出各自不同的特点。从地价的性质看,基准地价、标定地价、交易底价以及由此衍生的其他宗地地价,是根据过去成交地价及土地收益情况评估的地价;而成交地价则是在土地市场交易中直接实现的现实价格。从地价的特点看,基准地价属于区域平均地价的一种,是目前我国最常见的区域平均地价形式;标定地价、交易底价及其他派生的地价都是对具体的宗地而言,故都属于宗地地价类型。若按各地价在地价体系中的作用和地位分析,基准地价和标定地价是政府为管理地价和土地市场而组织或委托评估的,对地价体系中的其他地价具有一定的导向控制作用,因而是我国地价体系的核心;标定地价、交易底价或交易评估价是土地市场中最常见、最大量发生的地价形式,因而是地价体系的主要成分;而成交地价反映的是土地市场的现实,故是地价体系内最关键的参照指标。

二、土地价格管理的含义、目的与意义

(一)土地价格管理的含义

土地价格管理简称地价管理,是指政府为了规范土地市场的交易行为,保持土地市场的稳定和健康发展,保护土地交易者和国家等各方面的合法利益而采取的以土地价格为核心

的各种调控、引导和管理措施。具体来说,包括以下三个方面的工作:① 对土地价格及土地价格体系进行管理,调控地价水平;② 对土地价格评估工作进行管理;③ 对土地市场中因土地价格引起的各种纠纷进行处理。地价管理对土地市场中的地价水平和地价标准有调控和引导的功能,地价管理,具有防止地价暴涨,防止土地投机,促进土地合理利用,规范交易双方行为,建立规范的土地市场,规范土地估价方法,提高土地价格精度,防止国有土地收益流失等重要作用。

(二) 土地价格管理的目的

土地价格管理是土地管理的核心内容之一,其目的就是通过对土地价格进行调控和引导,使土地价格保持在合理、稳定的水平上,既有利于国民经济的发展,又有利于土地市场繁荣。

1. 通过地价管理,使土地价格合理化

根据马克思主义的土地价格理论,土地是一种特殊商品,没有价值;但存在价格,其价格是地租的资本化,也可以说是未来若干年土地纯收益贴现值的总和。以此,可以作为判断土地价格是否合理的标准,如果土地价格不合理,则需要对土地价格进行调控,使其重新恢复到合理的水平上。

2. 通过地价管理,使土地价格在一定时期内保持稳定

地价过高,易引发"泡沫经济",地价过低,又会导致国家收益流失,这两种情况均不利于土地市场和国民经济的持续稳定发展。土地价格在一定幅度内发生上、下波动等变化是正常现象,但是,如果土地投机严重,造成地价忽高忽低,变动幅度过大,则会带来不利后果,不仅扰乱土地市场正常进行,而且由于土地价格是国民经济的基础价格,还会引起整个经济的震荡。因此,必须对土地价格进行调控和管理,减少地价变动幅度,保持土地市场稳定和繁荣。

3. 通过地价管理,使土地价格和国家地价政策一致

单纯依靠市场机制配置土地资源和调节地价水平往往只能体现短期的、局部的经济效益,生态、环境以及社会效益难以兼顾。为了克服市场机制不足,国家从社会效益、环境效益和宏观经济出发制定地价政策,对土地价格进行适当干预和调节。例如,对以营利为目的的用地,其价格通过评估方式依靠市场参数确定,对公益事业和公共用途用地以及与国民经济发展密切相关的基础设施和基础工业用地,其价格可以适当从低。

(三) 土地价格管理的意义

土地价格管理的意义,主要体现在以下三个方面。

1. 宏观上来看,地价管理是国民经济健康发展的保证

土地是重要的生产资料,是国民经济各行业、各部门生产活动的基础,与人们生产活动直接相关。在中国实现土地有偿使用制度后,土地价格计入企业生产成本,其高低和稳定与否直接影响整个价格体系。当土地价格上涨时,将引起产品生产成本上升,产品价格也随之提高,从而使物价指数上升,通货膨胀压力增大。所以,地价一旦失控,对整个经济市场带来的冲击是不容低估的。

2. 从中观上来看,地价管理是土地市场管理的核心

价格是市场的核心,对于土地市场来说,其本质是土地供求双方为确定土地交换价格而进行的一系列活动,因此,土地价格也是土地市场的核心。与此同时,地价管理成为土地市场管理的核心。另一方面,地价又是以经济手段调节土地市场的杠杆,地价管理对保持土地市场正常有序运转有重要意义。

3. 从微观上看,地价管理直接关系到土地产权交易双方的切身利益

所谓土地产权是指法律规定范围内土地财产关系的权利集合或权利束,包括土地所有权、使用权、租赁权、地上权、抵押权等。当土地产权交易双方进行交易时,他们的利益关系主要是通过土地产权价格加以体现和调整的。地价的高低和变化,对交易双方都是极为敏感的。通过地价管理,可以维护双方的利益,并保护国家利益不受损失。

三、土地价格管理的作用

1. 调节土地供求关系,抑制土地投机

通过地价管理充分发挥地价调节土地供求关系作用,当土地市场中土地需求大于供给时,地价上升以抑制需求和刺激供给;当需求小于供给时,则地价下降,以刺激需求和抑制供给。另外,通过制定一系列地价管理措施和制度,防止囤积土地等待地价上涨以获取暴利的投机行为,必要时还可采取行政手段进行干预。

2. 促进土地资源合理配置,充分有效利用土地

通过实行土地有偿使用制度,制定合理的土地价格,促使企业节约用地,以提高土地资源利用效率。与此同时,通过土地价差,引导用地者选择用途与经济效益相适宜的土地,促使地尽其利,合理配置,避免盲目争地、任意多占地、占好地的现象,迫使不能合理使用土地者将土地转让给能够发挥土地最大潜力的使用者使用。

3. 为土地市场管理提供依据

在地价管理中,有了通过评估产生的基准地价体系,政府在对土地市场进行宏观调控时,就有了科学依据,参与土地收益分配也有了客观标准,基准地价也为制定出让地价、确定地产抵押值、计算土地增值税和其他相关税费提供了依据。

4. 规范土地市场中交易各方行为

在土地市场中,有的交易者为了逃避国家税费,采取隐瞒不报或少报地价的非法手段来进行交易活动。不仅给国家造成了经济损失,也严重扰乱了正常的土地市场运转。为此,通过制定规范的地价登记管理制度,保证交易者如实申报交易地价和交纳税费,对瞒报、少报行为进行严惩,迫使土地交易双方依法交易,据实申报地价,逐步建立一个公开、公平、公正的市场。

5. 规范土地估价方法,提高估价水平

通过建立地价评估制度,实行统一的估价方法和程序,可以保证估价结果的精度,减少估价工作的任意性以及不规范的估价行为。通过对土地估价机构进行资格审查和对估价人员进行资格认证,培养大批专业的估价人才,有利于提高中国土地估价水平。

6. 防止国有土地收益流失

一方面,通过地价管理对国有资产中的土地资产进行评估登记,查清他们的数量和分布,可以有效防止划拨土地使用权的非法转让。另一方面,在对外出让土地时,对土地进行评估,制定合理的出让地价,可以避免国家利益受到损失。

7. 通过地价管理,合理分配社会财富

由于地域差异性(地理位置、自然条件等不同),在中国不同城市与地区之间存在级差地租。对于某一地区或城市,国家投资进行各项建设,改善交通条件和经济环境,由此产生级差地租。对于这部分级差地租,国家可以通过地价形式转归国有,进而在全社会、全国范围内进行分配,达到合理分配社会财富的目的。

四、中国土地价格管理政策和制度

中国自 1988 年实施土地有偿使用制度以来,土地市场发展很快,但由于起步较晚,还未形成一套完善的运行和管理机制,土地价格方面的政策和制度主要根据实践工作需要而制定,借鉴国外的经验,逐步形成了中国的土地价格管理制度雏形。目前,中国法律、法规涉及土地价格管理的政策制度主要包括以下几个方面。

(一) 土地价格管理政策

1. 国家对协议出让国有土地使用权采取最低限价

《城市房地产管理法》第十二条明确规定"采取双方协议出让土地使用权的出让金不得低于国家规定所确定的最低价。"其意义在于:① 防止地方政府为了局部利益和短期利益,采取不正当竞争方式故意压低地价,造成国有土地收益的流失;② 增加土地使用权出让过程中的透明度,既有利于上级对下级政府进行监督,又保证了投资者公平竞争;③ 便于土地使用者了解地价优惠政策,明确合理的投资方向。

2. 政府可以按经济和城市建设的需要,对单位和个人的土地使用权实行提前收回

《城市房地产管理法》第十九条规定"国家对土地使用者依法取得的土地使用权不提前收回,但在特殊情况下,根据社会公众利益的需要,国家可以依照法律程序提前收回,并根据土地使用者已使用的年限和开发利用土地的实际情况给予相应补偿。"对土地使用权的提前收回的意义主要有:① 随着城市建设的发展,土地利用结构与方式将不断变化,过去合理的用地方式在将来一定时间可能变得不合理,影响整个城市经济的发展和城市用地效益的提高,故需重新调整土地利用方式,发挥土地资产的最佳效益;② 由于在计算补偿金额时只能以申报的地价为计算标准,土地交易受让人将承受交易价格申报不实带来的损失,从而迫使交易者如实申报地价,防止隐报、瞒报地价。

3. 政府对土地使用权的转移有优先购买权

《城镇国有土地使用权出让和转让暂行条例》第二十六条规定"土地使用权转让价格明显低于市场价格的,市县人民政府有优先购买权。……"实行优先购买权的意义主要有:① 可以保证因公共福利等建设需要的土地为政府所得;② 防止土地在转移时,土地交易双方为少缴纳税费而虚报、瞒报地价,避免国家收益流失。因一旦政府对虚报、瞒报地价的地块按申报的地价优先购买,受损方将是土地转让人自己。

4. 政府对地价上涨可采取必要的行政手段进行干预

《城镇国有土地使用权出让和转让暂行条例》第二十六条规定"……土地使用权转让的市场价格不合理上涨时,市县人民政府可以采取必要的措施。"实行政府对地价上涨采取的行政干预手段的意义主要在于:① 为了使地价上涨的速度与国民经济发展速度保持一致,避免地价过快上涨对国民经济造成冲击;② 保持一个相对稳定、适度上涨的土地价格对于培育发展土地市场,促进土地合理流转,充分利用土地也有重要意义。

(二)土地价格管理制度

1. 建立土地估价制度

自 20 世纪 80 年代后期,原国家土地管理局在全国范围内逐步建立土地估价制度,要求各城市必须开展土地定级和基准地价评估,并对政府出让土地使用权进行交易地价评估。现在,土地估价已介入绝大多数土地交易,如企业股份制改造、土地抵押等,通过对城乡土地进行基准地价评估和标定地价评估,为地价管理部门制定地价管理政策和对地价交易价格进行宏观调控提供了依据。

2. 建立估价机构和评估人员的资格认证制度

开展土地价格评估,必须由专门的机构和专业的人员进行,为了确保土地估价结果的科学性,管理机关要求开展这一工作的机构和人员必须经过资格认证,估价人员要经过考试才能取得估价资格。估价人员要成为从业并能够在土地估价报告中署名的土地估价师,必须经过三个步骤:一是通过全国统一考试合格,并取得土地估价师执业资格证书;二是通过实践考核;三是进行执业登记。

3. 建立基准地价和标定地价定期公布制度

《城市房地产管理法》规定,基准地价和标定地价要定期公布。基准地价和标定地价是城市政府管理地价的基本参照地价,也是房地产投资者进行投资决策的主要依据,为了确保城市基准地价的科学性,国家土地管理部门还要求省会城市及计划单列市的基准地价成果要上报国土资源部进行审核与平衡。

4. 建立地价动态监测体系

国家为了更好地了解市场地价状况,制定地价政策,自 1999 年开始,国土资源部即着手在全国各城市建立地价监测体系,通过将各城市的地价变化情况及时通过该体系传输至国土资源部,国土资源部即可快捷准确了解各城市的地价状况,及时制定相应的地价管理政策,同时,利用监测数据编制全国地价指数并定期发布。

5. 建立土地供应计划制度和土地储备制度

为了在宏观上调控土地价格,必须严格控制土地供应数量和区位。各级政府根据中国耕地少、房地产开发起步较晚的实际情况,建立土地供应计划制度和土地储备制度,要求每年进入一级土地市场的土地数量和时机要在政府计划的控制之下确定,同时,各城市土地管理部门还建立了土地储备制度以有效地调节土地供应。

6. 建立土地交易最低限价制度

《城市房地产管理法》及相关法律法规规定,土地交易价格不得低于城市政府规定的标定地价,否则,政府有优先购买的权利。

7．建立土地成交价格申报制度

稳定房价、地价,保障房地产市场健康持续稳定发展是房地产价格管理的重要任务。为规范土地市场交易秩序,营造公平的市场竞争环境及防止国有土地资产流失,《城市房地产管理法》规定,房地产权利人转让房地产,应当向县级以上地方人民政府规定的部门如实申报成交价,不得瞒报或者作不实的申报。对低于市场价成交的土地,政府可优先购买。

8．建立土地增值税制度

为了规范土地及房地产市场的交易秩序,抑制土地投机,1994年1月开始对转让国有土地使用权及房地产并取得收入的单位和个人开征土地增值税。土地增值税实行四级超额累进税率,最低税率为30％,最高为60％,土地增值税的实行有效地控制了土地价格的过快上涨。

五、城市地价动态监测与地价指数

通过城市地价动态监测,能够全面细致地了解城市各类用地地价的总体水平,及时把握城市地价变化情况,为城市地价管理、土地管理以及城市经济建设提供决策依据,从而充分发挥政府在地价监管和调控方面的重要作用,保证土地经济系统的公平与效率。具体来说,城市地价动态监测的作用表现在以下三个方面:① 通过城市地价动态监测及时更新城市基准地价;② 通过城市地价动态监测建立地价信息发布及查询系统,提高土地市场地价信息透明度;③ 城市地价动态监测工作是测算、编制地价指数的基础。

(一)地价指数的定义

地价指数是反映土地价格随时间变化的趋势与幅度的相对数。它是反映一个城市(或地区)各类土地(商业、住宅、工业等)价格变化及其总体综合平均变化趋势的相对数。它能够直接或间接地透射出土地市场的有关价格、数量的变动信息,是政府管理、调控土地市场的重要依据,也是企业投资决策的重要参考;它对于城市基准地价调整、土地估价的期日修正、土地增值税的征收等都具有重要的意义。

(二)地价指数的分类

地价指数分为综合地价指数和分类地价指数。综合地价指数一般简称为地价指数;分类地价指数是按照城镇用地类型(商业用地、工业用地、住宅用地)测算的地价指数。综合地价指数通过分类地价指数测算得到。

地价指数是两个时期的城镇地价的比较结果,作为比较的分母称为基期地价水平,用来与基期作比较的分子称为报告期地价水平。地价指数按不同的基期可以计算出定基地价指数和环比地价指数。定基地价指数指在指数数列中都以某一固定时期的地价水平作为对比基准的指数;环比指数指在指数数列中随着时间的推移,每期的指数都以前一期的地价水平作为对比基准的指数。

(三)地价指数计算的工作程序

地价指数计算的基本步骤和工作程序:① 首先进行地价指数测算的设计方案;② 地价指

数的资料调查,包括城镇的社会、经济和自然资料,分商业、工业、住宅等类型的样点地价资料及相关的资料;③ 资料的整理及样点地价修正;④ 各级别分类平均地价计算;⑤ 平均地价权重值的确定;⑥ 城镇分类平均地价计算;⑦ 城镇平均地价计算;⑧ 城镇地价指数和城镇分类地价指数计算;⑨ 地价指数成果的验收;⑩ 地价指数成果的应用。

(四)地价指数的应用

地价指数主要有如下作用:

(1)地价指数是土地估价、城市基准地价调整以及土地增值税测算的重要依据。

(2)地价指数也是政府进行土地市场管理和地价管理的重要依据。政府可以根据地价指数波动状况制定相应的供地计划和地价政策,调节土地供需平衡,维护地价稳定。

(3)通过地价指数可以了解地价变化趋势和幅度,有利于提高市场透明度,引导市场参与者合理交易,减少土地开发投资的盲目性,促进土地市场健康发展。

第四节 土地市场微观管理

所谓土地市场的微观管理,是指国家通过法律的、行政的等手段对土地市场运行进行统一的规范与管理,保证市场主体公平交易、平等竞争,以发挥土地市场机制的正常调节功能。土地市场微观管理主要包括土地市场客体的管理、土地市场的资质审查、土地市场交易程序的规范及土地市场中介的管理的内容。本节重点介绍土地市场客体的管理、土地市场的资质审查及土地市场中介的管理,有关土地市场交易程序的规范详见本书第四章第二节《国有土地权属管理》部分相关内容。

一、对土地市场客体的管理

我国城市土地市场的客体主要是指土地及土地产权,对土地市场客体的管理主要限制允许进入市场的土地产权的范围。

我国《宪法》明确规定:"城市的土地属于国家所有。""任何组织或个人不得侵占、买卖或者以其他形式非法转让土地。土地的使用权可以依照法律的规定转让。"因此,在我国,城市土地所有权不能进入市场。在城镇(包括城市、县城、建制镇、工矿区)只允许国有土地使用权进入市场流转。

土地使用权在出让、转让期间,其所有权仍属于国家,其地下各类资源以及文物、市政设施等埋藏物,也为国家所有,不在土地使用权出让、转让的范围之内。

按照《土地管理法》、《城市房地产管理法》以及相关法规的要求,以下土地不得进入市场:

(1)以出让方式取得土地使用权,未按土地使用权出让合同约定进行投资开发的,或未按照出让合同约定支付全部土地使用权出让金的。

（2）司法机关和行政机关依法裁定、决定查封或以其他形式限制土地权利的。

（3）依法收回土地使用权的。

（4）共有土地，未经其他共有人书面同意的。

（5）权属有争议的。

（6）未依法登记领取土地使用权权属证书的。

二、对土地市场的资质审查

在我国现行的土地制度下，进入土地市场的主体是多方面的，其中包括国营企业、集体企业、私营企业和居民个人，同时，还包括外资企业和中外合资、合作企业等。只有按统一标准对进入土地市场的主体进行资质审查，才能保证主体之间的平等竞争，才能使土地市场有序地运行。

（一）土地使用权出让人和转让人的资格

按照目前我国的《宪法》、《土地管理法》和《城镇国有土地使用权出让和转让暂行条例》、《招标拍卖挂牌出让国有建设用地使用权规定》的规定，土地使用权出让是指国家以土地所有者的身份将土地使用权在一定年限内让与土地使用者，并由土地使用者向国家支付土地使用权的出让金的行为。因此，土地使用权出让人只能是国家，其代表是经国家授权的各级政府。

土地使用权的转让是土地使用者将土地使用权再转移的行为，包括出售、交换和赠予。因此，凡因土地使用权的出让、转让而享有土地使用权的境内外的公司、企业、其他组织或个人，均可成为城镇国有土地使用权的转让人。

（二）土地使用权受让人的资格

作为土地使用权受让人的企业、其他组织或个人，不仅要有正当的用地理由，还要有支付土地出让、转让费用的能力或筹资能力，以及相应的经营管理能力。受让人在取得土地使用权的地块上进行各项经营活动，必须遵守中华人民共和国的法律、法规和规定，并按合同规定的时限和用途使用土地。

三、土地市场中介的管理

（一）对土地中介服务企业与个人进行严格的资质审查

所谓资质审查，是政府有关机构(房地产行政管理部门、土地管理部门、工商行政管理部门等)对从事土地中介服务的企业或个人进行资格审定和确认。

1. 土地市场中介服务企业必须具备的资质条件

（1）必须是具有法人资格的经济实体。要有明确的经营主体和章程，实行自主经营，独立核算，自负盈亏，能独立地承担经济责任。

（2）必须有健全的管理机构。要有合法的法人代表，并配有与经营内容、经营方式及经营规模相适应的具有土地专业知识的经营、技术和财务人员。

(3) 必须具有与经营规模、内容相适应的自有资金。

(4) 必须建立符合财政部门和建设银行规定的财务管理制度。

(5) 必须有固定的办公地点和合法的经营方式和手段。

2. 土地经纪人必须具备的资质条件

(1) 要具备一定的经营能力。要熟悉了解市场管理的方针、政策、市场行情及相关业务技术知识。

(2) 要有一定的经营方向和经营范围。每个经纪人要确定一定的经营方向,并按业务种类或地域确定经营活动的范围。

(3) 有正当的社会身份和从业目的。土地经纪人必须有当地的正式户口,合法的社会身份和为土地市场服务的从业目的。

(4) 有良好的职业道德。要严格执行土地市场管理的方针政策,遵纪守法,在国家法令和政府允许的范围内开展中介服务活动。

3. 对土地中介服务企业或个人(经纪人)进行资质审查的具体程序

(1) 由已从事或准备从事土地中介服务的企业(或个人)向主管部门申报,并取得主管部门的同意。

(2) 向土地的行政管理部门申请资质审查,并提交有关证件、资料。经审查合格,由土地行政管理部门颁发经营资格证书。

(3) 凭经营资格证书和其他有关证件、资料,到工商行政管理部门办理开业登记手续,由工商行政管理部门核发营业执照。

任何从事土地中介服务的企业或个人,只有在取得经营资格证书和营业执照之后,方可从事土地中介服务活动。

(二) 对土地中介服务企业与个人进行经常性的审查和监督

政府除了对从事土地中介服务的企业与个人进行严格的资质审查外,还必须进行经常性的审查和监督,其内容包括以下四方面。

(1) 在审查和监督中,对未经资质审查而从事土地中介服务的企业或个人,其中不具备条件的应坚决取缔;已具备条件而未经资质审查的,应该督促办理资质审查手续。

(2) 已经资质审查合格的中介服务企业或个人,如果违反国家法令和有关政策规定,从事非法经营活动,要视其情节轻重给予行政和经济处罚,甚至取消其经营资格,以保证把土地市场的经营活动纳入国家法令和政策允许的范围之内。

(3) 对于发生分立、合并和倒闭的土地中介服务企业,要重新予以资质审查或办理注销手续。

(4) 严格限制土地经纪人的业务范围,土地经纪人不得以咨询、介绍、服务为名进行实务性买卖。要建立经纪人经营规范,委托、代办,收费必须通过合同协议公开进行,服务费的收取应由物价管理部门核定。对非法从事土地经纪活动的企业和个人要严肃查处。

第五节　土地市场税收管理

税收是一种依法强制规定的权利和义务关系,收税是政府的权利,交税是纳税人的义务。纳税人交税,并不是因为使用了国家的各种资源和财产,需要给政府以经济补偿,而是一种应尽的义务,是以法律为基础的。

一、税收的基本概念

(一) 税收的概念与特点

《政治经济学辞典》对税收的定义是:"国家按法律规定对经济单位和个人无偿征收实物或货币。是国家凭借政治权力,参与国民收入分配再分配,以取得财富的一种形式"。《中国大百科全书》对税收的定义是: 税收是国家政权为了行使其职能,保证国家机器的正常运转,通过法律规定的标准,强制地、无偿地取得财政收入的一种形式。列宁说:"所谓赋税,就是国家不付任何报酬而向居民取得的东西"。

上述定义尽管说法不完全相同,但其内涵是一致的。税收是国家依据其社会职能参与社会剩余产品分配的一种规范形式,即国家为了实现其职能,凭借其政治权力,按照法律规定的标准,无偿取得财政收入的一种分配方式。

税收的上述概念决定了税收具有强制性、无偿性和固定性的基本特点。

1. 强制性

强制性是指国家凭借其政治权利,通过颁布法令并实施,任何单位和个人不得违抗。

2. 无偿性

无偿性是指国家征税以后,税款即为国家所有,不需要偿还。

3. 固定性

固定性是指在征税以前以法律形式规定了征税的对象、统一的税率比例或数额,并只能按规定的标准征税。

在这个基础上,可以得出土地税收的含义为:"国家为了满足公共需要,补偿社会费用,优化土地配置,调节经济生产,按法律规定的对象和比例占有、支配土地价值的一种特定的分配关系"。土地税同样具有强制性、无偿性和固定性的特点。

(二) 税收制度及其构成

税收制度,简称税制,是国家处理税收分配关系的总规范,是国家各项税收法律、法规、规章和税收管理体制等的总称。税收法律、法规及规章是税收制度的主体。

税收制度由纳税义务人(纳税人)、课税对象、税基、附加、加成和减免、违章处理等要素组成。

1. 纳税人

纳税人是指国家行使和课税权所指向的单位和个人,即税法规定的直接负有纳税义务的单位和个人,包括自然人和法人。

2. 课税对象

课税对象又称征税对象,是税法规定的课税目的物,即国家对什么事物征税,如地产。

根据课税对象的性质,可以把税种分为流转税、收益税、财产税和行为税。流转税,以商品或劳务买卖的流转额为课税对象课征的各种税收,如增值税、消费税、营业税等;收益税,以纳税人所得额为课税对象课征的税,如企业所得税等;财产税,以纳税人所拥有或支配的财产为课税对象所课征的税,如财产税;行为税,以纳税人所发生的某种行为为课征对象所课征的税,如固定资产投资方向调节税、印花税等。

3. 税基

税基是课税的基础,有两层含义:一是税基的质,即课税的具体对象,有实物量和价值量两类;二是税基的量,即课税对象中,有多少可以作为计算应课税的基数。

4. 税率

税率是据以计算应纳税额的比率,即课征对象的征税比例,体现征税的深度。在课税对象和税目不变的情况下,税率和税额的增减成正比。税率的大小直接关系到国家的财政收入和纳税人的负担,起着调解收入的作用。因此,税率是税收制度和政策的中心环节。

按税基和税率的关系划分,税率比例主要有比例税率、累进税率和定额税三种。比例税率,即对同一课税对象,不论其数额大小,统一按一个比例征税;定额税率,按课税对象的一定计量单位直接规定一个固定的税额;累进税率,按课税对象的数额大小,划分若干个等级,各等级由低到高规定相应的税率,课税对象数额越大,税率越高;数额越小,税率越低。

5. 附加、加成和减免

附加、加成和减免是对纳税人负担轻重的一种调节措施。附加和加成是对纳税人负担加重的一种措施,而减免则是对纳税人负担减轻的一种措施,包括减税和免税等。

6. 违章处理

违章处理是对纳税人违反税法行为的处置。纳税人的违章行为包括偷税、抗税、漏税、欠税等不同情况。对纳税人的违章行为,根据其情节轻重,分别采取批评教育、强行扣款、加收滞纳金、罚款、追究刑事责任等措施。

我国在经历多次税制调整特别是 1994 年的税制改革以后,基本建立了以土地及房地产的取得、保有、交易为征税环节的征税体系。目前涉及的土地税种主要有:城镇土地使用税、耕地占用税、土地增值税、契税,与此密切相关的有房产税、固定资产投资方向调节税、营业税、城市维护建设税、教育费附加、企业所得税、个人所得税及印花税等。本书将对涉及土地的主要税种,即城镇土地使用税、耕地占用税、土地增值税和契税作重点介绍。

(三) 税收的作用

在我国社会主义市场经济条件下,税收的作用主要体现在以下几个方面。

1. 国家财政的积累作用

税收是国家为了实现其职能的物质需要而产生和存在的,因此,自从税收产生以来,不论奴隶社会、封建社会、资本主义社会还是社会主义社会,税收都是作为国家组织财政收入的重要工具,这也是国家参与国民收入分配的目的所在。可以说,财政功能是税收的首要和基本功能。税收收入在国家财政收入中的比重最大,是国家财政的重要支柱。由于税收的强制性,使国家能够在商品经济的条件下,运用政策法律等手段保证国家财政收入的可靠性、及时和均衡。

2. 经济杠杆的调节作用

国家为了实现宏观决策意图,影响和引导经济的发展方向,运用提高或降低税率、减免、优惠等税收政策,抑制和促进某个行业的发展,调节经济单位和个人的收入,作为国家实行国民收入再分配政策的一个手段;国家通过税收政策,调整某项税种的税率,进而对宏观经济发展进行调节。税收与价格政策的配合,能较灵活地发挥调节生产和消费的作用。这是在市场经济条件下的有效手段。

3. 监督管理作用

国家通过税收政策和法律,在征收税赋的过程中,对纳税对象的生产、流通、经营和核算进行监督和管理;在社会主义经济活动中,税收既具有鼓励先进,鞭策后进,又具有促进企业努力发展生产、讲求经济效益,加强经济核算的作用。

其中,土地税收的作用则具体体现以下三方面。

1. 国家财政收入的重要来源

税收是国家财政收入的主要来源,随着我国市场经济的发展和土地使用制度的改革,土地税收在国家税收体系中所占的比重越来越大。在国外市场经济发达的国家,土地税收已经成为地方政府财政收入的主要来源,如1984年,英国地方政府的总收入中以土地税收为主体的财产税占72.1%。

2. 宏观调控的有效手段

国家以经济管理者身份,根据法律和宏观经济管理目标,按照国家意志,强制性地向微观经济组织和个人征收税收,对土地的供给与需求、供给结构与需求结构进行调控。由于土地税收的纳税人可以是房地产供给者,也可以是房地产需求者,因此调整对房地产供给者的税收的税种、税率、附加和减免,会使房地产商的销售成本增加或减少,从而在房地产价格水平维持相对稳定的条件下,影响房地产供给量的上升或下降。同样,调整房地产需求者征税的税种、税率、附加和减免,房地产的取得代价会增加或减少,从而在房地产价格和购买力水平不变的情况下,税负水平的变化引起房地产需求量的变化。不同类别房地产税负水平的变化,将引起房地产供给结构或需求结构变动。

3. 促进土地资源的合理配置

在土地资源的利用引导中,税收起着主导作用,尤其是抑制土地投机,用土地增值税调节,其效果非常明显。对闲置土地、荒弃土地课税,会扩大土地的利用效率,除此以外,征税压力还能促使经营者更有效、更集约地利用土地。例如原苏联把纳税负担确立在普通生产者的现期生产水平上,从而促进更加集约地利用和更好地管理土地资源。此外,土地税收也有调整土地利用方向的作用。通过土地税率的变化,往往能够达到调整土地利用方向的目的,如对不同土地利用方向确定不同的税率;对不提倡的土地利用方向课以重税,对提倡的土地利用方向轻税或免税。

二、城镇土地使用税

城镇土地使用税(土地使用税)是以城镇土地为课税对象,向拥有土地使用权的单位和个人征收的一种税。征收城镇土地使用税,是为建立起我国的土地有偿使用制度,加强土地管理,促进城市土地的合理使用,防止土地浪费,提高土地使用效益,保证国有土地所有权在经济上得以实现。

(一)纳税人

城镇土地使用税的征税对象,是城镇范围内土地的使用者。包括生产、生活等各类用地的使用者。目前土地使用税的征收对象只限于城市、县城、建制镇和工矿区范围内的土地使用者。各地在实施《中华人民共和国城镇土地使用税暂行条例》时,都将中外合资经营企业、中外合作经营企业、外资企业用地排除在外。

拥有土地使用权的纳税人不在土地所在地的,由代管人或实际使用人缴纳;土地使用权有权属纠纷的,由实际使用人缴纳;土地使用权共有的,由共有各方划分使用比例分别纳税。

(二)课税对象和征税范围

城镇土地使用税在城市、县城、建制镇、工矿区征收。征收对象是上述范围内的国有土地和集体所有的土地。

(三)计税依据

城镇土地使用税的计税依据是纳税人实际占用的土地面积。纳税人实际占用的土地面积,是指由省、自治区、直辖市人民政府确定的单位组织测定的土地面积。

(四)适用税额

城镇土地使用税是采用分类分级的幅度定额税率。每平方米的年幅度税额按城市大小划分为四个档次:大城市 1.5 元至 30 元;中等城市 1.2 元至 24 元;小城市 0.9 元至 18 元;县城、建制镇、工矿区 0.6 元至 12 元。

城镇土地使用税应纳税额的计算公式为:

$$年应纳税额 = 应税土地面积(平方米) \times 适用税率$$

在国家规定的上述税额幅度内,各省、自治区、直辖市人民政府有权根据市政建设状况和经济繁荣程度等条件,确定所辖区适用的税额幅度。

考虑到我国各地经济发展的不平衡和促进经济落后地区的发展,我国城镇土地使用税暂行条例规定,经省、自治区、直辖市人民政府批准,经济落后地区的土地使用税税额标准可以适当降低,但降低不得超过国家规定的最低税额的30%;经济发达地区土地使用税税额标准,也可以适当提高,但必须报经财政部批准。

（五）纳税环节和纳税期限

城镇土地使用税,依照当地规定的税额标准按年计算,分期缴纳。具体的缴纳时间,由各省、自治区、直辖市人民政府确定。对于新征收的土地征收城镇土地使用税的时间,分为两种:① 新征收的土地是耕地的,因使用者在征地时已缴纳了耕地占用税,所以,其应缴纳的土地使用税,自批准征收之日起,满一年时开始征收;② 新征收的土地是非耕地的,土地使用税自批准征收次日起开始征收。

城镇土地使用税由土地所在地的税务机关征收。土地管理部门有义务向税务机关提供土地使用权属的有关档案资料。在一些地区土地使用税由土地管理部门代收。

（六）减免

对下列土地免征城镇土地使用税:① 国家机关、人民团体、军队自用的土地;② 由国家财政部门拨付事业经费的单位自用的土地;③ 宗教寺庙、公园、名胜古迹自用的土地;④ 市政街道、广场、绿化地带等公共用地;⑤ 直接用于农林牧渔业的生产用地;⑥ 经批准开山填海整治的土地和改造的废弃土地,从使用的月份起免缴城镇土地使用税 5 年至 10 年;⑦ 由财政部另行规定的能源、交通、水利等设施用地和其他用地。纳税人缴纳土地使用税确有困难,需要定期减免的,由省、自治区、直辖市税务机关审核后,报国家税务局批准。

下列几项用地是否免税,由省、自治区、直辖市税务机关确定:① 个人所有的居住房屋及院落用地;② 房产管理部门在房租调整改革前经租的居民住房用地;③ 免税单位职工家属的宿舍用地;④ 民政部门举办的安置残疾人占一定比例的福利工厂用地;⑤ 集体和个人举办的学校、医院、托儿所、幼儿园用地。

三、耕地占用税

耕地占用税是对占用耕地从事非农业生产建设的单位和个人征收的一种税,属于资源税种。耕地占用税的特点在于它是对占用农业土地资源的一种补偿,其收入 30％归中央,70％归地方,都专项用于耕地开发。

（一）纳税人

凡占用耕地建房或者从事其他非农建设的单位和个人,都是耕地占用税的纳税人。所称单位包括国有企业、集体企业、私营企业、股份制企业、外商投资企业、外国企业以及其他企业和事业单位、社会团体、国家机关、部队以及其他单位;所称个人,包括个体工商户以及其他个人。

（二）课税对象和征税范围

耕地占用税的课税对象,是占用耕地建房或从事其他非农业建设的行为。占用耕地建设直接为农业生产服务的生产设施的,不征收耕地占用税;占用林地、牧草地、农田水利用地、养殖水面以及渔业水域滩涂等其他农用地建房或者从事非农业建设的,比照耕地占用税征收暂行条例征收征地占用税。

耕地占用税的征税范围包括国家所有和集体所有的耕地。耕地是指用于种植农作物的土地。

（三）适用税额

耕地占用税实行定额税率，具体分四个档次：① 以县级行政区域为单位（下同），人均耕地在 1 亩以下（含 1 亩）的地区，每平方米 10 元至 50 元；② 人均耕地在 1 亩至 2 亩（含 2 亩）的地区，每平方米 8 元至 40 元；③ 人均耕地在 2 亩至 3 亩（含 3 亩）的地区，每平方米 6 元至 30 元；④ 人均耕地在 3 亩以上的地区，每平方米 5 元至 25 元。

各地适用税额，由省、自治区、直辖市人民政府在规定的税额幅度内，根据本地区情况核定。各省、自治区、直辖市人民政府核定的适用税额的平均水平，不得低于国务院财政、税务主管部门根据人均耕地面积和经济发展情况确定各省、自治区、直辖市的平均税额。

（四）计税依据

耕地占用税以纳税人实际占用的耕地面积为依据，按照规定税率一次性计算征收。耕地占用税实行据实征收原则，对于实际占用耕地超过批准占用耕地，以及未经批准自行占用耕地的，经调查核实后，由财政部门按照实际占用耕地面积，依法征收耕地占用税，并由土地管理部门按有关规定处理。

（五）纳税环节和纳税期限

耕地占用税由地方税务机关负责征收。土地管理部门在通知单位或者个人办理占用耕地手续时，应当同时通知耕地所在地同级地方税务机关。获准占用耕地的单位或者个人应当在收到土地管理部门的通知之日起 30 日内缴纳耕地占用税。土地管理部门凭耕地占用税完税凭证或者免税凭证和其他有关文件发放建设用地批准书。

（六）加成与减免

对于经济特区、经济开发区和经济发达地区且人均耕地特别少的地区，适用税额可以适当提高，但最高不得超过规定税额的 50%；占用基本农田的，适用税额应当在规定的适用税额的基础上提高 50%。

对于铁路线路、公路线路、飞机场跑道、停机坪、港口、航道占用耕地，减按每平方米 2 元的税额征收耕地占用税。根据实际需要，国务院财政、税务主管部门会商国务院有关部门并报国务院批准后，可以对此情形免征或者减征耕地占用税。农村居民占用耕地新建住宅，按照当地适用税额减半征收耕地占用税。农村烈士家属、残疾军人、鳏寡孤独以及革命老根据地、少数民族聚居区和边远贫困山区生活困难的农村居民，在规定用地标准以内新建住宅缴纳耕地占用税确有困难的，经所在地乡（镇）人民政府审核，报经县级人民政府批准后，可以免征或者减征耕地占用税。

对于军事设施占用耕地及学校、幼儿园、养老院、医院占用耕地，免征耕地占用税。

四、土地增值税

（一）土地增值理论

1. 土地增值的涵义

土地增值是指在扣除通货膨胀影响的情况下,土地利用过程中发生的土地价格的变化。土地增值可以是增加的,也可以是减少的。从长期趋势来看,或者从一般的发展趋势来看,由于土地资源的稀缺,以及土地资本的不断累积,土地价格以增长为多。土地增值是客观存在的,它不仅反映在土地交易过程中,也反映在土地的利用过程中。只要有了作用于土地的任何人类活动,都会引起土地的增值。这一方面是由于人类活动使土地中凝结了越来越多的人类一般社会劳动,从而使土地资本价格增长;另一方面是缘于人类活动需要更多的土地,然而土地位置的固定性与土地总量的有限性,使土地供求失衡,导致土地价格增长。当然,对土地的掠夺性开发以及对生态环境的破坏性建设将会导致土地价格的降低。

2. 土地增值的归属分析

从理论上讲,土地增值的来源就应该是土地增值收益的归属。认为土地增值全部归国家即土地所有者,或者认为土地增值应该全部归属于土地使用者,都是不尽合理的。

通过土地增值形成原因的分析可知,产生土地增值不仅仅是国家允许改变土地用途带来的,也不仅仅是因为土地所有者与使用者的投入带来的,它还来自外部社会投资的辐射效应,来自社会的发展与技术的进步,来自土地资产的供不应求。也就是说,造成土地增值的主体既有国家,也有地方政府和其他社会投资者,还有土地的使用者。

而在现实社会中,明确地区分国家、地方政府、土地使用者和其他投资者之间在土地增值收益上的分配比例是很困难的。尤其是其他外部投资的辐射更是无法确定,而且土地使用者对自己土地的投资同时也形成对外部的辐射。由于地方政府是国家的代表,将国家与地方政府作为一方,将土地使用者作为另一方,忽略其他社会投资者,这样来讨论土地增值的归属,将使事情变得简单易行。

事实上,《中华人民共和国土地增值税条例》正是按照这样的思路制定的。条例规定,土地增值额为土地成本价格(包括土地原价及开发成本、相关税费等)的50%以内时,土地增值的30%归国家所有;土地增值额为土地成本价格的50%到100%时,土地增值的40%归国家所有;土地增值额为土地成本价格的100%到200%时,土地增值的50%归国家所有;土地增值额超过土地成本价格的200%以上时,土地增值额的60%归国家所有。

对土地增值征税,也符合国际惯例。土地增值税是世界各国普遍开征的税种,例如英国的财产增值税,实际上就是土地增值税。

（二）土地增值税

土地增值税是对有偿转让国有土地使用权、地上建筑物及附着物的单位和个人征收的一种税。这里的土地增值是指两次交易过程中(买进和卖出)土地自然增值的那部分价值。

这里还必须注意以下几点:第一,土地增值税是产生在两次交易时征收的,即买进和卖出,所以两个时间对这种税起着关键的作用;这与契税明显不同。第二,在两次交易过程中土地(包括房屋)要增值,但这里的增值不仅仅是数量的增加,在考虑增值时,一定要考虑资金的时间价值和房屋的折旧,这一点是很重要的。对于土地价值降低的交易除征收契税外,不征收增值税。第三,之所以称自然增值,因为这种增值是由于社会整体发展水平或周围交通等条件的改善而引起的,土地使用者本人对这种增值没有投资;所以,这种由于社会进步而引起的土地增值应收归国有,这就要征收土地增值税,而对于土地使用者投资而引起土地(或不动产)价值的提高在征税时应减去。这种税种,对于土地与房屋的投机,有明显的抑制作用。

1. 纳税人

凡有偿转让国有土地使用权、地上建筑物及附着物(简称转让房地产)并取得收入的单位和个人为土地增值税的纳税人。

2. 征税范围

土地增值税的征税范围包括国有土地、地上建筑物及其附着物。转让房地产是指转让国有土地使用权、地上建筑物和其他附着物产权的行为,但不包括通过继承、赠予等方式无偿转让房地产的行为。

3. 课税对象和计税依据

土地增值税的课税对象是有偿转让房地产所取得的土地增值额。

土地增值税以纳税人有偿转让房地产所取得的土地增值额为计税依据,土地增值额为纳税人转让房地产所取得的收入减除规定扣除项目金额后的余款。纳税人转让房地产所取得的收入,包括转让房地产的全部价款及相关的经济利益。具体包括货币收入、实物收入和其他收入。

4. 税率和应纳税额的计算

土地增值税实行四级超额累进税率:

(1) 增值额未超过扣除项目金额50%(含50%)的部分,税率为30%。

(2) 增值额超过扣除项目金额50%,未超过100%(含100%)的部分,税率为40%。

(3) 增值额超过扣除项目金额100%,未超过200%(含200%)的部分,税率为50%。

(4) 增值额超过扣除项目金额200%以上的部分,税率为60%。

计算土地增值税税额,可按增值额乘以适用的税率减去扣除项目金额乘以速算扣除系数的简便方法计算,具体公式如下:

土地增值额未超过扣除项目金额50%的,应纳税额＝土地增值额×30%;

土地增值额超过扣除项目金额50%,未超过100%的,应纳税额＝土地增值额×40%－扣除项目金额×5%;

土地增值额超过扣除项目金额100%,未超过200%的,应纳税额＝土地增值额×50%－扣除项目金额×15%;

土地增值额超过扣除项目金额200%的,应纳税额＝土地增值额×60%－扣除项目金额×35%。

5. 扣除项目

土地增值税扣除项目为:① 取得土地使用权时所支付的金额;② 土地开发成本、费用;③ 建房及配套设施的成本、费用,或者旧房及建筑物的评估价格;④ 与转让房地产有关的税金;⑤ 财政部规定的其他扣除项目。

取得土地使用权所支付的金额,是指纳税人为取得土地使用权所支付的地价款和按国家统一规定交纳的有关费用。

开发土地和新建房屋及配套设施(以下简称房地产开发)的成本,是指纳税人房地产开发项目实际发生的成本(以下简称房地产开发成本),包括土地征用及拆迁补偿费、前期工程费、建筑安装工程费、基础设施费、公共配套设施费、开发间接费用。土地征用及拆迁补偿费,包括土地征用费、耕地占用税、劳动力安置费及有关地上、地下附着物拆迁补偿的净支出、安置动迁用房支出等。前期工程费,包括规划、设计、项目可行性研究和水文、地质、勘察、测绘、"三通一平"等支出。建筑安装工程费,是指以出包方式支付给承包单位的建筑安装工程费,以自营方式发生的建筑安装工程费。基础设施费,包括开发小区内道路、供水、供电、供气、排污、排洪、通讯、照明、环卫、绿化等工程发生的支出。公共配套设施费,包括不能有偿转让的开发小区内公共配套设施发生的支出。开发间接费用,是指直接组织、管理开发项目发生的费用,包括工资、职工福利费、折旧费、修理费、办公费、水电费、劳动保护费、周转房摊销等。

开发土地和新建房及配套设施的费用(以下简称房地产开发费用),是指与房地产开发项目有关的销售费用、管理费用、财务费用。财务费用中的利息支出,凡能够按转让房地产项目计算分摊并提供金融机构证明的,允许据实扣除,但最高不能超过按商业银行同类同期贷款利率计算的金额。其他房地产开发费用,按取得土地使用权所支付的金额和房地产开发成本之和的5%以内计算扣除。凡不能按转让房地产项目计算分摊利息支出或不能提供金融机构证明的,房地产开发费用按取得土地使用权所支付的金额和开发土地及新建房及配套设施的成本之和的10%以内计算扣除。上述计算扣除的具体比例,由各省、自治区、直辖市人民政府规定。

旧房及建筑物的评估价格,是指在转让已使用的房屋及建筑物时,由政府批准设立的房地产评估机构评定的重置成本价乘以成新度折扣率后的价格。评估价格须经当地税务机关确认。

与转让房地产有关的税金,是指在转让房地产时缴纳的营业税、城市维护建设税、印花税。因转让房地产交纳的教育费附加,也可视同税金予以扣除。

对从事房地产开发的纳税人可按取得土地使用权所支付的金额和房地产开发成本之和,加计20%的扣除。

对纳税人成片受让土地使用权后,分期分批开发、转让房地产的,其扣除项目金额的确定,可按转让土地使用权的面积占总面积的比例计算分摊,或按建筑面积计算分摊,也可按税务机关确认的其他方式计算分摊。对于隐瞒、虚报房地产成交价格的,提供扣除项目金额不实的,及转让房地产的成交价格低于房地产评估价格,又无正当理由的,按照房地产评估价格计算征收土地增值税。

6. 纳税环节和纳税期限

土地增值税的纳税人应在转让房地产合同签订后的7日内,到房地产所在地主管税务机关办理纳税申报,并向税务机关提交房屋及建筑物产权、土地使用权证书,土地转让、房产买卖合同,房地产评估报告及其他与转让房地产有关的资料。纳税人因经常发生房地产转让而难以在每次转让后申报的,经税务机关审核同意后,可以定期进行纳税申报,具体期限由税务机关根据情况确定。

纳税人在项目全部竣工结算前转让房地产取得的收入,由于涉及成本确定或其他原因,而无法据以计算土地增值税的,可以预征土地增值税,待该项目全部竣工、办理结算后再进行清算,多退少补。具体办法由各省、自治区、直辖市地方税务局根据当地情况制定。

7. 减免

对于纳税人建造普通标准住宅出售,其土地增值额未超过扣除项目金额20%的,及因国家建设而被政府征用的房地产,免征土地增值税。个人因工作调动或改善居住条件而转让原自用住房,经向税务机关申报核准,凡居住满五年或五年以上的,免予征收土地增值税;居住满三年未满五年的,减半征收土地增值税;居住未满三年的,按规定计征土地增值税。

《财政部、国家税务总局关于调整房地产交易环节税收政策的通知》(财税字[2008]137号)规定,自2008年11月1日起,对个人销售住房暂免征收土地增值税。

五、契税

契税是在土地使用权及房屋所有权发生转移时,对产权承受人征收的一种税。

1. 纳税人

契税纳税人为在土地使用权和房屋所有权转移时,承受的单位与个人。土地房屋权属转移包括土地使用权出让、转让(包括出售、赠予和交换)、房屋交易(包括买卖、赠予和交换)、以土地房屋权属作价投资和入股、抵债,或以获奖方式、预购方式或预付集资房款方式承受土地房屋权属的。

2. 课税对象

契税的课税对象是发生产权转移变动的土地、房屋。

3. 税率

契税的税率为3%—5%,各地适用税率,由省、自治区、直辖市人民政府在规定的幅度内按照本地区实际情况确定。

4. 计税依据

契税的计税依据:① 土地使用权出让、土地使用权出售、房屋买卖,为成交价格;② 土地使用权赠予、房屋赠予,由征收机关参照土地使用权出售、房屋买卖的市场价格核定;③ 土地使用权交换、房屋交换,为所交换的土地使用权、房屋的价格的差额。但对于隐价、瞒价等逃税行为,征税机关可以直接委托房地产评估机构进行不动产评估,以评估价格为计税依据。考虑到实际交易中土地和房屋的不可分性,也为防止纳税人通过高估土地价格逃避税收和便于操作,在房地产交易契约中,无论是否划分土地的价格和房屋的价格,都以房地产交易契约价格总额为计税依据。

5. 纳税环节

契税的纳税环节是在纳税义务发生后,办理契证或房地产权证之前。按照《契税暂行条例》,由承受人自转移合同签订之日起10内办理纳税申报手续,并在征收机关核定的期限内缴纳税款。

6. 减免

有下列行为之一的,减征、免征契税:

(1) 国家机关、事业单位、社会团体、军事单位承受土地房屋并用于办公、教学、医疗、科研和军事设施的,免征契税。

(2) 城镇职工第一次购买住房的,免征契税。

(3) 因不可抗力灭失住房而重新购买住房的,免征契税。

(4) 纳税人承受荒山、荒沟、荒滩、荒丘土地使用权,用于农、林、牧、渔业生产的,免征契税。

(5) 土地、房屋被县级以上人民政府征用、占用后,重新承受土地、房屋权属的,由省、自治区、直辖市人民政府决定是否减征或者免征。

(6) 依照我国有关法律规定,以及我国缔结或参加的双边和多边条约或协定规定应当予以免税的外国驻华大使馆、领事馆、联合国驻华机构及其外交代表、领事官员和其他外交人员承受土地、房屋权属的,经外交部确认,可以免征契税。

自2010年10月1日起,对个人购买普通住房且该住房属于家庭唯一住房的,减半征收契税;对个人购买90平方米以下普通住房且该住房属于家庭唯一住房的,减按1%税率征收契税。

第七章　土地信息管理

第一节　土地信息管理概述

一、土地信息与土地数据

（一）信息和数据

信息是近代科学的一个专门术语，已广泛应用于社会各个领域。关于信息有各种不同定义。狭义信息论将信息定量地定义为"两次不定性之差"，即指人们获得信息前后对事物认识的差别；广义信息论认为，信息是指主体（人、生物或机器）与外部客体（环境，其他人、生物或机器）之间相互联系的一种形式，是主体和客体之间的一切有用的消息或知识，是表征事物特征的一种普通形式。信息是一个复杂的概念，至今国内外学术界还没有统一的权威性的定义。

信息的本质是事件、事物或物质特征的表征。例如，可以通过我们的视觉"捕捉"一个建筑物的光学特性，从而得到建筑物存在于此地的信息。信息是客观存在的，我们不可能制造信息、改造信息，只能认识信息。信息是通过信号或讯号、符号等人们可以认识的载体或媒介来传播，比如，光、电、生物、声等不同形式的信号、化学现象、语言文字等被人们所认识并在人们中传播。在诸多的载体中，数据是信息的一个重要载体，这个载体通过符号的有序组合来表达信息。这里的数据不同于数字，数据可分为数值数据和字符数据两种。

数据是指某一目标定性、定量描述的原始材料，包括数字、文字、符号、图形、图像以及它们能转换成的数据等形式。数据是用以载荷信息的物理符号，在计算机信息系统中往往与计算机系统有关。

信息与数据是不可分离的，信息是与物理介质有关的数据表达，数据中所包含的意义就是信息。数据是记录下来的某种可以识别的符号，具体形式多种多样。也可以由一种数据形式转换为其他数据形式，但其中包含的信息的内容不会改变。数据是信息的载体，但并不一定就是信息，只有理解了数据的含义，对数据作出解释，才能得到数据中所包含的信息，对数据进行处理（运算、排序、编码、分类、增强等）就是为了得到数据中所包含的信息，人的知识、经验作用到数据上，可以得到信息，而获得信息量的多少，与其知识水平有关。

（二）土地信息

土地信息就是用文字、数字、符号、图件、声音、软盘等不同形式定性、定量、定位、定时、可视化地表示土地的位置和依附于土地位置上的自然、社会、经济属性特征。土地信息是有关土地实体的性质、特征及运动状态的表征和一切有用的知识，它是对表达土地特征与土地现象之间关系的土地数据的解释。

由于土地是自然与经济的综合体，因此，表征土地特征的土地信息具有覆盖自然与经济广阔领域的各种特性。土地信息内容随着人类对土地的自然、经济特性认识的深入在变化，也随着对土地管理的不断深化而变化。目前中国的土地管理正逐步发展与不断完善，土地信息的内容按土地管理的内容可分为以下几类：① 地籍管理信息。地籍管理是土地管理的基础。地籍管理信息涵盖了土地调查、土地分等定级与估价、土地登记、土地统计、地籍档案管理等诸多业务自始至终的全部的图形、图像、数字、文字和声音等信息。② 土地权属管理信息。主要包括土地产权制度的系列动态文档资料、土地所有权与使用权的确认资料、城镇国有土地使用权的流转资料、农用地权属流转资料、土地征收资料、土地权属调整资料等。③ 土地利用管理信息。主要包括农用地的利用和保护、建设用地管理、未利用地的开发利用、土地用途管制、土地利用总体规划和土地利用监督与调控等信息。④ 城市土地市场管理信息。主要包括土地市场交易管理制度文档资料、土地市场供需信息、土地市场交易情况等信息。

土地信息内容按照土地各种特性的不同可以分为：① 环境信息。包括气候、土壤、地质、地貌、水文、植被、野生动物等。② 基础设施等建设信息。包括各类公共设施、各种建筑物及构筑物、交通运输系统等。③ 地籍信息。包括土地产权来源、土地权属性质、土地利用权利和限制、土地面积、土地等级和价格等。④ 与土地信息有关的社会经济信息。包括经济发展水平、卫生、福利和公共秩序、人口分布等。

土地信息内容按照获取途径的不同还可以分为：① 野外实地测量信息。包括用传统的大地测量方法以及全站仪、电子测距仪等一些测量方法直接量测空间对象，获取具体、准确的定位信息资料。② 摄影测量与遥感信息。摄影测量已普遍用于通用地图的制作，为土地利用现状调查等提供基础图件；还可经过专门训练的操作员用立体解析测图仪，直接在航片上读取坐标，并进行地类判读，使大量的外业工作转入室内，从而提高了效率。大范围的资源、环境调查，遥感往往是主要的信息来源。③ 现场专题考察与调查信息。土地管理中的大量信息需要从现场第一手调查取得，例如，房地产权状况、土地产权界址、土地利用状况等地籍信息必须通过权属调查取得；又如，城镇土地闲置情况的信息需专题调查取得。④ 调查与统计信息。用地管理等业务中需要大量的社会调查与统计资料，这些信息最终来源于调查与统计。⑤ 已有信息。土地管理在未进入数字化、信息化之前已形成了大量的数据、图件、文字等资料，若在土地资源评价、土地利用规划、建设用地管理等工作中尽量利用已有资料可减少工作成本，提高工作效率。

（三）土地数据

土地数据是各种土地特征和现象间关系的符号化表示，包括定位或空间数据、属性数据及文档数据三部分。

定位数据在系统中解决表达"土地资源或资产在哪里,形状大小如何"的问题,而属性数据解决表达"土地资源或资产质量如何,由谁来使用"的问题。两者各有各的任务,但又相互依存。属性数据失去了定位数据界定空间位置,则没有对象,不知所指;而定位数据失去了属性数据,则没有内容,只是一具空洞的框架,没有意义。

定位数据描述地物所在位置,这种位置既可以根据大地参照系定义,如大地经纬度坐标,也可以定义为地物间的相对位置关系,如空间上的相邻、包含等。定位数据可用矢量格式表达,也可用网格格式表达。

属性数据有时又称非空间数据,是属于一定地物、描述其特征的定性或定量指标。例如,土地权利主体的名称或姓名、通信地址、电话等信息,土地的所有权或使用权的产权来源等权属信息,土地用途、价格、等级等客体信息。属性数据的范围随信息管理解决的问题不同而有所不同,总的趋势是信息管理将面向更为广泛的用户并提供更为全面的服务,因此需要存储更大范围的信息。

文档数据包括来往公文、证件、国家各级政府法律、法规等文字性的资料档案,这些数据管理与一般的公文管理情况一样,处理比较简单,在土地管理信息系统中只起到整理、归档、备案、查阅的作用,在相关的文献、专著中常将这部分忽略,而主要表述定位数据、属性数据的处理问题。

土地数据具有如下特征:① 土地的空间定位数据须具有统一的坐标系统。定位数据必须具有标准坐标系中的参考位置。坐标系统的选择根据具体应用要求可以选择局部(地方)、全国或国际通用坐标系统。② 空间数据与非空间数据相结合。空间数据用来描述土地的空间特征,如坐标、周长、面积、曲率等;非空间数据用于表达与其对应的属性特征。两者无论是在实地上的反映、还是在图纸上的反映,必须做到协调一致。③ 土地数据间存在着复杂的关系。对于空间数据不仅记录了点、线、面等空间地物的坐标位置,而且也记录下了它们间的空间位置关系,以便于完成复杂的空间查询与空间分析任务。④ 土地数据具有时效性。客观现实中的土地是时时发生变化的,所以,过时的信息不具备现势意义,但可以作为历史保存,用于土地统计分析等事务中。好的土地数据库必须将土地时间维度考虑进去,这将增加数据处理难度。⑤ 土地数据的严肃性。土地作为一种重要的资源和资产,其主体的合法权利理当受到国家的法律、法规保护,而保护的依据就是这些土地数据,所以,必须准确地表达记录好这些具有法律效力的数据。

二、土地管理信息化

土地管理信息化是国土资源管理部门现代化的必然发展趋势,它既是信息时代高速发展的信息技术的驱动,国民经济相关部门的促进,同时,也是国土管理部门自身的需要。但是,建立土地信息系统只是土地管理信息化的一个重要内容,并不是信息化的全部。土地管理信息化的内容还包括管理人员观念的转变,管理体制、管理程式适应信息化的要求等。具体有以下几点。

（一）管理对象的数量化

数量化是信息化的基础。将管理对象数量化，是对管理对象由感性认识转变为理性认识的标志。只有将管理对象数量化，才能摆脱主观臆测、感情用事；也只有将管理对象数量化，才能够避免工作中的盲目性，增强主动性、科学性。传统的土地管理中，存在着很多经验性的成分，在信息时代是不适应信息化要求的，所以，必须对过去的规程、规范及算法模型进行修编与改进，以满足信息化对管理对象数量化的要求。

（二）管理模式的程式化

程式化是信息化的必由之路。所谓程式化就是按法律、法规程序，规范地处理一切管理事务，不因个人感情或偶发因素破坏既定的程序。这就要求我们土地管理部门尽快将各项土地管理工作推向科学、标准、规范，以加快土地管理信息化的进程。

（三）管理决策的计算机化

计算机化是信息化的落脚点。所谓计算机化就是一切管理决策都是以信息数据为基础，以法律、法规为依据，借助计算机土地管理信息系统，进行科学决策。管理对象的数字化为信息系统提供了可靠、翔实而全面的数据，而管理模式的程式化又为信息系统奠定了生成决策模型的基础，计算机信息系统完成辅助管理决策就是顺理成章的事了。

三、土地信息管理

土地信息管理是解决如何有效地组织信息资源，以实现土地信息管理的一系列目标。这些目标包括：开发土地信息资源，支持土地管理的业务运行、专题研究和战略决策；支持土地科技；支持土地利用工程和土地市场；支持国民经济调控和国家管理的有关决策。具体为：存储现有大量的土地信息，同时为了保持土地资料的现势性，适时更新数据、图件和文档资料；查询检索，以掌握土地资源、资产的状况，满足土地管理业务、社会公众和政府等各层次对土地信息的需求；数据处理，支持土地管理的业务自动化运行；信息支持，开展专题研究、综合分析研究，提供土地管理和土地持续利用的辅助决策，以达到土地利用社会效益、经济效益和生态效益的统一；指标方案，支持土地开发、利用、保护、整治的论证和监测；信息标准化，以达信息资源共享，最大限度地提高土地信息的利用效益。

第二节 土地信息系统

一、土地信息系统的概念

土地信息系统是以土地资源与土地资产为工作对象的计算机信息系统。它的主要任务是将遥感、地面测绘、土地调查以及从历年保存的文档中得到的土地信息输入计算机,利用计算机快速、便捷、存储量大的优势,实现对信息的分类、检索、查询、排序、统计、分析、综合等功能,并根据专家的经验和国家的法律、法规、政策以及土地管理的工作模式,辅助土地管理人员完成土地管理的各项业务。

土地信息系统与管理信息系统及地理信息系统具有密切的关系。

首先,土地信息系统是管理信息系统的一个分支。管理信息系统是信息系统中的一个主要领域。它的特点是系统自动模拟管理工作对象的工作流程,在每一个环节将有关的法律、法规制度贯彻其中,支持协助管理工作人员完成信息数据存储、检索、统计、评估、判定以及决策等工作。管理信息系统是以数据、计算机软硬件以及管理工作人员三位一体,构成一个大系统,完成某一方面的管理任务。

其次,土地信息系统与地理信息系统都属于空间信息系统,两者之间关系密切,有许多共同之处,也有明显的区别。两者都是给用户提供一个空间的数据框架,用户可以将地域的各种属性数据,包括自然属性和社会经济属性数据,置于这一框架之中,系统支持用户对这一地域进行综合分析。地理信息系统内涵比较广泛,提供较全面的计算机空间分析功能,特别是在自然地理信息数据的分析处理上有强大的功能,而对于地表的社会属性特别是权属很少涉及。土地信息系统是一个较专业的管理信息系统,它所要求的空间分析功能可能仅是地理信息系统的一小部分,但是,它带有更多的管理信息系统的特点,强调从土地管理工作的实际需要出发,按照工作的实际流程、专业技术的规程和规范,以及土地管理要求的各种数据、图件、表册与文档,提供对应的功能模块,这一系统对软件的功能与用户界面并重,甚至对用户界面要求更高。因为土地信息系统的使用人员不是系统的研究开发人员,而是广大土地管理工作人员,这些人员对计算机信息技术不是非常熟悉,因而不少人将地理信息系统作为空间数据处理的软件平台,在此基础上做二次开发,又将大型数据库管理系统作为空间数据与属性数据一体化管理的另一支持软件,按照土地管理的模式与要求,开发研制成土地信息系统。

由此可见,在土地管理信息化的过程中首先要考虑土地管理的业务规律,满足土地业务现代化管理的要求,注意吸收较成熟的管理信息系统软件经验,同时,考虑土地管理业务对空间信息处理上的要求,选择适当的地理信息系统软件作为空间数据的处理平台,并在此基础上开发相应的应用软件;或将地理信息系统软件作为自行独立开发的土地信息系统软件的补充。

二、土地信息系统的构成

土地信息系统是为土地管理部门提供数据采集、组织、存贮、加工、处理、应用和传播信息的工具。完整的土地信息系统主要由四个部分构成,即计算机硬件系统、计算机软件系统、土地空间数据和系统管理操作人员,其核心部分是计算机系统。空间数据库反映了土地信息系统的土地内容,而管理人员和用户则决定系统的工作方式和信息表示方式。

(一)计算机硬件系统

计算机硬件是计算机系统中的实际物理装置的总称,可以是电子的、电的、磁的、机械的、光的元件或装置,是土地信息系统的物理外壳,系统的规模、精度、速度、功能、形式、使用方法甚至软件都与硬件有极大的关系,受硬件指标的支持或制约。土地信息系统由于其任务的复杂性和特殊性,必须由计算机设备支持。土地信息系统硬件配置一般包括四个部分:计算机主机;数据输入设备,即图形数字化仪、图像扫描仪、键盘、通讯端口等;数据存贮设备,即软盘、硬盘、磁带、光盘及相应的驱动设备;数据输出设备,即图形/图像显示器、矢量/栅格绘图机、行式/点阵打印机等。

(二) 计算机软件设备

计算机软件设备是指土地信息系统运行所必需的各种程序,通常包括以下三方面。

1. 计算机系统软件

计算机系统软件由计算机厂家提供的、为用户开发和使用计算机提供方便的程序系统,通常包括操作系统、汇编程序、编译程序、诊断程序、库程序以及各种维护使用手册、程序说明等,是土地信息系统日常工作所必需的。

2. 土地信息系统软件和其他支撑软件

可以是通用的 GIS 工具系统或专门开发的土地信息系统软件包,也可包括数据库管理系统、计算机图形软件包、CAD、图像处理系统等,用于支持对空间数据输入、存贮、转换、输出和与用户接口。

(1) 数据输入与校验:通过各种数字化设备将各种已存在的地图数字化,或者通过通讯或读磁盘、磁带的方式录入遥感数据和其他系统已存在的数据,还包括以适当的方式录入各种统计数据、野外调查数据和仪器记录的数据。数据校验即通过观察、统计分析和逻辑分析检查数据中存在的错误,并通过适当的编辑方式加以改正。

(2) 数据存贮与管理:数据存贮和管理内容包括空间景物的位置、相互间联系以及它们的土地意义(属性)的结构和组织、数据格式的选择与转换、数据压缩编码、数据的连接、查询、提取等。

(3) 空间分析函数转换与空间指标量测:指对单幅或多幅专题图件及其属性数据进行分析运算和指标量测。操作中,以一幅或多幅图作为输入,而分析计算结果则以一幅或多幅新生成的图件表示,在空间定位上仍与输入的图件一致,故可称为函数转换。空间函数转换可分为基于点或像元的空间函数,如基于像元的算术运算、逻辑运算或聚类分析等;基于区域、图斑或图例单位的空间函数,如叠加分类、区域形状量测等;基于邻域的空间函数,如像元连通性、扩散、最短路径搜索等。量测包括对面积、长度、体积、空间方位、空间变化等指标的度算。函数转换还包括错误改正、格式变换和预处理。

(4) 数据输出与表示模块:输出与表示是指将土地信息系统内的原始数据或经过系统分析、转换、重新组织的数据以某种用户可以理解的方式提交给用户,即经过颜色的调配、尺寸缩放、边框注记和其他附加信息产生,表格格式安排,图形的分割、拼接、复合,数据的排序等输出处理,以地图、表格、数字或曲线的形式表示于某种介质上。可采用 CRT(cathode ray tube)显示器、胶片拷贝、点阵打印机、笔式绘图仪等作为输出设备,也包括将结果数据记录于磁存贮介质设备或通过通讯线路传输到用户的其他计算机系统。

(5) 用户接口模块:该模块用于接收用户的指令和程序,系统通过菜单和命令解释方式接收、解释并运行完成用户要求任务的系统程序。用户自行编制的应用程序可以是调用系统功能的批处理程序，也可以是处理系统数据的分析程序，用户接口模块可接纳用户开发的应用程序，并提供系统与用户程序的数据接口。该模块还随时向用户提供系统运行信息和系统操作帮助信息，这就使土地信息系统成为人-机交互的开放式系统。

3. 应用分析程序

应用分析程序是系统开发人员或用户根据土地专题或区域分析模型编制的用于某种特定应用任务的程序，是系统功能的扩充与延伸。在优秀的 GIS 工具支持下，应用程序的开发应是透明的和动态的，与系统的物理存贮结构无关，而随着系统应用水平的提高和不断优化扩充。应用程序作用于土地专题数据或区域数据，构成 GIS 的具体内容。这是用户最为关心的真正用于土地分析的部分，也是从空间数据中提取土地信息的关键。用户进行系统开发的大部分工作是开发应用程序，而应用程序的水平在很大程度上决定了系统实用性的优劣和成败。

（三）土地空间数据

土地空间数据是指以地球表面空间位置为参照的自然、社会和人文景观数据，可以是图形、图像、文字、表格和数字等，由系统的建立者通过数字化仪、扫描仪、键盘、磁带机或其他通讯系统输入 GIS，是系统程序作用的对象，是 GIS 所表达的现实世界经过模型抽象的实质性内容。不同用途的 GIS 其土地空间数据的种类、精度都是不同的，但基本上都包括以下三种互相联系的数据类型。

1. 某个已知坐标系中的位置

已知坐标系中的位置即几何坐标，标识土地实体在某个已知坐标系(加大地坐标系、直角坐标系、极坐标系、自定义坐标系)中的空间位置，可以是经纬度、平面直角坐标、极坐标等，也可以是矩阵的行、列数等。

2. 实体间的空间相关性

空间相关性即拓扑关系，表示点、线、面实体之间的空间联系。如网络结点与网络线之间的枢纽关系，边界线与面实体间的构成关系，面实体与岛或内部点的包含关系等。空间拓扑关系对于土地空间数据的编码、录入、格式转换、存储管理、查询检索和模型分析都有重要意义，是土地信息系统的特色之一。

3. 与几何位置无关的属性

与几何位置无关的属性即常说的非几何属性或简称"属性"，是与土地实体相联系的土地变量或土地意义。属性分为定性和定量两种：前者包括名称、类型、特性等；后者包括数量和等级。定性描述的属性如岩石类型、土壤种类、土地利用类型、行政区划等；定量的属性如面积、长度、土地等级、人口数量、降雨量、河流长度、水土流失量等。非几何属性一般是经过抽象的概念，通过分类、命名、量算、统计得到。任何土地实体至少有一个属性，而土地信息系统的分析、检索和表示主要是通过属性的操作运算实现的。因此，属性的分类系统、量算指标对系统的功能有较大的影响。

土地信息系统特殊的空间数据模型决定了土地信息系统特殊的空间数据结构和特殊的数据编码，也决定了土地信息系统具有特色的空间数据管理方法和系统空间数据分析功能，成为土地科学研究和资源管理的重要工具。

（四）系统开发、管理和使用人员

人是 GIS 中的重要构成因素。土地信息系统从其设计、建立、运行到维护的整个生命周期，处处都离不开人的作用。仅有系统软硬件和数据还不能构成完整的土地信息系统，还需要人进行系统组织、管理、维护和数据更新、系统扩充完善、应用程序开发，并灵活运用土地分析模型提取多种信息，为研究和决策服务。

三、土地信息系统的功能结构

土地信息系统的功能结构包括下列五大部分。

1. 输入子系统

这部分接受外来各种数据，包括遥感影像数据、专业图件数据、测绘调查数据、文档资料数据以及各数据库数据及网上数据。输入操作的便捷性、保证各种数据的协调一致性以及生成数据的规范性是系统对这一部分的基本要求。通常这部分工作方式包括有手扶数字化仪采点图件输入；扫描仪扫描图形、图像录入；属性、文档数据键盘录入；网上数据下载录入等。

2. 数据库管理子系统

这部分是系统工作的基础。空间定位数据与属性数据一体化管理是系统对这一部分基本要求，保证数据的质量，加大数据的安全性，减少数据的冗余度，提高数据运行的效率是这一部分设计的目标。由于数据本身的重要性，这一部分在系统中有一定的独立性，高质量的数据库管理系统建立起来的土地信息数据库应当是跨软件平台的，即多个软件平台可以共享一个数据库。

3. 系统管理子系统

这部分是系统工作的指挥协调部，也是系统对外的窗口。系统与用户的界面即通常所说的工作菜单、各模块的连接、用户帮助、使用提示等都是由这部分来实现的。这一部分的程序设计在 WINDOWS 操作系统环境下使用高级语言并不困难，关键是做好系统分析，将系统中各模块的划分与连接关系设计合理。

4. 专家子系统

这部分包括系统中的所有应用模型与相应的功能模块。它在系统管理子系统支持下，调用数据库中的数据，按照模型的要求进行各种运算分析，最后得到结果，交付输出子系统输出。如果说其他各部分都可以由地理信息系统软件平台、数据库管理系统软件提供基本的功能，那么这部分则需要系统开发设计人员与土地管理专业人员一起独立地根据土地管理的要求进行程序设计。这一子系统的设计与开发的质量取决于对土地管理准确而深刻的理解以及计算机信息技术的运用。

5. 输出子系统

系统所有工作结果都由这一部分向外发布。输出的方式包括屏幕显示、打印机打印、绘图仪制图、数据拷贝、通过动态网页数据上网等。图件、表格输出前的编辑、整饰也要依靠这一部分软件的支持通过人-机交互的方式实现。用户界面友好、提供功能齐全以及图件表格制作规范美观是系统对这一部分的要求。

四、土地信息系统的业务范围

土地信息系统应当覆盖土地管理的全部业务工作范围,为这些工作提供信息与决策服务。在我国土地管理的机构、体制、政策等仍处于改革调整阶段,会有调整与发展,目前从信息与决策服务这一角度,对土地管理的业务大致可以分为以下几个方面。

1. 地籍管理

这是土地管理的基础。所谓地籍就是土地的"户口",它是在地籍测量与地籍调查的基础上对土地的产权、土地的位置与面积进行确权,登记造册,并发放土地证书。由于土地使用是动态的,就一个地点而言,存在着初始地籍与变更地籍,初始地籍与变更地籍有各自相应的严格的管理制度。地籍管理又分为城镇地籍管理与农村地籍管理两种。

2. 土地定级估价

这是土地市场管理的一项重要工作,属于地籍管理的范畴。土地的价值随着经济的发展是动态变化的,为规范土地市场,根据土地市场交易情况、土地区位条件、土地质量等,给出土地的级别与基准地价是土地管理的一个重要内容。此外,宗地的估价也是土地管理的一项重要业务工作。

3. 土地利用动态监测

利用遥感、地面勘察等多种技术手段,对土地利用现状进行制图、统计、分析与管理。

4. 耕地保护

根据土地利用现状,农用地的质量以及当地经济发展预测,对农用地进行分类,划分基本农田保护区,执行国家耕地保护政策,贯彻耕地总量动态平衡的战略。

5. 土地利用规划

随着国民经济的发展,土地利用现状与经济发展对土地的要求产生矛盾,为缓解这一矛盾,适应经济的发展,需要对土地利用进行重新规划。城市规划一般由政府建设系统承担,而农村土地以及城乡接合部的土地利用规划由国土资源管理部门承担。

6. 建设用地管理

根据土地利用规划以及国家有关法律法规及相关制度和政策,进行建设用地使用权出让、划拨,征收集体土地等。

7. 土地监察

调解土地纠纷,查处违法用地,监察土地政策的执行情况。

8. 土地整治

集约化利用土地是高效合理利用土地的一项重要措施。根据国家土地利用的政策法规以及土地利用总体规划,对低效利用的土地进行综合整治,集约化利用土地,提高土地利用效益。

当前,我国对土地实行四级管理,即国家级、省级、地市级与县级四级。根据国家土地管理法及有关的法规,各级管理机构有各自的职责。土地信息系统是这四级管理机构执行国家土地政策进行土地科学化管理的工具,四级管理机构职责范围不同,对土地信息系统功能的需求也不同。一般地说,国家、省级是宏观控制管理,对土地信息系统的要求偏重于统计、汇总、分析;而地市、县级是面向用地单位与个人的具体管理,对土地信息系统的要求偏重于准确制图,确认权属,评价与估价,制定利用规划。地市及县级土地信息系统建设是基础,其任务复杂,工作量大。

第三节　中国土地管理信息化建设

土地管理信息化是实现土地管理现代化和促进土地管理事业发展的关键。其对于促进国家社会经济可持续发展,优化资源利用结构,保障国家资源(经济)安全,具有极为重要的意义。由于经济社会的发展对国土资源管理工作提出了更高、更严格的要求,中央政府把国土资源工作放在经济发展的全局位置,明确提出"要实行最严格的耕地保护制度,保证国家粮食安全",要把对国土资源的监管纳入国家经济宏观调控的内容。

国土资源信息化是国家信息化的重要组成部分,在社会经济发展方面起着重要作用,为此,政府先后启动"数字国土"和"金土工程"等重要工程,在此基础上,结合第二次全国土地调查等专项成果,建立全国国土资源遥感监测"一张图"(简称"一张图")和综合监管平台,同时编制并出台国土资源信息化规划。

一、"数字国土"工程

"数字地球"是以计算机技术、多媒体技术、卫星遥感技术、空间信息技术和大规模存储技术为基础,以高速宽带网络为纽带,用数字的方法将地球、地球上的活动及整个地球环境的时空变化装入电脑中,实现在网络上的流通和可视化,使之最大限度地为人类的生存、可持续发展和日常的工作、学习、生活、娱乐服务,用以支持和改善人类活动和生活的质量。借鉴"数字地球"的建设构想和服务目标,我国提出的"数字国土"工程计划正是对此作出的积极反应。

"数字国土"就是在结合现代以遥感为主的空间技术和以计算机科学为主的高新信息技术基础上的国家综合资源调查计划,最终实现国土资源信息化,满足农业、土地、环境、水利和采矿工程对地学信息的需求,即信息化时代人类对地学的需求,为国民经济建设和可持续发展实现长期和全方位服务提供数据源;为国家开展"数字地球"信息网络建设提供大量基础信息,是与"数字地球"服务目标相适应的,是"数字地球"中具特殊性的重要组成部分。

"数字国土"工程是国土资源信息化建设骨干工程,主要内容是从数字地球的战略高度,系统整合集成有关地球表层国土资源的空间基础信息,建立国土资源各类数据库。其主要目的是全面促进国土资源调查评价信息化、政府管理信息化和信息服务社会化,在重点完成国家级任务的同时,带动地方部门信息化建设。

（一）建设目标

"数字国土"工程的主要建设目标为：

（1）基本建成土地和矿产资源以及相关地学的基础数据库，建成国家油气资源数据库，基本完成重要地质资料的数字化，使国土资源数字化信息初步满足国土资源管理和调查评价的需要；基本形成国土资源信息社会化服务体系。

（2）政务管理信息系统建设基本满足地政、矿政管理工作的需求，初步实现国土资源政务管理工作流程的信息化；现代信息技术得到较为广泛的应用，实现地质调查评价主流程的信息化。

（3）初步形成国家、省、地(市)、县四级国土资源信息网络；基本完成国土资源信息化标准建设。数据交换技术取得实质性进展。

（二）建设内容

我国实施的"数字国土"工程建设主要包括五个方面的内容：基础数据库建设、调查评价相关信息技术的研究开发与应用、政务管理信息系统建设、信息服务系统建设和基础网络与信息化标准建设。（具体包含土地和矿产两个方面的内容，在此主要列举与土地管理相关的建设内容）

1. 基础数据库建设

该部分主要开展 221 个建设项目。其中，地政基础数据库包括：1∶50 万土地利用数据库、1∶1 万比例尺土地利用数据库、土地利用规划数据库、土地利用遥感监测数据库、土地资源高分辨率影像数据库等。

2. 调查评价相关信息技术的研究开发与应用

该部分主要开展 25 个建设项目。其中，与土地资源评价相关的主要包括国土资源调查评价信息化建设总体方案编制、GPS 技术在土地利用变更调查工作中的应用示范等。

3. 政务管理信息系统建设

该部分主要开展 26 个建设项目。其中，与地政管理相关的主要包括：国土资源部政务管理信息系统总体设计、国土资源部电子政务基础平台研制、国土资源管理信息系统试点示范、国土资源大调查项目管理信息系统、贵州省国土资源基础数据库建设试点示范、国土资源执法监察管理信息系统、国土资源综合统计分析系统、国土资源部土地利用管理信息系统、土地利用规划管理信息系统、土地开发整理管理信息系统、城镇地籍管理信息系统规范化建设、国土资源部地政管理信息系统集成与维护等。

4. 信息服务系统建设

该部分主要开展 14 个建设项目。其中，与地政管理相关的主要包括：国土资源信息服务系统、全国国土资源数据交换中心建设、国土资源信息集成与分析系统、国土资源科技成果服务系统建设、国土资源信息分析应用系统建设、国土资源信息系统运行和维护等。

5. 基础网络与信息化标准建设

该部分主要开展 42 个建设项目。其中，与地政管理相关的主要包括：全国国土资源主干网系统、国土资源国家级数据中心网、国土资源远程会商及应急指挥系统、国土资源网络信息安全保密系统建设、国土资源信息化标准体系建设等。

（三）建设成果

"数字国土"工程于 1999 年 10 月正式启动,于 2009 年底进入收工阶段。其建设期主要集中在"十五"时期。这里主要介绍"十五"时期"数字国土"工程中与土地管理相关的建设成果。

1. 基础数据库建设

"十五"期间,在基础数据库建设方面,开展了 221 个项目。到目前为止,新开和续作项目绝大部分都在顺利进行。通过这些基础数据库的建设,初步形成了地政、矿政两大基础数据库管理体系和基础地学数据库管理体系。在土地资源数据库建设方面,已经完成数据库 5 个,3 个正在开展。完成了国家级、省级和 50 万以上人口城市的土地利用规划数据库,34 个市(县)级试点工作正在开展;完成了全国土地利用遥感监测数据库,包括 50 万人口以上的城市,1999—2002 年各时段遥感影像数据;完成了建设项目用地数据库、全国开发区用地数据库、基准地价数据库等;1∶1 万主比例尺全国土地利用现状数据库正在开展,已完成近700 个市(县)的建库工作,编制完成《县(市)级土地利用数据库标准》(试行稿)、《县(市)级土地利用数据库建设技术规范》(试用稿)和《1∶1 万建库管理办法》,形成了一套完整、标准、规范的 1∶1 万主比例尺土地利用数据库建设技术路线和管理制度,为项目在全国范围的顺利实施和保证成果质量奠定了基础;高分辨率影像数据库设计全部完成,完成项目工作区高分辨率影像数据整合处理,覆盖面积 1.7 万 km^2,完成了 3 600 km^2 的部分数据处理工作,正在抓紧建库;地籍数据库试点建设正在进行。

2. 调查评价相关信息技术的研究开发与应用

"十五"期间,在国土资源调查评价相关信息技术的研究开发与应用方面,开展了 25 个项目。在土地资源调查与评价方面,完成了基于 GPS 的土地利用变更方法的总体框架以及主要的技术路线和涉及关键技术研究、GPS 野外动态数据采集方法及精度分析、GPS 土地利用数据转换模块、基于 GPS 与 GIS 的土地利用变更信息系统的开发并建立了试点地区武汉市土地利用数据库、株洲市天元区土地利用数据库。通过 GPS 在土地变更调查中的试点示范,极大地提高了土地变更调查的工作效率和工作精度。

3. 政务管理信息系统建设

在国土资源政务管理信息系统建设方面开展了 26 个项目,涉及 19 个系统建设,完成了7 个业务应用系统开发。在地政管理信息化方面,建设了土地利用规划、建设用地审批等管理信息系统。国家级土地利用规划管理信息系统实现了对国家级规划、全国省级和 50 万以上人口重点城市规划的管理、规划辅助审查以及决策分析。国家级建设用地审批管理信息系统在国土资源部机关 9 个司局使用,实现了从窗口接件、审查、会审到签发整个审批过程的网上运行。部分省市,特别是经济发达省市的重点城市,相继建立并运行了建设用地审批管理信息系统、国土资源执法监察管理信息系统、土地利用规划数据库系统、城镇地籍管理信息系统等。在国土资源部地政管理信息系统集成与维护方面,针对地政信息化建设的现状和存在的问题,明确了项目总体方案,提出了主要工作内容,分解出 21 个业务模型及相关基础数据库和业务数据库,重点分析了不同业务之间、不同数据之间的逻辑关系,理清了项目工作的范围和界限;通过集成已有系统,基本形成建设用地审批主线的雏形,形成了申报、审查、备案、公示、监督的主线;初步实现已有基础数据库的集成应用,开展了对现有地政系统的维护工作。在国土资源遥感运行系统方面,利用现有技术成果和数据积累,根据项目制(修)订的土地资源遥感监测业务运行系统技术规程和规范(包括土地利用动态遥感监测规程、基于遥感信息的土地利用分类体系、国家级省级土地利用遥感监测数据库标准),对采用高分辨率遥感监测获得的土地利用现状变化数据及其外业调查结果数据,进行批量数据处理与入库管理和维护,为土地资源业务管理提供现势性强、可靠性高的基础数据。

4. 信息服务系统建设

国土资源部门户网站正式开通,相继建成并运行了国土资源新闻网、虚拟办事大厅和交易大厅、行政审批结果公告、矿业权评估机构公示、视频点播系统、土地估价机构和人员信息公示系统,构建了国土资源信息强大的应用服务体系和统一权威的发布窗口。开发并运行了国土资源国家级数据库运行系统及国土资源信息集成与分析系统。

5. 基础网络与信息化标准建设

国土资源主干网建设正在进行,实现了国土资源部机关与在京单位的联结,依托主干网国土资源视频会议系统建设,与全国各省级单位的网络互联也正在建设中。国土资源网络信息安全保密系统建设,已经完成了国土资源网络信息安全保密系统的总体建设方案设计;完成了包括网络防病毒系统和防火墙系统在内的部分子系统的建设,实施了 PKI/CA 系统、电子邮件网关过滤系统和 IDS 系统的招标和设计。信息化标准规范的制定和推广应用进一步加强,目前已经完成 65 项信息化标准,一批重要标准和急需标准已经完成,《国土资源信息化标准化指南》和《国土资源信息核心元数据标准》等一批重要信息化标准已由国土资源部颁布实施,20 多个标准正在试行;中国地质调查局公布实施的行业内部标准有 6 项,正在试用的标准 17 项。其中总体标准和行业通用标准 10 多项,土地信息标准 20 多项,地质和矿产信息标准 40 多项,涉及数据库建设、信息系统建设、网络建设等标准,已基本形成了一套较为完整、科学和实用的国土资源信息采集、处理、存储和开发利用的国土资源信息化标准体系框架。

二、"金土工程"

(一)建设目标

"金土工程"是 2004 年 1 月时任国务院副总理曾培炎在国土资源部视察工作时提出的。"金土工程"是在国土资源电子政务建设的总体框架下,在"数字国土"工程的基础上,围绕当前国土资源管理的中心工作,选择耕地保护、矿产资源管理、地质灾害防治等重要业务,在流程梳理、整合的基础上,建立业务应用系统和相应的信息服务系统,形成边界清晰的政务信息系统。"金土工程"的总体目标,是完成"三大系统"建设,即耕地保护国家监管、矿产资源国家安全保障和地质灾害预警、预报与应急指挥系统,建立覆盖国家、省、市、县级国土资源电子政务管理信息化系统,形成"天上看、地上查、网上管"的国土资源业务运行体系。

(二)建设内容

"金土工程"是围绕解决国土资源管理与开发利用过程中存在的重大问题,面向资源监管、调控和服务的国家目标,开展的国土资源信息化建设工程。实施"金土工程",就是要按照国民经济和社会发展的总体战略部署,在科学发展观的指导下,通过信息技术的广泛应用,使国家能够直接、全面、准确地掌握国土资源信息及其动态变化情况,形成上下联动的、科学规范的网络化国土资源管理模式,克服现行资源管理体制下常规作业方式难以逾越的障碍,切实解决国土资源管理工作中存在的关键性、迫切性问题,全面提升国土资源管理与服务水平,并为国家重点电子政务工程提供必要的数据支撑和服务。其建设任务包括耕地保护国家监管系统、矿产资源国家安全保障系统、地质灾害预警预报及应急指挥系统以及基础性、战略性国土资源数据库。其中涉及土地管理的建设内容包括以下四方面。

1. 建立耕地保护国家监管系统

针对我国目前存在的大量盲目圈地造成耕地大量减少,危及国家粮食安全,影响农民生计和经济平稳运行等土地资源管理中的重大问题,建立耕地保护国家监管系统,使国家直接掌握准确、全面、翔实的土地资源管理数据,通过对土地资源利用状况进行动态分析,为调控土地供应总量和结构提供依据;形成覆盖全国的网络化耕地保护监管相关的应用系统,规范管理行为,实现国家对各级土地管理过程的有效监管,为实行最严格的耕地保护制度提供技术保障。

2. 建立矿产资源国家安全保障系统

建立矿产资源国家安全保障系统,面向国内外"两种资源"、"两个市场",动态掌握矿产资源供需形势和市场变化趋势、资源勘查和开发潜力、全球矿产资源开发和供应走势,科学预测和及时预警矿产资源供需变化态势,为矿产资源勘查的战略部署,引导矿业公司"走出去",科学规划矿产资源的勘查与开发利用提供科学依据和有效服务;通过严格监督矿产资源勘查和开发利用规划、计划的执行情况,监管和调控矿产资源开发利用过程,促进矿产资源的保护、节约与合理利用。

3. 建立地质灾害预警预报及应急指挥系统

通过对地质灾害分布与发生发展规律的全面掌握,为重大工程选址、土地利用规划等提供决策依据;通过对重大地质灾害区部署网络化监测体系,为地质灾害发生的及时预警、预报,信息的实时传送、综合分析、远程会商和指挥救灾提供网络化的技术平台。

4. 建立基础性、战略性国土资源数据库

整合数量巨大、布局分散的地籍信息资源,建立标准化、规模化和可持续利用的多尺度地籍数据库,并与"数字中国"地理空间框架共同构成国家空间数据基础设施;整理以纸介质和实物分散存放在全国各地的钻孔地质资料,建立地质钻孔数据库,拯救新中国成立以来国家累计投入上千亿元取得的宝贵地质资料,为经济建设提供广泛的信息服务;以历年来开展的国土资源与环境调查、评价、监测成果为基础,建立资源与环境监测数据库,为国家资源与生态环境建设提供基础信息服务。

"金土工程"涉及的"耕地保护国家监管系统"、"矿产资源国家安全保障系统"、"地质灾害预警预报及应急指挥系统"和"基础性、战略性国土资源数据库"等建设,不包括原始数据的野外采集。"金土工程"的实施包括六个方面的具体内容,即应用系统建设、数据库的建设与整合、数据中心建设、网络系统建设、安全系统建设及标准化建设。

"金土工程"的建设分三期实施,第一期作为试点示范工程,于 2006 年启动,已于 2010

年 10 月通过竣工验收;第二期工程业已启动。"金土工程"一期工程主要围绕耕地保护、土地调控和整顿规范矿产资源开发秩序等热点问题,开展耕地保护国家监管系统和矿产资源国家安全保障系统试点示范建设,覆盖范围为国土资源部和 31 个省(区、市)、新疆生产建设兵团、5 个计划单列市(青岛市、大连市、宁波市、厦门市和深圳市)及 27 个试点城市国土资源部门(石家庄市、太原市、包头市、鞍山市、吉林市、牡丹江市、无锡市、绍兴市、合肥市、福州市、南昌市、济南市、焦作市、武汉市、长沙市、佛山市、南宁市、海口市、成都市、贵阳市、昆明市、拉萨市、西安市、兰州市、西宁市、银川市和乌鲁木齐市)。具体建设内容包括:建立金土工程相关技术标准和管理规范,制定相关指标体系;建设和完善包含土地利用现状、基本农田、项目建设用地、土地供应备案、矿产资源储量等 18 个数据库的国土资源部数据中心;建设耕地保护、矿产资源管理、国土资源信息统计分析与决策支持、信息服务等应用系统;建设相关的安全保障和运行维护系统。

"金土工程"二期工程业已启动,其将围绕国土资源管理工作,按照整合资源,完善扩展要求搞好规划设计,设计重点考虑整合各专业领域的国土资源数据,建设全国国土资源遥感监测"一张图";完善办公业务网络系统,全业务全流程联网运行;完善监测网络系统,形成综合监管平台;进一步完善社会服务网络系统,扩大网络覆盖面,搞好地质数据信息的集成化和产业化建设。

(三) 建设成果(一期工程)

"金土工程"一期工程的建设成果如下:

1. 应用系统建设方面

进一步完善了国土资源电子政务平台,并基于平台开发完成建设用地审批、建设用地预审、矿业权审批等系统,在国土资源部机关投入运行,实现四类 15 项行政审批业务的网上运行。统一开发了省级政府批准建设用地备案系统、土地供应备案、土地利用计划管理、耕地占补平衡考核管理、土地开发整理项目备案、矿产资源储量管理、矿山开发利用统计、执法监察、国土资源综合统计直报等系统。其中,省级政府批准建设用地备案系统部署在各省节点,土地供应备案部署在省和试点城市,矿产资源储量管理、矿山开发利用统计、执法监察在全国进行部署。在国土资源部开发并部署了数据在线综合分析展示系统、基于遥感监测成果的土地利用核查系统、区域耕地粮食生产能力分析系统、区域产业用地动态变化分析系统、建设用地可供性分析系统、我国矿产资源可供性分析系统、全球重要矿产资源及矿产品市场信息分析系统。开发部署矿业权统一配号系统,实行探矿权和采矿权统一配号。在 64 个节点部署了数据交换系统,初步实现了部、省厅、市局三级数据交换。

2. 数据中心建设方面

在国土资源部完成了国家级数据中心的软硬件环境建设;建成了覆盖面为 4 个直辖市、5 个计划单列市、27 个重点城市的全辖区以及新疆生产建设兵团部分地区的土地利用现状数据库等 18 个数据库和 11 个数据库管理系统;在西藏自治区、拉萨市建成了数据中心,完成了数据整合任务,并部署了相应的数据库。

3. 网络系统建设方面

依托国土资源主干网,建立国土资源业务网,已经实现国土资源部与各省级国土资源管理部门、各试点示范城市国土资源管理部门之间的网络连接。

4. 标准化建设方面

完成了基本农田数据库标准、建设用地数据库标准、矿产资源储量与登记数据库标准、矿产资源潜力数据库标准、矿产资源可供性数据库标准、矿产品数据库标准、全球矿产资源数据库标准、国土资源数据汇交办法、国土资源数据共享规定、土地利用遥感监测运行系统规范、国土资源信息服务规范等 11 项标准的编制。

三、国土资源遥感监测"一张图"工程

国土资源遥感监测"一张图"工程(简称"一张图"工程)建设,是把土地利用现状、基本农田、遥感监测、基础地理以及矿产资源等多源信息进行有机整合,与国土资源的计划、审批、供应、补充、开发、执法等行政监管系统逻辑叠加,实现资源开发利用"天上看、网上管、地上查"的动态监管目标。

(一) 建设目标

建设"一张图"工程有以下四项目标。

第一,通过"一张图"工程建设,形成国土资源核心数据库,全面、快速和准确地掌握全国土地、矿产等各类资源的数量、质量、结构和空间布局,准确记录资源开发利用生命周期中各个阶段的信息,并监测地质灾害发生情况。

第二,加强资源的空间统筹,实现向"以图管地,以图管矿和以图防灾"的转变。以信息化带动管理精细化,力争实现国土资源主要业务要素的落地化管理,促进国土资源管理方式向依靠科技进步和广泛深入应用信息技术方向转变,全面提高国土资源管理行政效能。

第三,将国土资源核心数据库建设成为国土资源主要政务信息系统、资源监管平台的数据支撑环境,为国土资源各项审批业务、资源监管、宏观决策及各项应用和数据交换提供统一的数据和技术保障。

第四,将国土资源核心数据库建设成为支撑国土资源信息共享和社会化服务的数据支撑环境,为实现国土资源数据最大限度地社会化服务提供数据和技术保障。

(二) 建设内容

1. 核心数据库建设

在基础设施支撑下,按"一张图"建设的有关技术标准规范对不同类别、不同专业的海量、多源、异构数据进行梳理、整理、重组、合并等,利用提取、转换和加载工具以及必要的手段,将处理、加工好的数据按照统一的建库标准进行入库,数据按分层分类管理,形成国土资源核心数据库。这一工作过程将是开放的、长期的、持续的和不断更新的。一旦数据源数据更新或有新的数据源产生,核心数据库将按照预置程序进行更新。

2. 开发核心数据库管理系统

按照"一张图"管理维护和应用服务的要求,开发核心数据库管理系统,实现对全国土地、矿产及地质数据的集中管理与维护。数据库管理系统具备数据检查、入库、编辑与处理、

更新、交换(输入输出)、元数据管理以及数据备份、系统监控、数据迁移、日志管理等较为完备的功能。利用遥感、GIS、可视化和虚拟现实等技术,实现数据查询、统计分析、信息展示。以图形、表格、GIS和虚拟化相结合的方式,直观、准确、动态地展示全国国土资源"一张图"各个方面的信息,为行业管理、综合监管和辅助决策提供数据支持。

3. 开展应用服务

在国土资源核心数据库及其管理系统的基础上,开发应用服务接口,将地理信息服务(图形浏览、定位查询、空间分析等)、属性数据查询与浏览、统计与分析、专题图制作等功能封装,开发对"一张图"调用和操作的应用接口,为以电子政务平台为基础的用地预审、建设用地、采矿权、探矿权等多项行政许可事项审批业务系统、国土资源综合监管平台、共享服务平台和其他应用系统提供数据支撑、应用与服务。进一步挖掘需求,扩展"一张图"应用服务领域,尤其是对国土规划、基础设施建设、农林水等相关行业规划提供数据服务的方式和途径,进而将资源相关行业数据纳入"一张图"及核心数据库系统中,更好地为相关部委服务。

4. 建立并完善核心数据库运行环境

"一张图"及核心数据库主要在国土资源部数据中心管理、维护,考虑到包含涉密数据,主要部署在国土资源部涉密内网。对于非涉密公共服务信息(核心数据库的数据子集)可迁移到外网运行。鉴于数据量巨大,数据访问频度高,目前国土资源部数据中心软硬件环境还不能完全满足"一张图"管理、维护和运行的要求。需要在充分利用现有基础上,对数据中心的存储系统和主机系统进行必要的扩容,更新相关网络设备和展示环境,采取有效的安全管理和技术措施,不断完善管理制度。随着数据量的增多而逐步扩容,满足日益增长数据的管理、运维、应用、服务和安全的需要。

5. 逐步建立和完善"一张图"及核心数据库数据汇交和更新的机制

信息资源共享是国土资源信息化建设的关键问题,它涉及管理体制、机制与技术等方面的一系列问题。逐步建立和完善数据汇交、数据更新的机制对全国"一张图"建设则是必要的前提。为此,需要制定《国土资源部数据管理办法》,在此框架内,建立有关"一张图"涉及数据汇交与更新的协调、操作、运行的管理机制;规范各部门、各单位数据汇交与更新规定,以及约束其共享行为的行政规章制度;保证数据汇交与更新的相关标准规范等。对于支撑辅助决策、资源监测监管和社会化信息服务的各类数据必须集中汇交,并按照"谁生产谁负责"的原则,及时进行数据更新,保持数据的现势性。

6. 编制相关的技术标准规范

开展全国国土资源"一张图"及核心数据库建设,在技术上需要制定数据库建设、管理和应用等的一系列技术标准和规范,确保建设过程中按照统一的空间数据数学基础,统一的数据分类代码、数据格式、命名规则和统计口径等。标准和规范的内容主要包括数据整理、质量检查、数据转换、成果入库、数据管理、动态更新及对外服务等。

四、国土资源信息化"十二五"规划

(一)"十一五"建设成效

"十一五"时期,国土资源部及各级国土资源主管部门圆满完成"数字国土"工程和"金土工程"一期,在第二次全国土地调查等重大专项成果基础上,建立全国国土资源遥感监测"一张图"和综合监管平台,信息技术在国土资源调查评价、政务管理、社会服务主流程中得到广泛运用,实现由点到面的扩展,信息化已成为国土资源工作不可或缺的重要组成部分,有力地支撑了国土资源事业发展。

1. 建立了数字化国土资源调查评价与监测技术体系,积累了海量国土资源数据

3S 技术和装备全面应用于土地、基础地质、矿产资源、地质环境、地质灾害调查评价和监测,实现了信息采集和处理的全数字化,土地利用和矿产开发监测实现每年一次全国覆盖。建立了全国国土资源遥感监测"一张图"及年度土地利用快速变更维护新机制,建成了一批覆盖全国的不同比例尺土地、区域地质、矿产资源、地质环境与地质灾害等数据库,全国四级国土资源主管部门积累了近 6000TB 的海量数据。基本建成国家、省、市三级国土资源数据中心体系。

2. 国土资源主要审批业务实现网上运行,综合执法监管技术体系初步形成

国土资源部和所有省级、多数市级、部分县级国土资源主管部门的主要审批业务实现网上运行与远程在线电子申报,形成了网络化审批管理流程,初步建立了国土资源综合监管平台和在线土地督察系统,基本形成以信息技术为支撑的国土资源管理、监管框架体系,审批时限缩短了 50% 以上,部分地方实现了"当场办结",促进了审批制度改革,增强了综合执法监管能力。

3. 建立了国土资源门户网站体系,社会服务水平显著提升

国土资源门户网站体系基本形成并成为政务公开的主渠道,国土资源部和所有省级、98% 的市级、65% 的县级国土资源主管部门实现政务信息网上公开,全国所有土地、矿业权市场信息实现网上发布。网上办事、网上交易、网上查询业务不断扩展。土地登记与地质资料信息社会化服务取得明显进展,国土资源信息在国民经济和社会发展及社会公众中的基础性、公益性作用得到发挥。

4. 初步形成了国土资源信息网络体系,信息化基础保障进一步夯实

县级以上国土资源主管部门建立了内外网物理隔离的局域网,国土资源主干网和视频会议系统运行稳定,省以下国土资源广域网连接覆盖到所有市级和 84% 的县级。信息网络安全保障不断加强。完成了 80 余项信息化标准研制,初步建立信息化标准体系。开展了信息化顶层设计研究。全系统信息化从业人员达到 3.4 万人,技术队伍不断壮大。

然而,当前的国土资源信息化建设还存在一定差距。基层国土资源工作的信息化程度还不高,部分地区进展滞后;数据分散管理和系统建设各自为战的现象依然存在,信息化工作统筹还有待加强;一些地方和部门对信息化的认识还不能完全适应新形势的要求,信息化在规范和创新管理,提升综合执法监管质量中的巨大潜能还没有完全释放出来,应用深度和广度还有待加强;信息安全与信息充分共享和深化应用之间的复杂关系和矛盾亟待破解;既精通信息技术又熟悉国土资源管理业务的复合型人才还比较缺乏。

(二)"十二五"建设目标

"十二五"时期的国土资源信息化建设,以依托四级网络互联互通的国土资源遥感监测"一张图"、电子政务平台、综合监管平台和共享服务平台为基础,努力构建覆盖全国的集数

字化、网络化、智能化于一体的"智慧国土",全面实现"网上办公、网上审批、网上监管、网上交易和网上服务",促进管理方式的根本转变,增强全程监管能力,提高管理决策的科学化水平,推动服务型政府建设。其主要目标是:

1. 基本实现以信息技术为支撑的常态化调查监测,促进国土资源信息的实时汇集和动态更新

不同分辨率、不同平台遥感数据统筹和规模化、业务化处理能力进一步提高,满足每年全国覆盖一次、每季度重点地区覆盖一次和应急性的调查监测对数据源的需要。基本实现重点基本农田保护区、重要矿山、重点地质灾害点的实时监测。形成贯穿四级国土资源主管部门和覆盖土地、矿产开发利用主体的畅通的网络化信息采集与监测渠道,逐步实现国土资源管理、开发利用、市场交易信息在国家、省、市三级国土资源数据中心的实时汇集、动态更新,形成覆盖国土资源行业的结构优化、布局合理、专业齐全、功能完善、服务有效、更新及时的国土资源数据体系。

2. 构建四级联动的网上管理运行体系,促进管理方式的根本转变

国家、省、市、县级国土资源主管部门所有业务,半数乡镇国土所主要业务实现网上运行和网络化电子数据交换。形成贯穿四级、责任明晰、过程可控、协调联动的网上审批大流程,审批规则标准化,审批行为规范化,审批结果透明化,管理业务无分隔,为简政放权、持续推进审批管理制度改革创新提供技术支撑。

3. 形成覆盖全国的网上监管运行体系,提高监管质量和效率

形成以信息技术为支撑的,贯穿四级国土资源主管部门和土地督察机构的违法线索发现、反馈、处置机制,监管视野覆盖全国,监管触角延伸到国土资源管理全周期的末梢、资源开发利用和市场交易现场,监管指标涵盖资源、资本、资产三属性,监管方式向常态化转变,前移关口,下移重心,动态跟踪,促进执法监管形势根本好转。地质灾害监测信息传输网络覆盖重点地质灾害区,应急处置能力显著增强。

4. 实现信息资源的深度挖掘,促进国土资源决策的科学化

完成一批国土资源核心指标和数据综合分析模型建设,实现数据综合分析、异常报告的常态化、制度化,基于数据挖掘的知识全面融入国土资源管理决策、监管、预警和应急处置,提高国土资源形势分析研判的及时性、科学性和绩效评估的定量化水平,促进国土资源精细化管理、合理配置、供需双向调节和节约集约与综合利用。

5. 构建网上服务体系,进一步提升各级国土资源主管部门的政府公信力和公众满意度

政务信息网上公开实现县级以上国土资源主管部门全覆盖。在线申报、网上办理业务进一步扩展,初步实现全国土地、矿业权的网上交易。门户网站成为各级国土资源主管部门社会服务的主要窗口。基本实现地质资料信息服务集群化,服务保障"地质找矿突破战略行动"能力显著增强,形成国土资源权威信息产品,一批基础性、公益性国土资源信息在国民经济相关行业得到共享服务。

6. 进一步完善基础设施,信息化可持续发展能力显著增强

国土资源业务网和视频会议系统四级全覆盖。初步建成支撑应急信息传输的无线网。信息网络安全保障进一步加强。国家、省、市三级国土资源数据中心运行环境的集成程度明显提高。信息化标准体系进一步完善。市级以上国土资源主管部门有专门的信息化机构,

县级国土资源主管部门有专门的信息化机构或工作人员,人才队伍进一步壮大,信息化运行机制和制度保障体系进一步健全。信息化总体技术架构进一步完善。

(三)"十二五"建设任务

"十二五"时期国土资源信息化建设任务主要包括以下四项。

1. 加快核心数据库建设

完善国土资源调查评价和监测技术体系,加快以国土资源遥感监测"一张图"为基础的核心数据库建设。立足现有基础,借助对地观测、物联网等技术进步,升级国土资源调查评价监测技术体系及装备,增强动态监测能力,通过调查监测成果与日常管理信息的对接,推动调查监测由阶段性向常态化的根本转变。完善国土资源遥感监测"一张图",加快国土资源核心数据库建设,建立健全数据动态更新机制。以"一张图"为基础的核心数据库建设中涉及的土地数据库建设任务包括:土地利用现状、城镇地籍、土地利用总体规划、基本农田、农用地分等与耕地质量、土地整治规划等土地基础数据库建设与维护;土地管理和开发利用全过程、贯穿四级土地管理业务信息的关联和对接,整合建立建设用地审批、土地征收、土地供应、土地整治项目和耕地占补平衡、土地开发利用、二级市场、地价监测等数据库;推进全国四级互联互通的土地登记数据库建设。

2. 加快构建技术支撑体系

加快国土资源管理全业务网上运行,构建国土资源管理决策与综合监管技术支撑体系。建立国土资源电子政务平台,加强应用系统统筹与整合,加快推进覆盖四级国土资源行政办公、行政审批、综合事务等全业务的系统建设与应用,实现国土资源全业务的信息化管理和四级协调联动。建立国土资源综合监管平台,加强动态监测与网上运行系统之间的对接,增强综合监管和应急处置能力。

3. 实现信息服务的集成整合

加强在线服务和信息共享,推动国土资源主管部门服务型政府建设。按照推进政府职能转变的总体要求,建立共享服务平台,实现信息服务的集成整合。持续推进政务信息网上公开,为社会公众监督创造条件,引导资源民生问题舆论导向。加强在线服务,扩大服务领域,不断提高各级国土资源主管部门的政府公信力和公众满意度。

4. 增强信息化支撑保障能力

完善信息化基础设施,增强信息化支撑保障能力。进一步完善各级国土资源数据中心基础环境,加快四级国土资源网络系统互联互通,强化安全保障措施,加强信息化标准贯彻执行。

第八章 土 地 评 价

第一节 土地评价概述

一、土地评价的概念

土地评价是土地管理工作的重要内容之一。关于土地评价的含义,国内外学者主要有以下几种看法:① 在特定目的之下,对土地生产力高低的鉴定、评定或估价;② 估计土地用于不同目的的潜力的过程;③ 当土地用于特定目的时对土地性状进行估计的过程;④ 评估土地生产力和适宜性的过程。综合上述几种说法,土地评价是在特定的目的下,通过对土地的自然和经济属性进行综合鉴定,确定土地等级,揭示土地质量等级的空间分异的过程。它的核心内容是土地质量,即按照一定的利用方式的要求来判断土地质量,对土地的生物生产能力以及其他生产能力进行综合鉴定,以实现评价的基本目的。土地质量是土地的综合属性,受到土地的自然属性和社会经济属性等的综合影响。土地可在多个方面表现出其质量差别,并根据这些土地质量的高低而进行好坏划分。土地质量对一定种类用途的土地适宜性的影响起着明显的作用,是与利用有关,并由一组相互作用的简单土地性质组成的复杂土地属性。

由于土地最重要的特征是具有生产力,因此,在土地分等定级中指的土地质量实质上就是土地的综合生产质量(包含土地的自然生产力和渗入了劳动的经济生产力),或因这种综合生产力而形成的不同的土地劳动生产率质量。在不同的土地利用状态下,土地的综合生产力有不同的构成,土地质量的含义也有所差异。在农业、林业、牧业等的利用中,土地综合生产力由自然生产力和追加的社会生产力共同体现,土地质量的好坏指的就是因土地生物生产能力不同而造成的劳动生产率的差异。在工业、交通、城市等非农用建设的利用中,土地的综合生产力主要不在于它的自然生产力,而取决于在开发和改造土地中所渗入的社会生产力。因此,非农用地质量好坏指的是以区位条件优劣为主造成的劳动生产率的高低。

土地评价是根据不同的用地目的来评定土地的适宜性和生产潜力,其实质是对土地质量的评价,是对土地生产力高低的鉴定,评价不仅要考虑影响土地利用的自然因素,同时,还要考虑社会经济因素,是对土地自然属性和社会经济属性的综合鉴定,是对土地功能的综合评价。土地评价结果是因地制宜、合理利用土地和调整土地收益分配的基础和依据。土地评价是科学实施土地管理的基础性工作和重要保障。

二、土地评价的分类

土地评价包括的内容很广,由评价目的、用途、方法、手段和体系上的差异,土地评价可分为多种类型。

(一) 按评价研究内容分类

从土地评价研究的核心内容——土地质量看,土地评价可分为土地资源评价、土地经济评价、土地环境评价和土地可持续利用评价。

1. 土地资源评价

土地资源评价可进一步分为土地适宜性评价和土地潜力评价。土地适宜性评价是根据在一定状况下土地质量对于特定利用类型的适宜程度来评定土地的等级,有单宜性评价和多宜性评价之分。单宜性评价是根据某一种具体目的和土地利用的具体要求评价土地;多宜性评价把土地看成是适合多种用途的实体,评价结果反映土地对于多种用途的优劣等级。土地潜力评价主要依据土地的性质及其对于土地的某种持久利用程度,就土地在该种利用方面的潜在能力对其作出等级划分。对农用地而言,是根据一定管理状况下土地质量在气候、土壤等主要环境因子和自然地理要素相互作用下所表现出来的生产潜力来评定土地等级;对非农用地而言,是依据一定管理状况下土地质量所表现出的承载能力或最大容量来评定土地等级。迄今为止的土地潜力评价研究大多是针对农业生产而进行的,也即农业土地潜力评价。

2. 土地经济评价

土地经济评价是指对土地在某种规定用途的条件下可能取得的经济效益的综合鉴定。它依据土地上获得的效益与相应投入的人力、物力和资源两者之间的对比关系,以土地净收益(纯收入)作为评价标准。进行土地经济评价时,要考虑直接与土地生产力有关的土地属性、与产品销售有关的地理位置和交通条件、单位面积土地上的产品数量和质量,以及社会对该产品的需求和价格等因素。所以,土地经济评价实质上是综合评价。通过土地经济评价,合理地进行土地经济分级,可有效地鼓励和指导人们正确使用土地,促进土地利用向更加合理的方向转化。

3. 土地环境评价

土地环境评价是对土地这一复杂系统环境质量优劣的评定。土地是一种包含地质、地貌、土壤、气候、植被和水文等多种自然资源,并相互依存、相互制约的广义综合体,土地环境的优劣直接决定着该系统内能量转换和物质循环效率的高低,合理评价土地环境质量对于合理开发利用土地资源,协调人口、粮食和环境之间的关系具有重要意义。土地系统是由许多子系统构成的复杂综合系统,相应地,土地环境评价是对评价区域的气候环境质量和土壤环境质量、水资源环境质量、生态环境质量和社会经济环境质量等的综合评价。土壤是土地系统中的一个重要子系统,土壤的肥力水平是土地质量高低的重要指标,因此,土壤环境质量评价是土地环境评价的重点,通过对影响土壤环境质量因素的分析,评价土壤中容纳和清除有害有毒物质的能力以及对整个生态环境的效应,寻找防治土壤污染、退化、破坏的对策和措施。

4. 土地可持续利用评价

土地可持续利用可以理解为在生态方面应具有适宜性,经济方面应具有获利能力,环境方面能实现良性循环,社会方面应具有公平和公正性。可持续土地利用是土地利用的理想目标,它一方面是土地利用在时间上的延伸,即当代人的土地利用方式不对后代人利用土地造成危害,即代际公平原则;另一方面体现在不同区域尺度间和谐,即一定区域土地利用不对其他区域土地利用产生危害。1991 年在泰国举行的"发展中国家可持续土地利用评价国际研讨会"及 1993 年 6 月在加拿大召开的"21 世纪可持续土地利用管理国际研讨会"上,许多学者从自然、环境、经济和社会各个方面探讨了土地可持续利用评价的指标和方法。1993年联合国粮农组织(FAO)颁布了《可持续土地利用管理评价大纲》(FESLM),确定了持续土地利用管理的基本原则、程序和五项评价标准,并初步建立了土地可持续利用评价在自然、经济和社会等方面的评价指标。不同国家和地区的学者都以此为指导,探讨适宜本国的土地可持续利用评价的指标体系和方法。

(二) 按评价对象分类

以评价的对象为标准,土地评价可分为农用地和非农用地的评价。前者主要是对耕地、林地、草地、园地等农用地生产力、效益差异、级差收益分布状况的评价;后者包括对城市工商和建设用地、工矿业用地、交通用地、旅游业用地等非农用地的评价。

在我国,城镇土地评价的研究进行较早,评价的理论体系和技术方法也较为完善,形成了以城镇为单位的土地等以及城镇内土地级和基准地价在内的不同层次的土地质量体系。2001 年正式发布了《城镇土地分等定级规程》和《城镇土地估价规程》,确立了城镇土地分等定级和估价的操作规范与实施细则。城镇土地等侧重于反映城镇之间土地质量的地域差异,而土地级反映城镇内部土地质量的差异。基准地价评估是在城镇均质区域划分或土地定级的基础上,对城镇各级土地及其各类土地利用类型评估出单位面积土地的平均价格,基准地价反映出城镇内各处土地质量的优劣,并体现不同行业用地的级差收益状况。

(三) 按评价方法分类

从评价的方法来划分,土地评价主要可分为直接评价和间接评价。直接评价是指利用试验手段直接去探测土地质量对某种用途的影响大小,进而确定其适宜性(包括适宜程度)、限制性(包括限制程度)和生产潜力。直接评价的优点是评价结果比较准确可靠,但这种准确和可靠性只局限于试验区,对大范围地区的土地评价具有局限性。间接评价是指通过对影响土地适宜性、生产力的各种因素及其性质进行间接判断或鉴定,由此推论土地质量的高低,评定土地的等级。迄今为止的土地评价,大多为间接评价。

(四) 按评价的时间特性分类

从评价的时间特性看,可分为现状评价和预测(潜力)评价。现状评价是对当前土地利用现状的适宜性或生产力等进行评价,土地质量高低的现实状况是评价依据。评价结果是制定当前管理和利用土地的政策和方法的基础,大多数等级评定、适宜性评价都属于这一类。预测评价又称潜力评价,评定的是土地在将来经过某种改良、开发后,或某种土地特性、环境条件变化后,预期的土地质量的高低。

三、土地评价的原则

土地评价有着不同的目的,其所采用的方法也有所差异,但均需遵循一定原则。

(一)综合分析与主导因素相结合原则

土地质量的优劣,生产力的高低,不仅受土地自然属性影响,同时,还受到社会经济属性和技术条件的重要影响。评价首先应全面分析这些属性及其对土地质量的综合影响,但同时还要重点研究其中的主导因素及其对土地生产力的限制作用。只有这样才能全面而科学地揭示土地质量和生产力的差异及其分布规律。

(二)针对性原则

土地评价应明确评价目的,并针对评价目的选取相应的土地因素因子及其评价指标体系。不同类型和方式的土地利用,对土地性状和质量有不同的要求。土地评价时,事先必须明确评价的具体目的,并明确该目的对土地性状的要求和程度,从而有针对性地选择土地因素因子,确定其优劣评判标准进行评价。如果评价目的含糊不清,就无法准确和正确地确定参评土地因素因子及其优劣评判标准,后果必然降低评价结果的科学性和准确性。

(三)因地制宜原则

土地评价中,评价方案、评价依据和标准,必须根据评价地区的具体情况确定。不同国家、不同地区其土地组成要素及其组合不可能完全一致,即使对相同的土地利用类型和利用方式,在不同评价地区其土地限制因素因子及程度均会有一定差异。另外,不同国家、不同地区其社会经济条件也有一定差异,而这种差异必然对土地的开发利用产生影响。例如,对性状和质量相近的土地,在社会经济发达、技术先进的地区可能评定为适宜利用的土地,但在社会经济和技术较差的地区则可能评定为不适宜利用的土地。因此,在不同的评价地区虽然其土地评价的原理基本一致,但其评价方案、依据和标准等则应因地而异。

(四)合理确定投入水平原则

土地评价必须考虑其相应的土地投入水平。对于任何土地而言,其利用要获取一定效益,就必须有与其对应的投入。一般而言,只要有足够投入,即使原本难以利用或根本无法利用的土地,也可能有较大产出。也就是说,土地产出的高低除与土地固有质量有关外,还与土地投入水平的高低有重大关系。因此,在进行土地评价时必须设定所评价区域土地具有大致相同的投入水平。否则,各土地的评价结果就没有可比性。一般地,评价所设定的投入水平取评价地区常见和具有代表性的土地投入水平。

（五）合理确定单宜性与多宜性原则

土地评价应注意多宜性评价与单宜性评价的选择。土地具有多宜性特点,而另一方面土地的当前利用方式大多是长期劳动实践的结果,一般具有较强的稳定性。因此,土地是针对多种不同的可能利用方式进行多宜性评价,还是仅针对其当前利用方式进行单宜性评价,应给予认真考虑和选择。一般而言,对于利用效益较高且利用方式稳定的已利用土地,可以仅进行单宜性评价;而对利用效益低或需改变利用方式的已利用土地,以及未利用荒地则应进行多宜性评价。

（六）可持续利用原则

土地评价应以土地的持续利用为前提。在针对某种土地利用方式对土地进行评价时,必须确保土地不会因这种利用而遭到破坏或引起土地生态环境或经济效益的退化和恶化。假如土地被当作某种用途在短期内虽然能够取得相当高的经济效益,但却要引起土地的强烈破坏,并由此引起的危害和损失大大超过其收益,在这种情况下,评价土地对这种利用方式而言,应评为不适宜。

第二节　土地资源评价

一、土地适宜性评价

土地适宜性评价是根据土地利用的目标,针对某种或某几种特定土地利用对土地及土地构成要素的要求,评价土地对所设定的土地利用要求的适宜性和适宜程度。由于适宜性的对立面即限制性,因此,土地适宜性评价也可理解为评价土地对特定土地利用要求的限制性和限制程度。

（一）土地适宜性评价的基本步骤

土地适宜性评价的基本步骤主要包括以下几个方面:评价系统的选择与制定、评价单元的划分、参评因素的选取、参评因素质量分值的量化、参评因素综合分值计算与适宜性等级划分等。

1. 评价系统的选择与制定

土地适宜性评价系统,应该根据评价目的所要考虑的土地利用种类所属的等级层次,评价地区土地资源和土地利用的特点,评价成果应用的要求以及评价的主、客观条件等选择制定。具体制订时,应充分参考类似的评价系统以及评价地区其他相关研究的资料。目前国际上影响最大、使用最广泛的土地适宜性评价系统是联合国粮农组织(FAO)1976年正式公布的《土地评价纲要》。

2. 评价单元的划分

土地是气候、土壤、水文、地貌、地质、动物、植物、微生物及人类活动的结果等众多自然和社会经济要素所组成的综合体,同时又是一个连续体,土地的个体性较差,土地特性和组成要素空间上存在着较大差异。评价单元即通过人为地将土地连续体划分为不同的虚拟个体,使单元内部土地特性和组成要素性质基本一致。土地适宜性评价单元的划分可根据评价的主、客观条件,选择采用地块法、网格法、叠置法、多边形法等方法。

3. 参评因素的选取

土地资源质量的好坏,是通过土地综合体组成要素的性质状况来综合体现,土地适宜性的高低,则通过评价土地构成要素质量的好坏来刻画。但土地构成要素众多,评价应选择那些对土地适宜性有显著影响、自身性状等在时间上相对稳定、空间上有较大差异、性状指标数据较易获取的因素,作为评价的参评因素。

4. 参评因素质量分值的量化

评价各参评因素性状指标的表达一般存在很大差异,同时,对土地适宜性的影响形式也存在差别。因素作用的影响程度往往并不是随因素性状指标数据的增减呈线性变化,有时还是非线性的。当因素性状指标数据在一定范围内变化时,受其影响的土地质量可能变化不大或不发生变化;而当它在另一范围内变化时,较小的变动可能会引起土地质量较大的变化。因此,评价需要将参评因素性状指标数据转换成因素因子的质量分值,以便更为直观、合理地刻画因素对土地适宜性的影响作用大小。由于各因素性质的不同,其作用方式、影响程度也不相同,因此,需要针对因素的性质采取不同的标准,来实现参评因素性状指标值——质量分值的换算。这一转换实际上就是进行因素因子指标值的标准化和无量纲处理。

5. 参评因素综合分值计算与适宜性等级的划分

参评因素综合分值是在参评因素质量分值量化的基础上,根据各参评因素对土地综合体资源质量影响的贡献性,采用加权求和法或几何平均法等计算得到。土地适宜性的等级则根据单元适宜性综合分值,一般采用等间距法、数轴法、频率曲线法等进行划分,并经实地验证校核、修改完善而最终确定。

(二)联合国粮农组织《土地评价纲要》评价系统

1970 年前后,世界大多数国家均已开展土地评价研究,并各自制定了土地评价的系统。由于这些评价系统很不统一,给国际学术交流带来了困难。为避免世界各国因土地评价体系不同造成的交流障碍,FAO 于 1972 年 10 月在荷兰瓦格宁根的国际农业中心召开了一个讨论会,来自 22 个国家的 44 名国际著名资源评价专家,在对有关土地评价系统某些规范形式问题讨论的基础上,拟订了《土地评价纲要》草稿,并广泛征求意见。14 个国家的有关专家对《土地评价纲要》草稿提出了修改意见。1975 年 1 月在罗马又召开了一个小型专家讨论会,对《纲要》草稿作了修订。1976 年正式公布了《土地评价纲要》。此纲要成为土地评价的指导性文件,在许多国家中有重要影响。虽然它只规定了土地适宜性评价的一般原则和概念,但其适宜性分类结构和进行土地适宜性评价必须遵守的程序,则有广泛的适用性。该评价系统包含有四个等级单位,即适宜纲(order)、适宜级(class)、适宜亚级(subclass)和适宜单元(unit)。

1. 适宜纲

适宜纲是指土地适宜性的种类,表示土地对所考虑的特定利用方式是适宜还是不适宜,分为适宜纲(S)和不适宜纲(N)两大类。

适宜纲(S)是指土地能够满足按所考虑的用途进行持久利用,达到预期的效益,在经济上是合算的,而且对土地不会产生不可接受的破坏后果。不适宜纲(N)是指土地不能满足所考虑的土地用途对土地的要求,亦即土地质量显示该土地不能按所考虑的用途进行持久利用。土地被列入不适宜纲的原因一般有:所提出的用途在技术上不可行;所提出的用途如果实施会产生破坏性后果;预期投资获得的经济效益低,得不偿失。

2. 适宜级

适宜级是反映适宜纲以内土地对特定用途或方式的适宜程度。一般用阿拉伯数字按适宜纲内的适宜程度递减顺序编列,适宜级的数目不加具体规定。但通常在适宜纲内分出三种适宜级,即高度适宜(S_1)、中度适宜(S_2)和临界适宜(S_3);不适宜纲通常分成两级,即当前不适宜(N_1)和永久不适宜(N_2)。

高度适宜(S_1),土地可持久应用于某种用途而不受严重限制,或受限制较小,在采取正当的利用措施下长期使用不会降低土地的生产力或效益,不需要增加超出可承担水平的费用。中度适宜(S_2),土地对持久利用于规定的用途有中等程度的限制性,如不采取必要的措施,长期使用会出现中等程度的不利,降低土地的生产力或效益并增加费用,虽然仍能获得利益,却明显低于S_1的效益。为了获得理想的效益,并维持土地的持久生产力,往往需要采取中等规模的改造措施。临界适宜(S_3),土地对持久利用于规定的用途有强烈的限制性,将降低土地的生产能力或效益,或者需要增加投入,而这种投入从经济上说只能算勉强合理。这类土地的有效利用,往往必须采取重大的改造措施。

当前不适宜(N_1),土地有较强烈的限制性,但终究可加以克服,只是在目前的技术和现行成本下不宜加以利用,或者不能确保对土地进行有效而持久的利用。但将来一旦条件具备,通过较大的改造措施,能使土地获得新的质量特征,最终满足某些利用类型对土地的要求。永久不适宜(N_2),土地的限制性十分严格,以致在一般条件下根本不可能持续有效利用,即使将来在改造技术上也难以实现,或投入过大,经济上不合算,最终也不可能实现有效利用。

3. 适宜亚级

适宜亚级反映土地限制性类别的差异,或需采取的改良措施的区别,如水分亏缺、侵蚀危害等。亚级的表示方式是用英文小写字体列在适宜级符号之后。高度适宜级(S_1)无明显限制因素,因此不设亚级。如S_{2m}表示受土壤水分限制、S_{2o}表示受土壤通气性限制等。亚级设置的一般原则包括:① 亚级的数目愈少愈好,只要能区分开适宜级内土地的质量或者改良所针对限制因素的不同即可;② 对于任何亚级而言,符号中应尽可能少用限制因素,一般只列出主要亚级的符号,如果两种限制因素同样重要,则同时列出两者。

不适宜纲内的土地,一般可以不对其限制性划分为亚级。

4. 适宜单元

适宜单元是适宜亚级的细分,反映亚级以内土地经营管理方面的次要差别。每一适宜亚级内的所有适宜单元具有同样程度的适宜性和相似的限制性,不同适宜单元之间在生产特点或经营管理要求的细节方面不同。适宜单元用阿拉伯数字表示,置于适宜亚级之后,如

S_{2m-1},S_{2m-2}等。一个适宜亚级可划分出多少适宜单元,无明确规定。

(三) 评价单元的划分

评价单元是土地评价对象的基本空间单位,同一单元内土地的基本属性和土地质量基本一致,不同单元之间则有较大差异。土地适宜性结果是通过对评价单元的土地构成因素质量的评价得出,因此,评价单元划分对土地评价工作的实施至关重要,直接决定土地评价工作量的大小、评价结果的精度及成果的可应用性。整个评价区范围内的全部土地可以按土地的内部属性划分为独立的评价单元。

1. 评价单元划分的原则

(1) 综合与主导性相结合原则。土地是自然、社会和经济的综合连续体,其性质随时间变化而变化。因此,在划分评价单元时,首先要综合分析各个土地因素之间的相互关系及其组合特点,从而辨别它们之间的差异性。在运用综合分析原则时,要求在大量的组合方式下找出土地质量变异的界限进行单元分异研究,而变异界限主要受那些对土地生产力影响较大,而且比较稳定的自然要素(主导因素)的制约,为此评价单元划分时还需遵循主导性原则。

(2) 主导因素差异原则。不同地貌部位的土地不能划为同一单元,山脉走向两侧水热分配有明显差异的不能划为同一单元,地下水、土壤条件、盐碱度等土地因素指标有明显差异的不能划为同一单元。

(3) 针对性原则。针对评价目的以及评价区范围,选取大小适合的评价单元,满足评价目的对评价单元精度的要求。

(4) 实用性原则。评价单元也是应用评价成果、进行土地管理的基本单元,因此,评价单元在实地应该具有明显的、易辨别的界限。

2. 评价单元划分的方法

土地评价单元划分的一般方法有地块法、网格法、叠置法和多边形法等。

(1) 地块法。在底图上用明显的地物界线或权属界线,将主导特性相对均一的地块,划分成为封闭土地评价单元。其操作的关键是底图的选样和对评价区域实际情况的了解。

(2) 网格法。用一定大小的方格构成的网格划分评价单元。网格大小以能基本区别开不同特性的地块为标准。由于在划分网格时,不易完全与土地的均质条件和各影响因素的实际分布相符合,因此,网格法划分单元除了在工作中取样和获取数据外,还需要尽量兼顾单元的均质性。

(3) 叠置法。将相同比例的土地利用现状图与地形图、土壤图叠加,基本一致区域形成的封闭图斑即为有一定地形特征、土壤性质和用地类型的土地单元。若图斑小于最小上图面积则应进行归并。一般采用"三图叠置法"划分评价单元,即由土地利用现状图、土壤图和地形图这三图叠置形成封闭的评价单元。叠置法要求所选用的基本图件都能转化到同一比例,并且所有图件的主要参照物能很好地吻合。

(4) 多边形法。将所有参评因素的质量分值图进行叠加,最终生成的封闭多边形即为评价单元。

就土地适宜性评价而言,评价单元划分的具体方法主要有:① 采用土壤发生类型图斑作为评价单元；② 采用土地类型图斑作为评价单元；③ 以土地利用现状图叠加土壤图、地形图等生成的最小图斑为评价单元。

（四）参评因素的选取

1. 影响土地适宜性的主要因素

影响土地适宜性的主要因素包括自然因素和社会经济因素两大类。其中，自然因素主要包括气候条件、地形条件、土壤条件、植被状况、水文和水文地质状况与环境质量状况等；社会经济因素包括农业生产条件和区位条件等。这些因素相互联系、相互作用，共同影响和决定土地对所考虑用途的适宜性及其程度。

（1）气候条件。气候条件中气温与降水状况对植物的生长和发育起着决定性的作用，一个地区水热条件及其组合不仅决定作物的种类、熟制、产量和品质，而且在很大程度上也决定土地利用方式和农业生产应采取的方向性措施，是农业生产的先决条件，是影响土地适宜性的基本因素。

（2）地形条件。地形对区域内水热状况的再分配和土地物质的迁移起着重要的作用，也直接影响土壤与植被的发育。地形条件在很大程度上决定着土地利用、农田基本建设、土地改良与土地开发等的经济效益。尤其在山地、丘陵、熔岩等地区，地形因素往往对土地的适宜性起主导影响，对土地的适宜性及其程度起决定作用。

（3）土壤条件。土壤具有供应和协调植物生长发育所必需的水分、养分、空气、热量及其他生长条件的能力，土地自然生产力主要取决于土壤的肥力水平。土壤是土地资源质量的重要影响因素，是农业生产的基本资源。对于土地适宜性评价常针对的县级行政空间范围而言，土壤是土地适宜性评价需考虑的主要方面，评价应尽可能全面细致地考虑土壤方面的因素，包括土壤类型、有效土层厚度、土壤质地、土体构型、障碍层、有机质和各种营养元素的含量、pH值和盐分状况等。

（4）水文和水文地质状况。水文主要指地表水状况，是影响土地资源质量与农作物产量水平的重要因素之一。特别在干旱、半干旱、盐碱化和沼泽化地区，灌溉防洪排水等水文条件对土地利用的适宜性起到某种决定性的作用。水文地质条件主要指地下水状况，它影响土壤性状和土壤改良的可能性与难易程度，地下水位的高低和矿化度大小是导致土壤是否会沼泽化和盐碱化的决定因素。

（5）环境质量状况。农田环境污染状况对农业生产和土地利用适宜性的影响越来越重要和明显，它不仅影响农业产品的品质，还在一定程度上影响农作物的产量水平。农田环境质量是当前城市化、工业化背景下，土地利用适宜性评价必须考虑的因素。

（6）农业生产条件。农业生产条件，包括区域大的灌溉、排水等水利条件，沟、渠、路、林、井、电等田间工程配套情况，机械化水平以及作物布局、品种、轮作制度、复种指数等因素。农业生产条件对土地利用状况及其产量和效益有重要影响。

（7）区位条件。区位条件反映土地与城市、集镇的距离和相对位置，与行政、经济中心的相关位置，与河流、主要交通道路的相对关系。对于农用地来说，地理位置是决定土地利用方向、集约利用程度和土地生产力的重要因素，并对农业生产和产品流通具有十分重要的影响。

2. 参评因素选取的原则

土地适宜性参评因素选取时,一般应遵循以下原则:

(1) 影响性原则,即选取的参评因素对土地生产力有比较大的影响。

(2) 空间变异性原则,即选取的参评因素的性状指标在评价区范围内具有较大的空间变异性。

(3) 稳定性和可获取性原则,即选取的参评因素的性状指标时间上相对稳定,指标数据能够获取。

参评因素具体选取时,可以采用定性方法,如特尔菲调查分析法(Delphi 法);定量方法,如层次分析法(analytic hierarchy process, AHP 法)、回归分析法、主成分分析法等;或者定性与定量相结合的方法确定。

(五) 参评因素综合分值的计算

1. 参评因素指标分值的量化

参评因素指标值—因素质量分值转换量化,一般采用最大最小值法按百分制相对值方法计算,并遵循下列原则:① 因素质量分值与土地资源质量优劣成正比;② 因素质量分值采用 0(1)—100 分的封闭区间,最优取 100,相对最劣取 1 或 0;③ 因素质量分值只与参评因素的显著作用区间相对应。

参评因素指标分值换算量化的具体公式如下。

(1) 正向型因素,即因素指标值越大,反映土地资源质量状况越好:

$$f_i = 100 \times \frac{X_i - X_{\min}}{X_{\max} - X_{\min}}$$

(2) 逆向型因素,即因素指标值越大,反映土地资源质量状况越差:

$$f_i = 100 \times \frac{X_{\max} - X_i}{X_{\max} - X_{\min}}$$

(3) 适度型因素,即因素指标有一适度值,在此适度值内土地资源质量最优,大于或小于此适度值,土地资源质量均由优向劣方向发展。

设 a 为某因素指标适度值:

$$\text{当 } X_i \geqslant a \text{ 时}, f_i = 100 \times \frac{X_{\max} - X_i}{X_{\max} - a}$$

$$\text{当 } X_i < a \text{ 时}, f_i = 100 \times \frac{X_i - X_{\min}}{a - X_{\min}}$$

式中:f_i——因素质量分值;X_i——因素指标值;$X_{\max}$——因素指标最大值;$X_{\min}$——因素指标最小值;a——因素指标适度值。

对无指标值表示的定性参评因素,可直接按照评价单元因素质量状况,结合评价区域内因素指标值平均情况,在(0/1, 100)区间赋予一定的因素质量分值。

2. 参评因素综合分值的计算

参评因素综合分值在各因素质量分值量化基础上,采用以下方法计算得到。

(1)几何平均法

$$H = \left(\prod_{i=1}^{m} f_i \right)^{\frac{1}{m}}$$

(2)加权平均法的计算公式

$$H = \sum_{i=1}^{m} \omega_i f_i$$

式中:H——参评因素综合分值;i——参评因素编号;m——参评因素的数目;f_i——第i个参评因素质量分值;ω_i——第i个参评因素的权重。

其中参评因素权重确定的方法很多,一般可以分为定性和定量两大类。前者如特尔菲调查分析法,后者如层次分析法、回归分析法、主成分分析法、相关分析法等。

(六)土地适宜性等级的划分与确定

1. 适宜性等级的初步划分

土地适宜性等级,根据评价单元参评因素综合分值,采用等间距法、数轴法、总分频率曲线法等进行土地级别的初步划分。划分时应注意以下原则:① 适宜性等级的高低与单元综合分值的大小相对应,分值越大,级别越高,反之亦然;② 不同适宜性级别间综合分值具有明显差异;③ 任何一个综合分值只能唯一对应一个土地适宜性级别;④ 土地适宜性级别的界线不打破行政权属界线和线状地物。

2. 适宜性级别的验证和最终确定

土地适宜性级别的初步划分结果,只是一种理论的计算,不管资料收集如何细致、全面,所采取的技术方法如何先进,评价计算结果与实际情况之间有可能存在差异。为保证评价成果的科学性,使其与实际情况相吻合,必须对适宜性初步结果进行实地验证,对初步成果进行修改和完善,落实级别界线。

实地验证的要点包括:① 适宜性结果与相关研究结果存在明显差异的地块;② 相邻地块定级结果差别很大的地区;③ 大范围适宜性级别无差异或差异很小的地区;④ 当地专家认为评价结果有出入甚至错误的地区。可在评价单元中随机抽取一定比例(如5%)的单元进行野外实测,将实测结果与评价初步结果进行比较。如果差异小于5%,认为适宜性评价初步成果总体上合格,对于发现的不合格计算结果要进行修正;如果大于5%,则应对适宜性评价初步成果进行调整。

初步成果通过检验后,确定土地适宜性最终级别的界线,进行各级别的面积汇总和成果图编绘。

二、土地潜力评价

土地潜力是指土地在用于农林牧业生产或其他利用方面的潜在能力。土地潜力评价,或称土地潜力分类,主要依据土地的自然性质(土壤、气候和地形等)及其对于土地的某种持久利用的限制程度,就土地在该种利用方面的潜在能力对其作出等级划分。例如就土地的农业利用而言,潜力评价的任务是,依据土壤、气候、地形等要素对土地的持久农业利用的限制程度,及由这种限制程度所决定的作物的潜在生产率和耕作方式的可选择性,对土地作出等级划分。

迄今为止的土地潜力评价研究大多是针对农业生产而进行的,也即农业土地潜力评价。这里的农业土地潜力评价的对象一般不是狭窄的农业范畴,例如某一种专门的农作物或林木的栽培,或某项特殊的农事活动,而往往是较广义的农业范畴,例如耕作业、林业、牧业等等。因此,就评价系统本身而言,土地潜力评价大多采用类别系统,即依据土壤、气候、地形等要素对土地利用的限制性和限制程度,将土地归并成若干个不同的类别即等级。

土地潜力评价的方法一般可分为定性评价和定量评价两类:定性评价一般根据土地对各种作物或土地利用方式的自然限制的强弱程度,将土地潜力分为若干等级。典型的定性土地潜力评价方法如美国的土地潜力评价系统;定量的土地潜力评价是指通过建立数学模型或作物生长动态模拟模型来计算土地的生产潜力。

(一)土地潜力定性评价——美国农业部潜力分级评价系统

美国农业部于1961年颁布的土地潜力分级系统(LCC)主要以大农业发展为主要目标,包括潜力和限制性两个基本概念。其中,潜力指土地在用于某种利用的潜在能力;限制性则是对潜力施加不利影响的土地特征,分为暂时限制性和永久限制性,前者指通过一定措施可以消除的限制性,后者指不易改变的限制性。该系统包括三个等级单位,即潜力级(capability class)、潜力亚级(capability subclass)和潜力单元(capability unit)。

1. 潜力级

潜力级是潜力评价中的最高等级,是限制性或危害性程度相同的若干土地潜力亚级的归并。根据土地在利用上所受到的限制性的强弱,将全部土地划分为八个等级,从Ⅰ级至Ⅸ级,限制性逐渐增强,适宜性逐渐降低。各潜力级的具体含义如下:

Ⅰ级——土地利用很少受到限制,它适宜种植范围广泛的植物,可以安全地用于农作物、牧草、林木和野生动物栖居。土地近于水平(或某些透水能力很强的缓坡地),水蚀或风蚀的危险性小;土层深厚,一般排水良好,易于耕作;土壤持水性好,且含有相当充足的植物养分或是对施肥有良好反应;生产能力高,适于精耕细作;几乎不会遭到洪涝危害,当地气候也有利于大多数农作物生长。Ⅰ级土地种植农作物时,只需一般的经营管理就能维持生产能力、土壤肥力和土壤结构。

Ⅱ级——土地利用受到一些限制,可以种植农作物和饲料作物,作为牧场、林场或野生动物栖居场所等,然而适种作物的选择范围有所减小或要求中等程度的水土保持措施。该级土地在耕作时需要细致的土地管理,包括水土保持措施在内,目的是防止土壤退化或改善水气关系。总体来说,所受限制不多,且改良措施易行。

Ⅲ级——土地的利用已受到严格限制,虽然可以种植农作物和饲料作物,也可以作为林场、牧场或野生动物栖居场所,但作物选择有限。土地利用受到更多的限制,耕作时水土保持措施常较难实行和维持,需要采取特殊的水土保持措施。

Ⅳ级——土地的利用已受到强烈限制，虽然可以勉强种植农作物、饲料作物，也可以用作林场、牧场或野生作物栖居地，但对作物的选择有很严格的限制。耕种要求有很仔细谨慎的管理，水土保持措施也较难实施和维持。

Ⅴ级——土地存在限制作物生长和妨碍正常农业耕作的难以排除的限制因素，它们不适于种植一般农作物，大多只能作草场、林场或野生作物栖居地。该级土地近乎水平，有些处于潮湿状态或由河流造成频繁的洪涝，或含石较多，或受气候影响，或是若干限制因素兼而有之。该级土地经过治理后可望作为有适当收益的草地。

Ⅵ级——土地具有严格的限制因素，以致一般不宜于耕种，大部分限于用作草场（或牧场）、林场或野生动物栖居地。如果采用播种、施石灰、施肥、等高耕作以及开挖排水渠、分洪或喷灌等措施使其成为改良牧地，在高水平的经营管理条件下，某些Ⅵ级土地也可用于一般农业，有些还适用于特种作物或作林地使用。

Ⅶ级——土地具有很严格的限制因素，以致不宜耕种，它们对任何农作物都不适宜，大部门只能用作牧地、林地或野生动物栖居地。从自然条件上说，Ⅶ级土地无法通过播种、施石灰、施肥、等高耕作以及开挖排水渠、分洪或喷灌等措施使其成为改良牧地，根据土壤性质与地方气候状况，Ⅶ级土地可能适用作为林地。在特殊情况下，某些Ⅶ级土地在特殊管理措施下可适用于特种作物。

Ⅷ级——土壤与地形所固有的限制作用排除了商品性作物的生产，并限定其只能用作休养地、野生动物栖居地、水源地、风景地等。这级土地的土壤与地形的限制作用，使得它不能在经营作物、草地或林地中获利，但用作野生动物栖居地、水源地或休养地等仍具有一定的价值。

2. 潜力亚级

潜力亚级是具有相同的限制因素和危险性的潜力单元的组合。与潜力亚级相应的四种限制因素是侵蚀危害(e)；潮湿、排水或洪涝(w)；根系层(s)和气候(c)。其中，e亚级土地，侵蚀危害是土地利用面临的主要问题或危害，现代侵蚀的敏感性及古代侵蚀的损害程度是划分该亚级土地的主要依据；w亚级土地，水分过多是土地利用面临的主要限制因素或危害，土壤排水不良、地下水位高和洪涝等是划分该亚级土地的依据；s亚级土地，是指根系层浅薄或者含有大量石块、持水容量低、肥力低、含盐或钠等限制的土地；c亚级土地，气候（温度与湿度）是土地利用中的重要限制因素或危害。

除气候因素外，上述诸限制因素均可予以改良或局部改良，因此，在确定潜力亚级时应优先考虑它们，从而根据土地利用的主要限制或危害来决定潜力单元应归属于e,w,s等潜力亚级。除气候外，不受别的因素限制的潜力单元则归属于c亚级。在两种限制因素程度基本相等且可以改造的情况下，则按e,w,s,c顺序划分。也可以从当地土地利用的需要出发，表示出土地具有两种限制因素，但须把主要的限制因素放在前面，以表明该亚级土地存在的主要问题。

3. 潜力单元

潜力单元是对土地利用的经营管理具有大致相同效应的土地组合。居于同一个潜力单元的土地，在土地性质的配合方面充分一致，从而导致它们具有相同的潜力、限制或危害。所以，属于同一潜力单元的所有土地应具有以下特点：① 在相同经营管理措施下，可生产相

244

同的农作物、牧草或林木；② 在种类相同的植被条件下,采取相同的水土保持措施和经营管理方法；③ 相近的生产潜力(在相似的经营管理制度下,同一潜力单元内各土地的平均产量的变率不超过 25%)。

(二) 土地生产潜力定量测算

在一定的外部环境条件下,土地生产物质可以达到的上限称为土地生产潜力。土地之所以具有生产物质的能力,是因为其上有辐射能资源、水资源、CO_2 资源以及氮、磷、钾等营养资源和各种微生物等生命资源,它们构成了土地生态系统的统一整体。土地生态系统全部资源条件按人类控制能力大致分为两类：一类是人类难以控制的资源,主要包括太阳能辐射资源、大气热量资源、天然降水以及其他永久性影响大面积植物利用水、热资源的土地条件(地质、地貌等)。由于这些资源很难为人类控制,因而可统称为土地自然生产潜力的决定因素。另一类是人类可控制的资源,主要包括土壤中的氮、磷、钾、有机质和各种微量元素等营养资源,通过工程设施可以利用的部分地表水和地下水资源,通过耕作技术可以充分利用的水、热资源,通过植树造林、水土保持、土壤改良等工种措施可以利用的小气候资源、土地环境资源以及其他经营管理措施等。这些资源的利用程度取决于人类对土地的投入水平和经营管理水平,因而可统称为土地经济生产潜力的决定因素,它们决定土地人工生态系统的生产能力。根据土地生态系统的资源条件分类,土地生产潜力可以相应地划分为光合生产潜力、光温生产潜力、气候生产潜力和经济生产潜力等层次。

1. 光合生产潜力

将地面可以接收的太阳辐射能通过绿色植物的光合机制转化为作物生物质能或干物质能,即得到光合生产潜力。光合生产潜力主要取决于土地的地理纬度分布、绿色植物的生长时令及生理特点和形态学特点等。土地光合生产潜力反映了土地生产潜力的理论上限,它是土地其他生产潜力研究的基础。

一般地,作物光合生产过程可分为三个阶段：第一阶段,为能量和原料的输送阶段,即光、CO_2 和 H_2O 通过辐射、扩散和传导进入植物冠层,直达叶绿素内的光合作用反应中心。达到植物冠层的光能一部分反射回空间,一部分漏射到地面或照射到非光合器官,余下部分被植物所截获,这其中大部分用于蒸腾和乱流热交换,只有少部分用于光合作用。第二阶段,为光生物化学阶段,即无机物合成有机物、光能转化为生物化学潜能的阶段。这一阶段,量子效应和呼吸消耗均影响光合作用效率。第三阶段,为生物化学阶段,这一阶段最初的光合产物转化成植物结构物质如纤维素、蛋白质、木质素和脂肪等,或者积累并作为储备暂时贮存起来,其中部分通过呼吸作用为合成新的植物成分和维持活的植物结构的生活活动提供能量而被消耗。

根据上述植物的能量收支模式,可以得到作物光合生产潜力的计算通式,即：

$$y(Q) = \sum_{i=1}^{n} r_i f_i \varepsilon (1-\alpha-\beta-\rho)(1-\omega)\varphi$$

式中：$y(Q)$——光合生产潜力；i——作物生长时段；n——作物生长期内的总时段数；r_i——第 i 时段内地面接受的太阳净辐射平均值,它是随时间变化的离散函数；f_i——作物截获太阳辐射的百分数;ε——生理辐射系数,即能够用于光合作用的太阳辐射占太阳净辐射的比率;α——被叶面面积反射的入射光比率;β——由冠层叶面面积透射到下层叶面面积或地面的入射光比率;ρ——被叶片其他色素无效吸收的即与 CO_2 同化作用无关的入射光比率;(1−α−β−ρ)——叶面面积吸收率;ω——作物保守吸收损耗率;φ——作物光合机制效率。

2. 光温生产潜力

只受太阳辐射和大气温度条件影响而得到的作物产量,或者说,当水分和养分处于最佳状态,而且无杂草、病虫害出现时,作物生长完全取决于太阳辐射和大气温度条件,由此推算出的作物最高产量水平,称为作物的光温产量,即光温生产潜力。

除太阳光照外,作物的生长发育还受到其他一些外界环境因素的影响。其中,气温是作物生产潜力的一个重要限制因素。如果没有适宜的气温条件配合,就会影响作物光合生产潜力的发挥。气温的这种影响主要表现在以下两个方面:① 对作物光合速率的影响。每种作物的生长都需要一定的适宜温度区间,在此区间范围内作物的 CO_2 同化率随气温升高而增加;否则其 CO_2 同化率将呈下降趋势。② 对作物发育的影响。每种作物自出苗(或移栽)至开花,直到成熟结实均经过一系列发育阶段,其中多以开花为分界点,自出苗至开花为第一阶段,开花至成熟为第二阶段。各发育阶段均要求一定的积温条件,如水稻第一、第二阶段分别需要 1 500℃ 和 800℃,而小麦则分别需要 1 100℃ 和 650℃。气温条件对作物发育进程影响的表现是使作物发育提前或迟延,从而影响作物各部分器官的干物质分配与积累,最终影响作物产量。光温生产潜力是在光合生产潜力的基础上,考虑气温的影响所得到的作物生产潜力。因此,光温生产潜力计算公式可以表述为:

$$y(Q, T) = y(Q) \cdot f(t)$$

式中:$y(Q, T)$——光温生产潜力;$y(Q)$——光合生产潜力;$f(t)$——气温影响修订函数。

因此,作物光温生产潜力测算,实际上就是在光合生产潜力计算结果基础上,求算气温订正函数和订正系数,进行作物光合生产潜力的气温影响修正。

3. 气候生产潜力

在充分利用当地的太阳辐射、大气温度和降水等农业气候资源,以及最佳的土壤养分、生产技术、管理水平和较理想的作物组合条件下,作物可以提供的生物产量或经济产量,称为气候生产潜力。它实质上是在光温生产潜力的基础上,进一步考虑水分对作物产量的影响以后,推算所得到的作物最高产量水平。

大气是作物光合过程 CO_2 的主要来源。CO_2 供应率一方面取决于大气中 CO_2 含量与植物体内 CO_2 含量的差,另一方面则取决于植物体内 CO_2 运输的阻力。其中,植物叶子的气孔即是运输的一个重要因子。研究表明,植物叶子气孔的开闭直接受植物体内水分的制约。当植物内部水分含量处于低临界状态时,气孔开始关闭,这是由于植物在根部吸收水分和叶片释放水分总量之间失去平衡。而且只要植物吸收水分与蒸腾水分的平衡状态不恢复,植物叶片的气孔就不会恢复张开或处于低水平的张开状态,CO_2 也就无法供应,使光合作用受阻,最后导致作物减产。因此,除太阳辐射、气温条件外,水分对作物产量也具有重要意义。气候生产潜力,就是在光温生产潜力基础上,考虑水分对作物产量的影响而得到的生产潜力。其计算公式可以表示为：

$$y(Q, T, W) = y(Q, T) \cdot f(w)$$

式中：$y(Q, T, W)$——气候生产潜力；$y(Q, T)$——光温生产潜力；$f(w)$——水分影响订正系数。

4. 经济生产潜力

在土地自然生产潜力的基础上，考虑人类可控制因素对作物产量的影响而得到的作物最高产量水平，称为土地的经济生产潜力。

土地的许多限制因素是难以克服的，如土层厚度、土壤质地、地形坡度等，即使是灌溉农用地，由于各地条件不同也很难全部达到适时适量地灌溉。这些土地不利因素的存在，势必影响作物生产潜力的实现，因此，有必要进行土地质量的订正，以便测算作物现实的经济生产潜力。其计算方法一般是在作物计算生产潜力基础上，乘上一个土地质量订正系数 k。k 一般可以按下式求取：

$$k = \sum_{i=1}^{n} a_i F_i / \sum_{i=1}^{n} F_i$$

式中：a_i——作物在 i 等地上产量达到计算生产潜力的比率；F_i——作物在 i 等地上的播种面积比例。

a_i 和 F_i 也可分别取土地质量评价所得各等级土地面积比率及其平均质量分值。

土地现实的经济生产潜力的大小，还取决于人工投入水平的高低，它们是土地现实生产潜力进一步提高的主要限制性因子。实践证明，这类限制性因子主要包括灌溉条件、对土地养分的可能投入量、作物品种改良可能性、农业技术和管理水平等。灌溉条件主要取决于两个方面：一是该地区水资源可开发量的多少；二是改善灌溉条件所需人力、资金和材料投入增加的可能性。土壤养分是作物生长和产量形成的物质基础，它们由作物根系从土壤中吸收，但大多数情况下自然状态的土壤不能连续不断地提供足够数量的营养元素以满足作物需要，因此，增加对土地养分的投入是影响土地生产力的重要因素之一。在现代农业技术和生产水平条件下，作物品种改良对于提高土地生产能力起着越来越重要的作用。作物品种的作用主要表现在两个方面：一是优良品种的使用率；二是新品种的增产效应，也就是新品种提高作物太阳辐射利用率即光合产量、光温产量及气候产量的能力。农业技术和管理水平，主要包括新的耕作栽培方法、病虫害与杂草防治、水土保持、植树造林和改善经营管理等方面。

综上所述，土地经济生产潜力的计算方法为，在光温生产潜力 $y(Q, T)$ 及气候生产潜力 $y(Q, T, W)$ 的基础上，分别进行土地质量、灌溉条件、养分投入、优良品种使用、新品种增产效应及农业技术和管理水平等订正，即：

$$y(Q, T, W, I) = f[a, y(Q, T), y(Q, T, W)]kg(C_1)\left[\frac{g(F) + g(C_2) + g(M)}{3}\right]$$

$$f[a, y(Q, T), y(Q, T, W)] = ay(Q, T) + (1-a)y(Q, T, W)$$

式中：a——灌溉保证率；$f[a, y(Q, T), y(Q, T, W)]$——土地生产潜力的灌溉条件订正函数；$k$——土地质量订正系数；$g(C_1)$——新品种增产效应订正系数；$g(F)$——养分投入订正系数；$g(C_2)$——优良品种使用率；$g(M)$——农业技术和管理水平订正系数。

第三节　土地分等定级

一、土地分等定级概述

土地分等定级是在特定目的下,对土地的自然属性和经济属性及其在社会活动中的地位和作用进行综合鉴定,并使鉴定结果等级化的过程。

(一) 土地分等定级的类型和等级体系

按照城乡土地的不同特点,土地分等定级可以分为农用地分等定级和城镇土地分等定级。农用地分等定级是根据农用地自然和经济两方面属性,对农用地的质量优劣进行综合评定。城镇土地分等定级是根据城镇土地的经济和自然两方面的属性及其在社会经济活动中的地位和作用,综合评定和划分城镇土地等级。城镇土地等级是揭示城镇不同区位条件下,土地价值的差异规律的表现形式。

为了反映土地质量的差异,土地分等定级采用"等"和"级"两个层次的划分体系。

农用地等是依据构成土地质量稳定的自然条件和经济条件,在全国范围内进行的农用地质量综合评定。农用地等别划分侧重于反映因农用地潜在的(或理论的)区域自然质量、平均利用水平和平均效益水平不同,而造成的农用地生产力水平差异。农用地分等成果在全国范围内具有可比性。

农用地级是依据构成土地质量的自然因素和社会经济因素,根据地方土地管理工作的需要,在行政区(省或县)内进行的农用地质量综合评定。农用地级别划分侧重于反映因农用地现实的(或实际可能的)区域自然质量、利用水平和效益水平不同,而造成的农用地生产力水平差异。农用地定级成果在县级行政区内具有可比性。

城镇土地等反映全国城镇之间土地的地域差异。它是将各城镇看作一个点,研究整个城镇在各种社会、自然、经济条件影响下,从整体上表现出的土地差异。城镇土地等的顺序在全国范围内的各城镇之间统一排列。

城镇土地级反映城镇内部的土地区位条件和利用效益的差异。它是将每个城镇看作一个面,通过分析投资于该城镇内部不同地段的土地上的资本、自然条件、经济活动程度和频率等条件得到的土地收益的差异,并据此划分出土地级别的高低。城镇土地级的顺序在每个城镇内部排列,不同城镇的土地级别不具有可比性。

(二) 土地分等定级的原则

土地分等定级应遵循以下原则。

1. 综合性原则

土地等级差异受自然、社会、经济等因素的综合影响,因此,要全面考虑各种因素的作用,研究与分析各因素的有机联系和综合效益,使土地分等定级具有较高的准确性和可靠性。

2. 主导因素原则

土地等级是由众多因素综合影响的结果,但各因素影响的程度有主次之分。在土地分等定级中要重点分析影响土地质量的主导因素,以增强土地质量评定的科学性和简捷性。

3. 地域差异原则

由于土地的自然、经济因素组合不同,形成了土地质量的地域差异。土地的分等定级,在宏观上表现为不同地域的土地利用效益和生产力具有明显的差异性。在微观上,一定区域土地的生产力和利用效益又具有很强的相似性。土地分等定级应坚持地域差异原则,将类似地域划归同一土地等级。

4. 级差收益原则

土地分等定级是对土地质量、土地价值等级化的结果,土地等级应具有等级间差异的显著性。这就要求在初步划分的土地等级上对有关行业进行级差收益测算,以级差收益测算值作为确定土地等级数目和了解行业级差收益的重要参考依据。

5. 定性与定量相结合的原则

土地分等定级尽量把定性的、经验性的分析进行量化,以定量计算为主,必要时才对某些现阶段难以定量的社会、经济因素采用定性分析,以减少人为任意性,提高土地分等定级的精确度。

6. 可行性原则

土地分等定级,一方面要注意它的科学性;另一方面还应注意可行性。所谓可行性,主要指选用的分等定级指标和方法应符合客观实际,以使土地分等定级工作顺利开展。

二、农用地分等

(一)农用地分等的基本思路

农用地分等,通过计算得到农用地资源的自然质量等指数、利用等指数和经济等指数,分别对农用地资源质量的综合等别进行评价和划分。各等别指数计算公式如下:

$$自然质量等指数=光温生产潜力×农用地自然质量分值$$
$$利用等指数=自然质量等指数×土地利用系数$$
$$经济等指数=利用等指数×土地经济系数$$

农用地等别指数的计算公式可以表达为:

$$G = \alpha \cdot C_L \cdot K_L \cdot K_C$$

式中:G——分等指数;α——农用地对光温生产潜力;C_L——农用地的自然质量综合分值;K_L——土地利用系数;K_C——土地经济系数。

可见,农用地分等主要是通过对农用地生产率的高低来衡度农用地质量的好坏。其中,农用地生产率需从不同方面和层次进行表征与衡量。首先,计算农用地资源的光温生产力;其次,对光温生产力进行农用地自然质量订正,得到农用地的自然生产力;然后,考虑在光、温、水、土等自然条件相同的情况下,由于农田道路交通、水利等基础设施建设程度和完善水平的差异,造成自然生产力发挥程度即自然资源利用率方面产生差异,而进一步对农用地自然条件进行潜力发挥水平即土地利用系数订正,得到农用地资源利用可能达到的最高现实产量;最后,考虑在相同产量情况下,由于区位条件、农业生产技术和管理水平不同,使农用地投入-产出效益和经济效益产生差异,从而需对农用地现实产量进行投入-产出效益即土地经济系数修正,得到农用地农业生产经营可能得到的经济产量,即经济生产率。根据农用地生产率表征与衡度方面和层次,农用地分等将得到农用地资源的自然质量、利用质量和经济质量三方面和层次结果。

(二) 分等指标区的划分及分等因素的选取

1. 分等指标区的划分

分等指标区是对区域内决定农用地资源自然质量的各分等因素,依据主导因素和区域差异等原则划分的区域,是区别于其他指标区的最小单元,是某一分等指标体系的适用区,可以以地貌和耕作制度等因素进行划分。

分等指标区划分的目的在于对研究区进行区域细分,确定各细分区域光温生产潜力计算时所选择的作物(分等指定作物),以及进行土地自然质量订正时参评的自然因素。指标区划分要满足以下要求:① 应遵循主导因素和区域差异的原则,划分所得到的分等指标控制区域与其他指标区之间有显著区别。② 每个分等指标区,均可建立一套经过科学分析论证的农用地分等因素指标体系。被选定的分等因素应该对农用地的质量差异有明显影响,未选定因素的影响较小或不明显,农用地分等中自然质量分值计算时只采用该指标区内所选取的参评因素。③ 分等指标控制区将决定农用地分等时所选择的自然质量参评因素的区域组合,以及这些因素对分等指定作物生长发育的影响性和影响程度。也就是说,不同的分等指标区,虽然其指定作物可能一样,但分等所选择的自然质量参评因素,以及在这些参评因素影响作用下的权重和指标值——质量分值量化的标准和方法,可能会有所差异。

2. 农用地分等因素的选取

农用地分等参评因素主要由影响土地农业利用和生产潜力的自然因素构成。这些因素包括:地貌条件(海拔高度、地形坡向、地形坡度等);土壤条件(土壤质地、土壤类型、土层厚度、有机质含量、渗透性、地下水位、含盐量、pH 值等);气候条件(≥10℃积温、光照、无霜期、平均气温、雨量);生态环境条件(郁闭度、植被类型、水土流失、环境污染等)。从稳定性看,这些因素大致可以分为两类:一是气温、降水、土层厚度、地形坡度、土壤质地、土壤有机质含量、土地构型等短期内不易改变的稳定性土地自然特性;二是如土壤中的速效氮和速效钾等易受人为活动影响的易变性土地自然特性。对于农用地生产力来说,前者是基础,后者是在前者的控制和制约下发挥作用。稳定性土地因素是由于长期自然、社会和历史发展形成的,而易变性因素则是由于使用者追加劳动和投资而形成的。对于农用地分等来说,其成果的目的和用途主要是面向土地资源核算、土地税收、土地流转、土地利用规划和土地补偿等,土地等别应该是依据构成土地质量相对稳定的自然条件和社会经济条件综合划分,反映不同质量的农用地在不同利用水平和经济水平下的生产率差异。因此,农用地分等中的自然质量,主要是针对稳定性的土地自然因素进行评价。

(三)分等单元的划分

根据分等完成时间、分等结果精度和成果应用性要求以及当地的实际情况,农用地分等单元划分的工作底图,一般采用 1∶10 000 至 1∶100 000 的比例尺,原则上与土地详查的精度相一致。分等单元的划分,遵循主导因素差异、相似性和边界完整性等原则,采用叠置法、地块法和网格法等方法划分。具体划分原则与过程与土地适宜性评价单元的划分类似。

(四)计算农用地自然质量分值

1. 因素质量分值的计算

分等因素属性指标值与农用地自然质量的关系,可分为三种情况:一是正向型关系,即因素指标值越大,反映土地质量状况越好,如土壤有机质含量、耕层厚度等;二是逆向型关系,即因素指标值越大,反映土地质量越差,如土壤盐渍化程度、土壤侵蚀程度等;三是适度性关系,即因素指标有一适度值,在此适度值内土地质量最优,大于或小于此适度值,土地质量均由优向劣方向发展。如土壤酸碱度,pH 值为 6.5—7.5 时,土壤对多数作物生长无限制;pH 值大于 7.5 或小于 6.5 时,土壤碱度和酸度随数值变大或变小而增高,土地对作物限制程度愈来愈大,生产力逐渐降低。

三种类型因素属性指标值—质量分值转换计算公式为:

(1)正向型因素 $\qquad f_i = 100 \times \dfrac{X_i - X_{\min}}{X_{\max} - X_{\min}}$

(2)逆向型因素 $\qquad f_i = 100 \times \dfrac{X_{\max} - X_i}{X_{\max} - X_{\min}}$

(3)适度型因素,设 a 为某因素指标适度值

当 $X_i \geqslant a$ 时,$f_i = 100 \times \dfrac{X_{\max} - X_i}{X_{\max} - a}$

当 $X_i < a$ 时,$f_i = 100 \times \dfrac{X_i - X_{\min}}{a - X_{\min}}$

式中:f_i——因素质量分值;X_i——因素属性指标值;$X_{\max}$——因素属性指标最大值;$X_{\min}$——因素属性指标最小值;a——因素属性指标适度值。

因素属性指标值—质量分值转换,一般采用百分制相对值方法计算,并遵循下列原则:① 因素质量分值与农用地质量优劣成正比;② 因素质量分值采用 0—100 分的封闭区间,最优取 100,相对最劣取 1 或 0;③ 因素质量分值只与分等因素的显著作用区间相对应。

(2)自然质量综合分值的计算

农用地自然质量综合分值,根据各分等因素质量分值,采用几何平均法或加权平均法计算得到。

(1)几何平均法的计算公式 $\qquad C_L = \left(\prod\limits_{i=1}^{m} f_i \right)^{\frac{1}{m}}$

(2)加权平均法的计算公式 $\qquad C_L = \sum\limits_{i=1}^{m} \omega_i f_i$

式中：C_L——农用地的自然质量综合分值；i——分等因素编号；m——分等因素的数目；f_i——第i个分等因素质量分值，取值为$0(1)$—100；ω_i——第i个分等因素的权重。

其中分等因素权重确定的方法一般可以分为定性和定量两大类。前者如特尔菲调查分析法，后者如层次分析法、回归分析法、主成分分析法、相关分析法等。

（五）计算土地利用系数

土地利用系数的计算，可区分指定作物分别计算各指定作物的土地利用系数，也可以不区别指定作物，按综合土地利用系数进行计算。这里以不区别指定作物为例介绍土地利用系数的计算过程。

(1) 根据标准耕作制度和产量比系数，计算样点的标准粮实际产量，公式为：

$$Y = \sum Y_j \beta_j$$

式中：Y——样点标准粮实际产量；Y_j——样点的第j种指定作物单产；β_j——第j种作物的产量比系数。

其中，标准耕作制度是指在当前的社会经济、生产条件和技术水平下，有利于生产或最大限度发挥当地土地生产潜力，未来仍有较大发展前景，不造成生态破坏，能够满足社会需求，并已为（或将为）当地普遍采纳的农作方式。由于各地养地方式难以统一，因此农用地资源分等研究中标准耕作制度主要指种植制度。指定作物是指耕作区标准耕作制度所涉及的作物，农用地资源分等时需进行选择确定。

(2) 根据指定作物的最高单产，依据标准耕作制度和产量比系数，计算最大标准粮单产公式为：

$$Y_{\max} = \sum Y_{j,\max} \beta_j$$

式中：$Y_{\max}$——最大标准粮单产；$Y_{j,\max}$——第j种指定作物的最高单产；β_j——第j种作物的产量比系数。

(3) 样点综合土地利用系数的计算公式为：

$$K_L = \frac{Y}{Y_{\max}}$$

式中：K_L——样点的综合土地利用系数；Y——样点标准粮实际产量；$Y_{\max}$——最大标准粮单产。

(4) 在样点综合土地利用系数计算结果基础上，采用几何平均或加权平均的方法，计算各等值区的综合土地利用系数。

（六）计算土地经济系数

与土地利用系数相似，可区分指定作物分别计算各指定作物的土地经济系数，也可以不区别指定作物，按综合土地经济系数进行计算。这里以不区别指定作物为例介绍土地经济系数的计算过程。

(1) 根据标准耕作制度和产量比系数,计算样点的标准粮实际产量、标准粮实际成本和综合"产量-成本"指数,并确定综合"产量-成本"指数最大值,计算公式为:

$$Y = \sum Y_j \beta_j$$

$$C = \sum C_j$$

$$a = \frac{Y}{C}$$

式中: Y ——样点的标准粮实际产量; Y_j ——样点第 j 种指定作物单产; β_j ——第 j 种作物的产量比系数; C_j ——样点的第 j 种指定作物实际成本; C ——样点的标准粮实际成本; a ——样点的综合"产量-成本"指数。

(2) 样点综合土地经济系数的计算,公式为:

$$K_C = \frac{a}{A}$$

式中: K_C ——样点的综合土地经济系数; a ——样点的综合"产量-成本"指数; A ——综合"产量-成本"指数最大值。

(3) 在样点综合土地经济系数计算结果基础上,采用几何平均或加权平均的方法,计算各等值区的综合土地经济系数。

(七) 计算分等指数及等别的划分与确定

1. 分等指数的计算

(1) 自然质量等指数的计算。

自然质量等指数是按照标准耕作制度所确定的各指定作物,在农用地相应自然质量条件下,所能获得的按产量比系数折算的基准作物产量之和。这个产量指数也可以解释为,在最优土地利用水平和最有利经济条件下,该分等评价单元内的农用地能实现的最大可能单产水平。因此,也可以将其称为农用地的"本底"产量水平。

① 自然质量等指数计算。

自然质量等指数根据下列公式计算:

$$R = \sum R_j$$

$$R_j = \alpha_j C_{Lj} \beta_j / 100$$

式中: R ——农用地自然质量等指数; R_j ——第 j 种指定作物的自然质量等指数; α_j ——第 j 种作物的光温生产潜力; C_{Lj} ——第 j 种指定作物农用地自然质量分值; β_j ——第 j 种指定作物的产量比系数。

② 产量比系数的计算。

产量比系数 β 用于刻画相同的光、温、水、土资源条件下,不同作物产量之间的当量关系。在相同的生长季节内播种生长的作物,其产量比系数 β 可以直接采用作物单产比较来

计算得到,即:

$$指定作物产量比系数\,\beta = \frac{基准作物最高单产}{指定作物最高单产}$$

而对于不同生长季节内播种生长的基准作物、指定作物,由于它们生长发育所处光、温、水尤其是光、温条件不同,因此,作物产量比系数 β 则不能简单地采用式上式计算得到。这种情况下,首先应该将指定作物或基准作物最高单产,调整成基准作物或指定作物生长发育所对应光、温尤其是光、温资源条件下的最高单产,然后再按照指定作物产量比系数 β 取基准作物最高单产与指定作物最高单产之比方法,计算指定作物产量比系数。一定光、温条件下作物的最高单产,实际上就是相当于作物的光温生产潜力。

(2) 利用等指数的计算。

利用等指数是按照标准耕作制度所确定的各指定作物,在农用地自然质量条件和农用地所在土地利用分区的平均利用条件下,所能获得的按产量比系数折算的基准作物产量之和。这个产量也可以解释为,在当地最有利经济条件下,该分等单元内的农用地所实现的最大可能产量。因此,也可以将其称为农用地的"现实"产量水平。

利用等指数,根据下列公式计算:

$$Y = \sum Y_j$$

$$Y_j = R_j K_{Lj}$$

式中: Y ——农用地利用等指数; Y_j ——第 j 种指定作物的利用等指数; R_j ——第 j 种指定作物的标准粮产量(指定作物的自然质量等指数); K_{Lj} ——第 j 种指定作物的土地利用系数。

(3) 经济等指数的计算。

经济等指数是按照标准耕作制度所确定的各指定作物,在农用地自然质量条件、农用地所在土地利用分区的平均利用条件及所在土地经济分区的平均经济条件下,所能获得的按产量比系数折算的基准作物产量之和。这个产量也可以解释为,在当前的农业技术经济条件下,该分等单元内的农用地所能实现的最大经济产量水平。因此,也可以将其称为农用地的"经济"产量水平。

经济等指数根据以下公式计算:

$$G = \sum G_j$$

$$G_j = Y_j K_{Gj}$$

式中: G ——农用地经济等指数; G_j ——第 j 种指定作物的农用地经济等指数; Y_j ——第 j 种指定作物的"本底"产量(指定作物的农用地利用等指数); K_{Gj} ——第 j 种指定作物的土地经济系数。

2. 农用地等别的划分与确定

农用地等别可以根据各分等单元自然质量等指数、利用等指数、经济等指数,采用等间距法、频率分布直方图法等进行初步划分。初步划分农用地等别后,需对分等计算的中间结果和等别结果进行实地验证和抽样实测。

实地验证的重点包括：① 等别结果与相关研究结果存在差异的农用地；② 相邻行政单位包括乡镇之间、县与县之间、市与市之间，分等计算结果难以甚至无法接边的农用地；③ 大范围计算结果无差异或差异很小的农用地；④ 分等计算结果难以甚至无法解析的农用地；⑤ 当地领导和专家认为分等结果有出入甚至错误的农用地。

抽样实测时，在所有分等单元中随机抽取不超过总数5%的单元进行野外实测，将实测结果与计算结果进行比较。如果差异小于5%，则认为计算成果总体上合格，对于发现的不合格的计算结果要进行调整；如果差异大于5%，则要对计算结果进行全面调整。

实地验证后，对分等结果存在的问题，从基础资料到数据源头以及计算方法、参数选取、结果表达方法等逐一进行全方位的原因分析，并从技术方案的高度提出改进方法和措施。经过野外校验调整后，可以得出分等最终结果，包括农用地资源的自然质量等别、利用质量等别和经济质量等别划分结果，并绘制分等中间成功结果图和最终等别结果图，包括分等因素质量分值图、土地利用系数等值区图、土地经济系数等值区图、自然质量等别图、利用质量等别图、经济质量等别图等。

三、农用地定级

(一) 农用地定级的基本思路

从理论而言，农用地定级有两种思路：一是从原因或本质入手，通过分析评价影响土地构成因素的优劣，来揭示土地级别的差异；二是从结果或外在表现形式入手，通过分析土地产出或土地收益的高低，来推求土地级别的差异。第一种思路，以土地质量为标准，从分析造成土地质量差异的原因入手，评价量化土地因素质量分值，评定土地级别。这种思路，客观性强，能够比较真实地反映土地级别高低，与实际情况较为吻合。但影响土地质量的因素及其特性地区性强，不同地区土地质量评价量化的指标含义和标准存在差异，不利于不同地区间土地级别的比较。第二种思路，从土地质量的外在表现形式出发，对土地产出或土地收益进行修正，排除非土地因素的影响，根据修正后的土地产量或土地收益来反推土地级别。这种思路，简单明了，将土地级别与土地利用结果紧密联系，有利于不同地区间土地级别的比较。但土地利用结果除受土地自身因素影响外，还容易受到投入强度、经营管理水平、科技水平及其他不确定性因素的强烈影响，土地利用结果往往表现出较强的不确定性。

目前，我国主要根据第一种思路开展农用地定级，并提出和形成了三种基本方法，即：因素法、修正法和样地法。目前，因素法是农用地定级的基本方法；修正法为补充方法；样地法还不适宜推广应用。一般情况下，在已完成农用地分等的地区进行农用地定级，宜采用修正法，也可采用因素法；在未完成农用地分等的地区进行农用地定级，应采用因素法。这里主要运用因素法介绍农用地定级基本过程。

(二) 定级指标区的划分及定级因素的选取

1. 定级指标区的划分

在具体实施定级工作之前，必须对定级区域内的自然和社会经济因素进行宏观调度的分析,从整体上把握研究区域内部的气候、地貌、土壤、农业生产特点和土地利用方式等的空间差异。在不同的气候、地貌、土壤、农业生产和土地利用方式下,对农用地质量影响起主导作用的因素是不同的。因此,如果定级区域内部在气候、土壤、地貌、农业生产和土地利用方式等方面存在明显差异的,需划分定级因素指标控制区。即根据区域自然条件的差异、生产结构和生产水平的差异,遵循主导性原则和区域分异原则,以区域内相似性和区域间差异性特征为基础,采用归并相似性与区分差异性这一原理,划分土地利用区。

2. 定级因素因子的选取

定级因素包括对农用地质量差异有显著影响的自然因素、区位因素以及社会经济因素,某些因素可以分解为多个因子,构成因素体系。《农用地定级规程》(TD/T1005—2003)推荐的供选择的农用地定级因素因子如表 8.1 所示。

表 8.1 《农用地定级规程》推荐供选择的农用地定级因素因子

因素类型	因素	因素所含因子
自然因素	局部气候差异	温度、积温、降水量、蒸发量、酸雨、灾害气候、无霜期等
	地形状况	地形部位、海拔高度、坡度、坡向、侵蚀程度、其他
	土壤条件	土层厚度、障碍层深度、土壤质地、土体构型、土壤 pH 值、土壤盐碱状况、土壤污染状况、土壤侵蚀状况、土壤养分状况等
	水资源状况	地下水埋深、水源保证率、水源水质、其他
经济因素	基础设施条件	林网化程度、灌溉保证率、排水条件、田间道路、田间供电等
	耕作便利条件	耕作距离、耕作设备、田块大小、田块形状、田块平整度、田面高差等
	土地利用状况	经营规模、经营效益、利用集约度、人均耕地、利用现状、利用方式
区位因素	区位条件	中心城市影响度、农贸市场影响度
	交通条件	道路通达度、对外交通便利度

(三)定级单元的划分

定级单元是土地定级中取样和获得数据的基本单位,根据各因素对单元地块的作用方式和作用程度,所求取的单元因素总分值是土地级别评定的基础和依据。单元内部土地质量相对均一,单元之间有明显的差异。农用地定级单元的划分,应在同比例尺的土地利用现状图、地形图和土壤类型图等相关图件的基础上进行。根据当地资料的实际情况,农用地定级工作底图采用 1:10 000—1:50 000 的比例尺,原则上与土地利用现状调查的精度相一致,或根据土地管理工作需要确定。定级单元的划分,遵循主导因素差异、相似性和边界完整性等原则,可选择叠置法、地块法、网格法、多边形法等方法划分。

(四)定级因素因子分值的计算

因影响方式的差异,农用地定级因素因子主要包括点状因素因子、线状因素因子和面状因素因子。其中面状因素因子分值的计算方法与前文土地适宜性评价及农用地分等中的因素质量分值计算类似,不再赘述。

1. 点状因素因子分值的计算

农用地定级涉及的点状因素因子,主要有农贸中心影响度和中心城镇影响度。它们通过农贸中心或中心城镇距离农用地的远近来影响农用地的经营和收益,进而影响农用地的级别。农贸中心影响度分值的计算步骤如下:

(1) 确定各级农贸市场的服务半径和相对距离。其中市级农贸市场的服务半径为农贸市场在市域内的最大服务距离,镇(区)级农贸市场的服务半径为农贸市场在镇(区)范围内的最大服务距离,公式为:

$$d = \sqrt{\frac{S}{n\pi}}$$

式中:d——某级农贸中心的影响半径;S——某定级区域面积;n——本级农贸中心的个数。

(2) 按照一定的衰减法计算农贸市场的作用分值。公式为:

$$f_i = M_i^{1-r} \text{ 或 } f_i = M_i(1-r),\text{其中 } r = \frac{d_i}{d}$$

式中:f_i——因素作用分值;M_i——综合规模指数;r——相对距离;d_i——定级单元与农贸中心的实际距离;d——因素影响半径。

当同时受多个同级功能影响时,取其中的最高作用分;同时存在多级功能影响时,对同一级别的功能作用分仅取值一次并进行加和。中心城镇影响度的计算方法,与农贸中心影响度的计算方法相类似。

2. 线状因素因子分值的计算

农用地定级涉及的线状因素因子,主要是通过区域交通条件中的道路通达度因子。道路通达度反映道路所在区域范围内农用地所具备的道路通达条件,其计算方法为:

(1) 计算道路的作用指数。

根据道路的路面宽度、道路等级和车流量等指标,计算道路的作用指数,作用指数可采用百分制形式。具体计算方法如下:

$$F_i = \sum \omega_i M_{ij},\text{其中 } M_{ij} = 100 \times \frac{A_{ij}}{A_{j,\max}}$$

式中:F_i——第 i 条道路的综合规模指数;ω_j——道路第 j 个指标的权重;M_{ij}——第 i 条道路第 j 个指标的规模指数;A_{ij}——第 i 条道路第 j 个指标的实际值;$A_{j,\max}$——定级区道路第 j 个指标的最大值。

(2) 计算道路的影响半径。

道路影响半径按实际推算,公式为:

$$d = \frac{S}{2L}$$

式中:d——道路的影响距离;S——定级区域面积;L——道路长度。

(3) 按照一定的衰减法计算道路的作用分值。公式为:

$$f_i = M_i^{1-r} \text{ 或 } f_i = M_i(1-r),\text{其中 } r = \frac{d_i}{d}$$

式中：f_i——因素作用分值；M_i——综合规模指数；r——相对距离；d_i——定级单元与农贸中心的实际距离；d——因素影响半径。

（五）定级指数的计算及级别的划分与确定

1. 定级指数的计算

定级指数,在定级因素因子分值计算结果基础上,根据各定级因子权重采用加权求和法、几何平均法等计算得到。定级因子权重可运用特尔菲调查分析法、层次分析法、回归分析法、主成分分析法、相关分析法等方法确定。

2. 农用地级别的划分与确定

用定级指数进行农用地级别的划分,指数值越大,农用地质量越好,级别就越高。具体可以运用数轴法、总分频率曲线法、总分等值线法等方法初步划分农用地级别。

在农用地级别初步成果完成后,应组织当地有关专家对初步成果进行论证,根据专家意见对定级初步成果进行修改、完善,并到实地进行验证,落实级别界限。经过对初步定级成果的检验,确定定级的最终级别界限,进行各级别面积汇总和成果图编绘。

四、城镇土地分等

（一）城镇土地分等的基本思路

城镇土地分等就是对一定区域范围内以城镇为单位的土地价值进行等别划分。对城镇土地分等存在两种技术思路：一是直接比较。由于土地市场中土地交易价格的高低可以直接反映土地价值的差异,因此,通过比较各城镇的土地市场价格,可以对城镇间土地使用效率即土地的价值进行评价。二是间接比较。由于土地使用效益的差异是由自然、社会和经济等多方面条件决定的,而这些条件的差异也能够反映城镇间土地价值的差异。通过对影响土地价值的各因素进行分析比较,可以揭示各城镇土地价值的差异,从而划分出各城镇土地的等别。

目前我国城镇土地等别划分更适宜运用地租地价理论和区位论等基本理论,采用间接比较方法,以多因素综合评价方法为主导,其他方法如聚类分析方法为辅,再用土地市场交易资料进行验证,定量测算与定性分析相结合进行城镇土地等别的划分。具体来说,就是在分析影响各城镇之间土地价值差异的各种因素因子基础上,选择影响城镇土地价值的主导因素因子,建立起多因素综合评价的指标体系,并选用一定的方法确定各因素因子的权重,然后对各城市因素因子的评价指标值进行标准化处理,加权计算各城市总分值,再初步划分城市土地等别。其次,运用其他方法如聚类分析的结果及土地市场交易资料对初步结果进行校核验证,再以定量和定性分析相结合的方法确定最终的分等结果。

（二）分等因素因子的选取

土地使用效益的差异是由自然、社会和经济等多方面条件决定的,影响城市土地价值等别的因素十分复杂。具体确定城镇土地分等因素因子时,要做到：① 城镇土地分等因素因子的指标值变化对城镇土地质量有显著影响,且能直接客观地反映所评价区域的城镇土地等别的高低；② 城镇土地分等因素因子的指标值有较大的变化范围；③ 选择的因素因子对不同性质城镇的影响有较大的差异,其指标能够反映不同性质城镇之间的土地等别差异;④ 城镇土地分等因素因子的指标能反映当前的土地利用发展趋势,并对城镇未来土地等产生影响;⑤ 城镇土地分等因素因子的指标应易通过统计资料获取或易量化处理等。

2001 年,国家质量技术监督局颁布《城镇土地分等定级规程》(GB/T18507—2001),该规程制定了以多因素综合评价方法为主导,以市场资料校核和聚类分析方法为辅助,定量与定性分析综合运用的城镇土地分等技术路线,推荐 7 个因素 24 个因子(见表 8.2)作为城镇土地分等指标。

表 8.2 《城镇土地分等定级规程》推荐因素因子体系

因　　　素	因　　　子	评　价　指　标
城镇区位*	交通区位	城镇交通条件指数*
	城镇对外辐射能力	城镇对外辐射能力指数
城镇集聚规模*	城镇人口规模	城镇人口规模*
	城镇人口密度	城镇人口密度
	城镇非农产业规模	城镇第二、第三产业增加值
	城镇工业经济规模	城镇工业销售收入
城镇基础设施*	道路状况	人均铺装道路面积*
	供水状况	城镇人均生活用水量
	供气状况	城镇燃气化率
	排水状况	城镇排水管道密度
城镇用地投入产出水平	城镇非农产业产出效果	城镇单位用地第二、第三产业增加值
	城镇商业活动强度	城镇单位用地批发零售贸易业商品销售总额
	城镇固定资产投资强度	城镇单位用地建设固定资产投入
	城镇劳动力投入强度	城镇单位用地从业人员数
区域经济发展水平*	国内生产总值	国内生产总值综合指数*
	财政状况	地方财政收入综合指数*
	固定资产投资状况	全社会固定资产投资综合指数*
	商业活动	社会消费品零售总额综合指数*
	外贸活动	外贸出口额综合指数
区域综合服务能力*	金融状况	人均年末银行储蓄存款余额*
	邮电服务能力	人均邮电业务量
	科技水平	专业技术人员比例
区域土地供应潜力	区域农业人口人均耕地	区域农业人口人均耕地
	区域人口密度	区域人口密度

注:加*的为必选因素因子,其他的为备选因素因子。

（三）分等因子的分值计算

1. 城镇区位因子的分值计算

根据空间结构理论,城镇在对外辐射的同时,也受到区域中的其他城镇的辐射。城镇经济区位因子分值,采用城镇区位势指数表示。城镇区位势指数表征了一个城镇在区域中的区位优势,通常用受到区域中的城市辐射的总量来表示。其计算步骤和方法如下:

(1) 确定辐射源城市。辐射源城市是指在区域中对其他城市有明显辐射影响的城市。

(2) 确定辐射源城市的势能值和影响半径。辐射源城市对外的影响作用主要体现在经济辐射作用和行政影响作用方面,故辐射源城市的势能值由这两方面组成。通常用辐射源城市的 GDP 来表征经济辐射作用,以城市行政等级赋分的方式来表征行政影响作用,具体公式见下式:

$$E_i = G_i W_G + A_i W_A$$

式中:E_i——第 i 个辐射源城市的势能值;G_i——第 i 个辐射源城市的 GDP 标准化值;W_G——GDP 的权重;A_i——第 i 个辐射源城市的行政分值;W_A——行政分值的权重。

辐射源城市影响半径计算公式为:

$$R_i = \sqrt{\frac{S_i}{n\pi}}$$

式中:R_i——第 i 个辐射源城市的影响半径;S_i——第 i 个辐射源城市的影响面积;n——第 i 个辐射源城市所在该级及上级城市数目。

(3) 量取各城镇到辐射源城市的距离(主要按公路或铁路交通距离计算),计算辐射源城市对在各自影响半径内的各城镇的势能影响值。

(4) 各城镇势能影响值累加,计算各城镇的城镇区位势指数,公式为:

$$I_i = \sum_{j=1}^{n} E_j \left(1 - \frac{L_{ij}}{R_j}\right) \quad (L_{ij} \leqslant R_j)$$

式中:I_i——第 i 个城镇的区位势指数;E_j——第 j 个辐射源城市的势能值;L_{ij}——第 i 个城镇到第 j 个辐射源城市的距离;R_j——第 j 个辐射源城市的影响半径;n——辐射源城市总个数。

(5) 其他分等因子的分值计算

除城镇区位因素中的城镇经济区位因子按上述方法计算因子分值外,其余因素因子的计算皆采用标准化方法,即:

$$Y_{ij} = 100 \times \frac{X_{ij} - X_{min}}{X_{max} - X_{min}}$$

式中:Y_{ij}——第 i 个分等对象的第 j 项因子分值;X_{ij}——第 i 个分等对象第 j 项指标值;X_{max}——各分等对象 X_{ij} 指标的最大值;X_{min}——各分等对象 X_{ij} 指标的最小值。

2. 分等因素的分值计算

分等因素的分值计算公式如下:

$$F_{ik} = \sum_{j=1}^{m} (W_{kj} Y_{ij})$$

式中: F_{ik} ——第 i 个分等对象第 k 个因素分值; W_{kj} ——第 j 项因子对应上层第 k 个因素的权重值; Y_{ij} ——第 i 个分等对象的第 j 项因子的分值; m ——第 k 个因素包含的因子个数。

(四) 等别指数的计算及等别的划分与确定

1. 土地等别指数的计算

土地等别指数的计算公式如下:

$$S_i = \sum_{k=1}^{n} (W_k Y_{ik})$$

式中: S_i ——第 i 个分等对象的综合分值; W_k ——第 k 个因素的权重值; Y_{ik} ——第 i 个分等对象第 k 个因素的分值; n ——因素个数。

2. 土地等别的划分与确定

城镇土地等根据分等因素综合分值(分等指数),可以采用数轴法、总分频率曲线法等一种或多种方法进行划分。划分时应遵循以下原则:① 城镇土地按照综合分值分布状况划分,不同土地等对应不同的综合分值区间;② 城镇土地等划分数目要适当,一般为 5—8 等;③ 任何一个综合分值只能对应一个土地等;④ 等别划分应体现同一地区内部、相同等别内土地质量的相似性、收敛性以及不同等别间土地质量的差别性、离散性。

城镇土地分等结果验证应采用市场资料分等和聚类分析方法分等中的一种或多种方法。利用市场资料验证城镇土地等时,应保证参与验证的城镇数量占参加分等的城镇总数50%以上,利用聚类分析方法验证城镇土地等时,应保证参与验证的城镇数量占参加分等的城镇总数 90%以上。

城镇土地分等最终结果应以多因素综合评价的结果为主要依据。对于多种方法划分土地等别一致的城镇,即可以确定该城镇的土地等别。对于多种方法划分土地等别不一致的城镇,应进一步采用多方案对比分析与专家咨询结合的方法调整确定其土地等别:① 检查分析各方法涉及资料的准确性和样本的数量、分布情况,分析各方法的结果产生差异的原因,对各方法的可靠性作出判断;② 将可靠性较低的方法结果剔除,将其余方法的结果对照列出,提交专家组进一步判断;③ 应采用多数方法相一致的土地等结果为依据,不一致时可采用专家咨询投票的多数专家的意见为依据,确定分等结果。

五、城镇土地定级

(一) 城镇土地定级的基本思路

根据区位论和地租地价理论等,城镇土地级别可以分别从城镇土地价值、土地价值的货币表现形式——土地价格以及价格还原基础——土地收益的高低等三个方面进行评定,从而形成相应的三种城镇土地定级方法：① 通过分析评价土地自然和社会经济属性因素因子质量，揭示土地使用价值、土地价值及其空间差异，从而划分城镇土地级别的多因素综合评定的城镇土地定级法；② 从企业经营利润剔除非土地因素——资金、劳力的作用，剥离出单位面积土地利润贡献，揭示土地收益能力及其空间差异，从而划分城镇土地级别的级差收益测算的城镇土地定级法；③ 直接从城镇土地地价高低及其空间分布，划分城镇土地级别的地价分区的城镇土地定级法。

为反映土地质量的市场显化性以及定级方法的科学性、结果的准确性，城镇土地定级宜以多因素综合评定方法结果为定级初步结果，参考级差收益测算和地价分区定级方法结果，对初步结果进行修正、完善得出城镇土地定级的最终结果。

（二）定级因素选择及其权重的确定

影响土地质量优劣的因素很多，为了从众多的因素中选取所需的定级因素，在定级因素的选择中应遵循以下原则：① 因素指标值的变化对土地级别有较显著的影响；② 因素指标值有较大的变化范围；③ 因素覆盖面广。根据以上原则，在定级过程中可供选择的定级因素有：① 繁华程度（商服繁华影响度）；② 交通条件（道路通达度、公交便捷度、对外交通便利度、路网密度）；③ 基础设施（生活设施完善度、公用设施完备度）；④ 环境条件（环境质量优劣度、文体设施影响度、绿地覆盖度、自然条件优越度）；⑤ 人口状况（人口密度）。

经过多年的实践和完善，目前我国城镇土地定级大多根据定级城镇的本身特点，参照《城镇土地分等定级规程》(GB／T18507—2001)选取确定定级的参评因素因子体系(详见表8.3—表8.6)。

表8.3 城镇土地综合定级因素表

项 目	商业服务繁华程度	交 通 条 件			基本设施状况		环 境 条 件		
定级因素	商业服务繁华影响度	道路通达度	公交便捷度	对外交通便利度	基础设施完善度	公用设施完备度	环境质量优劣度	绿地覆盖度	自然条件优劣度
选择性	必选	至少一种必选		备选	至少一种必选		备选		
重要性顺序	1	2 或 3			3 或 2		4		
权重范围	0.2—0.4	0.1—0.3			0.1—0.3		0.03—0.2		

表8.4 城镇商业用地定级因素表

项 目	商业服务繁华程度	交 通 条 件			基本设施状况	人口状况
定级因素	商业服务繁华影响度	道路通达度	公交便捷度	对外交通便利度(客运)	基础设施完善度	人口密度
选择性	必 选	至少一种必选			必 选	备选
重要性顺序	1	2 或 3			3 或 2	4
权重范围	0.25—0.45	0.25—0.05			0.25—0.05	0.2—0.1

表 8.5 城镇住宅用地定级因素表

项 目	基本设施状况		交 通 条 件			环 境 条 件		商业服务 繁华程度	人口状况
定级因素	基础设施 完善度	公用设施 完备度	道路 通达度	公交 便捷度	对外交通 便利度 （客运）	环境质量 优劣度	绿地 覆盖度	商业服务 繁华影 响度	人口密度
选择性	必选		至少一种必选		备选	至少一种必选		备选	备选
重要性顺序	1		2 或 3			3 或 2		4 或 5	5 或 4
权重范围	0.2—0.4		0.2—0.3			0.15—0.25		0.1—0.2	0.05—0.1

表 8.6 城镇工业用地定级因素表

项 目	交 通 条 件		基本设施状况	环 境 条 件	产业集聚效益
定级因素	道路通达度	对外交通便 利度（货运）	基础设施完善度	自然条件优劣度	产业集聚影响度
选择性	必选			备选	
重要性顺序	1		2	3	4
权重范围	0.2—0.4		0.2—0.3	0.1—0.2	0.05—0.1

定级因素权重反映因素对土地质量的影响程度。权重值与因素对土地质量影响的大小成正比，其数值在 0—1 之间，各选定因素的权重值之和等于 1。常用的权重确定方法有特尔斐测定法、因素成对比较法和层次分析法等。

（三）定级单元的划分

定级单元是评定城镇土地级别的基本空间单位和各定级因素分值计算的基础，是内部土地特性和区位条件相对均一的地块，同一单元内的同一主要因素分值差异不得大于或等于 $100/(n+1)$（n 为拟划分的土地级数）。单元边界一般由现状地物或权属界线组成，但商服中心、文体设施、交通枢纽等整体起作用的区域，不能分割为不同的单元。定级单元的面积一般在 5—25 hm² 之间。常用的城镇土地定级单元划分方法有主导因素判定法和网格法。

（四）定级因素分值的计算

分值的计算可以按以下两种情况进行。

第一种情况，若定级因素对土地质量的影响仅与因素指标值有关，其分值计算步骤为（以绿地覆盖度为例）：

（1）计算绿地覆盖度指标值。按下式计算：

$$V_i = S_i / S$$

式中：V_i——某区域或单元的绿地覆盖度指标值；S_i——区域或单元的绿地面积；S——区域或单元的总面积。

（2）计算绿地覆盖度作用分。计算公式为：

$$F_i = 100(X_i - X_{min}) / (X_{max} - X_{min})$$

式中：F_i——绿地覆盖度作用分；X_{min}，X_{max}，X_i——定级区域内的绿地覆盖度指标的最小值、最大值和某区域或单元的绿地覆盖度。

第二种情况，若因素对土地质量的影响既与因素涉及的呈点、线状分布的设施规模等有关，又与土地和设施的相对距离有关，其分值计算步骤以商服繁华影响度、公交便捷度等为例。

1. 商服繁华影响度作用分的计算

（1）划分商服中心等级。城镇内商服中心一般划分为4级：市级中心、区级中心、小区级中心和街区级中心。不同等级的商服中心具有不同的功能层次，如市级中心是为全市镇服务，区级中心是为市镇内某个区域范围服务，小区级中心是为某个居民小区服务，街区级中心是为某个街区服务。一般商服中心的级别越高，包含的功能层次就越多。商服繁华对地块的影响程度随距离增加而递减，递减情况服从指数衰减规律，用公式表示为：

$$f_i = F^{(1-r)}$$

式中：f_i——繁华影响度衰减分值；F——某级作用分；r——相对距离（商服中心距某地块实际距离 d_i 与某中心服务半径 d 之比，其值在 0—1 之间变化）。

（2）确定商服中心规模指数。商服中心规模指数按下式计算：

$$M_i = 100(a_i / a_{max})$$

式中：M_i——某商服中心的规模指数；a_i——该商服中心的经济指标（销售总额、总利润或单位面积销售额、利润值等）实际值或平均值；a_{max}——全市最高级商服中心的经济指标。

（3）计算商服繁华作用分。计算公式为：

$$F_i = M_i - M_j$$

$$F_{min} = M_{min}$$

式中：F_i——某级商服繁华作用分；M_i——某级中心规模指数；M_j——次一级中心规模指数；F_{min}——最低级中心的商服繁华作用分；M_{min}——最低级商服中心规模指数。

（4）确定商服中心的服务半径和相对距离。商服中心服务半径按下式确定：

市级商服中心的服务半径＝市级中心到连片建成区边缘的最大距离；各级政中心服务半径＝同级商服中心的最大服务距离。相对距离的计算公式为：

$$r = d_i / d \quad [0 \leqslant r \leqslant 1]$$

式中：r——相对距离；d_i——某级中心服务半径内某点距离中心的实际距离；d——该商服中心的服务半径。

（5）计算各距离上的作用分值。将相对距离 r，某级作用分 F，代入公式 $f_i = F^{(1-r)}$ 中，从而计算各距离上的作用分值。

2. 公交便捷度作用分计算

公交便捷度一般用交通线路的多少、车流量的大小和站点的多少来衡量，通常地块与站点

的距离越近,便捷度就越高。公交便捷度分值的计算方法如下:

$$F_i = 100b_i / b_{max}$$

式中:F_i——公交便捷作用分;b_i——某站流量值;b_{max}——最大公交站流量值。

(1)计算公交站点服务半径和相对距离。公交站点服务半径以站点为原点,统一在 0.3—0.8 km 之间确定。

相对距离按下式计算:

$$r = d_i / d \quad [0 \leqslant r \leqslant 1]$$

式中:r——相对距离;d——公交站点服务半径;d_i——服务半径内某点距站点的实际距离。

(2)计算在不同相对距离上各档次公交便捷作用分值。计算公式为:

$$f_i = F^{(1-r)}$$

式中:f_i——公交便捷度分值;F——各公交站点站流量作用分;r——相对距离。

(五)级别指数的计算及级别的划分与确定

1. 土地级别指数的计算

土地定级单元总分值计算采用因素加权分值法。计算公式为:

$$p = \sum_{i=1}^{n} w_i \cdot f_i$$

式中:P——总分;n——土地定级因素的数目;w_i——权重;f_i——分值。

2. 土地级别的划分与确定

城镇土地级别按总分值变化状况划分,不同的土地级别对应不同的总分值区间;任何一个总分值只能对应一个土地级别;土地级别高低与土地质量优劣的对应关系基本一致;尽可能保持自然地块与权属单位的完整性;级间边界尽量采用具有地域突变特征的自然界线及人工界线;级别间应渐变过渡;土地级数目依不同城镇规模及复杂程度而定,一般大城市 5—10 级,中等城市 4—7 级,小城市及以下 3—5 级。土地级别划分方法有总分数轴确定法、总分频率曲线法、总分剖面图法等。

土地级别的收益测算、验证,可以采用两种方法:一是利用企业利润数据进行测算、验证;二是利用宗地地价进行测算、验证。

第四节　土地价格评估

一、土地估价的内涵

土地估价是指估价人员依据土地估价的原则、理论和方法,在充分掌握土地市场交易资料的基础上,根据土地的经济和自然特性,按土地的质量、等级及其在现实经济活动中的一般收益状况,充分考虑社会经济发展、土地利用方式、土地预期收益和土地利用政策等因素对土地收益的影响,综合评定出某块土地或多块土地在某一权利状态下及某一时点的价格的过程。

从土地估价的概念可以看出土地估价具有以下几个方面的内涵。

(一)依据土地估价的原理和方法

土地虽然像商品一样可以交易,但由于它不是人类劳动的产品,因此,不具商业价值,其价格受到经济、社会和自然等许多因素的影响。有别于一般商品的价格。这就决定了土地估价具有自己独特的理论和方法;只有遵循土地估价的原则,依据土地估价理论,正确选择土地估价的方法,充分考虑各种因素对土地价格的影响,才能正确评估出土地价格。

(二)依据充足的土地市场资料

土地价格的形成最终取决于土地交易双方。也就是说,土地价格形成于市场,不充分掌握土地市场的交易情况,不了解土地的供求情况,不把握土地市场的过去、现在和未来的发展趋势,也就不能评估出公正客观合理的土地价格。

(三)考虑政府土地政策的影响

如政府的城镇规划对地价可产生巨大影响。同一块土地,规划可使之一夜之间身价百倍,也可以使之无人问津。如果不考虑政府的政策,地价评估结果很难称得上公正合理。

(四)充分了解估价对象地块的各种权利状况

同样一块土地,不同的权利,其价格可能相差很大。因此在地价评估之前,必须通过查阅土地登记资料利进行现场勘察弄清评估对象土地的各种权利状况。

(五)地价是该地块某一时点的价格

这是因为地价随着社会经济的发展变化也在不断涨落和变化。如果不明确所评估的价格是哪个时点的价格,那么,所评估出的价格就毫无意义。

二、土地估价原则

土地价格是由其效用、相对稀缺性及有效需求三者相互作用、相互影响所形成的。而这些因素又经常处于变动之中,土地估价必须要对此做细致分析并正确判断其变动趋向,了解土地价格组成的各项因素及各因素之间的相互作用,才能作出正确的估价。同时,由于土地的位置固定性、面积有限性及差异性等特性,土地市场是一个不完全竞争市场即不充分市场,土地价格通常依交易要求个别形成,受许多个别因素影响。因此,估价师的评估和对市场的判断,是科学方法和经验判断的结合。估价师在进行估价活动时,首先要掌握土地估价的基本原则,以此为指南,认真分析影响土地价格的因素,灵活使用各种土地估价方法,对土地价格作出最准确的判断。土地估价应遵循以下基本原则。

（一）替代原则

根据市场运行规律,在同一商品市场中,商品或提供服务的效用相同或大致相似时,价格最低者吸引最大需求,即有两个以上互有替代性的商品或服务同时存在时,商品或服务的价格是经过相互影响与比较之后才决定的。土地价格也同样遵循替代规律。某块土地的价格,受其他具有相同使用价值的地块,即同类型具有替代可能的地块价格所牵制。换言之,具有相同使用价值、有替代可能的地块之间,会相互影响和竞争,使价格相互牵制而趋于一致。因此,土地估价中的替代原则可概括为:① 土地价格水平由具有相同性质的替代性土地的价格所决定;② 土地价格水平是由最了解市场行情的买卖者按市场的交易案例相互比较后所决定的价格;③ 土地价格可通过比较地块的条件及使用价值来确定。

根据上述原则,在土地估价时,就可以通过对土地条件即土地使用价值的比较来评估土地价格。如在同一市场供需圈内,可以通过调查近期发生交易的、与待估地块有替代可能的地块的地价和条件,通过与待估地块进行比较来确定待估地块价格,即在土地估价中经常采用的市场比较法是以替代原则为基础的。应当注意的是,由于土地的不可移动性、个别性及交易量少的特点,在土地估价时很难寻找到像一般商品那样性质、条件完全相同的替代品。因此,一般都要进行时间和土地条件修正后,才能按替代原则,采用市场比较法确定待估地块价格。

替代原则实际上与收益还原法也有较深的渊源关系。因为某地块的价格,如有替代可能,则可迅速确定与该地块产生同等纯收益的其他地块的投资额和价格。可见,替代原则是表示合理经济行为的基本原则之一。它适用范围广,是估价原则的中心内容之一。

在我国目前的土地估价工作中,基准地价评估是先评定土地使用价值,进行分等定级,把土地条件基本一致的土地归为同一等级,在此基础上再测算其平均价格;而基准地价系数修止法评估宗地价格时,则是在基准地价基础上,通过待估宗地条件与区域内一般条件的比较,对基准地价进行系数修正,评估出宗地价格。由此可以看出,这实际上都是替代原则在估价实践中的具体运用。

（二）预期收益原则

对于价格的评估,重要的并非是过去,而是未来。过去收益的重要意义,在于为推测未来的收益变化动向提供依据。因此,商品的价格是由反映该商品将来的总收益所决定的。土地也是如此,它的价格也受预期收益形成因素的变动所左右。所以,土地投资者是在预测该土地将来所能带来的收益或效用后进行投资的。这就要求估价者必须了解过去的收益状况,并对土地市场现状、发展趋势、政治经济形势及政策规定对土地市场的影响进行细致分析和预测,准确预测该土地现在以至未来能给权利人带来的利润总和,即收益价格。

预期收益的估算必须是客观合理的。它要求估价人员必须对价格的形成因素认真分析,并对将来的变动趋势作客观合理的预测,应排除脱离现实的使用或因投机及违法使用土地所获收益的预测。

预期收益原则,对土地估价中的地区分析、交易实例价格的检查、纯收益及还原利率的确定非常重要。在土地估价实践中,收益还原法估价及剩余法估价中土地收益确定,都是预期收益原则的具体应用。

(三)最有效使用原则

由于土地具有用途的多样性,不同的利用方式能为权利人带来不同的收益量,且土地权利人都期望从其所占有的土地上获取更多的收益,并以能满足这一目的为确定土地利用方式的依据。所以,土地价格是以该地块的效用作最有效发挥为前提的。一般情况下,现在城市内的土地应处于最有效使用状态,但事实并非如此。许多城市土地的利用并不一定合理,尤其是我国的一些城镇,由于过去长期无偿无限期使用制度,这种现象就更为普遍。

根据土地价格以其最有效使用为前提的原则进行估价时,就不应该受现实的使用状况所限制,而应对何种情况下才能最有效使用作出正确的判断。例如,市区的农田,其最佳利用方式并非农业而可能是居住用地,对此地块就不能用农田的估价方法来估价格。

判断土地是否为最有效使用时,应考虑的因素是:该地块的最佳利用方式是什么;目前的利用方式是否为最有效使用;如果不是,转换为最有效使用的可能性如何;最有效使用方式能持续多久等。其中最有效使用方式持续性的判定至关重要,因为这直接影响将来的使用方式及收益量,与预测原则相关联。

总之,最有效使用应当以预测原则和变动原则为基础,就过去、现在以至将来作长远的考虑后予以确定。

(四)报酬递增递减原则

经济学中的边际效益递减原则,是指在其他投入要素固定不变情况下,增加某一生产要素的单位投入量时,纯收益随之增加;但达到某一数值以后,如继续追加投资,其纯收益不再会与追加的投资成比例增加。

土地投资同样遵循这一原则。假设在某地段建设高层楼房,随着楼层增加,纯收益相应增加,当超过某一层数之后,收益就很难成比例增加,这个收益达到最高的层数,在经济上是最有利的。为了确定这一点,必须就不同结构不同高度建筑物的必要成本、预计收入、经营支出等加以组合进行计算,以寻找总收益上升和下降的转折点。利用这一原则,就可找出土地的边际使用点,即最大收益点,也可称为最有效使用点。因此,这一原则与最有效使用原则密切相关。实际上,在任何给定的条件下,土地、劳动力、资金、管理水平之间都存在着一定的最优组合,超过一定限度,每一要素的继续增加,其收益却不会相应成比例增加。这一原则说明成本的增加并不一定会使土地价格增加。

(五)供需原则

在完全的自由市场中,一般商品的价格,取决于供给与需求关系的均衡点。需求大于供给,价格随之提高;反之,供给大于需求,价格随之下降,这就是供求均衡法则。其成立条件是:① 供给者与需求者各为同质的商品而进行竞争;② 同质的商品随价格变动而自由调节其供给量。土地也是一样,其价格也是由需求与供给的互相关系而定。但因为土地不同于一般商品,具有一些人文与自然特性,使得它除了遵循上述供求均衡以外,也遵循其特有的供求规律。

由于土地具有位置的固定性、面积有限性、差异性等特性,使土地价格独占性较强,需求与供给都限于局部地区,供给量有限,竞争主要是在需求方面进行。即土地不能实行完全竞争,其价格的独占倾向性较强。这主要是因为:

(1)需求与供给方都不容易了解何处有供给或需求信息;

(2)替代性有限。由于成为交易对象的土地具有个别性,各个地块都有独特的价格,因此其替代性也有限。

因此,土地不能仅根据均衡法则来决定价格。尤其在我国城市土地属国家所有,市场中能够流动的仅是有限年期的土地使用权,土地供给主要由国家控制,这一因素对地价具有至关重要的影响。在进行土地估价时,应充分了解土地市场的上述特性。此外,在进行供求分析时,应考虑时间因素,作动态分析。由于现在的供求状况,常常是在考虑将来发展状况而形成的,即从现在思考将来,因此,供需原则是以预期收益原则及下述的变动原则和竞争原则为基础的。

(六)竞争和超额利润原则

一般商品的竞争是在供给和需求双方发生的,价格正是在供需关系均衡点上的竞争结果,所以,竞争原则是供需原则的前提,两者有密切关系。商品竞争的结果是供需双方均不能企望得到合理利润之外的超额利润。

土地因为具有不动性、不增性、个别性等特点,尤其在我国土地一级市场供给量由政府控制,所以,在供给方面不容易引起竞争。竞争主要是在需求者之间进行。需求者之间的竞争,又是在该地块价格明显低于其收益的情形下发生的,即利用土地能获取平均利润之外的超额利润时,该土地的需求将增加、竞争加剧,超额利润又会随土地需求增加、地价上涨而消除。这种竞争,对替代性较小的土地来讲,价格更有提高的倾向。如商业用地,可供给量少,替代性小,竞争比住宅等用地剧烈,价格上涨也快。因此,竞争原则与替代原则也密切相关。

对于前述的最有效使用原则来讲,竞争原则也是其基础之一。因为最有效使用是指一定时期内能从土地上获取最大纯收益的利用方式,所以,最有效使用应根据其收益量判定。而竞争原则可说明土地外部竞争程度如何,对收益大小影响至关重要,因此,可成为判定最有效使用的一项原则。

竞争原则也是收益还原法估价的基础之一。因为该方法中的纯收益是在对将来一定时期土地市场的竞争关系及供求关系作出正确判断的基础上预测出来的。

(七)贡献原则

按经济学中的边际收益原则,衡量各生产要素的价值大小,可依据其对总收益的贡献大小来决定。对于土地估价,这一原则是指不动产的总收益是由土地及建筑物等构成因素共同作用的结果。其中某一部分带来的收益,对总收益而言,是部分与整体之间的关系。就土地部分的贡献而言,由于地价是在生产经营活动之前优先支付的,故土地的贡献具有优先性和特殊性,评估时应特别考虑。估价时,可以利用收益还原法分别估算土地、建筑物价格,进而评估整个不动产价格;也可根据整个不动产价格及其他构成部分的价格,采用剩余法估算土地价格。因此,贡献原则是关于边际收益递增递减原则的应用,也是收益还原法和剩余法估价的基础。

同时,这一原则还可用于土地或建筑物的追加投资、不动产的部分改良、改造等。它可根据对不动产整体价格的贡献大小,判断追加投资是否适当;又可应用这一原则判断最有效使用的上升程度,即将现在的最有效使用与投资后的最有效使用互相比较,以确定纯收益最大点。

(八) 变动原则

一般商品的价格,是伴随着构成价格的因素的变化而发生变动的。土地价格也有同样情形。它是各种地价形成因素相互作用的结果。而这些价格形成因素经常处于变动之中,所以,土地价格是在这些因素相互作用及其组合的变动过程中形成的。

在土地估价时,必须分析该土地的效用、稀缺性、个别性及有效需求,以及使这些因素发生变动的一般因素、区域因素及个别因素。由于这些因素都在变动之中,因此,应把握各因素之间的因果关系及其变动规律,以便根据目前的地价水平预测未来的土地价格。因此,变动原则与预测原则密切相关。在土地估价中,不仅要对将来的地价变动作出准确预测,同时也要对所采用的地价资料按变动原则修正到估价期日的标准水平,才能准确合理地估价。

(九) 协调原则

土地总是处于一定的自然与社会环境之中,必须与周围环境相协调。因为土地能适应周围环境,则该土地的收益或效用能最大限度地发挥,所以,分析土地是否与所处环境协调,即可判定该地块是否为最有效使用。因此,在土地估价时,一定要认真分析土地与周围环境的关系,判断其是否协调,这直接关系到该地块的收益量和价格。例如,在低级商业中心内开设高档用品专业商店,因其与周围环境不协调,就很难获取高的收益。

(十) 合法原则

合法原则要求对土地的估价应以估价对象的合法权益为前提来展开。合法权益包括合法产权、合法使用、合法处分等方面。

在合法产权方面,应以土地权属证书、权属档案的记载或者其他合法证件为依据,如现行的土地权属证书,包括国有土地使用证、集体土地所有证、集体土地使用证和土地他项权利证书。

在合法使用方面,应以符合城市规划、土地用途管制等使用管制为依据,如城市规划中对某块宗地用途、建筑高度、容积率、建筑密度的规定,就应是对该块土地进行估价的前提。只有在估价过程中始终符合使用管制的要求,由此评估出的价值才能得到社会的承认。

在合法处分方面,应以法律、法规或合同等允许的处分方式为依据。土地处分方式包括转让、租赁、抵押、典当、抵债、赠予等,这些处分方式依次受到法律、法规和合同的限制,即存在抵触的情况下,法律法规的效力高于合同,合同的效力高于无合同。

遵循合法原则,还意味着评估出的价格必须符合国家相关的价格政策,在我国,房改售房和新建经济适用房都是实行政府定价或政府指导价的房地产,对其进行估价就应遵循政府关于诸如此类房地产价格的测算或构成、对利润率的限定等方面的要求;农地征收和城市房屋拆迁的估价也要符合政府有关农地征收和城市房屋拆迁补偿的法律、法规。

另外值得注意的一点是,任何产权性质的土地都可以成为估价对象,关键是合法产权的土地就应作为合法产权的土地来估价,不合法产权的土地就应作为不合法产权的土地来估价。在实际估价实践中,有这样一些权益不同的土地应区别对待:集体土地与国有土地,划拨土地使用权与出让土地使用权,违法占地与合法占地,临时用地与长久用地,权属有争议的土地与权属无争议的土地,手续不全的土地与手续齐全的土地,部分产权的土地与完全产权的土地,共有的土地与独有的土地,等等。

以上对土地估价原则作了概略说明。应当注意的是,这些原则都不是孤立的,相互之间都有直接或间接的联系。因此,土地估价时,除应充分了解各项原则外,还应掌握彼此之间的关系,综合运用,才能正确把握土地的价格。

三、土地估价方法

由于地价的形成受多种因素的影响,土地本身又具有独特的性质,因此,评估地价方法也是多种多样,不同方法依据的经济原理也不太相同。为了使具有个别特性的地块价格估得更为准确,在实践中应该根据评估地块的条件与特点合理选用多种方法分别评估,将不同方法得出的结果互相校核,确定地块最终的估定价格。尤其在我国现实土地市场发育尚不成熟的情况下,土地交易中地价随意性更大,更应将多种方法综合使用,以求得更加合理的地价。当前,国内外关于土地估价的方法比较多,其中基本的方法有市场比较法、收益还原法、成本逼近法、剩余法、基准地价系数修正法和路线价法。

(一)市场比较法

市场比较法是将待估土地与在近期已经发生了交易的同类型土地加以比较对照,从已经发生了交易的类似土地的已知价格,修正得出待估价土地价格的一种估价方法。

市场比较法的基本原理是替代原理。根据经济学理论,在同一市场上,具有相同效用的物品应具有相同的价格,即具备完全的替代关系。这样,在同一市场上,两个以上具有替代关系的商品同时存在时,商品的价格就由这些有替代关系的商品相互竞争,相互牵制,最终趋于一致。所以,在土地估价中,当待估土地与比较的实例土地之间具有相关性和替代性,且比较的实例土地是近期市场上发生的案例,此时待估土地若在市场上出售,就应具有类似的市场反应,从而推算出待估土地的价格。市场比较法的公式为:

$$待估土地价格=比较交易实例价格×交易情况修正系数×交易日期修正系数$$
$$×区域因素修正系数×个别因素修正系数×容积率修正系数$$
$$×使用年期修正系数$$

市场比较法的特点是:首先,市场比较法利用近期发生的与待估对象具有替代性的交易实例作为比较标准,修正推算待估土地的价格,能够反映近期市场行情,也使测算的价格具有较强的现实性,容易被接受;其次,以替代关系为原理,所求得的价格为"比准价格",由于是以价格求价格,理论基础欠缺;再次,运用市场比较法需要对交易情况、交易日期、区域因素及个别因素等一系列项目进行比较修正,这就要求估价人员具备多方面的知识和丰富的经验,以提高估价结果的精度;最后,市场比较法是由实践中产生的实用可行的方法,应用范围广。

市场比较法可应用于各种类型、各种性质、各种经济目的土地的估价,而且最能为市场所接受。但由于市场比较法的应用基础是发达的土地市场及非常翔实的交易实例资料,所以仅适用于有大量交易案例的地区,并且交易案例与待估案例有较强的相关性和替代性,交易案例甚少或无交易案例的地区则不适用。

(二) 收益还原法

收益还原法是土地估价常用方法之一,它是对土地或其他具备收益性质资产进行估价的基本方法。此法在用于土地估价时,把获取土地作为一种投资,投入的资本即为购买未来若干年土地收益的地价款。因此,收益还原法是在估算土地未来若干年预期纯收益的基础上,以一定的还原利率,将评估对象未来收益还原为评估时日收益总和的一种方法。

收益还原法基于预期收益原理,即土地未来收益权利的现在价值。收益还原法的一般计算公式为:

$$待估土地价格 = 未来各年纯收益折现值之和$$

当纯收益和还原利率每年都相同,且土地收益年限为无限期时,则:

$$待估土地价格 = 年纯收益 \div 土地还原利率$$

收益还原法的特点是:第一,具有理论基础,生产要素分配理论是收益还原法的理论依据。土地、劳动、资本三大生产要素组合产生收益,要素投入的多少将决定与之相关的收益的大小,土地利用产生的收益是总收益中扣除劳动工资、资本利息及经营报酬后剩余的收益,以一定的还原利率将土地收益还原即可求得土地的价格。第二,所求价格为"收益价格"。收益还原法以收益途径测算价格,土地收益是土地利用所产生的超额利润,将因土地所有权的存在而转化为地租,地租是土地所有者凭借土地所有权而得到的收益,是土地所有权借以实现的经济形式,土地收益和地租两者在量上具有一致性,对土地使用者而言,称之为土地收益,对土地所有者而言,称之为地租。将地租进行资本化所得到的价格就是土地收益价格。第三,还原结果准确度取决于纯收益和还原利率的准确度。土地纯收益的测算是否正确,还原利率的确定是否合适,将直接影响到收益价格的计算结果,尤其是还原利率,其微小的变化将对结果产生较大的影响。

收益还原法是以求取土地纯收益为前提条件的估价方法,因此,该方法最适合于以获取收益为目的的土地的估价。它对于商业性经营、租赁或有潜在收益的土地的估价最为适合,而对于那些没有收益土地的评估不太适用。此外,土地纯收益应该是经常性的、稳定的收益,对现实收益不正常的土地应以其客观收益来计算收益价格。

(三) 成本逼近法

成本逼近法,又叫成本法,是以开发类似土地资产所耗费的各项费用之和为基础,再加上正常的利润和应缴纳的税金、费用来确定待估土地资产价格的一种估价方法。

从经济学理论上看,成本逼近法与收益还原法是从两个迥然不同的角度对土地价格作出的估计:前者是基于土地的"生产费用";后者是基于土地将产生的效用。其理论基础,前者可以说是生产费用价值论;后者可以说是效用价值论。另外,成本逼近法的理论依据,从买方的角度看,是替代原理。即买方愿意支付的价格,不能高于他所预计的重新开发该土地资产所需花费的代价,如果高于该代价,他还不如自己开发。从卖方的角度看,是前述的生产费用价值论。即卖方愿意接受的价格,不能低于他为开发该土地资产已花费的代价,如果低于该代价,他就要亏本。成本逼近法的计算公式为:

$$估价对象价格 = 土地取得费用 + 土地开发费用 + 相关税费$$
$$+ 利息利润 + 土地增值收益$$

成本逼近法的特点有:适用范围的限制性,一般适用于新开发的土地,对已开发成熟的土地不太适应;当土地市场狭小,缺乏足够数量的交易资料和收益资料时,成本法可弥补收益还原法与市场比较法的不足;成本法以成本累加为途径,但成本高并不意味效用与价格高,因此,其评估结果只是一种"算术价格",而对土地的实际效用与市场有效供需均未有所考虑,这成为成本法的一大缺陷;成本法可为投资者衡量投资效益,进行不动产投资可行性研究提供重要依据。

成本逼近法有其特殊的用途,特别适用于既无收益又无较多交易的土地的估价,尤其适合于新开发土地的估价,像成片开发的工业园区、技术开发区等。在运用此法时应区分实际成本与客观成本,同时考虑市场供求状况,然后确定估价值。成本逼近法还适合于没有经济效益或没有潜在效益的土地资产的估价,如政府用地、军事用地、宗教用地等。

(四) 剩余法

剩余法是在估算开发完成后土地正常交易价格的基础上,扣除建筑物建造费用和与建筑物建造、买卖相关的专业费、利息、利润、税收等费用后,以剩余之数来确定估价对象土地估价的一种方法。

剩余法的理论依据类似于地租原理,只不过地租是每年的租金剩余,假设开发法是一次性的价格剩余。其计算公式为:

估价对象价格 = 开发价值 - 建筑费与专业费 - 投资利息及利润 - 销售费用 - 税费

剩余法有如下特点:① 剩余法是从开发商的角度分析、测算其所能支付的最高场地购置费。其可靠性如何取决于以下几点:一是是否根据最有效使用原则合理确定土地最佳利用方式;二是是否正确掌握了地产市场行情及供求关系,并正确判断了开发完成后的物业总价值;三是是否正确确定了土地开发费用和正常利润等。② 剩余法以一定的假设或限制条件为前提。剩余法通常设定以下方面的假设:假设估价中涉及的开发总价、租金和成本数据在开发期间不发生不规则的变化;假设在开发期间各项成本的投入是均匀或分段均匀投入的。③ 剩余法有动态与静态两种计算方式。所谓静态与动态之分主要是有没有考虑到资金的时间价格。静态计算不考虑时间因素,即不需要对发生在不同时点的费用进行贴现。而动态计算则要将所有不同时点发生的费用全部贴现到地价发生的时点,由于考虑了时间的因素,因而包含了利息的概念,利息就不须再单独计算,这一点与静态计算法要单独计算利息不同。

从剩余法的计算公式和特点可以看出,剩余法主要适用于下列几种类型的土地估价:一是待开发土地的估价;二是待拆迁改造的再开发房地产的估价,这时公式中的建筑费还包括拆迁费用;三是仅将土地或房产整理成可供直接利用的土地或房地产的估价,此时公式中的开发价值为整理后的土地价格,建筑费为整理费用;四是现有新旧房地产中地价的单独评估,即从房地产价格中扣除房屋价格,剩余之数即为地价。

(五)基准地价系数修正法

基准地价系数修正法,是利用城镇基准地价和基准地价修正系数表等评估成果,按照替代原则,就待估宗地的区域条件和个别条件与其所处区域的平均条件相比较,并对照修正系数表,选取相应的修正系数对基准地价进行修正,从而求取待估宗地在估价期日价格的方法。

基准地价系数修正法实际上是市场比较法的一种特殊情况,此时,市场比较法中的实例价格变成了基准地价。其基本计算公式为:

$$估价对象价格 = 某类用地某一级别的基准地价 \times (1 + 影响因素总修正值)$$
$$\times 年期修正系数 \times 估价时点修正系数 \times 容积率修正系数$$

基准地价系数修正法适用于各类土地价格的估算。

(六)路线价法

路线价法是在特定的街道上设定标准临街深度,从中选取若干标准临街宗地求取平均价格,将此平均价格称为路线价,然后再配合深度指数表和其他修正率表,用数学方法算出临接同一街道的其他宗地地价的一种估价方法。

路线价估价法与市场比较法类似,只不过以路线价取代了市场比较法中的可比实例价格,以深度等差异修正取代了区域因素和个别因素等的修正,其基本原理是替代原理和区位论的具体运用。其技术思路为基于类似土地的市场交易价格来衡量其价值。

路线价法实质上是一种市场比较法,是市场比较法的派生方法,主要适用于城镇街道两侧商业用地的估价,特别适用于房地产税收、市地重划(城镇土地整理)、城市房屋拆迁补偿或者其他需要在大范围内同时对大量土地进行估价的情形。运用路线价法估价的前提条件是有可供使用的科学合理的深度指数表和其他各种修正率;有完善的城市规划和系统完整的街道;土地排列比较整齐。

四、土地估价的程序

(一)估价业务受理

估价业务来源有以下三个途径:① 被动接受。即坐等委托方找上门来要求估价服务。

委托方可能是政府、企业或个人等。委托方可以是该土地的占有者或使用者,也可以不是。② 主动争取。即估价人员走出门去主动争取为他人提供估价服务,这在估价等中介服务完善后,是估价业务的主要来源。同样,所争取的委托方也不一定是土地占有者或使用者。③ 自有自估。即对自己拥有或拟取得的土地使用权,自己提出估价要求,并自己进行估价。这是对有估价能力者而言的,并且这种估价结果对外一般不具有法律效力,仅供自己掌握以做到心中有数。

土地估价业务的主要来源是前两个,即委托估价。

(二) 明确估价的基本事项

估价师受理估价业务后,首先必须明确估价基本事项,其主要内容包括明确估价目的、明确估价对象、明确估价时点。在土地估价中,估价目的、估价对象、估价基准日是具有内在联系的,其中估价目的是龙头。

1. 明确估价目的

估价目的源自对估价的需要。明确估价目的就是要明确委托方为什么要进行估价。土地估价的目的主要有:企业改制(上市、配股、收购、兼并、股份制、破产等)、出让、转让、补偿、交换(资产置换)、区段重建、权利交换、诉讼、抵押、保险、课税、资产核定及租金确定或租金重新议定等。估价目的因委托方的需要而产生,应由委托方提出。

2. 明确估价对象

明确估价对象主要是明确待估宗地的基本情况,包括:① 物质实体状况,如待估宗地的类型(工业、商业、住宅、综合用地)、范围(有多少宗地、有多大面积等)、宗地其他条件(如用途、土地使用年限等);② 区位状况,如待估宗地的位置、区域基础设施及环境等条件;③ 权益状况,如待估宗地是划拨还是出让,是国有所有还是集体所有。

3. 明确估价基准日

估价基准日又称估价时点,是现在的某个时日,还是过去或将来的某个时日,是由估价目的决定的。如果估价目的是为了解决过去的某个时日所产生的纠纷,那么估价时点为过去的某个时日;如果估价目的是为近期的交易提供参考依据,那么估价时点为现在的某个时日;如果估价目的是为了投资评估预测将来价值,那么估价时点是将来的某个时日。估价时点采用公历表示,精确到日。

4. 明确估价条件

估价条件不同则所评估的价格或租金种类也不相同。估价条件包括待估宗地的交易时间、交易方式以及与价格或租金种类有关的基本项目。同一估价目的中的租赁条件、合同条件或使用目的的变更等条件也应考虑在内。

5. 明确土地使用权年限

土地使用权年限对土地价格有一定的影响,因此,要考虑该宗地是有限年期还是无限年期、是划拨用地还是出让用地、剩余多少年限等内容。尤其是租金评估时,更要明确使用年限、实质租金、租金支付类型、支付日期、支付条件、合同期限、水电费及其他附加费支付情况等。

（三）拟定估价作业方案

土地估价作业内容复杂，而且同一个估价师在同一期间内可能同时处理多个估价项目。因此，估价项目都必须制定切实可行的估价作业计划，确定土地估价的作业步骤、人员安排和时间进度，以免除疏忽、错漏，便于协调人员安排和保证估价时限与估价质量。

估价作业计划应由经验丰富的估价师多人共同拟定，拟定估价计划时必须先行调查，在已确定估价项目的基础上，就执行各项目的性质、工作量、人员安排、时间、各项目衔接作出统一安排，包括收集及整理待估宗地的有关资料、实地踏勘查证、分析价格影响因素及条件、估价方法的选用、试算价格或租金调整、确定估价结果、提出估价报告等具体内容和相应的处理计划。

（四）搜集所需要资料

一般情况下，进行土地估价时应搜集下列资料。

1. 一般性资料

搜集社会、经济、政治、环境等一般性资料及待估宗地所处地区的区域因素和个别因素资料。

2. 产权登记资料

产权登记资料包括土地使用权证、房屋所有权证和土地管理部门的土地登记卡、表、册等。估价师从中可了解土地及地上建筑物的产权状况、使用者和所有者、取得产权的日期、面积、用途、土地等级、标定地价、宗地范围、所在街道、街坊、地号、地上建筑物状况及相邻宗地状况、他项权利登记等。上述内容是土地估价报告中评估对象的基本资料来源，为增强估价报告的可靠性，可将土地使用权证书等复印件附在报告后而加以说明。

3. 图件资料

主要有地籍图或地形图、基准地价图、宗地图、建筑平面图等。利用地籍图，估价师可从中了解待估宗地的界址、地形、方位、坐标、宗地临路状况、进深、四至等内容。通过建筑平面图，估价师可了解宗地形状、地上建筑物形状、分布、各楼层的结构等内容。

4. 地价、地租资料

查阅地价资料卡片，即首先查寻已有的相关土地交易或租赁资料及评估实例资料，以便对宗地所在的土地市场有初步认识。这一类资料可通过两个途径获得：一是查寻各估价机构和估价师原收集的地价资料和已有的估价实例资料；二是向土地管理机关申请查阅其登记的土地交易资料和各估价机构向其备案的估价实例资料。经过查阅已有地价资料，一方面可对宗地所在区域的地价有初步的了解；另一方面可以衡量已有地价资料的丰富程度，为现场踏勘和地价调查工作提供参考。

5. 市政管网图件和相关资料

市政管网和道路等基础设施决定了土地的位置和条件，也直接影响地价高低，因此，必须收集此类资料。通过市政管网图件和相关资料，估价师可以详尽地了解影响宗地地价的各类设施规模、分布及设施状况等内容。

6. 城镇规划图

通过城镇规划图，估价师可从中了解宗地所在地区域的规划限制状况，如容积率、建筑物高度、建筑密度限制及用途和其他利用限制等内容。

(五) 实地查勘估价对象

估价师必须实际踏勘待估宗地,亲自了解并掌握待估宗地坐落位置、形状、土地利用状况、基础设施条件、道路交通状况以及周围环境等情况。在实地查勘时,一般需要委托方中熟悉情况的人员陪同,估价师要认真听取陪同人员的介绍,详细询问在估价中所需要弄清楚的问题,并将有关情况和数据认真记录下来,形成"实地查勘记录"。必要时让实地查勘人员签字,并注明查勘日期。一般来讲,实地查勘的主要内容包括以下几点。

1. 宗地基本项目

包括宗地坐落位置、街道、街坊、地号、门牌号、土地面积、建筑物结构、面积、用途等,检查是否与产权登记文件一致。

2. 地上建筑物的基本状况、内部装修及使用情况

勘查的主要项目包括外墙、高度、天花板、地板、隔间、门窗、内部装修、结构、建筑面积、容积率及各部分具体利用状况、利用效益等,估价师在现场查勘时,应逐一记录各个项目的具体数据,以作为建筑物评估的依据,同时在现场查勘时,估价师应仔细分辨动产与不动产,以免把动产混入不动产勘查项目中。

3. 区域因素条件和个别因素条件

现场查证土地所在区域的商服繁华条件、交通状况、设施状况、人口状况、产业构成状况等区域条件和宗地形状、面积、临街条件、进深、地质、地形条件等个别条件,并逐一详细记录。

(六) 分析整理相关资料

1. 一般性资料的分析

一般性估价资料是来源于待估宗地本身以外的社会、经济、政治和环境等方面影响地价的资料。这些资料可以提供待估宗地的背景材料;提供可能影响地价的趋势资料,以及各种估价方法中所需的一般数据;作为判断最佳用途、调整试算价格,以及决定最后估价结果的基础。对一般性资料的分析就是通过对资料的研究,判断地价的走势和因素对地价的影响程度,确定相关的估价参数,主要分析内容包括国际国内经济趋势分析、地方性的经济形势分析、法规政策的影响分析及物价水平和利率的影响分析。

2. 基础性资料的分析

基础性资料是指待估宗地的状况、比较交易实例、租用土地的状况及土地市场等方面的详细资料。这些资料有助于估价师选择有关销售、租金和对地方市场特性资料进行分析,并推导出特定的成交价格、交易条件、租赁条件、收益及费用、投资收益率、建筑成本、经济耐用年限以及年折旧率等估价参数,以满足估价工作的需要。

(七) 选定估价方法

由于待估宗地具有自身的特性和委托方的不同估价目的及要求,在实际估价时,并不是每一种估价方法都能使用。因为,不同的估价方法有不同的特点和适用范围,也有相应的限

制条件,因此,具体估价时,估价师必须根据估价方法的特点、限制和适用范围(具体详见本书有关估价方法的章节),针对待估宗地特点及相关要求选择适宜的方法进行评估。

一般来说,可根据待估宗地上有无建筑物的状况来选择,其选择的方法如下:① 待估宗地上无建筑物。待估宗地上无建筑物时,可采用两种方法进行评估:第一,可单独采用市场比较法、收益还原法、基准地价系数修正法和路线价法直接进行评估;第二,根据宗地的条件,有时也可采用两种方法混合使用,先采用市场比较法预估开发完成后房屋销售总值,再采用剩余法扣除建筑成本、利润及税金等,最后推算出土地价格。② 待估宗地上有建筑物。由于待估宗地上有建筑物存在,所以在估价时要根据宗地的实际情况,采用不同的方法进行评估:第一,可单独采用市场比较法、基准地价系数修正法和路线价法直接进行评估;第二,可分两步进行评估,先求出房地产总值,而后扣除建筑物部分价值,从而推算出土地价格。例如,利用剩余法从房地产总值中扣除建筑物现值后推算出土地价格;先从市场比较法或收益还原法评估的整个房地产价格中扣除成本法评估的建筑物价格,再推算出土地价格;若用收益还原法进行评估时,可先从整个房地产收益中扣除建筑物收益得到土地纯收益,再利用收益还原法评估土地价格。

(八)确定估价结果

在估价过程中,同属一宗地,由于使用不同的估价方法通常会产生不同的试算价格,又由于估价师对每一宗地的评估要选择两种以上估价方法,这样又会得到几种不同的试算价格,同时采用一种估价方法由于给定的条件系数不同,也可能产生几种试算价格。因此,估价师必须检查整个估价过程,保证各个估价方法得出的试算价格准确且唯一,进而对不同的试算价格进行分析、调整,以确定最后的估价结果。

(九)撰写估价报告书

估价师决定了估价对象最终估价结果后,应及时撰写估价报告书,对整个估价工作进行总结整理,并作为向委托方和土地管理部门提交的主要成果。由于土地估价机构存档和各级土地管理部门对土地估价结果确认或备案时,对土地估价技术过程和处理方法、技术参数选择等,都要有详尽的了解。而委托方往往只要了解估价结果和估价的大致过程,同时估价机构出具的土地估价报告也应适当保守技术秘密。因此,为满足上述多方面的需要,土地估价机构应在估价完成后,分别提交土地估价结果报告和土地估价技术报告。前者提交委托方;后者由土地估价机构存档和提交土地管理部门确认或备案。从报告格式上看,土地估价报告又可分为书信式、文字式和表格式三种,通常采用文字式。

(十)送达估价报告书

在估价报告书撰写完成之后,估价师和估价机构应及时按照合同规定的时间将估价报告交付给委托方,并对相关问题做口头说明。同时,按照合同约定,收取估价服务费。目前,我国土地估价的收费方式和收费标准,是按照《国家计委国家土地管理局关于土地估价评估收费的通知》(计价格[1994]2017 号)执行。一般宗地的估价采取差额定率累进计费,具体办法详见《国家计委国家土地管理局关于土地估价评估收费的通知》(计价格[1994]2017 号)文件规定。

参 考 文 献

［1］　卢新海编著.城市土地管理与经营.北京：科学出版社,2006 年

［2］　卢新海,黄善林编著.土地估价.上海：复旦大学出版社,2010 年

［3］　刘胜华,刘家彬主编.土地管理学概论.武汉：武汉大学出版社,2005 年

［4］　毕宝德主编.土地经济学(第六版).北京：中国人民大学出版社,2010 年

［5］　陆红生主编.土地管理学总论.北京：中国农业出版社,2002 年

［6］　朱道林主编.土地管理学.北京：中国农业大学出版社,2007 年

［7］　周江编著.城市土地管理.北京：中国发展出版社,2007 年

［8］　曲福田主编.土地行政管理学.北京：中国农业出版社,2011 年

［9］　王秋兵主编.土地资源学.中国农业出版社,2003 年

［10］　张绍良,顾和和主编.土地管理与地籍测量.中国矿业大学出版社,2003 年

［11］　周生路等编著.土地评价学.南京：东南大学出版社,2006 年

［12］　王万茂主编.土地资源管理学(第二版).北京：高等教育出版社,2010 年

［13］　吴次芳,宋戈编著.土地利用学.北京：科学出版社,2009 年

［14］　倪绍祥等编著.土地类型与土地评价(第三版).北京：高等教育出版社,2009 年

［15］　刘耀林主编.土地信息系统(第二版).北京：中国农业出版社,2011 年

［16］　刘耀林,何建华著.土地信息学.北京：科学出版社,2007 年

［17］　王静,辛全才主编.土地信息系统原理.西安：西北农林科技大学出版社,2005 年

［18］　周三多,陈传明,鲁明泓编著.管理学：原理与方法(第五版).上海：复旦大学出
版社,2009 年

［19］　杨文士等编著.管理学原理(第二版).北京：中国人民大学出版社,2008 年

［20］　邵冲编著.管理学概论(第四版).广州：中山大学出版社,2008 年

［21］　邵金菊,孙家良主编.微观经济学.杭州：浙江大学出版社,2010 年

［22］　吴光华主编.经济学原理.武汉：华中科技大学出版社,2008 年

［23］　葛洪义主编.法理学.北京：中国政法大学出版社,2008 年

［24］　魏清沂主编.法理学.兰州：兰州大学出版社,2006 年

［25］　卓泽渊主编.法理学(第四版).北京：法律出版社,2004 年

［26］　李振基,陈小麟,郑海雷编.生态学(第三版).北京：科学出版社,2007 年

［27］　张荣群,袁勘省,王英杰主编.现代地图学基础.北京：中国农业大学出版社,

2005 年

　[28]　张婷婷主编.遥感技术概论.郑州：黄河水利出版社,2011 年

　[29]　彭望琭,白振平,刘湘南等编著.遥感概论.北京：高等教育出版社,2010 年

　[30]　孙笑古.基于地理信息服务平台的土地督察违法用地监测系统研究.南京大学博士论文,2011 年

　[31]　秦海荣.土地资源、土地财产与土地资产辨析.见：王家梁.土地市场与土地资源优化配置——中国土地学会第四次会员代表大会学术年会论文集.陕西：中国农业科技出版社,1994：210—211

　[32]　贺国英.土地资源、土地资产和土地资本三个范畴的探讨.国土资源科技管理,2005,(5)：66—68,65

　[33]　叶艳妹.对土地资源本质属性及其与土地资产关系的认识.中国土地科学,1996,(S1)：52—54

　[34]　孔伟艳.制度、体制、机制辨析.重庆社会科学,2010(2)：96—98

　[35]　孙弘.国家土地督察职权研究.中国土地,2011(9)：46—48

　[36]　刘兴权,龙熊,吴涛.3S 技术在土地利用动态监测中的应用.地理空间信息,2009,7(5)：4—6

附录

附录1 土地利用现状分类及其含义

土地利用现状分类及其含义(GB/T21010—2007)

一级类		二级类		含　　义
编码	名称	编码	名　称	
01	耕地			指种植农作物的土地,包括熟地,新开发、复垦、整理地,休闲地(含轮歇地、轮作地);以种植农作物(含蔬菜)为主,间有零星果树、桑树或其他树木的土地;平均每年能保证收获一季的已垦滩地和海涂。耕地中包括南方宽度<1.0m,北方宽度<2.0m固定的沟、渠、路和地坎(埂);临时种植药材、草皮、花卉、苗木等的耕地,以及其他临时改变用途的耕地
		011	水田	指用于种植水稻、莲藕等水生农作物的耕地。包括实行水生、旱生农作物轮种的耕地
		012	水浇地	指有水源保证和灌溉设施,在一般年景能正常灌溉,种植旱生农作物的耕地。包括种植蔬菜等的非工厂化的大棚用地
		013	旱地	指无灌溉设施,主要靠天然降水种植旱生农作物的耕地,包括没有灌溉设施,仅靠引洪淤灌的耕地
02	园地			指种植以采集果、叶、根、茎、汁等为主的集约经营的多年生木本和草本作物,覆盖度大于50%或每亩株数大于合理株数70%的土地。包括用于育苗的土地
		021	果园	指种植果树的园地
		022	茶园	指种植茶树的园地
		023	其他园地	指种植桑树、橡胶、可可、咖啡、油棕、胡椒、药材等其他多年生作物的园地
03	林地			指生长乔木、竹类、灌木的土地,及沿海生长红树林的土地。包括迹地,不包括居民点内部的绿化林木用地,铁路、公路征地范围内的林木,以及河流、沟渠的护堤林
		031	有林地	指树木郁闭度≥0.2的乔木林地,包括红树林地和竹林地
		032	灌木林地	指灌木覆盖度≥40%的林地
		033	其他林地	包括疏林地(指树木郁闭度≥0.1、<0.2的林地)、未成林地、迹地、苗圃等林地
04	草地			指生长草本植物为主的土地
		041	天然牧草地	指以天然草本植物为主,用于放牧或割草的草地
		042	人工牧草地	指人工种植牧草的草地
		043	其他草地	指树木郁闭度<0.1,表层为土质,生长草本植物为主,不用于畜牧业的草地

一级类		二级类		含　义
编码	名称	编码	名　称	
05	商服用地			指主要用于商业、服务业的土地
		051	批发零售用地	指主要用于商品批发、零售的用地。包括商场、商店、超市、各类批发(零售)市场,加油站等及其附属的小型仓库、车间、工场等的用地
		052	住宿餐饮用地	指主要用于提供住宿、餐饮服务的用地。包括宾馆、酒店、饭店、旅馆、招待所、度假村、餐厅、酒吧等
		053	商务金融用地	指企业、服务业等办公用地,以及经营性的办公场所用地。包括写字楼、商业性办公场所、金融活动场所和企业厂区外独立的办公场所等用地
		054	其他商服用地	指上述用地以外的其他商业、服务业用地。包括洗车场、洗染店、废旧物资回收站、维修网点、照相馆、理发美容店、洗浴场所等用地
06	工矿仓储用地			指主要用于工业生产、物资存放场所的土地
		061	工业用地	指工业生产及直接为工业生产服务的附属设施用地
		062	采矿用地	指采矿、采石、采砂(沙)场,盐田,砖瓦窑等地面生产用地及尾矿堆放地
		063	仓储用地	指用于物资储备、中转的场所用地
07	住宅用地			指主要用于人们生活居住的房基地及其附属设施的土地
		071	城镇住宅用地	指城镇用于生活居住的各类房屋用地及其附属设施用地。包括普通住宅、公寓、别墅等用地
		072	农村宅基地	指农村用于生活居住的宅基地
08	公共管理与公共服务用地			指用于机关团体、新闻出版、科教文卫、风景名胜、公共设施等的土地
		081	机关团体用地	指用于党政机关、社会团体、群众自治组织等的用地
		082	新闻出版用地	指用于广播电台、电视台、电影厂、报社、杂志社、通讯社、出版社等的用地
		083	科教用地	指用于各类教育,独立的科研、勘测、设计、技术推广、科普等的用地
		084	医卫慈善用地	指用于医疗保健、卫生防疫、急救康复、医检药检、福利救助等的用地
		085	文体娱乐用地	指用于各类文化、体育、娱乐及公共广场等的用地
		086	公共设施用地	指用于城乡基础设施的用地。包括给排水、供电、供热、供燃气、邮政、电信、消防、环卫、公用设施维修等用地
		087	公园与绿地	指城镇、村庄内部的公园、动物园、植物园、街心花园和用于休憩及美化环境的绿化用地
		088	风景名胜设施用地	指风景名胜(包括名胜古迹、旅游景点、革命遗址等)景点及管理机构的建筑用地。景区内的其他用地按现状归入相应地类

一级类		二级类		含 义
编码	名称	编码	名 称	
09	特殊用地			指用于军事设施、涉外、宗教、监教、殡葬等的土地
		091	军事设施用地	指直接用于军事目的的设施用地
		092	使领馆用地	指用于外国政府及国际组织驻华使领馆、办事处等的用地
		093	监教场所用地	指用于监狱、看守所、劳改场、劳教所、戒毒所等的建筑用地
		094	宗教用地	指专门用于宗教活动的庙宇、寺院、道观、教堂等宗教自用地
		095	殡葬用地	指陵园、墓地、殡葬场所用地
10	交通运输用地			指用于运输通行的地面线路、场站等的土地。包括民用机场、港口、码头、地面运输管道和各种道路用地
		101	铁路用地	指用于铁道线路、轻轨、场站的用地。包括设计内的路堤、路堑、道沟、桥梁、林木等用地
		102	公路用地	指用于国道、省道、县道和乡道的用地。包括设计内的路堤、路堑、道沟、桥梁、汽车停靠站、林木及直接为其服务的附属用地
		103	街巷用地	指用于城镇、村庄内部公用道路(含立交桥)及行道树的用地。包括公共停车场,汽车客货运输站点及停车场等用地
		104	农村道路	指公路用地以外的南方宽度≥1.0m、北方宽度≥2.0m的村间、田间道路(含机耕道)
		105	机场用地	指用于民用机场的用地
		106	港口码头用地	指用于人工修建的客运、货运、捕捞及工作船舶停靠的场所及其附属建筑物的用地,不包括常水位以下部分
		107	管道运输用地	指用于运输煤炭、石油、天然气等管道及其相应附属设施的地上部分用地
11	水域及水利设施用地			指陆地水域、海涂、沟渠、水工建筑物等用地。不包括滞洪区和已垦滩涂中的耕地、园地、林地、居民点、道路等用地
		111	河流水面	指天然形成或人工开挖河流常水位岸线之间的水面,不包括被堤坝拦截后形成的水库水面
		112	湖泊水面	指天然形成的积水区常水位岸线所围成的水面
		113	水库水面	指人工拦截汇集而成的总库容≥10万立方米的水库正常蓄水位岸线所围成的水面
		114	坑塘水面	指人工开挖或天然形成的蓄水量<10万立方米的坑塘常水位岸线所围成的水面
		115	沿海滩涂	指沿海大潮高潮位与低潮位之间的潮浸地带。包括海岛的沿海滩涂。不包括已利用的滩涂
		116	内陆滩涂	指河流、湖泊常水位至洪水位间的滩地;时令湖、河洪水位以下的滩地;水库、坑塘的正常蓄水位与洪水位间的滩地。包括海岛的内陆滩地。不包括已利用的滩地

一级类		二级类		含 义
编码	名称	编码	名 称	
		117	沟渠	指人工修建,南方宽度≥1.0m、北方宽度≥2.0m用于引、排、灌的渠道,包括渠槽、渠堤、取土坑、护堤林
		118	水工建筑用地	指人工修建的闸、坝、堤路林、水电厂房、扬水站等常水位岸线以上的建筑物用地
		119	冰川及永久积雪	指表层被冰雪常年覆盖的土地
12	其他土地			指上述地类以外的其他类型的土地
		121	空闲地	指城镇、村庄、工矿内部尚未利用的土地
		122	设施农用地	指直接用于经营性养殖的畜禽舍、工厂化作物栽培或水产养殖的生产设施用地及其相应附属用地,农村宅基地以外的晾晒场等农业设施用地
		123	田坎	主要指耕地中南方宽度≥1.0m、北方宽度≥2.0m的地坎
		124	盐碱地	指表层盐碱聚集,生长天然耐盐植物的土地
		125	沼泽地	指经常积水或渍水,一般生长沼生、湿生植物的土地
		126	沙地	指表层为沙覆盖、基本无植被的土地。不包括滩涂中的沙地
		127	裸地	指表层为土质,基本无植被覆盖的土地;或表层为岩石、石砾,其覆盖面积≥70%的土地

附录2 土地登记申请书

土地登记申请书

编号：   单位：□平方米/□公顷、万元

<table>
<tr><td rowspan="26"></td><td colspan="2" align="center">登 记 申 请 人</td></tr>
<tr><td colspan="2">□所有权人 □使用权人 □抵押权人 □需役地权利人 □权利受让人 □更正登记申请人
□异议登记申请人 □预告登记申请人 □其他</td></tr>
<tr><td>名称(姓名)</td><td></td></tr>
<tr><td>证件种类</td><td>□组织机构代码证 □居民身份证 □护照 □军官证 □其他</td></tr>
<tr><td>证件编号</td><td></td></tr>
<tr><td>单位性质</td><td>□行政 □事业 企业(□国有 □集体 □私营 □外资 □港澳台 □联营
□股份制 □个体 □其他) □个人</td></tr>
<tr><td>通讯地址</td><td>邮编：</td></tr>
<tr><td>法定代表人或负责人</td><td></td></tr>
<tr><td>联系人：　　　　联系电话：　　　　电子邮件：</td><td></td></tr>
<tr><td>代理人姓名</td><td>职业资格证书号</td></tr>
<tr><td>代理机构名称</td><td>联系电话</td></tr>
<tr><td colspan="2" align="center">登 记 申 请 人</td></tr>
<tr><td colspan="2">□抵押人 □供役地权利人 □权利转让人 □预告登记义务人 □其他</td></tr>
<tr><td>名称(姓名)</td><td></td></tr>
<tr><td>证件种类</td><td>□组织机构代码证 □居民身份证 □护照 □军官证 □其他</td></tr>
<tr><td>证件编号</td><td></td></tr>
<tr><td>单位性质</td><td>□行政 □事业 企业(□国有 □集体 □私营 □外资 □港澳台 □联营
□股份制 □个体 □其他) □个人</td></tr>
<tr><td>通讯地址</td><td>邮编：</td></tr>
<tr><td>法定代表人或负责人</td><td></td></tr>
<tr><td>联系人：　　　　联系电话：　　　　电子邮件：</td><td></td></tr>
<tr><td>代理人姓名</td><td>职业资格证书号</td></tr>
<tr><td>代理机构名称</td><td>联系电话</td></tr>
</table>

申

请

人

情

况

	坐 落					
土地情况	面 积				用 途	
	权利设立情况	□地表 □地上 □地下		取得价格		
	权属性质	□国有建设用地使用权　□国有农用地使用权　□集体土地所有权 □集体建设用地使用权　□宅基地使用权　□集体农用地使用权				
	使用权类型	国有	□划拨 □出让 □作价出资(入股) □租赁 □授权经营 □其他			
		集体	□荒地拍卖 □批准拨用宅基地 □批准拨用企业用地 □集体土地入股(联营) □其他			
需役地坐落						
土地抵押情况	土地价格					
	土地抵押面积			土地抵押金额		
	土地抵押期限	自　　　年　月　日至　　　年　月　日				
申请登记的内容						
备 注						

本申请人对填写的上述内容及提交申请材料的真实性负责。

申请人签章：　　　　　　　　　　　　　　　　申请人签章：
　年　月　日　　　　　　　　　　　　　　　　　年　月　日

附录3 土地登记审批表

编号：

土地登记审批表

年　　月　　日

单位：□平方米／□公顷、万元

登 记 类 型				
申请人情况	**登 记 申 请 人**			
	□所有权人 □使用权人 □抵押权人 □需役地权利人 □权利受让人 □更正登记申请人 □异议登记申请人 □预告登记申请人 □其他			
	名称(姓名)			
	证件种类			
	证件编号			
	单位性质			
	通讯地址		邮编：	
	法定代表人或负责人			
	登 记 申 请 人			
	□抵押人 □供役地权利人 □权利转让人 □预告登记义务人 □其他			
	名称(姓名)			
	证件种类			
	证件编号			
	单位性质			
	通讯地址		邮编：	
	法定代表人或负责人			
土地情况	地　号		图　号	
	坐　落			
	宗地面积		用　途	
	权属性质		使用权类型	
	使用期限		终止日期	
	权利设立情况	□地表 □地上 □地下	取得价格	
	使用权面积		其中 独用面积	
			分摊面积	
	调查表号		提交的土地权利证书号	

287

土　地　情　况	土　地　分　类　面　积					
	耕　地	园　地	林　地	草　地	商服用地	工矿仓储用地
	住宅用地	公共管理与公共服务用地	特殊用地	交通运输用地	水域及水利设施用地	其他土地
	其中基本农田面积					

附着物情况	建筑容积率		建筑密度	
	建筑限高		建筑物占地面积	
	建筑物类型		申报建筑物权属	

需役地情况	坐　落	
	提交的土地权利证书号	

土地抵押情况	土地价格			
	土地抵押面积		土地抵押金额	
	土地抵押期限	自　　年　月　日至　　年　　月　　日		

土地权属来源证明文件名称、编号、日期	

国土资源行政主管部门初审意见	
	审查人：　　　（盖章）　　　　　年　月　日 土地登记上岗资格证号：
国土资源行政主管部门审核意见	
	负责人：　　　（公章）　　　　　年　月　日 土地登记上岗资格证号：

人民政府批准意见	
	负责人：　　　（公章）　　　年　　月　　日
备　　　注	

附录4　土地登记簿

省(区、市)_____ 市(区)_____ 县(市、区)_____ 街道(乡、镇)_____ 街坊(村)_____

土　地　登　记　簿

地号：_____ 至 _____

土　地　登　记　卡

单位：□平方米／□公顷、万元　　　　　　　　　共用宗卡号：_____

地　号		图　号		调查表号	
宗地面积		坐　落			
用　途		权利人			
证件种类		证件编号		审批表号	
单位性质		通讯地址		邮编：	
权属性质		使用权类型		土地权利证书号	
使用期限		终止日期		土地归户卡号	
取得价格		使用权面积		其中	独用面积
					分摊面积
建筑容积率		建筑密度		建筑限高	
建筑物占地面积		建筑物类型		申报建筑物权属	
土地权属来源证明文件名称、编号、日期					

序号	日期	登记类型	登记的其他内容及初始、变更、注销和其他登记事项	经办人	审核人	印　章

序号	日期	登记类型	登记的其他内容及初始、变更、注销和其他登记事项	经办人	审核人	印　章

第　页

共用宗土地登记卡目录

地号：_____

共用宗卡号	日　期	权　利　人	证件种类	证件编号	备　注

第　页

附录 5　土地归户卡

土 地 归 户 卡

编号：　　　　　　　　　　　　　　　　　　　　　　　　单位：□平方米／□公顷

权　利　人		证件种类			证件编号				
通讯地址					单位性质				
序号	日期	地号	图号	土地权利证书号	坐落	权属性质	使用权类型	用途	面积	经办人

293

附录6 城市建设用地分类和代码

城市建设用地分类和代码

类别代码			类别名称	范 围
大类	中类	小类		
R			居住用地	住宅和相应服务设施的用地
	R1		一类居住用地	公用设施、交通设施和公共服务设施齐全、布局完整、环境良好的低层住区用地
		R11	住宅用地	住宅建筑用地、住区内城市支路以下的道路、停车场及其社区附属绿地
		R12	服务设施用地	住区主要公共设施和服务设施用地,包括幼托、文化体育设施、商业金融、社区卫生服务站、公用设施等用地,不包括中小学用地
	R2		二类居住用地	公用设施、交通设施和公共服务设施较齐全、布局较完整、环境良好的多、中、高层住区用地
		R20	保障性住宅用地	住宅建筑用地、住区内城市支路以下的道路、停车场及其社区附属绿地
		R21	住宅用地	
		R22	服务设施用地	住区主要公共设施和服务设施用地,包括幼托、文化体育设施、商业金融、社区卫生服务站、公用设施等用地,不包括中小学用地
	R3		三类居住用地	公用设施、交通设施不齐全,公共服务设施较欠缺,环境较差,需要加以改造的简陋住区用地,包括危房、棚户区、临时住宅等用地
		R31	住宅用地	住宅建筑用地、住区内城市支路以下的道路、停车场及其社区附属绿地
		R32	服务设施用地	住区主要公共设施和服务设施用地,包括幼托、文化体育设施、商业金融、社区卫生服务站、公用设施等用地,不包括中小学用地
A			公共管理与公共服务用地	行政、文化、教育、体育、卫生等机构和设施的用地,不包括居住用地中的服务设施用地
	A1		行政办公用地	党政机关、社会团体、事业单位等机构及其相关设施用地
	A2		文化设施用地	图书、展览等公共文化活动设施用地
		A21	图书展览设施用地	公共图书馆、博物馆、科技馆、纪念馆、美术馆和展览馆、会展中心等设施用地
		A22	文化活动设施用地	综合文化活动中心、文化馆、青少年宫、儿童活动中心、老年活动中心等设施用地

类别代码			类别名称	范　　围
大类	中类	小类		
	A3		教育科研用地	高等院校、中等专业学校、中学、小学、科研事业单位等用地,包括为学校配建的独立地段的学生生活用地
		A31	高等院校用地	大学、学院、专科学校、研究生院、电视大学、党校、干部学校及其附属用地,包括军事院校用地
		A32	中等专业学校用地	中等专业学校、技工学校、职业学校等用地,不包括附属于普通中学内的职业高中用地
		A33	中小学用地	中学、小学用地
		A34	特殊教育用地	聋、哑、盲人学校及工读学校等用地
		A35	科研用地	科研事业单位用地
	A4		体育用地	体育场馆和体育训练基地等用地,不包括学校等机构专用的体育设施用地
		A41	体育场馆用地	室内外体育运动用地,包括体育场馆、游泳场馆、各类球场及其附属的业余体校等用地
		A42	体育训练用地	为各类体育运动专设的训练基地用地
	A5		医疗卫生用地	医疗、保健、卫生、防疫、康复和急救设施等用地
		A51	医院用地	综合医院、专科医院、社区卫生服务中心等用地
		A52	卫生防疫用地	卫生防疫站、专科防治所、检验中心和动物检疫站等用地
		A53	特殊医疗用地	对环境有特殊要求的传染病、精神病等专科医院用地
		A59	其他医疗卫生用地	急救中心、血库等用地
	A6		社会福利设施用地	为社会提供福利和慈善服务的设施及其附属设施用地,包括福利院、养老院、孤儿院等用地
	A7		文物古迹用地	具有历史、艺术、科学价值且没有其他使用功能的建筑物、构筑物、遗址、墓葬等用地
	A8		外事用地	外国驻华使馆、领事馆、国际机构及其生活设施等用地
	A9		宗教设施用地	宗教活动场所用地
B			商业服务业设施用地	各类商业、商务、娱乐康体等设施用地,不包括居住用地中的服务设施用地以及公共管理与公共服务用地内的事业单位用地
	B1		商业设施用地	各类商业经营活动及餐饮、旅馆等服务业用地
		B11	零售商业用地	商铺、商场、超市、服装及小商品市场等用地
		B12	农贸市场用地	以农产品批发、零售为主的市场用地
		B13	餐饮业用地	饭店、餐厅、酒吧等用地
		B14	旅馆用地	宾馆、旅馆、招待所、服务型公寓、度假村等用地

类别代码			类别名称	范　　　围
大类	中类	小类		
	B2		商务设施用地	金融、保险、证券、新闻出版、文艺团体等综合性办公用地
		B21	金融保险业用地	银行及分理处、信用社、信托投资公司、证券期货交易所、保险公司,以及各类公司总部及综合性商务办公楼宇等用地
		B22	艺术传媒产业用地	音乐、美术、影视、广告、网络媒体等的制作及管理设施用地
		B29	其他商务设施用地	邮政、电信、工程咨询、技术服务、会计和法律服务以及其他中介服务等的办公用地
	B3		娱乐康体用地	各类娱乐、康体等设施用地
		B31	娱乐用地	单独设置的剧院、音乐厅、电影院、歌舞厅、网吧以及绿地率小于65％的大型游乐等设施用地
		B32	康体用地	单独设置的高尔夫练习场、赛马场、溜冰场、跳伞场、摩托车场、射击场,以及水上运动的陆域部分等用地
	B4		公用设施营业网点用地	零售加油、加气、电信、邮政等公用设施营业网点用地
		B41	加油加气站用地	零售加油、加气以及液化石油气换瓶站用地
		B49	其他公用设施营业网点用地	电信、邮政、供水、供燃气、供电、供热等其他公用设施营业网点用地
	B9		其他服务设施用地	业余学校、民营培训机构、私人诊所、宠物医院等其他服务设施用地
M			工业用地	工矿企业的生产车间、库房及其附属设施等用地,包括专用的铁路、码头和道路等用地,不包括露天矿用地
	M1		一类工业用地	对居住和公共环境基本无干扰、污染和安全隐患的工业用地
	M2		二类工业用地	对居住和公共环境有一定干扰、污染和安全隐患的工业用地
	M3		三类工业用地	对居住和公共环境有严重干扰、污染和安全隐患的工业用地
W			物流仓储用地	物资储备、中转、配送、批发、交易等的用地,包括大型批发市场以及货运公司车队的站场(不包括加工)等用地
	W1		一类物流仓储用地	对居住和公共环境基本无干扰、污染和安全隐患的物流仓储用地
	W2		二类物流仓储用地	对居住和公共环境有一定干扰、污染和安全隐患的物流仓储用地
	W3		三类物流仓储用地	存放易燃、易爆和剧毒等危险品的专用仓库用地
S			交通设施用地	城市道路、交通设施等用地

类别代码			类别名称	范 围
大类	中类	小类		
	S1		城市道路用地	快速路、主干路、次干路和支路用地,包括其交叉路口用地,不包括居住用地、工业用地等内部配建的道路用地
	S2		轨道交通线路用地	轨道交通地面以上部分的线路用地
	S3		综合交通枢纽用地	铁路客货运站、公路长途客货运站、港口客运码头、公交枢纽及其附属用地
	S4		交通场站用地	静态交通设施用地,不包括交通指挥中心、交通队用地
		S41	公共交通设施用地	公共汽车、出租汽车、轨道交通(地面部分)的车辆段、地面站、首末站、停车场(库)、保养场等用地,以及轮渡、缆车、索道等的地面部分及其附属设施用地
		S42	社会停车场用地	公共使用的停车场和停车库用地,不包括其他各类用地配建的停车场(库)用地
	S9		其他交通设施用地	除以上之外的交通设施用地,包括教练场等用地
U			公用设施用地	供应、环境、安全等设施用地
	U1		供应设施用地	供水、供电、供燃气和供热等设施用地
		U11	供水用地	城市取水设施、水厂、加压站及其附属的构筑物用地,包括泵房和高位水池等用地
		U12	供电用地	变电站、配电所、高压塔基等用地,包括各类发电设施用地
		U13	供燃气用地	分输站、门站、储气站、加气母站、液化石油气储配站、灌瓶站和地面输气管廊等用地
		U14	供热用地	集中供热锅炉房、热力站、换热站和地面输热管廊等用地
		U15	邮政设施用地	邮政中心局、邮政支局、邮件处理中心等用地
		U16	广播电视与通信设施用地	广播电视与通信系统的发射和接收设施等用地,包括发射塔、转播台、差转台、基站等用地
	U2		环境设施用地	雨水、污水、固体废物处理和环境保护等的公用设施及其附属设施用地
		U21	排水设施用地	雨水、污水泵站、污水处理、污泥处理厂等及其附属的构筑物用地,不包括排水河渠用地
		U22	环卫设施用地	垃圾转运站、公厕、车辆清洗站、环卫车辆停放修理厂等用地
		U23	环保设施用地	垃圾处理、危险品处理、医疗垃圾处理等设施用地
	U3		安全设施用地	消防、防洪等保卫城市安全的公用设施及其附属设施用地
		U31	消防设施用地	消防站、消防通信及指挥训练中心等设施用地
		U32	防洪设施用地	防洪堤、排涝泵站、防洪枢纽、排洪沟渠等防洪设施用地

类别代码			类别名称	范　　　　　围
大类	中类	小类		
	U9		其他公用设施用地	除以上之外的公用设施用地,包括施工、养护、维修设施等用地
G			绿地	公园绿地、防护绿地等开放空间用地,不包括住区、单位内部配建的绿地
	G1		公园绿地	向公众开放,以游憩为主要功能,兼具生态、美化、防灾等作用的绿地
	G2		防护绿地	城市中具有卫生、隔离和安全防护功能的绿地,包括卫生隔离带、道路防护绿地、城市高压走廊绿带等
	G3		广场用地	以硬质铺装为主的城市公共活动场地

附录 7　建设项目用地预审申请表

建设项目用地预审申请表

项　目 名　称		项目拟建 地　点	
项目审批核准备 案的机关		项目拟投资 规模(亿元)	
项目依据的国家 规划、行业规划、 区域规划、省级 有关规划等			

项目拟用地 总规模 (公顷)	用　地 总面积	农用地		建设 用地	未利用地
		合计	其中：耕地(基本农田)		

项目各组成部分 (功能分区) 用地情况	
补充耕地资金标 准和总额、补充 耕地拟采取方式 及措施	

联系方式	联系单位	
	通讯地址	

联系人及电话		邮政编码	

备　注	建设单位(盖章) 年　　月　　日

图书在版编目(CIP)数据

土地管理概论/卢新海,黄善林编著.—上海:复旦大学出版社,2014.3(2022.7重印)
(复旦博学·土地管理系列)
ISBN 978-7-309-10242-0

Ⅰ. 土…　Ⅱ. ①卢…②黄…　Ⅲ. 土地管理-中国-高等学校-教材　Ⅳ. F321.1

中国版本图书馆 CIP 数据核字(2013)第 303638 号

土地管理概论
卢新海　黄善林　编著
责任编辑/罗　翔

复旦大学出版社有限公司出版发行
上海市国权路 579 号　邮编:200433
网址:fupnet@ fudanpress.com　http://www.fudanpress.com
门市零售:86-21-65102580　团体订购:86-21-65104505
出版部电话:86-21-65642845
上海新艺印刷有限公司

开本 787×1092　1/16　印张 19.25　字数 434 千
2022 年 7 月第 1 版第 2 次印刷
印数 4 101—5 200

ISBN 978-7-309-10242-0/F·1998
定价:40.00 元